Ludwig Freiherr von Arnim

Alte und neue Sagen und Wahrsagungen, Geschichten und Gedichte

Verlag
der
Wissenschaften

Ludwig Freiherr von Arnim

Alte und neue Sagen und Wahrsagungen, Geschichten und Gedichte

ISBN/EAN: 9783957008107

Auflage: 1

Erscheinungsjahr: 2016

Erscheinungsort: Norderstedt, Deutschland

Hergestellt in Europa, USA, Kanada, Australien, Japan
Verlag der Wissenschaften in Hansebooks GmbH, Norderstedt

Cover: Foto ©günther gumhold / pixelio.de

Verlag
der
Wissenschaften

Tröst Einsamkeit,

alte und neue Sagen und Wahrsagungen, Geschichten und Gedichte.

Herausgegeben

von

Ludwig Achim von Arnim.

Mit zehn Kupfertafeln.

Heidelberg,
bei Mohr und Zimmer
1808.

Ankündigung der allgemeinsten Zeitung.

Zeitung für Einsiedler

herausgegeben

von einer Gesellschaft.

Auf Befehl der großen Langeweile vieler sonst unnütz beschäftigter Leute, welche die Veränderungen der letzten Jahre aus ihrem Amte, Familien = Kreise, Ueberflusse herausgerissen, erscheint wöchentlich diese wunderliche Zeitung. Die Lese = Cabinette als wahre Sammelplätze dieser neuen Einsiedler, welche die strenge Buße des Müßiggangs treiben, müssen sie schon kaufen, aber auch andre Leute werden wohl daran thun, welche an den Begebenheiten der wirklichen Welt gar zu persönlichen Antheil nehmen, sie werden hier Begebenheiten finden, noch viel größer und bedeutender als die uns umgebenden, Stadt= geschichten und neue Moden die viel interessanter als die miterlebten, Theaterneuigkeiten, Akademien, Kunst und Wissenschaften, und gelehrte Familiengeschichten, wie wir das noch sobald nicht unter uns aufzuweisen haben, Erfindungen neu fabricirter Thiere, Physiologie gemachter Blumen, Entdeckungs= reisen in sehr unsichere Gegenden u. s. w. Für andre Leute werden Gedichte aller Art darin stehen und auf astronomische Beobachtungen und Gelegenheits = Gedichte ist es besonders abgesehn; sollte es durchaus verlangt werden auch Kritiken, Idealismus und Epigramme, auch technologisch = ökonomische Erfindungen, um in sehr kurzer Zeit reich zu werden, sonst meinten die Herausgeber hätte die gelehrte Welt allenfalls genug daran. Kauft ihr lieben Einsiedler, ihr Gelehrten, ferner ihr Hohe und Niedre auf Pension, in so fern diese ausgezahlt wird, ihr Landprediger und Förster, Nachtwächter und Kran= kenwärter, wir versprechen euch im voraus Eulenspiegels Nachtblat, euch Liebhaber rede ich aber beson= ders an, weil hier mehrere der ausgemachtesten Liebhaber ihr Glück und Unglück bekannt zu machen denken. Und wer ist einsamer als Liebende, ihr seyd die wahren Einsiedler, für die wir schreiben, nehmt alles ernsthafter, als wir es euch sagen und ihr werdet den wahren Sinn fassen; wendet euch nur an die nächste gute Buchhandlung, sie wird euch sagen, daß es mit dieser Zeitung wirklich Ernst sey, sie kostet jährlich 4 Rthlr. 12 gr. (8 fl. 6 kr.), sie beginnt mit dem ersten April und ist doch kein

Aprilspaß. Was hättet ihr davon, wenn wir sie anpriesen als ein großes Mittel zur Beförderung der Humanität, Aufklärung, Ueberseßung, Religion und Begeisterung, wollt ihr es aber, so zeigt es uns in einem gelesenen Blatte an und wir versprechen promte Bedienung, denn das Dramatische ist besonders unser Augenmerk. Diese Anzeige sollte eigentlich nur dienen, die ganz ernsthaften Leute stußig zu machen, die Argwöhnischen wegen geheimer Verbindungen in Verlegenheit zu setzen, die Aesthetiker aber zweifelhaft zu lassen zu welcher Schule wir uns bekennen, über alle geht aber das Pflichtgebot des Absatzes, auf den wir allein mit Sicherheit treten und fortgehen können. — Pränumeriren ist besser als Subscribiren. — Sollte es verlangt werden, so lassen die edlen Herausgeber sich geneigt finden die Namen der Pränumeranten jedem Blatt vorzudrucken. Wer die Zeitung nicht in frankirten Briefen abbestellt, dem wird sie zugeschickt und der muß sie halten. Aufgeschnittene Exemplare werden nicht zurückgenommen, doch erscheint sie der Bequemlichkeit wegen wöchentlich zweymal in halben Bogen in Quart. Von beschmutzten Exemplaren wollen wir aus Achtung gegen das Publikum nicht reden. — Wer zehn Exemplare nimmt darf gegen Erlegung der Einrückungsgebühren Aufsäße einschicken, Gegenbemerkungen zahlen das Doppelte, aber diese zu vermeiden, machen wir im voraus bekannt, daß wir ausstreichen können, wenn wir wollen. — Um unserm Institute einiges Ansehen zu geben nennen wir als unwillkührliche Mitarbeiter an unsrer Zeitung durch Aufnahme alles Besten aus der ganzen Welt den Freymüthigen, das Morgenblatt, das Sonntagsblatt, den Anzeiger der Deutschen; endlich damit auch die zarte weibliche Hand nicht vermißt werde, die musikalische Zeitung, die Zeitung für die elegante Welt und die Teutona und alle übrigen, die für Geld zu haben sind. Alles ist uns eins, und eins wird aus allem.

Die Gesellschaft Herausgeber.

Daß es mit der Herausgabe dieser Zeitung wirklich Ernst sey bescheiniget die unterschriebene Buchhandlung. Sie erscheint mit dem 1sten April wöchentlich zweymal und wird in dem Formate dieser Ankündigung aber in gespaltenen Kolumnen gedruckt seyn. Der jährliche Preis ist 4 Rthlr. 12 ggr. oder 8 fl. 6 kr., für die neun Monate dieses Jahres 1808 also 3 Rthlr. 9 ggr. oder 6 fl. 4 kr. Bestellungen kann man auf allen löblichen Postämtern und bey allen Buchhandlungen machen. Erstere können sich an das löbliche Postamt in Heidelberg wenden.

Vielleicht wird mancher vieles von dem eben Angezeigten nicht darin finden, dagegen manches, was von den Herausgebern zu erwähnen vergessen werden.

Heidelberg, im Januar 1808.

Mohr und Zimmer.

An das geehrte Publikum.

Ich ziehe meine Einsiedlermaske ab, und möchte dir geehrtes Publikum die Geschichte dieser Maskerade, dieses Buchs und aller darin erlebten und gemachten Späße erzählen, zugleich möchte ich das lästige den Herausgebern zukömmliche Wir mit dem bequemeren Ich vertauschen. Ja wir waren wirklich eins, und Einer wird aus allen, wie meine Ankündigung versicherte; aber wie soll dieser Eine nun sein geehrtes Publikum sich denken, um den rechten anständigen Ton zu treffen, denn die Maskenfreiheit hört jetzt auf. Siehe mein Leiden, geehrtes Publikum, da blätterte ich schon drei Tage in allerley alten und neuen Bildnissen herum, und konnte das Deine nicht finden, bis endlich ein sehr wunderbarer Zufall mir diesen beiliegenden Kopf in der dicken Nachtmütze zuführte.*) Es würde dir äußerst unterhaltend seyn, die Geschichte dieses Fundes zu erfahren, und wie dich

ein eigensinniger Grabstichel nicht des Todtengräbers, sondern des Kupferstechers mehrmals zu untergraben drohte, doch das alles sey Dir künftig erzählt, in einer Geschichte der Entstehung und des Verfalls des Publikums, mit der ich an allen Festtagen beschäftigt bin. Treffend ist die Aehnlichkeit deines Bildes, geehrtes Publikum, dieses listige Lauern; dieser schiefe Mund, der auf eine Autorität oder Kritik wartet, um sein Urtheil zu bestimmen; die steifen Locken, die sich aus der Nachtmütze drängen, wie alte verrostete Gedanken, die du immer wieder hören möchtest; nach einer Seite ist sie aufgeschoben, denn auch Du hast einmal gedacht, und Dir die Stirne gerieben, und weißt es noch recht gut und meinst, daß die Verfasser von Dir erst denken und fühlen lernen sollten. Hat Dir meine Zeitung Sorge gemacht, ich sehe es an Deinen bedenklichen Augen?

---

*) Hierzu die Kupfertafel.

Der Auctor von den *miscellaneis observationibus* M. Korte, hat eine weitläuftige Recension gemacht von Gelehrten, die sich gerne haben wollen mahlen oder in Kupfer stechen lassen, desgleichen von Hr. Theo. Knaur. Es fragt sich demnach: Ob sie Kaiser dazu gehabt, und die, so sie haben mahlen lassen, oder noch thun, solches haben erlauben können? — Nun bemerke ich freilich, daß man selbst nach dieser Ehre nicht allzu eilig trachte, und sich nicht gleich in Kupfer stechen lassen müsse, wenn man kaum einen Tractat von zwei Alphabeten, und einen Jahrgang über die Sonn- und Festtagsevangelien in die Welt fliegen lassen. Wann man aber von den Seinigen, von guten Freunden, von Beichtkindern, von den Verlegern einiger Schriften ersucht und öfters angetrieben, sein Bildniß ihnen zu gönnen und seinen Schriften vorsetzen zu lassen, so kann ich noch nicht sehen, wie sich solches abschlagen, oder mir von andern für einen Hochmuth ausgelegt werden könne. Denn warum soll ich Bedenken tragen, meine Visage, die mir Gott gezeben, nicht jedermann vorzuweisen? — Ein Wort zur rechten Zeit, welches Alpin in seiner Einleitung, wie man die Bildnisse berühmter und gelehrter Männer mit Nutzen sammeln und dagegen gemachte Einwendungen gründlich beantworten soll, gesagt hat. Nürnberg 1728 S. 95.

Du willst es nicht sagen, wenn Dir einer in die Augen sieht, lächelst Du immer und magst deine Meynung nicht sagen. Eine Hand wäscht die andre, so will ich es auch keinem sagen, daß Deine Nachtmütze darüber an Deinem Sparlichte beim Lesen anbrennte; ich weis es recht gut, worauf Du die Funken fallen sahest vor Deinen Augen, und in Gedanken Feuer riefest in die ruhige Welt. Aber mit einem Schlage auf Deinen Kopf, war das Feuer gelöscht, und meine Zeitung war aus, denn Du fürchtetest sie und wolltest in der Angst sie zerreißen. Verehrtes Publikum! wäre der Kaffe nicht so theuer geworden, Du könntest sehr glücklich wieder leben in Deinem Kaffeehause, oder wo es vornehm hergeht, in Deinem Kasino; denke Dir, wir treffen jetzt zum erstenmal zusammen, hätten wir uns eher gekannt, Du läßt mit Dir sprechen, und bist sehr verständig, sobald Du jemand persönlich kennst, nun machst Du gleich dein Bedauern kund, daß Dein Einsiedler mit Todte abgegangen, oder vielmehr ein wahrer Einsiedler geworden sey. Darauf antworte ich: Mein Unternehmen lebt noch, wenn es in dir einen so neuen sinnreichen Ausdruck erzeugen kann; deinen eingeschlummerten Witz anzuregen war mein Zweck. Dein Beifall, geehrtes Publikum! ist mein Glück, und so sehe ich mit dankbarer Zufriedenheit auf diesen Versuch, ich machte ihn mit dem Vorgefühle unter dem Versuche allein gelingen. — Das Publikum nickt mit dem Kopfe und sagt zerstreut: Freilich, sie haben sich einen angenehmen Spaß gemacht! — Ich machte meinen Versuch so lehrreich wie möglich für mich und andre. Dem verständigen Leser wird sich vielleicht durch den Inhalt sowohl wie durch die Aufnahme dieser Blätter ein großer Theil von Deutschland näher entwickeln; ja ich meine so, daß sie sich noch lange Zeit durch den sichern Ton als Stimmflöte gebrauchen ließen, um zu beurtheilen, wie sich die allgemeine Stimmung verhalte. Das Gewohnte hat uns nicht bezwungen, und das Auffallende nicht verführt; frei von den Tagsneuigkeiten, unter denen auch das Beste wie die gezähmte Princeß des Rübezahl, unter dem wellenden Sommervorlager, das er ihr aus Rüben

geschnitten, verschmachtet. Auch das Leichteste in dieser Sammlung war kein leichtsinniger Lückenbüßer, mein Einsiedler-Archiv möchte vielleicht noch für mehrere Jahre Stoff geben: aber ich fühle jetzt erst, nun ich die Maske abgenommen, wie unangenehm warm mir darunter geworden, durch dieses Anheften an einen Fleck, und den Druck des ewigen Drucks. Während ich gegen die Kritik schrieb, zog ich mir ein kaltes Fieber zu, von der Art, wie es einem geehrten Publikum oft zustößt, und wie es eben davon befallen zu seyn scheint; ich zog in das Bad, die Correcturbogen mir nach, so wurde die Ausgabe der Zeitung unterbrochen. — Bedaure recht sehr, antwortet das Publikum, habe so vieles schon müssen verlieren; aber sehn sie, ich habe auch jetzt wenig Geld, ich weis nicht wo es steckt, die Neuigkeiten hätten sie nicht vergessen sollen, ach Gott, ich hoffe alle Tage auf gute Nachrichten, zum Fühlen und Lernen habe ich eben nicht mehr Zeit, ich habe Einquartierung. — Deutschland, mein armes, armes Vaterland, und da liefen uns beiden, mir und dem Publikum, die Thränen von den Augen, und ich konnte nicht mehr scherzen. Also, gutes Publikum, Du siehst wohl, ich wollte keines der gelesenen Blätter nachahmen, da ich den wesentlichsten Bestandtheil, die Tagsneuigkeiten ausschloß; wer thut gern etwas Ueberflüssiges, und von jener Art haben wir schon so viel, daß sie wie Spinnen statt des Spinnens lieber einander auffressen, was aller Spinngewebsfabrikation im Großen sehr hinderlich ist. Hätte ich es wohl vor mir (vor Dir geehrtes Publikum recht gut, denn Du hast ein kurzes Gedächtniß) rechtfertigen können, der ich diese Anstalten telegraphische Bureaus aller literarischen Misere (des Knaben Wunderhorn I. 460) nannte, wenn ich selbst etwas der Art unternommen. Freilich hat sich vieles seit der Zeit verändert, und im Spätherbst siehst du geehrtes Publikum meine rothe Hausbutte so gern wie eine rothe Rose im Frühling, nur wir beide bleiben uns treu, ich habe Deinen Untergang Dir wohl gesagt, aber des Rechts war überall zu viel, der Thaten zu wenig, wohl uns beiden, wenn wir die Ueberzeugung im sichern Herzen tragen, daß wir nicht helfen könnten. Der Nachrath ist eine Art Nachrichten, den wollen wir beide versparen, bis einmal Geschichte möglich seyn wird, da mag er seine Gerechtigkeit üben, und wir unsre Darstellung. — Während ich also das Reingeschichtliche so wie die Tagsneuigkeit aus meinem Kreise verbannte, wünschte ich gern das Künftige der Geschichte in den Strebungen der verschiedensten Art kennen zu lernen und vorzulegen; ich wollte einmal öffentlich zeigen, wie viel oder wie wenig sich in diesen Jahren äußerlicher Veränderung innerlich zugetragen habe; keinen Fleiß hab ich in mannigfaltigen Briefen gespart, auch ist mancherley eingegangen, theils was ich mittheilte, theils was zur Fortsetzung bestimmt bleibt. Das Empfehlen ist gegen meine Art, wer nicht ein Bedürfniß hat zu lesen, und eigne Empfänglichkeit auf diesem Wege auch ergriffen zu werden, dem mag freilich alles eben so gleichgültig erscheinen, als manchen Theologen die prophetischen Bücher der Bibel, die damit Niemchenstechens spielen, und freilich selten genug in den Kreis treffen. Leute, die mit sich und mit der Welt fertig worden sind, die es sehr bedauern, daß die Gewitter nicht klar sind, und andrer Leute dunkle Augen brauchen, um sich im Spiegel darin zu sehen, taugten nicht zu Mitarbeitern, sie sind vermieden worden; viele, die ich unter uns gewünscht hätte, waren lässig, wie das in Deutschland bei allen Unternehmungen der Fall ist, da mancher meint, er hätte noch nicht sein hochzeitlich Kleid an. Auf diese Art Lässigkeit der Bessern mache ich jeden meiner Nachfolger in solchem Unternehmen aufmerksam, während Furcht und Gewohnheit die Schlechten immerfort bethätiget. Die einzelnen Absichten, die ich nicht als Herausgeber, sondern als Mitarbeiter hatte, habe ich in dem freien Dichtergarten deutlich bezeichnet, welcher diese Schrift eröffnete: über die Mißdeutungen, und wie die Bestien da umhergetanzt und getaumelt sind, bis sie vor Mattigkeit niedersanken, und mein Spaß daran, wird weiterhin gesprochen werden. Was ich darin wünschte, fröhliche Erzeugnisse des jugendlichen Lebens, befreyt von dem Schulbanne einiger veralteten Männer, die ihre Jugend vergessen haben,

das ist mir geworden, und so ließ ich schon zutraulich, nachdem das eiserne Thor harter Seelen gesprengt war, allerley Lieder eingeben, allerley Stimmungen und Vorstimmungen vom Guten und Schlimmen der Zeit, Sehnsucht nach dem Alten, und ihr endliches Hinführen zu einer gemeinschaftlichen Jugend und Wahrheit, die wir Andacht und Religion nennen. Es mußte sich diese Darstellung wie, die Ankündigung, zu einem Scherze mit der Wahrheit hinneigen, denn ernsthaft konnte ich doch nicht meinen, den Inhalt einer Zeit und einer Zeitschrift auf ein Paar Blättern zu erschöpfen. Beiden aber wurde im Morgenblatt lügenhafte Deutung gegeben, vor allem empörte mich die schändliche Auslegung des Dichtergartens, und ich lese noch mit Wohlgefallen das folgende Blatt, welches ich damals zu meiner Vertheidigung in den ersten Frühlingstagen schrieb: „Gott weiß es am besten, der diesem wunderbaren Frühlinge in wenigen Tagen so viele Blätter schenkte, zum Duften und Leuchten, daß ich weder Zeit noch Lust habe, dieses trockne altkluge Morgenblättlein, das unter meinen Füßen anrauscht, niederzutreten; was geht mich das vorige Jahr an, es war ein unseliges Jahr, und es mag damals recht grün gewesen seyn, und mancher Ausgezeichnete mochte sich damit schmücken, wir haben nicht miteinander zu thun. Welche Thorheit, ich wollte mehrere der größten Dichter und einige Gelehrte niedertreten; ist denn wohl einer von ihnen so thöricht gewesen, den Dichtergarten schließen zu wollen, sie wissen wohl selbst, daß Dichter nicht darum geboren werden, damit wir sie in Compendien abzählen und gegen Ausländer damit pralen, sondern daß sie wie Strahlen höheren Lebens die Tiefen erwecken, daß jedes Glück seine Haltung finde, sie zeigen die Wege und die Abgründe zugleich. Der Himmel verzeih dir diese Lüge gegen mich wie gegen das Andenken dieser großen Männer, aber das schändliche Wort kann ich dir nicht verzeihen, als wenn es mit dem ewig jugendlichen Geiste Göthes zur Neige ginge, wie Du in Deiner Sprache Dich gemein ausdrückst. Will er etwa den Hofmeistereyen der unberufenen Leute nicht gehorchen, macht er gegen euren Befehl Sonette? Findet sich wohl gar etwas Christliches in seinem Faust? Habt ihr denn jemals geglaubt, daß der, welcher keine Zeit so ganz ergriffen, die Vorzeit und ihre Geschichte mißverstehen konnte? Lernt ihr erst fühlen in diesem Frühling, und statt ihm Regeln und Gesetze vorzuschreiben, statt ihm zu rathen, werft euch vor ihm nieder und reinigt euch in seinem Anschaun. Ich wende mich gezwungen von seinem Bilde zu meinem unbedeutenden Gedichte zurück. Es ist längre Zeit, daß ich es schrieb, während des Abdrucks bemerkte ich die Deutung, die es gegen Voß erhalten könnte, aus der erscheinenden Rechtfertigung Körtes gegen Voß (Halberstadt Große 1807) die mich sehr lebendig überzeugte von der tückischen Verdreherey seines Gegners, der mit hämischer Besonnenheit auf alles Werdende und Wachsende den plumpen flachen Fels seines literarischen Rufes stürzt, um es durch den Staub den Augen der Welt zu entziehen, während die Bedroheten wahrnehmen, daß er auf eine ganz falsche Seite gefallen; am Ende läuft ein Füchslein aus dem Felsen heraus, sucht in manchen furchtsamen Sprüngen eine schwache Seite abzulauern, und zeigt ihnen hundert schwache Seiten, macht aber dabei wiederum viel Staub. Schreib- und Druckfehler waren genug da zu eurer Nahrung, warum packt ihr nur ein Paar, alles Uebrige ist nicht für euch, laßt es liegen, ihr fordert gegen euern Willen den Absatz, an dem es allem Wohlmeinenden in der Welt, also auch der Zeitung für Einsiedler leicht fehlen kann, schaden könnt ihr mir nicht, denn jedermann erkennt, auch wenn ich kein Wort zur Antwort sagte, eure Bosheit und meine Güte. Uebrigens habe ich größeres Verderben gesehen, als dieses literarische unsrer Zeit, diese Unfähigkeit zu genießen, dieser Drang zum Beurtheilen, und dieses ganze Unwesen ist immer noch sehr unschuldig gegen Schinderhannes, gegen den schwarzen Peter, Hampelholimp und besonders gegen Pape Döne, von dem Hilscher folgendes erzählt: Zwischen Hamburg und Lübeck soll in einem Gehölze eine Grube seyn, daselbst vordem einer mit Namen Pape Döne sich bettlerweise aufgehalten und viel Leute, so vorübergegangen, mit

List um ihr Leben bracht, derer Hirnschädel er an einer Schnur reihenweise zusammengehenkt, und wenn er einmal sich eine Freude machen wollte, hat er die Schnur gezogen, daß sich die Hirnschädel daran beweget und an einander geschlagen haben, dabei er gesungen: „Tanzet meine lieben Söhne, das heißt euch der Pape Döne! Eine recht traurige Musik, doch gebt es auch beim Todtentanz nicht lustiger zu, und wird dabei kein andrer Klang als von Knochen und Hirnschädeln gehört." — Darum klappert nicht voraus und schlagt nicht aneinander die Hirnschädel verstorbener großer Menschen wie Kleist und Haller, wenn ihr nicht berufen seyd, den großen Todtentanz aufzuführen; die leeren Blätter euch zu füllen, lassen sich die heiligen Reliquien nicht lange gefallen. — Nicht wahr, geehrtes Publikum! das war billig und ernst, aber ich unterließ damals den Abdruck, weil bald noch ärgere Lügen in die Welt kamen. H. Reinbeck behauptet in seiner Reise, daß Hr. Zimmer die Unterschrift bleyer Professoren gegen ihn befördert habe, um seiner Zeitung für Einsiedler zum Nachtheil des Morgenblatts Absatz zu schaffen. War ich doch damals viele Meilen weit von Heidelberg, und meine Zeitungsidee noch viel weiter von mir. Und endlich was haben beide Zeitungen mit einander Gemeinschaftliches? Kann sich H. Reinbeck gar nicht denken, daß es noch Städte giebt, die eine gemeinschaftliche Ehre mit allen ihren Mitbürgern theilen. Doch genug und schon mehr als zu viel von dieser wunderlichen Geschichte, die wie ein Prüflein zeigte, was wahr oder falsch gewesen in dieser Stadt. Spätere Lügen gegen diese Zeitung, als ob sie eingegangen wäre u. a. m. will ich nicht erwähnen. Du siehst mich mit einer Art Verlegenheit an, geehrtes Publikum! nicht wahr, Du hast das alles ganz anders gedacht und ganz anders ist es erzählt worden. Vom Inhalte dieses Buchs weißt Du auch wohl wenig? Lies einmal, gieb dir die Mühe, nur noch ein Wort über das Ganze: Es sucht die hohe Würde alles Gemeinsamen, Volksmäßigen darzustellen. Von den ältesten Heldensagen geht es aus, von den Nibelungen, König Rother u. s. w. wandelt durch die geschichtlichen vom Her-

XIII

zog von Foix, durch die scherzenden im Bärnhäuter zu
den geheimnißvollen Kindersagen im Mahandelbaum.
Begleitend geht damit ein Aufsatz über die Nachahmung
des Heiligen, der die sichere Verzweiflung in allem,
was den Einzelnen losreißt von dem Allgemeinen in unsrer Zeit ausspricht, eben dahin deuten die dramatischen Gedichte und viele einzelne Lieder, die unendliche Größe jedes
Volkscharacters, und die Leerheit jeder in sich selbst pra-
lenden Vaterlandsliebe darzustellen. Im Dom zu Cölln
wurde in der blühendsten Zeit von Deutschland das köstliche steinerne Tabernackel weggeschlagen, um einen

glatten glänzenden Altar zu sehen, der nicht zum Bau
des Ganzen gehört, unsre Zeit sieht die einzelnen zerstörten Stücken jenes Tabernackels mit Bewunderung,
und erärgert sich über die neue Arbeit; dies betrachte
wohl du Eitelkeit der Einzelnen, wie des wohlhabenden,
lesenden Publikums, das ich in meiner Anrede und in
meinem Bilde vor Augen hatte und nicht mein Volk,
das ich ehre und vor dem ich mich demüthig als der
geringste Diener niederwerfe, mit dem ich nimmer zu
scherzen wage.

Ludwig Achim von Arnim.

Zeitung für Einsiedler.

April-Heft

1 8 o 8.

Mit drey Kupfertafeln.

Heidelberg
bey Mohr und Zimmer.

Ankündigung.

Der Rheinische Bote, 1—4 Stück. Heidelberg in der Expedition des Rheinischen Boten.

In unsrer Einsiedeley ist wöchentlich dieser freundliche Bote angekommen, wir danken ihm hier öffentlich für sein zeitfreyes redliches Bemühen, und für die gute Unterhaltung, wir wünschen ihm Glück auf den Weg und allgemeine Beherzigung seiner wohlwollenden Gesinnung. Sehr rührend war uns der Anfang über die Ehre, welche den Todten gebührt, ein Wort zur rechten Zeit, denn unsre Erinnerung ist voll von Greueln der Art, wie sie da erzählt werden; nur Völker, die sich selbst nicht achten, können verächtlich mit den Gebeinen ihrer Vorältern verfahren, wie herrlich vertheidigt der Rheinische Bote die Ehre seines Volkes durch die öffentliche Rüge solcher Vernachlässigungen. Ehre sey auch den literarischen Verstorbenen, der abgebrochenen Badischen Wochenschrift, als deren Fortsetzung der Rheinische Bote sich ankündigt, sie wurde aus Mangel an Absatz geschlossen. Bey Zeitschriften bestimmt diesen oft Titel, berühmte Namen, vor allem literarische Klatscherey, die Badische Wochenschrift dachte zu bieder für diese letztere, sie wollte nicht berühmte Namen, sondern gute Werke, der Titel schadete ihr, weil die Ausländer sie meist für ein Provinzialintelligenzblatt hielten, doch hatte sie zahlreiche Leser im Lande, und wer mag entscheiden, ob sie oder das Morgenblatt mehr gewirkt haben. Eine Zahl bedeutender Aufsätze verdiente aus dem Untergange errettet zu werden, in den sie leicht für die Nachwelt versinken könnte, besonders gar manches über ältere deutsche Geschichte. Wir finden auch hier in der schönen Erzählung von Kaiser Otto eine Fortsetzung dieser Denkmahle, während hier auch die bedeutendern politischen Ereignisse unsrer Zeit erzählt werden, Naturkunde, Ackerbau und Gewerbe werden gut bedacht. Wir wünschen, daß jedes gute Wort in den Lesern zur That werden möge.

Herausgeber der Zeitung
für Einsiedler.

Diese Zeitung erhält man für den vierteljährigen geringen Preis von 40 Kreutzern.

Neue Verlagsbücher von Mohr und Zimmer in Heidelberg
Jubilate=Messe. 1808.

Jahrbücher, Heidelbergische, der Theologie, Philosophie und Pädagogik. Heft 1. d. Jahrg.
in 3 Heften. -- 3 —
        Postvelin --- 5 — 24 —
— — der Jurisprudenz und Staatswissenschaften. Heft 1. d. Jahrg. in 3 Heften. .. 2 — 24 —
        Postvelin --- 4 — 30 —
— — der Medicin und Naturgeschichte. Heft 1. d. Jahrg. in 3 Heften ----------- 3 —
        Postvelin --- 5 — 24 —
— — der Mathematik, Physik, Chemie und Kameralwissenschaften. Heft 1. der Jahrg.
in 3 Heften -- 3 —
        Postvelin --- 5 — 24 —
— — der Philologie, Historie, Litteratur und Kunst. Heft 1. 2. d. Jahrg. in Heften 3 —
        Postvelin --- 5 — 24 —
Kämmerer, F. Commentatio de operis novi nunciatione. 8. maj. ------------ 1 — 30 —
Murgthal, das, von G. Primavesi. 2tes Heft. Fol. illum. --------------------- 9 —
Richter, Jean Paul Fr., Friedenspredigt an Deutschland. 8. geheftet. ---------------- 2 — 30 —
                           Welinpapier 4 —
Saalfeld, F. De quaestione illa: num principi liceat ministros publicos incogni-
ta causa dimittere, Comment. 4. ------------------------------------ 15 —
Schlegel, F. von der Sprache und Weisheit der Indier. 8. geheftet. ---------------- 2 — 30 —
                           Welinpapier 4 — ..
Schriftproben von Peter Hammer. 4. ------------------------------ geheftet 30 —
Schwarz, F. W. C. Sciagraphia Dogmatices Christianae. 8. ---------------- 40 —
Zachariä, C. S. Handbuch des französischen Civilrechts. 2 Bde. gr. 8. (Rest 2r Band,
wird vielleicht noch am Ende der Messe geliefert.) --------------------- 5 — 54 —
Zeitung für Einsiedler. 1808. Nro. 1. — April bis December. -------------------- 6 — 4 —

Ansichten des Heidelberger Schlosses. Zwölf Blätter von G. Primavesi. Mit erklären-
dem Text. gr. Fol. -- 15 —
Versuch einer französischen Sprachlehre für deutsche Kinder, die ihre Muttersprache noch nicht
nach Grundsätzen gelernt haben; gr. 8. Mühlhausen. geheftet. (in Commission). 1 — 15 —

———

Zeitung für Einsiedler.

1808. ——————— 1 ——————— 1. April.

Alle gute Geister loben Gott den Herrn!

Der freye Dichtergarten.

Kranker König laß nicht schließen
Mit der Eisengitterthür
Deinen Garten, wo uns grüßen
Edle Hirsch und Tannenthier,
Wo die goldnen Fische spielen
In dem letzten Sonnenstrahl,
Wo sich goldne Aepfel kühlen
In des Sees Spiegelthal,
Wo sich Goldfasanen brüsten
Unter wildem Rosenglanz,
Wo die stolzen Pfauen rüsten
Hell den Tausend-Augen-Kranz,
Wo die türkschen Enten rauschen,
Fast gedeckt von Schaum und Fluth,
Und die lichten Schwäne lauschen
Auf den Kreis von rothem Blut:
Laß den Mädchen manche Blume,
Laß den Kindern manchen Zweig,
Ihrem Schatz ist sie zum Ruhme,
Dieser wird zum Schwerdt sogleich!
Und mit solchen muth'gen Kindern,
Und mit Buhlen keck und kühn,
Kann dein Glück die Welt nicht hindern,
Kannst du in die Schlachten ziehn.

Bürger kommen an dem Abend,
Wie es die Gewohnheit ist,
Zu der Thüre, wo so labend
Frischer Duft sich still ergießt,
Treten an in frohem Tanze,
Von der Arbeit die beglückt;
Zwitschernd aus dem Blätterkranze
Der Canarienvogel blickt,

Zu des Abends lust'gem Reihen
Macht er die Musik so gern,
Kranich selber, tanzend schreien
In dem Duft der Wiese fern.
Doch die Thüre ist geschlossen,
Die der Freude offen schien,
Alle Bürger stehn verdrossen,
Und die Frauen klagen kühn:
„Wird der Garten uns genommen,
„Dieser Fluß, der kühl uns faßt;
„Wo wir frischend oft geschwommen,
„Wer erträgt der Arbeit Last?
„Will der König uns verseeren?
„Stehn wir hier vor Feindes Land?
„Machte Gott ihn da zum Herren,
„Uns vom Paradies verbannt?“

Zu des Volks empörten Sinnen
Flimmernd durch das Gitterthor
Schöne Flammenbäche rinnen,
Dürstend steht das Volk davor!
Hoch des Springbrunns Tropfen spritzen,
Himmlisch wird ihr Zeugenchor,
Hoch als Himmelstern sie blitzen,
Dürstend flieh das Volk am Thor.
Nachtviole giebt ein Zeichen,
Und ein Irrlicht steiget leis,
Und die Leuchtgewürme streichen,
Suchen in dem lichten Kreis,
Leuchten, daß der Schwimmer kehre
Heim ins liebe grüne Land,
Daß der Hellespont nicht störe,
Was die Liebe fest verband.
Doch die dunklen Reben weinen,
Klagend steigt die Nachtigal,

Kein Begegnen in den Hainen,
Nirgend ist ein Liebesmahl.
Schweigt ihr Blätter, Flüsterstimmen
Von versäumter Liebesstund,
Wollet ihr das Volk ergrimmen,
Seyd ihr im geheimen Bund?

Wiehernd kommt ein Zug von Rossen,
Viere, schwarz und kraus heran,
An die Thüre, die geschlossen
Spannt sie an ein Bürgersmann;
Und die Thüre stürzet krachend
Bey dem ersten Peitschenhieb,
Und die Bürger ziehen lachend
In den Garten doppelt lieb.
Doch die Rappen von dem Knalle,
Hintennach das Eisen schallt,
Rissen aus und zogens alle
Durch die Straßen mit Gewalt;
Wie ein Geist auf ihre Füße
Schlug vom Pflaster hoch das Thor,
Und sie traten aus wie Flüsse,
Muth und Angst in ihrem Chor.
Und der König kam gegangen,
Dieser Stromwuth nicht entging,
Blind sie auf den Kranken drangen
Wußte nicht wies ihm erging;
Nieder wurde er getreten,
Seine Räthe allzugleich,
Keiner konnte beichten, beten;
Frey ist nun das ganze Reich.

Erste Stimme. Selbstbescherung.
Alles aus einem Gemüthe,
Alles aus einer Brust,
Springet mein Geblüte,
Singet meine Lust.

Vieles ihr möget tadeln,
Vieles sey ehrenwerth,
Alles ums zu adeln
Wird es mir beschert.

Hell mir die Christnacht klinget,
Thür auf, Thür zu die Welt
Und ein Kindlein bringet,
Was mir wohlgefällt.

Alles was abgeleget,
Was es in Lust verbraucht,
Was es sorgsam heget,
Weil es mir nun taugt.

Zweyte Stimme. Selbstbeschwerung.
O süßer May,
Der Strom ist frey
Ich steh verschlossen,
Mein Aug' verdrossen,
Ich seh nicht deine grüne Tracht:
Nicht deine buntgeblümte Pracht,
Nicht dein Himmelblau,
Zur Erd' ich schau;
O süßer May,
Mich lasse frey,
Wie den Gesang
An den dunkeln Hecken entlang.

Dritte Stimme. Selbstberuhigung.
Wie übers Meer die Schiffe
Zu heitrer Ferne ziehn,
Schlag an der Laute Griffe
Dir selber zu entfliehn.

Die Ruder schlagen helle
In die krystalne Fluth,
Es springet Well auf Welle,
Ein junges Blut thut gut.

Wie alle Segel schwellen,
Wie schäumt der muntre Kiel,
Mit Schäumen sich erhellen
Der dunklen Wellen viel.

Nun ruhet euch ihr Arme,
Ihr Ruder tröpfelt ab,
Ich fühle ein Erwarmen,
Das ich mir selber gab.

Die Winde sich versuchen,
Wies in der Laute tönt,
Wers Leben will versuchen,
Der ist zur Stund versöhnt.

Im Schrecken zu genießen,
Schau um im raschen Blitz,

Verlorne Freuden grüßen
Dich neu im Menschenwitz.

Vierte Stimme. Das Wort

Mein lieber Sohn,
Du starker Ton,
Du trägst mich fort,
Mich schwaches Wort.

Die Wiege dein,
Die enge Brust,
Ist dir zu klein,
Du springst in Lust.

Ja wie ein Blick
Hoch himmlisch trägt,
Um mich Musik
Die Flügel schlägt.

Ein Luftschiff baut
Sie mir behend
Aus goldner Laut
Ich streck die Händ.

Glück auf mein Sohn,
Heb mich zum Thron,
O selge Stund,
Zu ihrem Mund.

Fünfte Stimme.
Lieben und geliebt zu werden.

Lieben und geliebt zu werden
Ist das Einzige auf Erden,
Was ich könnte, was ich möchte,
Was ich dächte,
Daß es mir noch könnte werden,
Lieben und geliebt zu werden.

Lieben und geliebt zu werden
Lehrt ihr mich ihr muntern Heerden,
Wenn gehörnte Böcklein springen,
Muß ich singen:
Lieben und geliebt zu werden
Wünsch ich mir, es wird mir werden.

Lieblich um geliebt zu werden

Treibt des Abends Gold die Heerden
Mit dem frohen Sängergruße
Zu dem Flusse;
Konnt ich meinen Sinn erkühlen,
Auszuströmen, auszufühlen.

Liebend auch geliebt zu werden,
Ach wer trug da nicht Beschwerden,
Seht die Stiere scharf sich drängen;
Leichte Gänge!
Streitend mocht ich für sie sterben,
Für sie leben, sie erwerben.

Liebe, die ich lieben werde,
Ach die glücklichste der Erde,
Und sie muß mir bald begegnen,
Mich zu segnen;
Denn noch nie mit süßerm Schallen
Schmetterten die Nachtigallen.

Liebe trit mir bald entgegen,
Wie dem Frühling warmer Regen,
Grüne Blätter und von allen
Tropfen fallen:
Und kein Tropfen soll verkommen,
Warum war ich doch beklommen?

Liebend um geliebt zu werden,
Lauscht der Wald dem Trit von Pferden!
Kommt Sie da? Ich hör im Düstern
Vögel flüstern!
Nein, es jagen sich die Füllen,
Kinder lieben nicht im Stillen.

Lieb ich um geliebt zu werden,
Still genügen mir Geberden,
Vor mir leise reden, lachen,
Sie umwachen:
Mein vertrauter Lustgefährte
Wär der Traum auf ihrer Fährte.

Liebend um geliebt zu werden
Reis ich um die grüne Erde;
Ach wo wird der Blick mich finden,
Der mich bindet?
Und an welchem frommen Heerde
Bleib' ich um geliebt zu werden?

Lieben und geliebt zu werden,
Lieblich Daseyn, lieblich Werden,
Heimlich Wesen und verlohlen,
Wo sie holen?
Ach in welchen öden Mauern
Mag sie lauern, mag sie trauern.

Liebend gleich geliebt zu werden,
Letzte Abendroth bescheere,
Löse auf der rothen Schleifen
Himmelsstreifen:
Sinkt des Auges helle Wonne,
Nur im Herzen steigt die Sonne.

Wie mein Auge sich verkläre,
Alles flüchtet, was beschwerte,
Wie auf Wiesen Lüftlein zittern
Hell zu flittern:
Flitterwoche wird mein Leben:
Wird dann hell in Nacht verschweben.

Liebend so geliebt zu werden,
Ach zu arm ist diese Erde,
In die Lüfte muß ich küssen,
Sie zu grüßen:
Nur der Ueberfluß der Sterne
Giebt mir Zeichen aus der Ferne.

Liebend wieder liebt zu werden
Lieget ruhig liebe Heerden,
Laßt euch nicht im Schlafe stören,
Mich zu hören!

Hört ich muß nur Luft mir machen,
Singend in das Feuer sehn und wachen.

Sechste Stimme. Bund.

Wenn des Frühlings Wachen ziehen,
Lerche frisch die Trommel rührt,
Ach da mochte ich mitziehen,
Ach da werd ich leicht verführt;
Handgeld, Druck und Kuß zu nehmen,
Und ich kann mich gar nicht schämen.

Wie die Waffen helle blinken,
Helle Knospen brechen auf,
Hohe Federbüsche winken,
Die Kastanie hält was drauf,
Blühen, duften, wehen fallen
Und ich muß so lockend schallen.

Wie gefährlich sind die Zeiten
Wenn die Bäume schlagen aus,
Nachtigal schlag drauf bey Zeiten;
Schießt Salat und macht sich kraus,
Kinder ihr müßt ihn besehen,
Die im Grünen sich ergehen.

Schwinge nur die bunten Fahnen
Apfelblüt im Morgenschein,
Ja wir schwören beyd und bahnen
Einen Weg, der uns verein;
Was im Frühling treu verbunden
Lebt zusamm für alle Stunden.

(Die Fortsetzung im folgenden Stücke.)

Consiliis hominum pax non reparatur in orbe.

Und Gott sprach: Es werde Licht! Und es ward Licht.

(Hieben eine Kupfertafel nach einem alten Holzschnitte; die Erklärung davon in einem der folgenden Stücke.)

Faust und Mephistophiles.

Z.f.E. Tab. I.

Zeitung für Einsiedler.

1808. ———————————— 2 ———————————— 6. April.

Von vielgestaltigem Dunkel umkleidet, ihrer Thaten Lohn
Endes bewußt sind diese all mit Freud- und Leid-Gefühl
begabt.
Diesem Ziel nach nun wandeln sie, aus Gott kommend, bis
zur Pflanz herab

In des Grauß schrecklicher Welt hier, die stetshin zum Verderben fällt.

Aus dem Indischen des Morus-
von Fr. Schlegel

Der freye Dichtergarten.

(Beschluß.)

Kritik.

Ein recht Gemüth
Springt mit den Nachtigallen
Auf jede Blüth,
Und freuet sich an allen:
Von diesem Zweig
Will Jener einzeln schallen,
Nicht allzugleich
Wie Saat der Menschen wallen.

Doch was vermag
Ihr wallend Herz zu stören?
Nicht Trommelschlag!
Zum Trotz sie schlägt in Chören.
Nicht Kukuksruf,
Von Kindern oft befraget,
Kein Schlag vom Huf,
Der über Wiesen jaget.

Nichts störet sie,
Nur heller muß sie singen,
Da höret sie
Den Wiederhall erklingen;
Ist voll das Herz
So geht der Mund wohl über,
Und Lust und Schmerz
Wird da unendlich lieber.

Und nur zu bald
Vergißt sie sich im Schlagen,
Sich und den Wald,
Fort kann der Falk sie tragen;
Doch sieh den Falk,
Er hört ihr zu betroffen.

Der lose Schalk,
Und hält den Schnabel offen.

Krankheit.

„Wehe, wehe, daß dem Schlechten
„Macht gegeben übers Beste!"
Mit den Göttern ist kein Rechten,
Flehe nur für dich das Beste,
Daß sie dir dein Hälschen kühlen,
Von der Fiebergluth verenget,
Welche sonst die Ohren fühlen,
Wenn dein Sang sie schwellend dränget.

Denkt doch Götter, wem gehöret
Diese Stimme? Euer Leben
Nicht mit solchem Muthwill störet,
Wer kann sie euch wiedergeben?
Hat doch jeder jetzt zu denken
Schon genug, wer wird euch preisen,
Und mit lieblichen Geschenken
Euren Himmelsraum durchkreisen?

Zeit.

Hiebevor als wir Kinder waren,
Beyde, beyde in den Jahren,
Daß wir liefen auf den Wiesen,
Von jenen hernieder zu diesen,
Und unsre Stunden
In Veilchen wunden,
Da sieht man nun so hinein.

Sieht so hinein, tief wie durch Bäume
Jene goldne Berge scheinen,
Soll der Abend denn schon dunkeln;
Da dauert noch ferne das Funkeln!
Kein Eichhorn springet,
Kein Vogel singet,
Die Nachtluft haucht schon herein.

Wohl ich gedenk noch, daß wir saßen
In den Blumen bis zur Nasen,
Und es lispelten die Mayen,
Erschien da ein Kindlein im Freyen
Geht mit dem Kranze
Im Sonnenglanze,
Also geht auch die Zeit von hinnen.

Meinten nicht einmal, dies sey gewesen
Unser Kranz, den wir gelesen,
Lobten ihn und Beeren suchen
Bey Tannen und rauschenden Buchen,
Da rief ein Weiser
Uns durch die Reiser,
Wohl Kinder geht nun hinein.

Sahen uns nicht um nach seiner Weise
Sammelten die schwarze Speise,
Und er ging mit schwarzem Munde,
Wir lachten es schallte im Grunde;
Er hat gegessen,
Was wir gelesen,
Also geht auch die Zeit von hinnen.

Farbig schien da in dem Kraute
Eine Schlange, die ich schaute,
Und ich nahm sie auf verlegen,
Hat Blumen und Frucht nicht zu geben!
Die Schlang sich schwinget,
Zum Ring sich schlinget;
Also geht auch die Zeit von hinnen.

Freundschaft.

Der Blinde schleicht am Wanderstabe,
Weiß nicht, daß schon die Sonn' im Meer.
Er trägt an seiner Last so schwer,
Die Last ist seine letzte Habe.

Er trägt so treu zum sichern Grabe
Den Knaben, der ihn führt bisher,
Der fiel, denn Hunger drückt so schwer,
Der bettelte für ihn um Gaben.

Wird er den sichern Schooß nun finden,
Der seinen Liebling sanft umfaßt,
Doch was uns liebt und was uns haßt,
Kann sich dem Blinden auch verkünden.

Ich trug der Einsamkeit Vertraute,
Die Laut zerschmettert noch mit mir,
Mein Herz war träumend ganz in ihr,
Als ich vor mir ein Mädchen schaute.

Die sang vor sich und meine Laute
Tönt heller wieder aus dem Mund,
Er that mir alles wieder kund,
Ich horte wieder die Vertraute.

Der Laute Ton ist heller funden,
Ich singe prüfend um den Hals,
Ich freue mich des süßen Schalls,
Und heller schlagen mir die Stunden.

Den Finger legt sie auf mein Auge,
Ein Wunder thut der Liebe Hand,
Gar herrlich scheinet nun das Land,
Durch tiefe Nächte kann ich schauen.

Die Laute ist nur da entfallen,
Ganz still im Gras sie liegen blieb,
Wenn alle Welt einmal nicht lieb,
Wird tröstend in die Hand sie fallen.

So ist der Freundschaft ahnend Wesen,
Daß sie in sich zurücke trit,
Wenn sie gebort der Liebe Trit,
Sonst wär es Freundschaft nicht gewesen.

Die Kunst. Sonnet.

Das Jagdhorn schallt, es blinkt der Wald von Rossen,
Und wer es hört, den zieht es mit im Zuge,
Die Bienen folgen so der Königin im Fluge,
So folgen auch der Kunst die Kunstgenossen.

Wo Frühling schien in bunten Vögelzuge,
Viel bunte Blumen scheinen gleich entsprossen,
Wo er die Welt hat klingend angestoßen,
Da beben an die Wesen zu der Fuge.

O Frühlingsschein, du Kunst mir fern und nahe,
Im Herzen glüht es mir, dir unterm Herzen,
In dir ich mich und alle Welt umfahe.

Was du geboren mir in hohen Scherzen
Wird fremd, wenn ichs in deinem Arm nicht sahe,
Da mag ich gern auch fremde Kinder herzen!

Dichter Wald der Dichter.

Erste Stimme. Die Verzweifelnde.

Könnet ihr nur wiederhallen
Dunkle Wälder meinen Ruf,
Müsset ihr wie ich auch fallen,
Meine Klage Sturm erschuf:
Auf die umgestürzten Stämme
Werf ich mich verzweifelnd hin,
Und der Schmerz bricht durch die Dämme,
Ueberfließt den dürren Sinn.

Wie des wilden Weines Reben
Klammre ich mich an euch fest,
Nie werd ich mich wiederheben,
Denn zerschmettert ist mein Nest;
Horchend lieg ich auf dem Boden,
Auf der Ameis Trümmerreich,
Und es zieht ein milder Odem,
Eine Stimme hold und weich!

Ferne Stimmen.

Wie sind wir erschlossen
Im Sange so freundlich,
Und alle Genossen,
Und keines mehr feindlich.

Zweyte Stimme. Die Liebende.

Ach ihr ernsten kühlen Winde,
Wendend, prüfend jedes Blat,
Wendet nur mein Schiff geschwinde,
Denn ich fühle mich schon mat:
Eine Heerde Schmetterlinge
Treib ich nun durch Büsche hin,
Ehe ich sie zu euch bringe
Haschen sie mit klugem Sinn.

Aber mir bleibt ungenossen
Ohne dich der Wiesen Glanz,
Mancher Bach kommt angeflossen,
Durstend flecht ich dir den Kranz;
Liebe führt mich wie die Fehe,
Spannt zwey Schmetterlinge an,
Daß ich dich du Süßer sehe,
Den ich lang schon hören kann.

Ferne Stimmen.

Wie sind wir erschlossen u. s. w.
Was jeden gedrücket
Macht sorgenfrey alle,
Und alles beglücket
Und löst sich im Schalle.

Dritte Stimme. Die Besorgte.

Hat der Liebste nicht geschrieben,
Wein' ich mit dem Abendthau,
Hohe Felsen muß ich lieben,
Weil ich gern zur Ferne schau.
Ist er mit dem Roß gestürzet,
Oder wohl aus Gram erkrankt?
All mein Leben wär verkürzet,
Und mein Schritt schon zitternd wankt.

Wenn das meine Mutter wüßte,
Ach sie grämte sich zu todt,
Daß so jung ich sterben müßte,
Heute roth und morgen todt!
Ach sein Sonnenschirm mich decket,
Und die Sonne scheint nicht mehr!
Seine Stimme fern erschrecket,
Er ist nah und lachet sehr!

Ferne Stimmen.

Wie sind wir erschlossen u. s. w.
Wie eilen die Schritte,
Als wär es ein Tanz,
Es tanzt in der Mitte
Der Abend mit Glanz.

Vierte Stimme. Die Müßige.

Ach was hat man vom Spazieren,
Grün ist überall doch grün,
Und wohin wollt ihr mich führen,
Meine Füße, ihr seyd kühn.
Nein der Tag soll nicht versinken
Unachtsam und unbemerkt,
Sehnsuchtsvoll die Wälder trinken
Aus dem Strahlenmeer gestärkt.

Doch ich wollt ich wär am Ziele,
Wollte, daß ich hätt' ein Ziel,
Doch es giebt so viel Gefühle,

Und es wird schon etwas kühl;
Ey das paßt sich ja recht prächtig,
Allerliebst ist dieser Sang,
Der so heimlich, der so mächtig
Aus dem dunkeln Walde drang.

Ferne Stimmen.

Wie sind wir erschlossen u. s. w.
Die Blumen umschlingen
Die Füße mit Kränzen,
Sie glänzen dem Singen,
Sie duften den Tänzen.

Fünfte Stimme. Die Studierende

Wie die Bäume vor dem Fenster
Funkeln, rauschen hin und her,
Und die Schwalben wie Gespenster,
Pfeilschnell schießen kreuz und quer;
In den Büchern wirds so trübe,
Aller Sinn mir fast vergeht,
Zwielicht scheut der Weisheit Liebe,
Lieb' im Freyen sich ergeht.

Ich was hör ich für ein Singen,
Doch da fehlet meine Stimm,
Kinder wie nun zu euch dringen,
Daß ich mit zum Himmel klimm;
Bald so nah und bald so ferne
Auf des Felsens Schlangengang,
Seyd ihr meinem Sinn wie Sterne,
Nach dem Herzen, fern dein Drang.

Ferne Stimmen.

Wie sind wir erschlossen u. s. w.
Der Waldglanz versinket
Beym nächtlichen Gang,
Und spiegelnd uns winket
Viel heller der Sang.

Sechste Stimme. Die Wirthliche.

Alle sind mir fortgelaufen,
Keine sorget für den Tisch,
Denn die Erdbeer, roth im Haufen
Ladet sie zum Walde frisch;
Wenn sie dann nach Hause kommen
Fragen sie nach Labung gleich,
Eine hat sich müd geschwommen,
Jene kletternd durch den Zweig.

Wenn ich auch so denken wollte,
Wie bestände da das Haus,
Lieber wär mirs auch ich holte
Statt der Kräuter einen Strauß;
Was sie da wohl wieder singen?
Ach das klingt doch gar zu schön,
Mag die Kaß das Essen bringen,
Ich muß hin zu dem Geton.

Nahe Stimmen.

Wie sind wir erschlossen
Im Sange so freundlich,
Und alle Genossen
Und keines mehr feindlich:
Was jeden beglücket
Macht sorgenfrey alle,
Uns alle beglücket
Und löst sich im Schalle.

Wie eilen die Schritte
Als wär es ein Tanz,
Es tanzt in der Mitte
Der Abend mit Glanz,
Die Blumen umschlingen
Die Füße mit Kränzen,
Sie glänzen dem Singen,
Sie duften den Tanzen.

Der Waldglanz versinket
Beym nächtlichen Gang,
Und spiegelnd uns winket
Viel heller der Sang,
Dies Bächlein noch rauschet,
So träumend wir grüßen,
Die Nachtigal lauschet
Mit lustigen Küssen.

Wie sind wir verbunden
Im Sange so freundlich,
Die feindlichen Stunden
Sind allen vereinlich,
Wie wird hier erschlossen
Ein Wiederhall prächtig,
Der nimmer genossen;
Wir werden andächtig!

Ludwig Achim von Arnim.

(Die Melodien dieser Lieder von Sr Durchlauchte dem Fürsten Radzivil, von H. Kapellmeister Reichardt und D. Louise Reichardt
erscheinen in der Folge.)

Zeitung für Einsiedler.

1808. ——— 3 ——— 9. April.

Als geschaffen dieß All hatte, der sich undenkbar entwickelt
 stets,
Sank zurück in sich selbst wieder, Zeit mit Zeit nun vertau-
 schend, Er.
Während der Gott nun wachend ist, da regt strebend sich
 hier die Welt,
Doch wenn ruhigen Sinns er schläft, sodann schwindend
 vergeht es all.

So mit Wachen und Schlaf wechselnd, bleibt All was sich
 bewegt was nicht
Bringt zum Leben er stets hervor, vertilgt es selbst unwandelbar.
Zahllose Weltentwicklungen giebts, Schöpfungen, Zerstö-
 rungen,
Spielend gleichsam wirkt er dies, der höchste Schöpfer für
 und für.

Aus dem Indischen des Monu, von Fr. Schlegel.

Denksprüche
aus einer Friedenspredigt an Deutschland
von Jean Paul Fr. Richter.

Der Krieg hat über Deutschland ausgedonnert. Die
Römer feierten einen Tag des Donners heilig, und die
Bezirke, in die er geschlagen, wurden von der gemeinen
Erde geschieden. Wie viele Tage und Länder sind in
diesem Sinne uns jezt geheiligt, eine Ungerechtigkeit, die
nun an verwundeten Völkern begangen wird, schreiet mit
zwei Stimmen gen Himmel. — In jeder Sünde wehet
der ganze Krieg wie in jedem Funken eine Feuersbrunst:
Mancher aussen unbescholtene Mann ist vielleicht in nichts
von einer Geissel Gottes verschieden, als im Mangel des
Ruhms und des Geißelgriffs; der Krieg ist nur der ver-
größernde Hoolspiegel der Wunden, die wir so leicht
machen, nur das Sprachrohr und Sprachgewölbe der
Seufzer, die wir einzeln auspressen. — Laßt uns also
richtiger und ruhiger die Schwärze wie den Glanz des
Krieges ins Auge fassen, und wenn wir auf der einen
Seite oft den Siegeshelden nur als ein Sternbild aus
den hellen Thaten einer Menge zusammengesetzt beobachten, so wollen wir auch auf der andern uns seinen Schat-
tenriß nicht aus den Thatflecken seines Herzens zusam-
menmalen, oder seinen Namenszug in den Steppenfeuern
seines Volks erblicken. — Gab es eine Tag- und Nacht-
gleiche für Fürsten, worin sie selber entscheiden, was nach
ihr erfolgen soll, ob ein Frühling, oder ein Herbst, ob
ein Gang in warme fruchtbringende Zeit, oder in eine
kalte Blat und Frucht verlierende: so ist es diese Zeit
jetzt — Napoleon rette die lezten Deutschen und forme
die übrigen! — Man kann überall geboren werden, auch
in Bethlehem, aber nicht überall gepflegt; die Erhaltung
eines Genius ist wie in der Theologie die zweite Schöpfung und so hat die Wiedergeburtsstadt Weimar die Ehre
die Geburtsstadt von vier großen Dichtern zu seyn, so

wie Jena die Ehre einer Entbindungsanstalt mehrerer
Philosophen. Was ist nun politisch das, worauf die
deutsche Masse, nicht der Einzelne seine Nazionalehre
und Liebe gründet? Rechtlichkeit, sie verknüpft die
Deutschen — eigentlich die Menschen — und Wehe dem,
der das Band durchschneidet, woran das Heil und Wehe
und er selber, und Heil der Fürsten, dem die Geschichte
den neuen Beynamen des Rechtlichen gewähren kann. —
Bis hieher wurde das deutsche Volk wie eine vergoldete
Silberstange durch immer engere Löcher durchgetrieben
um verfeinert zu werden; aber eben wie die dicke Stange
lang und dünn ausgezogen, doch noch den Goldbelag
behält, so haben wir unser Gold der Weltseitigkeit und
Treue fortbewahrt. Es scheint darum ordentlich, da wir
geistige Gütergemeinschaft mit allen Völkern haben, und
so wie die Franzosen die Herren des Landes sind, die
Engländer die des größeren Meeres, wir die der beyde
und alles umfassenden Luft sind.

Wenn in der ganzen Geschichte die gebildete Nazion
die ungebildete Nazion auflöst, gleichgültig ob siegend
oder besiegt, so ist hier zwischen zwey gebildeten Nazionen
keine historische Möglichkeit eines nazionellen Vertilgungs-
Friedens. — Weniger über die politische als über die
Religionsfreiheit können wir am gewissesten seyn, die
Verstandeskraft der Zeit, die Gewalt und der Glanz
großer Beispiele und Gesetze, ganze mit Licht bedeckte
Länder und selber den Mangel an Religionsfeuer sagen
dem Religionslichte die alte Fortbreitung zu; löscht
heute den Fixstern-Himmel aus, er leuchtet noch viele
Jahre in unsre Nächte hinein, blos weil sein Licht schon
so lange unterwegs ist. — Hingegen die politische Frey-
heit? Aus dem Kriege als aus einem Loosfischen der
Gewalt und des Faust-Unrechts, trägt man leicht ein
Stück dieser willkührlichen Gewalt in den Anfang des
Friedens aus Gewohnheit hinein; zu oft ist der Friedens-
schluß selber nur die lezte Schlacht und die Taube mit

dem Oehlblat gleicht den zwey Tauben, die man in England den Verwandten nach der Hinrichtung zufliegen
läßt, zum Zeichen, daß der Ihrige keine Gnade gefunden. Der Krieg verfälscht mit seinen Gewaltsbewegun-
gen auf einige Zeit die Gewissens-Regungen, wie das
Erdbeben die Magnetnadel irrig und lügend macht. Aber
wie der zufällige Wind nur den ersten Faden des Spinn-
gewebes anlebt und bestimmt und darauf an diesen das
Kunstthier die andern ganz geometrisch knüpft, so kann,
was die Gewalt gründet, nur das Gesetz bewahren; ein
geistig Großer und geistig Gefürchteter kehrt ewig zum Gesetz zurück. Die Kraftlosigkeit liebt Gesetzlosigkeit, denn
nicht die Schwäche nur die Kraft will dasselbe, und dasselbe heißt Gesetz. — Zur politischen Freiheit gehört die
Preßfreiheit. Unten an hereinhängenden Lauwinen wird
jedes laute Sprechen, das sie herunter wälzen kann,
verboten; aber soll man denn auf dem ganzen Wege
schweigen, auf den Ebenen des Friedens? Muß ein
Staat erst todt seyn, ehe man ihn zergliedern darf, und
ists nicht besser durch dessen Krankheitsberichte die Sek-
tionsberichte abzuwenden? Oder soll den Bürger eines
Staats erst ein Feind desselben, der die Hände bindet,
die Zunge lösen? Man kann jetzt der Wahrheit nur den
Hof verbieten, nicht Stadt und Land, hinter den stum-
men Lippen werden die Zähne knirschen: Man kann
Bücher und Autoren an Ketten legen, aber nicht Minen
und Gedanken. Man kann, wenn man jenes thut, denselben Stoff, der sich als Licht mild und still umherge-
gossen hätte, zu einer Flamme verdichten, die brausend
fortstürzt und niederreißt.

Zum Glücke darf man sagen, daß schon in einigen
neugegründeten Staaten der Friede sich immer mehr vom
Kriege reinigt, und die Fürsten gleich der Gerechtigkeit
nach dem Einstecken des wilden geschwungenen Schwerdtes mit stillerer Hand die Wage halten. — Wann wäre
es leichter als jetzt, daß ganze deutsche Gesellschaften —
deutsche zu höherem als Worterzweck — höhere Hei-
landsorden auferständen und zusammenträten. — Himmel, wie wohlfeil ist das Leben, wenn man nur froh
seyn, es nicht scheinen will! Wie viel mehr kostet die
fremde Meinung uns täglich, Geld und Sünde, als die
eigne! Das reissende Unthier des Luxus kann kein Einzelner, sondern nur eine Menge bezwingen. Fürsten
reichen, wenn nicht in der Verfassung selber die Münz-
städte der spartischen Nothpfennige ist, mit ihren Pracht-
gesetzen nicht weit! Ihr könnt alle voraussehen, daß dieser Knochenfraß des Staates, da er niemals innen halten kann, noch weit mehr eure Kinder aushölen und
verzehren muß, wenn ihr nichts besseres dagegen vor-
setzt als ein Paar Lehren, euch nicht nachzuahmen, und

wenn ihr nicht durch Entsagungsgesellschaften ihnen das
entgegengesetzte Beispiel der schlechten Vielheit gebt. —
Verarmung thut wie dem Gemeinwesen, so noch mehr
dem Einzelwesen so viel Abbruch, als Armuth Vorschub;
diese sperrt den Luxus mit seinen guten und seinen bösen
Kindern zugleich aus, jene wirbt durch die Bösen um
den Vater an. — Eine Zeitlang werden die Deutschen
aus Unmuth und Geldmangel verschwenden; Schätze
sparen heißt Gegenwart opfern und verschwenden; dazu
muntert aber nicht gefürchtete Zukunft auf, sondern
gehoffte. — Aber wer soll helfen? Die Männer sind den
weiblichen Prachtordnungen unterthan; die Weiber sind
die ewigen Thierwärterinnen des Raubthiers des Luxus,
die Schutzheiligen dieses verwüstenden Sünders und am
Ende die Seeleneinkäuferinnen für Amerika, wohin und
worunter die Noth hinwirft und treibt, welche ähnlich
der Strafe des Kielholens, die den Verbrecher unten
um das Schiff herum zieht, eben so andre um die Erd-
kugel herumschleppt. Aber an wen wend ich mich denn?
An die Mütter. Aber wie kann es geschehen? Nicht
durch eine Mutter, sondern durch Mütter und der Himmel und die Ehemänner mögen sie uns bescheren. —
Das zweite Unglück ist, daß wie die Männer überhaupt
durch Weichlichkeit weit mehr verlieren als die Weiber,
jene sich durch Wollust in dem Grade abstumpfen, als
diese sich dadurch verfeinern. Und dann weiß Deutschland seine Zukunft. Die letzte Stufe des Wachsthums
der Pflanzen ist die letzte der Verhärtung. Bei Staaten
ists die letzte der Erweichung. Was gegen dieses Ent-
nerven der hohern Stände, welche gerade die Ruder-
stangen Deutschlands in Händen haben, vorzukehren ist,
weiß niemand weniger als ich. Zucht und Ehrbarkeit ist
Sitte oder Religion. Bessere Gesetze holen die schöne
Sitte nicht zurück, doch bahnen sie ihr ein wenig den
Rückweg. Irgend eine begeisternde Idee hülfe vielleicht
am meisten, — und allerdings ist diese da für Menschen,
welche Deutsche sind. Ein zweites Gegengift haben die
Dichter in Händen, so wie das Gift auch, es ist heilige
Darstellung der hohern Liebe, welche, wenn nicht den
Mann, doch den Jüngling lange beschirmt. Zeit bei der
Jugend gewonnen, folglich Alter, ist alles gewonnen,
denn die Jugend ging nicht verloren. In dieser Hinsicht
haben wir unsern empfindsamen Romanen mehr zu ver-
danken, als die Franzosen ihren frivolen, unsre geben
vom Lebensbaum, ihre höchstens vom Erkenntnißbaume.
Aber welche schreibende Hand dem Beispiel mit dem
Buche, der Sündenprose mit der Sündenpoesie zu
Hülfe kommt, und welche die Verwundeten der Zeit
vergiftet, nie werde diese Hand von der eines Freundes
gedrückt oder von der eines Weibes angenommen. — O

rechnete und lebte nur ieder nach der Sternenzeit eines geheiligten Herzens, so würde er die rechte Stunde auch auſſen treffen, da das gemeine Auſſen mit seinen Stadt- und Ländernhren ſich doch am Ende nach jener regeln muß. — Schafft und hofft; euch helfen und bleiben Gott und Tod! —

(Es schien uns wichtig und erfreulich aus dieser beruhigenden Friedenspredigt, die jedem Einzelnen seinen Antheil am Frieden in der Beſchdigung ſeines inneren höheren Daseyn zusichert, einiges ſo früh wie möglich zu zeitigen, die Auswahl iſt immer schwer im Auserwählten, wenn uns auch die künftigen Leser des Ganzen zürnen, so werden doch die jetzigen Leser dieser Denkſprüche zuſtimmen können; des Verfaſſers Erlaubniß dazu war gewiß ein gutes Zeichen für unſre Zeitung, möge diese Friedenspredigt wie das Oelblat der Taube ihr auch Frieden bringen von dem Morgenblatte und andern Blättern, von denen ſie angefochten worden, noch ehe ihre Zeit kommen. Zwar haben wir rechte Luſt zum Fechten, denn weil wir Frieden wollen, müſſen wir den Krieg verſtehen, aber zum Kriege gehört ein Feind und wir können nicht dazu kommen uns zu waffnen vor Lachen, wenn unſre Gegner mit Proklamationen ausrücken, worin immer das Beſte vergeſſen, was gegen uns gesagt werden konnte; darum können wir auch deinen Wunſch, lieber Freund, nicht erfüllen, als du uns schriebeſt: „daß der luſtigen Zeitungsanzeige einen ernsten Aufſatz folgen, der die alle treffliche Gemüther gewinnen muß, zeige hier, herzlich und warm die Mißhandlung, unter welcher das Vortreffliche und Geniale unſrer Literatur und Kunſt immer nur langſam hervorbringen kann, und durch welche das göttliche Kind oft wie Hunde verschlagen wird, und muthlos ſtirbt; hiebey wäre anzuführen, wie alles Junge und Muthige auf dem Plaſten in ſeiner Zeit, worüber es hinausgeführt, leicht ausgähnet, wie viele Zeitungen danach gestrebt als verſteinerte Geister tödtlich dagegen zu werfen; dann zeige die fruchtlosen Bemühungen gegen Leſſing, gegen Goethe, gegen Tieck, gegen Schlegel, gegen Fichte u. s. w. von Gottſchedianern, Nikolaiten, Merkelumpen, zeige wie die Zeit endlich armselig nach muß, wie die gurmelrenden Kindermörder endlich selbſt zu Kreuz kriechen und wie ſie ſich bezeichnen mit dem Kreuze um neue zu erschlagen. Wie traurig iſt die Anzeige im Morgenblatte gegen den Einsiedler.“ — Nun, nun, lieber Freund, nicht zu hoch mit uns heraus, da ſtehen gewaltige Namen, was wir wollen macht aber keinen Namen, denn es macht deren zu viele; wir möchten jetzt gesunde Erzeugniſs in der literarischen Welt fördern und die Kritik vernichten, die gleich bemüht iſt, daß Kind der Liebe lebendig zu ſeziren, um es in Spiritus ſcheinbar zu erhalten, oder in Wachs für ihre aeſthetischen Vorleſungen nachzumachen. Aber wie wollten euch heilige Scheu leuthen vor dem Lebendigen, wir wollten euch die Kindermährchen erzählen, daß euch davor grauen ſoll, ich meine das von dem Kinde, das vor das Bette des Anatomen alle Nacht trat und ihm verklagte: Wo haſt du mein Herz, wo haſt du mein Auge? bis er alles zum Begrabniß herausgegeben. Bey der Leichenverklaur eines ſolchen literarischen Kindes würden wir die herrlichen Worte eines Freundes zum Text nehmen: „Wie ein Foltermeiſterwerk von blinden Eſeln getrieben, ſo ſteigt immer herauf und hinunter, was die Liebe in der Tiefe geſchöpft, das zieht der Haß emſig obenaus in den Koth. — Schriftproben, Heidelberg, bey Mohr und Zimmer. S. 10. — Nach der Predigt wurde ich beoliegendes altes Bild zur Warnung an die Kinder vertheilen: Jama zieht oben im Drachenwagen zum Mephiſtophiles, dem

Verleger aller höllischen Zeitungen, ihm verschreibt ſich Fauſt der Verfaſſer, er deutet mit den Fingern: Es iſt nichts mit der Literatur, nimm mich hin, wozu ich ſauge, wenn mir nur wohl dabey wird! — Fauſte, Fauſte, rufe ich ihr zu, bekehre dich da es noch Zeit iſt, ſiehe dein Haus hinten in Flammen, ſo wird deine Seele emſt brennen müſſen! — Mephiſtophiles ſagt ihn aber ruhig und zeigt gen Himmel: Ob er auch Gott nicht mehr fürchte? — Fauſt bleibt dabey: Es iſt nichts mit der Literatur, alſo auch nichts mit Gott! — Wehe, wehe, wehe! ruf ich dir durch die verſchloſſene Thüre zu, wie wirds dich noch unter Gottes freyen Himmel treiben und du wirſt da keine Luſt kriegen. —)

König Rother zieht einer Jungfrau die Schuhe an.

Fragment aus einer alten Handſchrift, bearbeitet von Ludwig Tieck.

König Rother ſendet zwölf Grafen zum König Conſtantin nach Conſtantinopel, um deſſen Tochter zu werben; er giebt ihnen denen Abschiede drey Wellen auf der Harfe an, woran ſie ihn er kennen könnten, wenn ſie in Noth kämen. König Conſtantin laſst ſie in einen Kerker werfen. Rother ruſtet ſich zu einer Jahrt um ſie aufzusuchen, nimmt aber den Namen Dietherich an, ihn begleitet auſſer mehreren andern auch Aſprian mit ſeinen Rieſen, deren einer wegen ſeines Zorns gebunden mitgeführt wird. Dieses furchtbare Geſolge ſetzt alles in Schrecken zu Conſtantinopel, Aſprian tritt bey der Kudinng bis ans Knie in den Boden und zerschmettert des Königs Löwen an der Wand, der ihn etwas von ſeinem Teller nahm; Dietherich giebt ſich ſelbſt für einen von Rother vertriebenen Ritter aus, und ſein Geſolge für die Schwachſten des Landes, weil ihm alle Taysern erſchlagen. Die Königin bedauert, daß ſie nicht Rother zum Eydam bekommen. Dietherich gewinnt viele Ritter durch ſeine Geschenke, man wird durch allerley Verhältniſſe an die Kreuzzüge erinnert, deren doch das Gedicht nicht eigentlich erwähnt. Des Königs Tochter erbittet von Ihrem Vater eine dreytägige Hochzeit, um des Reiches Pracht zu zeigen, eigentlich um Dietherich ihre Liebe bekannt zu machen, mit dem Schluſſe der Hochzeit fangt das Fragment an, wir hoffen recht bald die Ausgabe des Ganzen und mancher anderer Bearbeitung unedruckter Heldengedichte aus dem Kreiſe des Heldenbuches und die Ausgabe des Heldenbuches ſelbſt von der Meiſterhand unſres verehrten Freundes Tieck anzeigen zu können.

In der Kammer ward es ſtille,
Da ſprach die Königinne:
O weh, Fraue Herlind,
Wie groß meine Sorgen ſind
Um den Herren Dietheriche,
Den hätt' ich ſicherliche
Verſtohlen gern geſehn,
Und möcht' es füglich geſchehn
Um den tugendhaften Mann,
Fünf Ringe luſtſam
Die möchte ein Bothe ſchier
Um mich verdienen,
Der den Held balde
Brächte zu meiner Kammer.

In Treuen sprach Herlind:
Ich will mich heben geschwind,
Ich geb zu der Herbergen sein,
Es bringe Schaden groß oder klein,
Doch pfleget er solcher Zucht
Daß wir seyn dürfen ohne Furcht
Herlind ging balde
Zu einer Kammer
Und nahm ein theuerlich Gewand,
Wie manche Fraue hat,
Darin zierte sie den Leib,
Da ging das listige Weib
Zu dem Herrn Dietheriche.
Er empfing sie freundliche,
Viel nahe sie zu ihm saß,
Dem Recken sie in das Ohre sprach:
Dir entbietet holde Minne
Meine Frau, die Königinne,
Und ist dir mit Freundschaft unterthan,
Du sollt hin zu ihr gahn,
Torten will die Magd
Dich selber wohl empfahn,
Nur um deine Ehre,
In allen Treuen Herre.
Du magst das wohl gewiß sein
In der Jungfrauen mein.
Also redete da Dietherich:
Fraue du versündigest dich
An mir elenden Manne,
Ich bin auch zu Kammern gegangen
Hievor da das mochte sein,
Warum spottest du mein?
Leider, so that man dem Armen ja,
Eure Fraue gedacht der Rede nie,
Die sind so viele Herzogen
Und Fürsten in dem Hofe,
Daß ihr mit einem anderen Mann
Euren Scherz mochtet han,
Des hättet ihr minder Sünde,
Ihr verdienet die Abgründe
Daß ihr mich so thöricht wolltet han,
Ich bin ein so armer Mann,
Doch ehemals ich war
Daheim ein reicher Graf.
Herlinde sprach dem Herren zu,
Sie konnte ihre Rede wohl thun:
O nein, mein Herre Dietherich,
Nicht verdenke du also mich,

Ich habe dieses, weiß Gott, nicht gethan,
Mich hieß meine Fraue hieher gahn,
Es nimmt sie großes Wunder,
Daß du so manche Stunde
In diesem Hofe seiest gewest
Und sie doch niemals wolltest sehn,
Daß ist doch selten nur gethan
Von einem so stattlichen Mann,
Nur verweist mir die Rede nicht,
Der Königinne wäre lieb
Welche Ehre dir gescheh
Wie du sie auch nie gesehn,
Wolltest du aber hingehn
So thätest du nichts übeles daran.
Dietherich zu der Frauen sprach:
(Er wußte wohl, daß es ihr Ernst war)
Sie sind so viele der Merler,
Wer behalten will seine Ehre
Der soll mit Klugheit gahn,
Es wähnet der elende Mann
Daß er nimmer so wohl thu,
Daß sie es alle für gut
Halten, die in dem Hofe sein;
Nun sage der Jungfrauen dein
Meinen Dienst, will sie ihn nehmen
Ich mag sie jetzt nicht sehen
Vor der Helle des Tages,
Ich fürchte, daß es erschalle
Lästerlich uns Beiden,
So verbietet mir das Reiche
Constantin der Herre,
So muß ich immermehre
Flüchtig sein vor Rothere
Und mag mich nirgend erretten
Herlind wollte von dannen gahn.
Der Herre bat sie da bestahn
Und hieß schnell seine Goldschmiede
Zween silberne Schuhe gießen,
Und zween von Golde.
Als er sie geben wollte
Da bat er Asprianen,
Daß sie nur zu einem Fuße kamen,
Daß er die beiden nehme
Und sie der Frauen gebe,
Und einen Mantel viel gut,
Zwölf Ringe Gold roth:
So soll man wohl belohnen
Einer Königinne Bothe.

(Die Fortsetzung folgt.)

(Hiezu ein Kupferblat.)

Eine Jeder wuchs auf zwischen Sträuchen, sie theilten mit
ihr Regen und Sonnenschein, und sie wuchs und wuchs
über ihre Häupter und schaute weit ins Thal umher. Da
riefen die Sträucher: Ist das der Dank, daß du dich nun
überhebest, dich, die du so klein warst, dich, die wir ge-
näher haben? Und die Zeder sprach: Richter mit dem,
der mich wachsen hieß! — Und um die Zeder standen
Sträuche. Da nun die Männer kamen vom Meer, und
die Art ihr an die Wurzel legten, da erhub sich ein Frohlocken: Also strafet der Herr die Stolzen, also demüthigt

er die Gewaltigen. — Und sie stürzte und zerschmetterte
die Frohlocker, die zertreten wurden unter dem Reisig.
Und sie stürzte und rief: Ich habe gestanden und ich werde
stehen! Und die Männer richteten sie auf zum Maste
im Schiffe des Königs und die Segel wehten von ihr her
und brachten die Schätze in des Königs Kammer. — Indessen war die junge Zeder, die aus ihr entsprossen,
schlank aufgewachsen, und ein Held kam und hieb sie
nieder sich zur Lanze wider die Riesen, da riefen die
Sträucher: Schade! Schade!

Einer Jugendarbeit des Meisters aus der Erinnerung nacherzählt.

König Rother zieht einer Jungfrau die Schuhe an.

Von Ludwig Tieck.
(Fortsetzung.)

Da sprang die fröhliche
Von dem Herren Dietheriche.
Herlind kam balde
Zu ihrer Frauen Kammer
Und sagete ihr von dem Herren,
Er pflege seiner Ehren
Sehre fleißigliche:
Das wisset wahrliche,
Ihm ist die Huld des Königes lieb,
Er mag dich darum sehen nicht,
Weil es sich nicht will fügen.
Nun schaue an diese Schuhe,
Die gab mir der Held gut
Und that mir auch Liebes genug,
Und einen Mantel wohlgethan,
Wohl mir, daß ich je zu ihm kam,
Und zwölf Ringe die ich han
Die gab mir der Held lustsam,
Es mochte nie auf der Erden
Ein schönerer Ritter werden
Als Dietherich der Degen
Gott laß es mich erleben,
Ich gafft ihn an ohn' danken,
Daß ich mich des immer mag schämen.

Es scheint wohl, sprach die Königinne,
Daß ich nicht seliglich bin,
Nun er mich nicht will sehen,
Magst du die Schuh mir geben,
Um des Herren Hulde,

Schnell ward der Kauf gethan,
Sie zog den goldenen an,
Dann nahm sie den silbernen Schuh,
Der ging an denselben Fuß.
O weh! Sprach die schöne Königinn
Wie wir nun gehöhnet sind,
Denn mit den Schuhen lustsam
Ist ein Missegriff gethan,
Ich bringe ihn nimmermehr an,
In Treuen du mußt zurücke gahn
Und bitten Dietheriche
Sehre gezogenliche,
Daß er dir den anderen Schuh gebe,
Und mich auch sehen wolle selber
Wenn er unter seinen Verwandten
Je gut Geschlecht gewanne.

O weh, sprach Herlind,
Wie doch die Schade nun ist
Fraue unser beiden,
Nun wisset es in Treuen
Sollt' ich immer Schande han
Ich muß wieder zurücke gahn.
Da hub die Fraue wohlgethan
Ihr Kleid lustsam
Hoch auf die Knie,
Denn sie gedachte der Zucht nicht,
Frauelichen Ganges sie vergaß,
Wie schnelle sie über den Hof gelaufen was
Zu den Herren Dietheriche,
Er empfing sie frommliche
In allen den Geberden
Als wenn er sie nie gesehen,
Da wußte der Held wohlgethan
Warume sie zurücke kam.

Herlind spräch zu dem Herren:
Ich muß immermehr
In Botschaften gahn,
Mit dem Schuh ist Missegriff gethan,
Sie sind der Königinne
Gegeben um deinetwillen,
Noch sollten wir den einen haben,
Das heißt dich meine Fraue mahnen,
Daß du ihr den andern Schuh wolltest geben,
Und sähest sie auch selber
Wenn du unter deinen Verwandten
Je gutes Geschlecht gewannst.
   Ich thät' es gerne, sprach Dietherich
Nur die Kämmerere die melden mich.
Nein, sprach Herlind,
Mit Freuden sie in dem Hofe sind,
Die Ritter schießen den Schaft
Da ist großen Spieles Kraft,
Ich will hin vor dir gahn,
Nun nimm zween deiner Mann
Und bede dich viel balde
Nach mir zu der Kammer,
Mit dem großen Schalle
Vermissen sie dein alle.
Herlind wollte von dannen gahn,
Da sprach der listige Mann:
Nun warte des Kämmerers,
Ich will nach dem Schuhe fragen.
Schnelle kam Asprian,
Er sprach: O weh, was habe ich dir gethan,
Die Wege ich nicht erleiden mehr mag,
Du bemühest mich diesen ganzen Tag
Immer mit neuen Mähren,
Mehr als du sonst thatest, Herre,
Ihrer war hier ein großer Theil geschlagen,
Die haben die Knechte zu tragen,
Nimm nach deinem Gefallen,
Ich bringe sie dir alle.
Da nahm Asprian
Die anderen Schuhe lustsam,
Und einen Mantel sehr gut,
Und auch zwölf Armkränze roth,
Und gab alles der alten Bothin,
Da ging sie also verstohlen
Viel sehre fröhliche
Von dem Herren Dietheriche,
Und sagete auch schnelle
Ihrer Frauen liebe Mähre.
   Des Mägdleins Schauen war schnellic.
Sich berieth der Herre Dietherich

Mit Berther, dem alten Mann,
Wie es mit Fuge möchte gahn.
Verständig sprach der Herzoge:
An dem versammelten Hof:
Will ich machen großen Schall,
Der zieht die Leute überall,
So bemerket dich kein Mann.
Er ließ die Riesen ausgahn,
Selber bedeckt er sein Roß,
Sich hub der Laut da auf dem Hof,
Da führte der alte Jüngeling
Tausend Ritter in den Ring,
Widolt mit der Stangen
Fuhr her mit Klange
In aller der Geberde
Als ob er thöricht wäre,
Da überwarf sich Asprian,
Der war der Riesen Spielmann,
Grimme hin zwölf Klafter sprang,
So thaten die anderen alle mit sammt,
Er griff einen ungefügen Stein,
Daß von den Merkeren kein
Mann Dietherich vernahm,
Da sie begunnten umher gahn.
   In deme Fenstere die junge Königinne stund,
Schnelle kam der Held jung
Ueber Hof gegangen.
Da ward er wohl empfangen
Mit zween Rittern herrlich,
Hin ging der Recke Dietherich,
Da wurde die Kammer aufgethan,
Darein ging der Held wohlgethan,
Den hieß die junge Königinn
Selber willkommen sein,
Und sprach was er dort gebote
Daß sie das gerne thäten.
Nach ihrer beider Ehren,
Ich habe dich gerne, Herre,
Um deine Biederkeit gesehn,
Und um etwas anderes ist es nicht geschehn,
Diese Schuhe lustsam
Die sollt du mir ziehen an.
Viel gerne, sprach Dietherich,
Nun ihr es geruhet an mich.
Der Herre zu ihren Füßen saß,
Viel schöne seine Geberde was,
Auf sein Bein satzte sie den Fuß,
Es wurde nie Fraue besser beschuht.
Da sprach der listige Mann:
Nun sage mir, Fraue lustsam

Mähre auf die Treue dein
So wie du Christin wolltest sein,
Dein hat nun gebeten mancher Mann,
Wenn es in deinem Willen sollte stahn
Welcher unter ihnen allen
Dir am besten gefalle.
    Das saget er, da sprach die Fraue:
Viel ernstlicher im Treuen
Herre, auf die Seele mein,
So wahr ich getaufet bin,
Der aus allen Landen
Die theuren Wigande
Zu einander biesse gahn,
So würde doch nie kein Mann
Der dein Genosse möchte sein,
Das nehm ich auf die Treue mein
Daß niemals eine Mutter gewann
Ein Kind also lustsam,
Darum mit Züchten Dietherich
Mag ich lieben und ehren dich,
Denn du bist in Tugenden ein ausgenommner Mann,
Sollte ich aber die Wahl han;
So nähm' ich einen Helden gut und stark
Dessen Bothen kommen her in dies Land,
Die noch hie leben
In meines Vaters Kerker,
Der ist geheissen Nother
Und sitzet westlich über Meer,
Ich will auch immer Jungfrau gahn
Mir werde denn der Held lustsam.
    Als das Dietherich vernahm,
Da sprach der listige Mann:
Wille du Nother minnen,
Den will ich dir balde bringen,
Es lebet in der Welt kein Mann,
Der mir so Liebes hätte gethan,
Er minderte ofte meine Noth,
Das lohne ihm noch Gott,
Wir genossen fröliche das Land
Und lebeten fröliche mitsamt,
Er war mir immer gnädig und auch gut,
Es hat mich auch nie vertrieben der Held gut.
    In Treuen, sprach die junge Königinn:
Ich verstehe nicht die Rede dein,
Dir ist Nother also lieb,
Er hat dich auch vertrieben nicht,
Von wannen du auch fährest Held stark,
Du bist ein Bothe hergesandt
Dir ist des Königes Huld lieb,
Nun vertheile mir die Rede nicht,

Was du mir heute wilst anzeigen,
Das will ich immer verschweigen
Bis an den jüngesten Tag.
Der Herre zu der Frauen sprach:
Nun stell' ich alle meine Ding
In Gottes Gnade und bei dir,
Ja, es steht dein Fuß
In Notheres Schooß.
    Die Fraue sehre erschrack,
Den Fuß sie aufzog
Und sprach zu Dietherich
Sehre freundlich:
Nun war ich doch nie so ungezogen,
Mich hat mein Uebermuth betrogen,
Daß ich meinen Fuß
Sagte in deinen Schoß,
Und bist du Nother so hehr
So möchte kein König nimmermehr
Bessere Tugend gewinnen,
Der ausgenommenen Dinge
Fast du von Meisterschaft Lul,
Welches Geschlechtes du aber auch bist,
Mein Herze sehnend,
Und hätte dich Gott nun hergesendet
Das wäre mir inniglicher lieb,
Aber ich mag dir doch vertrauen nicht
Du bescheinest mir denn die Wahrheit,
Und wär' es dann aller Welt leid
So räumte ich sicherliche
Mit dir das Reiche,
So ist es aber ungethan,
Doch lebet kein Mann
So schöne, den ich dafür nähme,
Wenn du der König Nother wärest.
    Also redete da Dietherich,
Sein Gemüthe war sehre listig:
Nun hab' ich Freunde mehre,
An denen armen Herren
In dem Kerker,
Wann die mich sähen,
So möchtest du daran verstahn,
Daß ich dir wahr gesaget han.
In Treuen, sprach die Königinn,
Die erwerb' ich von dem Vater mein
Mit adelichem Sinne,
Daß ich sie aus gewinne,
Er giebet sie aber keinem Mann,
Er muß sie denn auf den Leib han,
Daß ihrer keiner entrinne,
Bis man sie wieder bringe

In den Kerker,
Wo sie waren in Nöthen.
    Des antwortete da Dietherich:
Ich will sie nehmen über mich
Vor Constantine dem reichen
Morgen sicherliche
Wann er wird zu Hofe gahn.
Die Fraue also lustsam
Küßte den Herren,
Da schied er von dann mit Ehren
Aus von der Kammern
Zu der Herbergen balde,
So wie Werther das erfah,
Wie schnell der Ring zerlassen war.
Da sagete der Herre Dietherich
Die Mähre also wunniglich
Dem theuerlichen Herzogen,
Des begunnten sie beide Gott loben
    Die Jungfraue lag über Nacht
Daß sie in vielen Gedanken war,
Als es zu dem Tage kam,
Einen Stab sie nahm
Und kleidete sich in ein schwarz Gewand,
Als wollte sie pilgern über Land,
Eine Palme sie auf ihre Schulter nahm
Als wenn sie aus dem Lande wollte gahn,
So hob sie sich viel balde
Zu ihres Vaters Kammer
Und klopfete an das Thürlein.
Auf that da Constantin,
Als er das Mägdelein ansah
Wie liniglich sie zu ihm sprach:
Nun lebet wohl, Herr Vater mein,
Mutter, ihr sollt gesund sein,
Mir traumte in der Nacht
Es sende des hohen Gottes Gewalt
Seinen Bothen mir herab,
Ich muß in den Abgrund gahn
Mit lebendigem Leibe,
Daran ist gar kein Zweifel,
Dessen mag mich Niemand erwenden,
Ich will nun das Elende
Bauen immermehre
Zum Troste meiner Seele.
    Traurig sprach da Constantin:
O nein, liebe Tochter mein,
Sage mir, was du wöllest,
Dich davon zu erlosen.
Vater, es bleibt immer gethan,
Wir würden denn die gefangenen Mann,

Die will ich kleiden und baden,
Daß sie Gnade müssen haben
An ihrem armen Leibe
Ettelicher Weile,
Ich begehre sie nur auf drei Tage,
Dann sollst du sie wieder haben
Zu deinem Kerker.
Constantin der edle
Sprach, daß er das gerne thäte,
Wenn sie einen Bürgen hätten,
Der die auf den Leib dürfte nehmen
Und sie ihm wieder machte geben,
Daß ihrer keiner entrunne.
Da sprach die Magd, die junge:
Ich bitt' es heute so manchen Mann
Daß sie ettelicher muß beslahn
Des Leib ist also tugendhaft
Deme du sie mit Ehren geben magst.
Da sprach Constantin:
Das thu ich gerne, Tochter mein.
    Es war die Stunde
Nunmehr gekommen
Daß Constantin zu Tische ging,
Dietherich nicht unterließ
Er kam mit seinen Mannen
Vor den König gegangen.
Da man das Wasser nahm
Die Jungfraue lustsam
Ging um den Tisch flehend
Mit heißen Thränen,
Ob sie jemand so liebes hätte gethan,
Der die gefangnen Mann
Auf den Leib durfte nehmen;
Ihr keiner durfte sie des gewähren.
Die Herzogen, die reichen,
Entzogen sich allgeleiche,
Bis sie zu dem Recken kam,
Mit dem der Rath war gethan.
Da sprach die Magd, Held Dietrich:
Nun gedenke, Held Dietrich,
Aller deiner Güte — Und hilf mir aus den Nöthen, —
Nimm die Bothen auf dein Leben, — Die heißet dir der
König geben, — Verzaget sind meines Vaters Mann, —
Sie dürfen sich des nicht unterstahn, — Doch soll die
Edelkeit dein — Mit samt mir getheilet sein, — Daß
ich der genieße, — Und wenn das gerne ließest, — So
erläßt es dir nicht dein tugendhafter Muth, — Du sollst
mir das gewähren Held gut. — Gerne, sprach Dietherich,
— Was du geruhest an mich — Das gehe mir nur an mei-
nen Leib, — Doch werde ich dein Bürge schönes Weib.
    (Der Beschluß folgt.)

Zeitung für Einsiedler.

1808. ———————— 5 ———————— 13. April.

Der Jäger an den Hirten.

Durch den Wald mit raschen Schritten
Trage ich die Laute hin,
Freude singt, was Leid gelitten,
Schweres Herz hat leichten Sinn.

Durch die Büsche muß ich dringen
Nieder zu dem Felsenborn,
Und es klingen sich mit Klingen
In die Saiten Ros und Dorn.

In der Wildniß wild Gewässer
Werde ich mir kühne Bahn,
Klimm' ich aufwärts in die Schlösser,
Schaun sie mich befremdet an.

Weil ich alles Leben ehre,
Scheuen mich die Geister nicht,
Und ich spring durch ihre Chöre
Wie ein irrend Zauberlicht.

Hauf ich nächtlich in Kapellen
Stört sich kein Gespenst an mir,
Weil sich Wandrer gern gesellen,
Denn auch ich bin nicht von hier.

Geister reichen mir den Becher,
Reichen mir die kalte Hand,
Denn ich bin ein frommer Zecher
Scheue nicht den glühen Rand.

Die Sirene in den Wogen,
Hätt sie mich im Wasserschloß,
Gäbe, den sie hingezogen,
Gern den Fischer wieder los.

Aber ich muß fort nach Thule,
Suchen auf des Meeres Grund
Einen Becher, meine Kehle
Trinkt sich nur aus ihm gesund.

Wo die Schätze sind begraben
Weiß ich längst, Geduld, Geduld,
Alle Schätze werd ich haben
Zu bezahlen alle Schuld.

Während ich dies Lied gesungen,
Naher sich des Waldes Rand,
Aus des Laubes Dämmerungen
Trete ich ins offne Land.

Aus den Eichen zu den Birken,
Aus der Laube in das Zelt,
Hat der Jäger sich dem Hirten,
Flöte sich dem Horn gesellt.

Daß du leicht die Lämmer hütest
Zahm ich dir des Wolfes Wuth,
Weil du fromm die Hände bietest,
Werd ich deines Heerdes Hut.

Und willst du die Arme schlingen
Um dein Liebchen zwo und zwei,
Will ich dir den Fels schon zwingen,
Daß er eine Laube sei.

Du kannst Kränze schlingen, singen,
Schnitzen, spitzen Pfeile süß,
Ich kann ringen, klingen, schwingen
Schlank und blank den Jägerspieß.

Gieb die Pfeile, nimm den Bogen, ..
Mir ists Ernst und dir ists Scherz,
Hab die Senne ich gezogen
Du gesellt, so trifft ins Herz.

Clemens Brentano.

(Die Melodie wird in der Folge nachgeliefert.)

König Rother zieht einer Jungfrau die Schuhe an.

Von Ludwig Tieck.

(Beschluß.)

Die Bothen gab da Constantin
Dietheriche auf den Leib sein,
Der Herre sie da übernahm,
Da folgeten ihm des Königes Mann
Zu dem Kerker,
Wo sie waren mit Röthen,
Die elend Verhaften
Lagen in Unkräften
Und lebeten erbärmliche.
Berther der reiche
Stund und weinete,
Da er den Schall erhörete,
Den Kerker man aufbrach,
Darein schien da der Tag,
Schnelle kam ihnen das Licht,
Des waren sie gewöhnet nicht.

Erwin war der erste Mann
Der aus dem Kerker kam,
Als ihn der Vater ansah,
Wie groß seine Herzens-Reue war,
Herum er sich lehrte
Und rang seine Hände,
Er durfte nicht weinen
Und war ihm doch nie so leide
Seit ihn seine Mutter trug.
Erwin der Held gut
War von dem Leibe gethan,
So wie mit Recht ein armer Mann.
Sie nahmen die Grafen zwölfe
Her aus dem Kerker,
Und iegelich seine Mann,
Die Ritter sonst so lussam,
Sie waren beschmutzt und schwarz,
Von grossen Nöthen bleich gefärbt,
Leopold der Meister
Der hatte keine Kleider
Als nur ein dünnes Schürzelein,

Das wand er um den Leib sein,
Da war der edele Mann
Zum Erbarmen gethan,
Zerschunden und zerschwellt.
Dietherich der gute Held
Stund traurig von Leide
Und wollte doch nicht weinen
Um die gefangnen Mann.
Berther der alte Mann
Ging allenthalben
Die Gefangnen betrachtend,
Da reuete ihn keiner hier
Mehr als seine schönen Kind.
Dietherich der Herre
Hieß die Bothen edel
Führen zu den Herbergen sein,
Nur Leopold und Erwin
Die ließ man alleine gahn,
Zurücke blieb kein Mann.
Da sprach Erwin der edle:
Leopold, traun Herre,
Sahst du einen grauen Mann
mit dem schönen Barte stahn,
Der mich beschauete
Und viel trauerte?
Herum er sich kehrte
Und rang seine Hände,
Er durfte nicht weinen
Und war ihm doch nie so leide;
Vielleicht daß Gott der gute
Durch seine Barmunge
Ein groß Zeichen will begahn,
Daß wir kommen von bannen.
Das ist wahr, Bruder mein,
Es mag wohl unser Vater sein.
Da lacheten sie beide
Von Freuden und von Leide.
Die elenden Gäste
Waren frei nicht länger
Bis an den anderen Tag.
Die Jungfrau ihren Vater bat
Daß er sie dahin gehen ließe,
Sie wollte ihnen selber dienen.
Urlaub ihr der König gab,
Wie schnelle sie über den Hof hintrat,
Zu dem Herren Dietheriche.
Da hieß man allzugleiche
Die fremden Ritter ausgahn,
Darinne blieb kein Mann
Als der Bothen Magen,

Die über Meer waren gefahren.
Denen gefangnen Mann
Legete man gut Gewand an
Und kleidete sie fleißiglihe,
Das kam von Dietherriche,
Der Tisch war bereitet,
Berther der reiche
War Truchsaße,
Die weile seine Kind aßen.
Als nun die Herren saßen,
Ihres Leides ein Theil vergaßen,
Da nahm der Recke Dietherich
Eine Harfe, die war herrlich,
Und schlich hinter den Umhang,
Wie schnell eine Weise daraus klang:
Wellicher begunnte trinken,
Dem begunnt' es wieder sinken,
Daß er's auf den Tisch vergoß, welcher aber schnitt das
Brod,
Dem entfiel das Messer durch Noth,
Sie wurden vor Freuden sinnelos,
Wie mancher sein Trauern verlohr.
Sie saßen alle und horten
Woher das Spiel zu ihnen kehrte.
Laute die eine Weise klang,
Leopold über den Tisch sprang
Und der Grafe Erwin,
Sie hießen ihn willekommen sein
Den reichen Harfner
Und küßten ihn sehr.
Wie rechte die Fraue da saß,
Daß es der König Rother war.

Der gehörnte Siegfried und die Nibelungen.

Von J. Görres.

In meiner Schrift über die teutschen Volksbücher *) hatte ich
bey Gelegenheit des gehörnten Siegfried ausgesprochen, nach

---

*) In dieser Schrift (Heidelberg, bey Mohr und Zimmer 1807)
finden wir Herausgeber eine Einsiedelei beschrieben, die wir
uns sehnlich wünschen. (S. 246) „Eine stille einsame Kapelle
in tiefer Waldeseinsamkeit in Poesie, der Treue, der Er-
gebung gebaut, um die rund umher sich eng verschlungnen
Dickicht zieht, über der alte Eichen in heißem Sommertages
Brand flüsternd sich bewegen, durch deren Zweige gebrochen
dann das Licht durchstreift, und ein Schattengewölbe über die
Gänge gießt und spielend an ihnen auf und nieder zittert,
während von innen halbdunkle Lichte, erblühende Stille
herrscht, und hinten in der Nische das Bild der Heiligen
dämmerroth und freundlich durch das Gitter bietet, vor der
Waldblumen halbwelkend niederhangen und unten auf der

Norden und dem eisernen Heldenlande brente diese Dichtung samt dem mit ihm verbundenen großen teutschen Epos hin. Es war Ahndung mehr als historische Ueberzeugung, die mich dabey geleitet hatte; ich vermuthete wohl, daß die erste Quelle dieses großen poetischen Stromes dort sich finden müsse, wo auch die Quelle der Völker geflossen, unter denen das Gedicht gelebt; indessen hatte ich nicht Gelegenheit, darauf genauer die Denkmale aller frühsten Heldenzeit zu erforschen, die das Geheimniß wohl bewahren müßten. Da mich indessen solcher Untersuchungen anderer Art auf diesen Gegenstand zurück geführt, so theile ich gegenwärtig mit, was sich mir dabey zur Ergänzung meiner dortigen Untersuchungen ergeben. Da ich durch die Geschlossenheit des Gegenstandes, den jene Schrift behandelt, die Verbindlichkeit übernommen, das so Umschriebene auch nach Innen soviel möglich zu erörtern, so habe ich geglaubt, was ich gefunden, sobald es gereift, öffentlich machen zu müssen, ohne eine absolute Vollständigkeit zu verlangen, die theils die Sache selbst dem Einzelnen nicht erlaubt, theils nur durch die Benutzung aller Handschriften, die durch die teutschen, schwedischen und isländischen Bibliotheken zerstreut sind, annähernd erreicht werden möchte. Die Aufmerksamkeit, die eine neue Ausgabe auf diesen Gegenstand gelenkt, läßt hoffen, daß diese Erörterung auch einiges Interesse bey dem großen Publikum finden werde, daher wollte ich sie in diesen Blättern niederlegen.

Unter den klugen Zwergen, die endlich über die Riesen der Vorwelt durch Geisteskraft gesiegt, setzt die Sage alter starker Zeit, selbst eine Hünenjungfrau, und, und erzählt Wunderdinge, und will führen zu dem Lande und dem Brunnen, wo die Adern der Erde, Metalladern und Wasseradern, zusammenfließend die Stärken hervorgebracht, die nach und nach heraufgestiegen; und wer ihr

Steinfluß der bekannte Alte betend kniet, während Vogelsang eindringt durch die offene Thüre und Waldgerüche und kühles Wassersäuseln und grüner Schein und Baches Rauschen und alles seyerlich und betend rund umher, die auf die Wolken, die einzeln die Pilger, theil in innerem Verlangen es glänzend auf blauer Himmelsbahn hinwandeln zum Lande der Verheißung und die Winde, die wie Stimme der Natur nur im Hauche beten." — So wird feiner bey dem Werke ohne eigne Anregung bleiben, sey auch die historische Einsicht noch so verschieden, so verstehen sich Völker aus den verschiedensten Sprachen in der Leidenschaft! — um in das Historische dieser Nach unser Ueberzeugung wichtigsten und lange vernachlässigten Durchbruch unserer Welt mit neuen Richtungen einzudringen, den Gegenstand möglichst zu erschöpfen, damit künftige Bearbeiter dieser Gedichte sich unbesorgt ihrer Erfindung überlassen dürfen, hoffen wir in der Folge noch die Untersuchungen zweyer Gelehrten hierüber mittheilen zu können. Hätte nicht die Heimlichkeit mancher Literatoren mit ihrem Entdeckungsrecht, die recht im Gegensatze zu der Leichtfertigkeit bey Physiker steht, die Furcht durch spätere Untersuchung widerlegt zu werden, der Stolz immer das Bedeutende in dicken Bänden leerer Weitläufigkeit zu ertränken, um ein Buch zu schreiben, wäre nicht überhaupt diese Liebe zum Leeren im Gegensatze des horror vacui in der Natur, ein unglücklich wäre es bey so vielen deutschen Akademien, daß noch nicht alle Denkmale alter deutscher Kunst sey es in Abschrift oder gedruckt, in einem deutschen Fürstensitze gesammelt wären. Könnten wir einen solchen Plan irgendwo durch diese Blätter fördern, so wäre es uns doch lieber als jedes scherzende Gemisch, warum wir von den Lesern unser Zeitung angesprochen werden, doch soll auch dies künftig seinen Platz finden, unsre Correspondenz füllt beynahe schon unsre Einsichten.

folgt, den bringt sie durch Jahrhunderte, wie durch diese dunkle Thäler durch, wo dem Reisenden alles fremder und immer fremder wird, grauer immer und undeutlicher und doch größer, bis zu dem großen Steinmeer hin, in dem die Wellen seit dem letzten Sturme nicht mehr schlagen, weil sie in heller rauher Winternacht auf immer gestanden sind. Bemooste Runenmale stehen die Zeiten rund umher, seltsame Zeichen sind wie verloren ausgestreut, Schwerdter stehen im Steine wie in Scheiden, die keines Menschen Kraft herausziehen mag, Harnische vergraben unter den Wellen und Lanzensplitter, Roßhufe oben eingedrückt, Kampfsteine mit Granitblöcken bezeichnet, alte Heldengräber mit den Drachenhäuten, in der Mitte der Brunn, geschlossen und gesiegelt, und Geister sitzen, die ihn bewachen. Wo ist der Pilger angekommen nach langer, dunkler Fahrt, wo viele Zeiten viele Berge sich hinter ihm geschlossen haben? Er steht auf altem gothischen Boden, die Zeit hat sich ein festes Schloß gebaut nach ihrer Weise, und einen Wald herumgepflanzt, und wie die weiter gezogen, hat sie das Haus mit altem Geräthe zurückgelassen, und die Waldgeister haben es unter ihre Hut genommen, von dem Schloß im Meer dem Brunnen und den Denkmälern geht immer noch halblaute Rede unter den Enkeln um. Auch Siegfrieds Rüstung ist in dem Schlosse aufgehängt, und die der Nibelungen, Hagens Lanzenstoß ist tief noch in der Mauer sichtbar, und zerschrotenes Gewaffen von der Blutrache liegt umher.

Einen Berg hatten die Götter in die Milchsee gestürzt, und mit der Schlange als einem Baude die Masse umschlingend sie ungerührt in dem Meere, und nach unsäglicher Anstrengung mogt es ihnen erst gelingen, die Ambrosia der Unsterblichkeit zu gewinnen. Es scheint es auch um der Poesie zu seyn, sie bricht dann nur recht lebendig und Leben gebend aus dem gemeinen Erden heraus, wenn heftige, gewaltsame Bewegungen es im Grund aufregen, und die milde Milch der Gewöhnlichkeit in geistige Gährung setzen. Die Völkerwanderung war wie Bergesstürz in Völkersee, es schlugen große Wellen und die Poesie war Windsbraut, die die Elemente sich gewonnen. Die Völkerwanderung trieb Helden, tüchtige Kämpfer regten tüchtige Begeisterung, wenn die Schwerdter ruhten, tönten Heldenlieder, und wenn sie schwiegen war wieder Schwerdtschlag selbst Stahlgesang. War der Arm in Metall gefaßt, auch die Brust war hart angewachsen, und der Ton mußte durch Erz hindurch, und klang wie Trompetenstoß in ferne Zukunft hin. So waren die Heldengesänge eigen dieser Zeit, wie die Pflanze dem Himmelsstriche eigen ist; sie verbanden sich mit denen, die noch frühere Geschlechter blieben als Erbe zurückgelassen, und die Trümmer, die, weil sie allzudern und fest spätere zollende Jahrhunderte nicht zerreißen konnten, half alle dieser Formation. Die Nibelungen sind gewachsen auf diesem Boden, der geborene Siegfried, ihr Achilleus, hat sich gehärtet in dem Drachenblute dieser wilden Jahrhunderte. Nicht ganz so hat sich die Tradition verloren, als ganz hervorgegangen, als man glauben sollte, wenn man bloß, was die neuere Kunstgeschichte in kurzem Gedächtniß aufbewahrt, betrachtet. Glücklicher Weise hat in den nordischen Sagen und Dichtungen, das Andenken frühere Poesie sich aufbewahrt, die der übrige Welttheil größtentheils undankbar untergehen lassen. Spater erst in die Regel neuerer Cultur geschlagen, hat dort die Erinnerung früherer Begeisterung ungetrübter sich bewahrt, und die Schriftsprache hat durch günstige Zufälle eben in dem Momente noch dem Gedächtnisse das Niedergelegte abgenommen und aufgefaßt, wo sie gerade durch den Untergang der Tradition in Schrift mit gänzlicher Vernichtung bedroht gewesen.

Die älteste bekannte historische Erwähnung des Helden dieses verlornen Kreises mögte wohl jene seyn, die sich im Flatevischen Coder auf dem vierzehnten Jahrhundert findet, worin Gunlog erzählt, wie am Hofe des Königs Olaf Tryggvin, der in Norwegen zuerst das Christenthum einführte, um das Jahr 1000 die Gedichte der Edda, die zweite Ode des Sigurd, der den Schmied getödtet, dann das Gedicht Helreid Brynhildar, ferner Gudrunar Kuida, alle drey in der Samundischen Edda noch übrig, endlich Gunnari (Gnuckung), Melod gegenwärtig vorlesen, zur Lyra gesungen werden sehen. Alle diese Gedichte ruhen auf dem Boden der Nibelungen, und beziehen sich wieder auf die Sigurd Jafnisbani saga zurück. Hier ist Brynhildis die Minatone Tochter des Butlo, oder Budla nach Waernefrid und der Wolfungasaga, König in Sachsen und Frankenland; sie wohnt nach Brynhildarguida und Helreid der 73 Jahr der Snorronischen Edda im einsamen Schlosse, das rund um das Feuer Vairloga umbrennt; sie ist wie der Walkyren Eine, wie Eine der Schlachtungsfrauen, die selbst gegen Odin und die Seinigen kämpft, bis der Gott durch einen tiefen Schlaf, den er über sie sendet, ihrem kriegerischen Eifer Gränzen sent. Sigurd Jafnisbani aber, der Treue ihr gelobt, ist eben der teutsche gebörnte Siegfried, weil sie sie aber dem Gunnar, Gunthur dem Bruder des Chrimhildis freyen mögte, darum sucht er Braut einander zu nähern. Aber das Feuer will den Zutritt zu ihrem Schlosse nicht erlaubren und keiner als Sigurd kann es wagen, durch die Flamme durchzubrechen, und kein anderes Pferd als Sigurds Grana, und weil dieses niemand als seinen Herren auf dem Rücken leider, darum tauscht er, um Breyde Brynhildis und das Pferd zu täuschen, Miene und Aussehen mit Gunnar. Wir der teutsche Siegfried aber tödtet hier den Schmied Mimer, und den Drachen Jafner, und nachdem er das Drachenherz gegessen, versteht er die Vogelsprache. Sein Geschlecht aber entwickelt Warnefrids, daß er des Königs Sigmund von Hunnenland und der Hierdisa, Elma Sohn gewesen sey, und daß er zur Gattin Brynhildis und Gudruna Grimhild, König Giudes Tochter aus Niflungaland gehabt habe, seine Tochter Aslög aber, die Craca in Regner Lodbrogs Saga war Gemahlin dieses Königs, wodurch denn auf Sigurds Zeitalter die erste Hälfte des achten Jahrhunderts bestimmt wird, ob ihn gleich wieder bei Hundla Liod, (Edda Mag. p. 151) zum Zeitgenossen des Ermanrich und also des Dietrichs von Bern macht. Auch Hagene und die andern Nibelungenhelden kommen darin vor, die wie dieselbe Genealogie bezeugt, gleichfalls ein scandinavischer Stamm sind, der seinen Namen von Nasill, einem der neun Söhne des alten Haldan, Königs von Norwegen, erhalten. Als vierten Abkömmling dieses Haldans nennt sie Giuso, und dessen Söhne sind Gunnar, Hognar, Godunar, Godnnar, Godbrandar; Warnefrids bloß Gunnar, Hognar, Guttonor und Godruna Grimhild.

An diese schließt sich eine andere gleichfalls positiv historische Erwähnung des Gedichtes, in einer Form, die näher an die Nibelungen gränzt, aus dem Ende des eilften oder vielmehr dem Anfang des zwölften Jahrhunderts, etwa 1130 bey Saxo Grammaticus, der seine dänische Geschichte um 1200 schrieb. Magnus der jüngere Sohn des dänischen Königs Nicolaus, bildet eine Verschwörung gegen seinen ältern Bruder Canut, um ihm die Thronfolge abzugewinnen, und ladt ihn durch einen der Mitverschwornen, einen sächsischen Sänger, an einem bestimmten Tage einladen zur geheimen Unterredung, um ihn dann im Walde zu ermorden. Der Sachse, der Canut als Freund seiner Nation und ihrer Sitten kannte, hatte Mitleiden mit ihm, und versuchte ihn auf eine Weise

vor der Gefahr zu warnen, die den Zweck erreichte, ohne daß er darum selbst einbrüchig werden dürfte. Er sang also in einem wohl gesetzten Gedichte die weltbekannte Verräterey der Grimhilda an ihren Brüdern, um durch das Beispiel des berüchtigten Truges die Ahndung von Heimtücken in ihm zu wecken. Es ergiebt sich aus der Natur der Sache, daß die Begebenheit als Volkslied oder Romanze in allgemeinem Umlauf, auch in dieser Form hier vorgebracht wurde. Wirklich existiren auch noch bey alte nordische Gedichte, die der dänische königliche Historiograph Suhreus Vellejus nebst mehreren andern alten nordischen Heldensagen gesammelt und in der Centur. Cant. Danie 1695 herausgegeben hat, die Chrimhildis Rache zum Gegenstande haben. Das Folgende ist der summarische Inhalt dieser Gedichte. Im baldischen Meere zwischen Samöia und Seeland, gleich weit von beiden entfernt, liegt die Insel Hvena, großer Dinge und wichtiger Vorgänge wegen berühmt. Von der Riesin Hvenilda aber, die sie bewohnte, hat sie ihren Namen erlangt. Ehmal war sie wegen vier Schlössern berühmt, von denen nichts mehr als die Fundamente übrig sind. Suderburg wurde das südliche genannt, gegenüber Nordburg nach Winters Ausgang Carlshoi, nach der andern Seite Hammera. Auf dieser Insel, geht die Sage, habe einst ein berühmter Held Nogling, mit dem Beynamen Niding, gewohnt, den seine Gattin Botilda, Grimilda gezeugt, eine Jungfrau edel zwar von Geburt, aber von der schlimmsten Gemüthsart, in jedem Lüge und Truge geübt. Sie hatte zuerst dem trefflichen Siegfried (zur Gattin), dessen Andenken berühmt ist in der teutschen Heldenhistorie. Nach dem Tode desselben zur neuen Ehe schreitend, ihre Brüder Haquin seiner Thaten wegen der Heldenmüthige genannt, und Jaleward wegen seiner Fertigkeit auf der Zother unter dem Namen der Fiedler bekannt, auf die Insel zur Hochzeit ein. Wie sie erschienen zum Feste ließ sie die Edelsten unter dem heimlichen Kampfviertu die sie unterschiebt, treulos über sie herfallen, um sie die da treuen Betrug abändern, unversehens zu ermorden. Aber Haquin, unbeschädigt in Muth und Kraft, tödtete bis auf den Letzten alle, die ihn anfielen, und entzog sich so dem ihm zugedachten Loose. Aber sein Bruder Jalquard, gleich muthig kämpfend, erlag endlich nachdem er alle, die ihn ermorden wollten, hinabstreckt, selbst in ehrenvollem Tode, ob zwar die alten Hvenensischen Chronisten berichten, er habe, nachdem er fälschlich von Haquins Tod durch den Nordburger Kämpfer berichtet, durch das Trinken eines Horn es gefüllt mit dem Blute des Getödteten, sich selbst freywillig vergiftet. Grimilda aber, nachdem sie erfahren, daß Haquin, nachdem er alle Gefahr abgewendet, noch am Leben sey, eilte wuthend in der Seele, aber scheinbar freundlich und vergnügt nach Nordburg, und schloß mit dem Bruder Bund und Freundschaft, unter der Bedingung jedoch, daß wenn einer ihrer Kämpfer ihn einmal zu Boden werfen würde, er dann nicht mehr auf den Füßen, sondern auf den Knien sich vertheidigen wolle. Nachdem Haquin diese Bedingung eingegangen, ließ das versammelte Weib die Gegend des Kampfes mit feuchten Ochsenfellen zu begehen, damit sie gehen möge. Weil der stärkste Kämpfer fielen nun auf unsichern Schritt über ihn her, und warfen den Gleitenden leicht auf die Erde nieder, den sie von seinem Schwerdt hingestreckt. Kurz zu vor aber hatte er, mit Grimilda Vorwissen, eine edle Jungfrau Hvenilda zur Gattin genommen, und mit der einen Sohn Raneko erzeugt, den bei dem Tod seines Vaters auf folgende Weise gerettet: Er verbergte Grimilda nämlich, im Hügel beym Schlosse Hammera sey ein großer Schatz vergraben, brien Obhut und die Schlüssel zum Verschlossenen der Vater sterbend ihm anvertraut habe. Da sie nun, um den Schatz zu finden, mit in den Berg hinab stieg, schloß er die Thüren hinter ihr fest mit dem Riegel und Erbe, daß sie mußte bald dort im Hunger und Kummer elendiglich verderben.

(Die Fortsetzung im nächsten Blatte.)

Zeitung für Einsiedler.

1808. ———————— 6 ———————— 20. April.

Rezensieren, kritisieren
Soll dir aus dem Kopf spazieren,
Wenn ich sag es bleibt dabey,
Es sey die edle Jägerey.

Uhrmacher Bogs, S. 30.

Denn schwer ist, zu tragen
Das Unglück, aber schwerer das Glück,
Ein Weiser aber vernichtet es
Vom Mittag bis in die Mitternacht,
Und bis der Morgen erglänzte,
Beym Gastmahle heiter zu bleiben.

Hölderlin.

Malespini.
Nacherzählt von C. B.

Als die königliche und prächtige Hochzeit des Herzog Wilhelm mit Eleonora von Oestreich ausgerichtet werden sollte, gab der Gouverneur von Mailand, Marchese di Pescara, dem berühmten Ritter Lione Aretino, Bildhauer des Königs von Spanien, den Auftrag, sich nach Mantua zu begeben, und dieses Fest mit irgend einer ausserordentlichen Erfindung zu verherrlichen. Er reiste hin, schlug mancherley vor, und endlich wählte man das Schloß der treuen Liebenden, welches im Amadis von Gallien beschrieben ist, auf einem Plaze des Pallastes auszuführen, der La nostra hieß, und zu dergleichen geräumig und wohl gelegen war. Da wurden über 200 Menschen an das Werk gestellt, überdieß 20 Hauptmeister, die Aretino von Mailand kommen ließ, ausnehmend erfahrne Leute in dergleichen Sachen. Ich will hier nicht die ausserordentlichen Anstalten, noch die verschiedenen Statuen von der eignen Hand des Ritters, noch die herrlichen Gemälde, die unzähligen Kronleuchter, welche in der Luft hingen, ohne daß man sah woran, noch alle die andern wunderbaren Einrichtungen beschreiben, das hieße nie enden wollen, genug kein König der Welt konnte sich dergleichen herrlicher träumen, vielweniger ausführen lassen. Verschiedene lateinische und italienische Verse zu dichten, welche das wunderbare Gebäude zieren sollten, wurde Lutka Contile, ein geistreicher Kopf an Künsten und schönen Tugenden herrlich, erwählt, wo es noth that, half auch er dem Aretino mit seinen Erfindungen. Da sie wohl den unzähligen Dingen doch nicht gewachsen waren, schrieben sie dem Marchese nach Mailand, er möge ihnen den Ritter Malespini, einen Diener des Königs Philipp, ihren vertrauten Freund, schicken. Malespini eilte auf Begehren des Marchese nach Mantua, und weil er nie dort gewesen, brachte man ihn dahin, wo ihn jene Herrlichen erwarteten. Sie unterrichteten ihn von allen ihren Anstalten, und baten ihn von seiner Seite das Fest auch mit irgend einer Erfindung zu verschönen, und da er ihnen seine Meynung gesagt, so hatten sie ihm nicht weniger als die Sorge und Last von der ganzen Hölle auf. Wahrhaftig einer der wichtigsten und gefährlichsten Theile des Festes, weil da eine ungeheure Menge von Feuerwerken zu veranstalten und zu leiten war, wozu noch ein ganzer Teufel voll andern Zeugs kam. Er mußte einmal den Kelch austrinken, wenn gleich wider Willen; da es aber den Ritter mit seinen Statuen und tausend andern Sachen sehr in der Klemme sah, so unterzog er sich der Sache mit Freuden. Alles arbeitete mit der

größten Schnelle, denn der Herzog trieb alle Stunden. Sie hatten deswegen befohlen, keinen Menschen, er sey auch wer er wolle, hereinzulassen; nichts destoweniger fanden sich alle Augenblicke vornehme Herrn und Damen ein, die man nicht abweisen konnte. Das war diesen zwey Edelleuten nun ganz fatal, denn sie wollten nicht nur Neugierde seyn, sondern man sollte ihnen auch noch alles ganz weitläufig erklären. Aretino ward dessen endlich überdrüssig und packte die ganze Last dem Malespini auf, der endlich auch müde ward, und sich immer versteckte, um seine vornehme Gäste zu meiden, um die Geschichte nicht millionenmal zu wiederholen. Sie hatten in Venedig eine große Menge Gläser bestellt, das Ganze zu erleuchten, weil es aber so schnell gehen sollte, so trieb er sich dort so viel Geld dafür, daß man sie beynahe dafür hätte von Silber machen können. Der Marchese kam nach Mantua, und Aretino erzählte ihm diesen unangenehmen Zufall mit den Gläsern und sagte ihm, man solle einen großen Vorrath in seinem Haus, die übrige könne er dort leicht machen lassen. Der Malespini eilte wie ein Blitz auf der Post nach Mailand, ließ die Gläser und die des Ritters in Kisten einpacken, und war 2 Tage vor dem Fest schon wieder in Mantua mit allem was nöthig war, was dem Marchese sehr gefiel, denn diese gezierten Gläser waren zu diesem Feste sehr nöthig, und hätten leicht unterweges zerbrochen können. Malespini ging also wieder an seine Höllenlast, und prügelte die faulen Arbeiter so viel als möglich, denn wahrhaftig da waren einige Schlingels, wenn man ihnen den Rücken drehte, legten sie die Hände in den Schooß oder spielten auf der Maultrommel. War Malespini oder Aretino aber da, auf deren Schultern das ungeheure Werk ruhte, so gaben sie dem Kerls einige Hiebe und diese arbeiteten. Contile hatte alle seine Verse schon gemacht, da er aber von der andern Arbeit nichts verstand, so war er immer müßig, dieser schöne Herzog, denn diese geschlossen, und mußte sich immer verstecken hinter den faulen Bengels, die auch gar nicht aus der Stelle wollten. Aretino kam in solche Wuth über einige derselben, daß es sie umzubringen und zu ermorden beschloß, und immer lag er seinem Gehülfen in den Ohren, dieß teuflische Vorhaben zu unterstützen. Dieser aber, der wohl sah, daß er Ursache, Muth und Gelegenheit dazu habe, sagte ihm auch er die Hölle zu viel zu ihnen um in solche Teufelsanschläge sich noch zu mischen. Sie beschlossen also Tag und Nacht in ihrer Gegenwart arbeiten zu lassen, und brachten in kurzer Zeit die Sache der Vollendung nahe. Der Ritter hatte eine große Menge Wasser aus dem Teich in den Kanal vor der verzauberten Insel dringen lassen, über welche man nicht ohne die Brücke konnte, an welcher alle die Ritter ankommen mußten, nachdem sie mit aller Art von Waffen, mit Piken, Aexten,

Kolben, Hellebarden und Degen gekochten, und die Verthribigung des Schlosses besorgt hatten, welche der Marchese di Pescara, sein Bruder Don Giovanni d'Avales und Don Giorgio Mariquez waren, 2 Amazonen führten sie zu dem Kanal, aus welchem eine kleine hölzerne Brücke hervorstieg, die hinter ihnen wieder hinab sank. Wenn sie nun unter den Bogen der treuen Liebenden gekommen waren, so blies eine Statue von Bronze, welche auf dem Bogen stand, zur Ehre des Siegers, und warf viele Blumen über ihn, weiter kam er in ein großes Gewölbe, wo man zu den beyden Seiten mit vielen Degen nach ihm stach, ohne daß er sah, wer es that, dann packte ihn eine große Hand und führte ihn in einen Saal, der Saal des Apellidons und der Crimanessa genannt, oder das bezauberte Gefängniß, vieler aber der Ritter im Streit, so führten ihn die beiden Amazonen dahin, wo die Brücke nicht in die Höh stieg und die Statue goß Feuer und Flammen aus ihrer Trompete, worauf er von den Teufeln in des Malebolni Hölle geschleppt wurde. Die Brücke aber, welche aufsteigen und wieder untersinken mußte, kostete ein gut Stück Arbeit, und Aretino hatte mit vielen geschickten Leuten manche Stunde darüber zugebracht. Da das Kunstwerk zu seiner Vollkommenheit gelangt war, bande sie's unter dem Wasser mit einigen Stricken, bis einige eiserne Schrauben fertig wurden, die es in Sicherheit halten sollten, Aretino aber war sehr ermüdet, und bat daher den Malespini damit er ein wenig ausruhen könne, die fernere Arbeit zu betreiben, vor allem aber band er ihm seine Brücke auf die Seele, daß ja niemand sie belaste, denn sie würde sonst in tausend Stücken zerspringen, alle Jedermann würden zerbrochen und er müsse dann morgen den letzten Tag vor dem Feste alle seine Arbeit wiederholen. Malespini, der für diesen Abend die Wache hatte, sagte ihm schlafen zu gehn und sie nicht zu besorgen. Unermüdet, mit einem Stück Holz in der Hand, strich er unter den Arbeitern umher und sagte: Courage, Courage, meine Brüder, hinunter mit den Brucklein Holz, was noch übrig ist, und dann beschleunigte er sie dann und wann, wie es einmal der Gebrauch geworden war, mit dem Stück Holz. Es mochte ungefähr 2 Uhr des Nachts seyn, als plötzlich auf dem Theater eine Menge brennende Jackeln erschienen, und hinter ihnen viele Fürsten und Herren. Der Malespini in höchster Angst, abermals erzählen zu müssen, was er schon tausendmal wiederholet, verstellte sich hinter die Hölle. Unter diesen Fürsten war der Cardinal Maltruggio, der Herzog von Parma, der von Mantua, der Marchese di Pescara, und viele andere. Nachdem sie alles gesehen, begaben sie sich nach dem Kampfplatz, und unterredeten sich miteinander. Nicht weit von ihnen blieb der Herzog Wilhelm mit einigen andern Herrn zurück, und ging hinter die Gittern eines Säulengangs, der gerade an dem Fluß hinlief, wo sich die kleine Brücke befand. Nun weiß ich nicht, wie es ihm in den Sinn kam, einen von jenen Stricken, mit welchen sie angebunden war, zu ziehen, und sie aus dem Wasser hervorsteigen zu lassen. Da er aber nur ungefähr einen ziehen zog, der gar nicht nöthig war, so krach und platzte alles auseinander, und die Brücke fuhr so ungestümm in die Höh, daß sie das Wasser weit um sich her schmiß. Malespini, der das Geräusch hörte, lief in einer Todesangst hin. Die Brücke war aus dem Wasser, alle die mühsamen Jedern waren zerbrochen, alles was ihm der Aretino so sehr auf die Seele gebunden, war zerstört. Dieses erfüllte ihn mit solchem Zorn und mit einer solchen Wuth, und da er niemals den Herzog gesehen und ihn auch nicht gekannt hatte, und da er einen jungen bäurischen Menschen, dem das Kleid auf die halben Beine hing, (bos war 2 oder 3 Begleitern sah, so glaubte er es sei jener, der irgend ein Diener jener Prälaten, oder jemand anders aus der Stadt, der sich mit diesen Fürsten und Herren, wie es denn

oft geschieht, in den Theatern hinein gedrängt habe, wüthend hob er das Stück Holz in die Höh, das er in der Hand hatte, und sagte, da er ihn unwürdig sah: Du tuppiger Hundsjunge, ich weiß nicht, wer mich hält, daß ich dir nicht mit diesem Holz deinen spitzen Kopf einschlage; Nun seht, was hat die schwere Noth krieget, der dich hieher gebracht! Und ist es wahrlich ein groß Wunder, daß er nicht drauf losgeschlagen, aus zwei Ursachen: erstens weil die Sache so wichtig war, zweitens weil er eine sehr kühle und leichte Hand zum prügeln an obgenannten faulen Schlingeln erhalten hatte. Der Herzog und seine Begleiter steckten diesen Gruß stillschweigend ein, und waren froh, noch so weg zu kommen; aber ging brummend und zischend, wie eine giftige Schlange, zum Marchese, den er an der Stimme erkannt hatte, und sagte, ihm den Bucklichten zeigend: Nun seht, gnädiger Herr, was für eine Art Leute man hier bey läßt, kommit mit und seht, wie sie eine Brücke, das Künstlichste Werk bei der ganzen Anstalt, in tausend Stücken zerbrochen, und da will der Herzog dann immer, man soll fertig werden. Während er so schrie, kam der Bucklichte heran, und die ganze Gesellschaft drungte sich so tief vor ihm, daß er der allerunscheinbarste unter ihnen war — o armer Malespini — ihr könnt euch denken, wie ihm zu Muthe war, als er sah, wie er den Herzog einen Hundslungen, und das höchste Haupt eines Spitzbuben genannt. Ich weiß wohl, wie ihm zu Muthe war, wie er erblickte, wie sich die ganze bezauberte Insel mit ihm herumdrehte; er stand da ganz vernichtet, und das Blut gerann ihm in den Adern. Als der Herzog unter den Fürsten und Edelleuten sich sicher glaubte, und den Malespini noch immer mit seinem Stück Holz in der Hand neben dem Marchese stehen sah, sprach er: Wahrhaftig, meine Herren, ich dürfte immer morgen ein Tedeum singen lassen, daß ich jenem dort mit heiler Haut entkommen bin; denn ich hatte große Angst, er möge mich mit seinem Stück Holz an der verstuchten Brücke heute so zudecken, daß alle alles Kämpfens auf morgen und ewig überflüssig gewesen wäre. Dann sprach er zu dem halbtodten Malespini: Verzeiht mir Bruder, das Unrecht ist ganz auf meiner Seite. Malespini stammelte einige Worte, und der Herzog klopfte ihm freundlich auf die Schulter und sagte ihm nochmals, er verzeihe ihm, worauf die Herren schreyend sich nach dem Schloß begaben. Malespini blieb dennoch sehr erschrocken, erzählte dem Aretino die Sache, und da dieser die Brücke leicht herzustellen vermochte. Malespini aber gar nicht zu trösten war, ging vor den Herzog und sprach: Eure Excellenz hat mehr an dem armen Malespini zerbrochen, als an der Brücke, es ist nicht zu trösten, und ist mir bange um ihn. Da ließ ihn der Herzog rufen und sagte: Aretino sagt mir, daß ihr noch immer zornig auf mich seyd, wahrlich ich hatte Unrecht, ich kenne die Sache, die auf euch liegt, ihr habt es mit den Teufeln zu thun: verzeiht mir, und laßt uns Friede halten, Friede, Friede. Malespini beugte bejaht, und bat nochmals sehr um Verzeihung, und sodann gingen sie beyde, das Wenige, was noch zu verrichten blieb, anzuordnen.

Das Fest begann, die kühnen Ritter hatten tief in die Nacht gekämpft, und der Marchese Pescara bereits drei in den Sand gestreckt, unter diesen nun war ein Edelmann von Ferrara, der als Besiegter von den Teufeln garstig empfangen, und in die Hölle geschleppt wurde; da hatte einen solchen Schlag auf den Helm bekommen, daß sie ihm schier die Nase abrissen, um ihm den Helm abzunehmen, und da er von dem Marchese besonders empfohlen war, wurde er durch den schlimmsten Eingang in die Hölle gestoßen, unsäglich waren die Qualen und Neckereyen mit Kunstfeuern und Knallen, und Schlegeln, die ihn fort trieben, bis er unversehens in den Rachen Pluto's stürzte, wo er sicher erwartete, den Hals zu brechen, aber er kam auf dem vielen unten liegenden Stroh mit der Angst davon. Während dem Kämpfen hatte man das Rad Irions, Sisiphus mit dem Stein, Tantalus mit den Aepfeln und alle übrigen Fiktionen der Hölle vorgestellt, zugleich fuhr Charons Nachen mit vielen hundert Seelen, die in den verschiedensten und prächtigsten Kleidern erschienen, immer hin und her, und das Alles unter unaufhörlichem tausendfachem Krachen und Blitzen der prächtigsten Feuerwerke. Nun kam auch Ludwig Gonzaga, des Herzogs natürlicher Bruder als Sonnenritter; er war in weißem mit Goldflammen gesticktem Sammt gekleidet, mit einer karmoisinen, golddurchwirkten, seidenen Schärpe, die durch und durch mit dem köstlichsten Wohlgeruch befeuchtet war, diese steckte er in Brand, als er aus der Hölle trat, und ging ganz von Feuer umgeben nach dem Saal des Apollidons, um die dort bezauberten Gefangenen zu befreyen.

Dem Malespini aber begegnete ein wunderlicher, sehr gefährlicher Umstand. Er hatte sich und seinen Leuten zur Herstellung eine Anzahl Flaschen mit Wein bey Seite gestellt, diese vermischten sich durch Versehen mit einer Menge mit Weingeist und Kampfer u. dgl. angefüllten Flaschen, deßen sich Teufel zum Feuerspeien bedienten. Nun lagen an der selben Stelle eine Menge der köstlichsten Kleider und Waffen, in welchen die verstorbenen Seelen, die Charon hin und her fuhr, abwechslend erschienen, und man hatte, um den Diebstahl zu vermeiden, einige deutsche Soldaten hingestellt, und diese hatten steißig bei den Flaschen zugesprochen, und alles durch einander gebracht. Der arme Malespini, der seine Wimpern, Augenbrauen und sein bischen Knebelbart gar verbrannt hatte, und, baldvor vor Durst, da das Fest schier zu Ende war, glaubte eine der Weinflaschen zu nehmen, setzte die Flasche an den Mund, und leerte ein Guttheil des dreymal rektifizirten Weingeistes aus, eh er es bemerkte. Es konnte sich aber da nicht lange besinnen, und mußte ein Lastträger als Teufel verkleiden, der mit einer ungeheuren lehnernen durch Weingeist brennenden Weltkugel auf dem Nacken und der künstlichen Schnecken-stadt, bis zu besten Spitze die Schneckenwinde außen herumführte, hinauflaufen, und von da die brennende Welt in die Hölle hinabwerfen sollte, statt sich selbst einen Strohmann, der oben in selber Kleidung bereit lag, worauf er sich verstecken mußte. Nun war aber der Kerl auf keine Art dazu zu bringen, denn sehr niedriges und böses Gewißen hatte eine unendliche Angst vor den Teufeln, die freylich hundertweise, mit dem abscheulichsten Spektakel da herumtobten. Als den Kerl weder mit Gutem noch Bösem zu bewegen war, und die Zeit heran nahte, die die Scene vorschiegehen machte, schlug Malespini den Lümmel hinter die Ohren, und sagte ihm fort. Aber entschlossen alles, was auf ihm ruhte, bis auf ein Jota auszuführen, steckte er sich selbst so schnell als möglich in die Teufels-Kleider, eh er es bemerkte, packte die brennende Kugel auf, und lief wie ein Satan um den Thurm hinauf an die Spitze, warf die Welt hinunter, und sprang in seinem wüthenden Eifer statt des Strohmanns selbst hinter drein, und zwar in Kraft der gelernten Weingeistflasche.

Es war dieses ein Sprung von wenigstens vier Stockwerken, zwischen unzähligen Dekorationen und brennenden Gerüsten hindurch, und erregte ein solch Ueberraschen und Erstaunen, daß man nach-her über keinen Vorfall des Festes sich so lang unterhielt. Besonders war Aretino ganz außer sich, denn er meinte, er habe der Lastträger und nicht Malespini sich da den Hals brechen wollen. Malespini kam durch Gottes Gnade heil und gesund auf dem Stroh unten an, und war mit dem Sturz der Weingeist in seinem Thermometer sehr gefallen, er war ganz nüchtern geworden. — Nach dem nun Alles zu Ende war, und die folgenden Tage noch man-

cherlei andere Vergnügungen vorgenommen worden, rüstete sich jeder wieder zu seinem Abzug. Nun hatte Aretino auf gutem Wege erfahren, daß der Herzog eine Goldkette von dreyhundert Thalern für ihn und eine von zweyhundert für den Malespini bereit hielt, und Gott weiß aus welcher Caprice drang er in diesen, die Kette nicht anzunehmen, wie er selbst sie auch nicht annehmen werde. Da sie sehr vertraute Freunde waren, erhielt er endlich dies Versprechen von ihm, dem es übrigens doch sehr reut von dem Ritter vorkam, daß er ein solches wohlverdientes Andenken eines so großen Fürsten schnöde ohne Ursache ausschlagen sollte. Als sie dem Herzogen empfahlen, und dieser sah, wie übel Malespini an Haar und Bart versengt war, sagte er nach vielen Artigkeiten: Eure Teufel hatten es so gut den euch, und haben euch so übel gelohnt. Worauf er antwortete: Herr, wer sich unter die Kleie mischet, den freßen die Schweine, wer Christigen pflanzt, dem wachsen sie, aber ein gebranntes Kind scheut das Feuer, und es soll mich niemand mehr in die Hölle kriegen, daß Gott sich unser aller erbarme! Der Herzog lachte, und begrüßte die, worauf ein Edelmann hinaus begleitete, der ihnen vor den herzoglichen Gemächern im Namen seines Herrn die beyden Goldketten übergeben aber sie schlugen sie beyde aus, und Aretino sagte, sie seyen Diener des Königs von Spanien, und die Gnade des Herzogs belohne sie genugsam, u. dgl.; denn er war wirklich ein so schildbürtemer, wiederspenstiger Kopf, wie häufig so ausgezeichnete große Künstler zu seyn pflegen. Kurz er zwang den Malespini, die Kette nicht anzunehmen. Der Herzog ließ diesen noch einmal rufen, um ihm 200 Thaler für die mantuanischen Arbeiter zu geben, dabey fragte er ihn sehr freundlich, warum er die Ketten nicht angenommen? Dieser sagte ihm, daß es keineswegs ein Verschmähen seiner Gabe seyn solle, sondern daß Aretino ein eigensinniger hartnäckiger Mann sey, auch habe ihn Piedemonte, des Herzogs Geschäftsträger, in der Sache dieser Erfindungen sehr aufgebracht, weil er ihn überall und außerhalb, aus dem Neid der mantuanischen Künstler unterstützten, stets eine Menge störender Menschen in seine Arbeit hineingejagt, über dergleichen nun erzürnt, habe er sich entschloßen, die Gabe auszuschlagen, und habe ihn als seinen Freund in demselben bereitet. Der Herzog sagte lachend: Ihr habt die Wahrheit gesprochen, und weil sein verkehrtes unwilliges Gemüth das Geschenk gar nicht verdient, so nehmet hier die Ketten alle beyde, und somit entlich er ihn freundlich. Malespini, überaus vergnügt, hängte die beyde um, und ging ohne etwas davon zu sagen mit dem Gelde zu dem Aretino, worauf sie mit einander nach Mayland ritten, und Aretino sagte ihm den einen nächsten Tag alle Meister, und da von den 200 Thalern noch 46 übrig blieben, sagte Aretino zu dem Malespini: Dieses wenige ist für euch, nehmt damit vorlieb, daß ich euch desto beßer lohne, als mir zu lieb die Kette des Herzogs ausgeschlagen. Nicht lange nachher ging Malespini prächtig gekleidet mit dem Ritter frühstücken, er hatte eine dieser Ketten auf der Brust und da der Ritter sie sah, zog er sie ihm mit den Worten aus dem Wamms: Ey was für eine schöne Kette habt Ihr da? Er antwortete: Ich habe sie von dem Herzogen von Mantua, und ist dieselbe, die Ihr nicht gewollt habt; worauf er ihm alles erzählte. Der Ritter lachte von Herzen, und sagte: Ihr send bey Gott gescheiter gewesen als ich, auch ist mir recht lieb, daß Ihr sie alle beyde habt, ich freue mich darüber so fröhlich; und da am dritten Tag ein öffentliches Fest gefeyert wurde, setzten sie sich zu Pferd und ergötzten sich an dem Anblick der schönen Damen und Ritter, die sich dort versammelt hatten.

Des Löwen und König Dieterichs Kampf mit dem Lindwurm.

Altes deutsches Lied aus dem Kreise des Heldenbuchs und der Nibelungen, aus dem Dänischen übersetzt von Wilhelm Grimm in Cassel.

Der König Meister Dieterich, der wollte von Bern ausreiten,
Einen Löwen und Lindwurm fande er da, die standen in furchtbarem Streiten.

Sie streiten einen Tag, sie streiten zwei, am dritten Tage zur Nacht,
Da hat der ungehaure Lindwurm den Löwen zur Erde gebracht.

Da schrie der Löwe in der Noth, da er den König sah reiten,
Hilf mir Herr König Dieterich, hilf mir in diesem Leiden.

Um deiner allerhöchsten Macht, befrei mich Herr Dieterich so mild,
Befrei mich um des vergoldeten Löwen, den du führst in deinem Schild.

Komm mir zum Trost König Dieterich, hilf mir bei deinem Namen auf,
Da ich stehe gemahlt in deinem Schild, so flammend wie Feuersglut.

Lang stand der König Dieterich, das dunkt ihm wohl gethan:
Ich will befrein dem armen Löw' wie es auch moar ergahn.

Das war der König Dieterich, auszog er das Schwert so gut,
Er kämpft mit dem Lindwurm, ungestalt sein Schwert stand tief im Blut.

Nicht säumen wollt sich der gute Herr, wie kämpfet er da mit Muth,
Tief stieß er das Eisen hinein, da zersprang sein Schwert so gut.

Der Lindwurm zog ihn auf seinen Rük, das Roß unter seine Junge,
So drängt er sich in den Berg hinein, zu seinen elf kleinen Jungen.

Das Roß war für den Jungen zur Kost, am vierten Tage zur Nacht,
Esse nun das kleine Stück, ich will zu schlafen gahn,
Esse nun die geringe Beut, ich will zu schlafen gahn,
Wann ich wieder vom Schlaf erwach, sollt ihr den Mann greifen an.

Der König Meister Dieterich, sucht in dem Berg zur Hand,
Da fand er das gute Schwert, das Abelring ist genannt,
Da fand er so stark von Schwert, und vergoldete Messer zwei:
Gott gnade deiner Seel, König Siegfried, hier hast du gelassen deinen Leib.

Ich bin gewesen in manchem Kampf, in Herren Fahrt mit dir,
Nie hab' ich die Zeit gewußt, wo du bist blieben hier.

Da wollte der König Dieterich prüfen des Schwertes Kraft gut,
Er hieb in den harten Fels, daß der Berg stand all in Glut.
Da der junge Lindwurm stand den Berg in Flammen sach.

Wer hat Schwert Zwietracht gethan, aus seinem eignen Gemach?
Er sagte dem Lindwürmern an, zur Höhle sie hingahn:
Weißt du unsre Mutter auf, wie schlimm soll dirs ergehn.

Da sprach der König Dieterich, sein Haupt schwer in Unruh:
Ich will wecken deine Mutter aus dem Schlaf, einen Traum ihr rufen zu,
Deine Mutter schlug den König Siegfried, den hochberühmten Mann,

Das will ich an euch allen rächen, mit meiner rechten Hand.
Auf wacht da der alte Lindwurm, ihm ward dabei so bang:
„Wer macht mir solch Unruhe? was ist das für ein Klang?"
Das bin ich Kön g Dieterich, mich lüstet zu reden mit dir,
Gestern, unter deinem geringelten Schwanz, zogst du mich zum Berg hierher.

„Du säh'st mich nicht König Dieterich, hier ist mein rothes Gold:
Das ist viel besser gethan, wir bleiben dir treu und hold."
Ich traue nicht deiner falschen List, du willst mich gewaltig bethören,
Du hast ermordet so manchen Held, das könnte sich nimmermehr hören du König Dieterich: o säh'st du todt mich alda,
Ich zeig dir deine verlobte Braut, die verlobte im Berge stegt.
Zu oben bei meinem Haupte, da liegen die Schlüssel klein,
Zu nieden bei meinen Fußen, da kannst du gehen ein.
Zu oben bei deinem Haupte, da will ich greifen an,
Zu nieden bei deinen Füßen, da will ich lassen ab,
Erst schlug er den Lindwurm, und dann seine elf Jungen,
Doch konnt er nicht aus dem Berg, vor fünfzehn Würmer Jungen.
Da grub er ein tief Höhle, vor seinen linken Fuß,
Daß er nicht da umkomme, in giftigen Würmer Blut.
Da fluch' zuerst König Dieterich, er ward dem Löwen so feind,
Verwünscht sey der Löw', ihn treffe Fluch und Pein.
Da betrog mich der listige Löw', Gott bring in Unglück ihn,
War er nicht gemahlt in meinem Schild, mein Roß hätt' mich getragen dahin.

Da das hörte der Löwe gut, wie der König so sehr sich beklagte:
„Steh fest du König Dieterich, ich grabe mit starker Macht.
Der Löwe grub, König Dieterich idulua, der Berg in Feuer sprang aus,
Er hätt' sich gegrämet zu todt, hätt' den Löw' nicht gegraben ihn aus.

Es ging er aus dem Berg heraus, mit Panzer, Schild und Schwert
Und da er nun gekommen hervor, da trauerte er um sein Pferd.
„Hör du König Meister Dieterich, das thut nicht seyn so in Leid,
Du setz dich auf den Löw' so sanft, und meinem Rücken breit."
Da reist' er über das tiefe Thal und über die Wiese grau,
So frei mit dem gute Löw bringt durch den Wald dahin.
Der Löwe und König Dieterich, die blieben zusammen beid,
Der eine hatt' den andern besiekt von Kummer und vielem Leid.
So oft der König zu Land ausritt, lief neben ihm der Löwe groß,
Wenn er aber stille saß, legt er das Haupt in seinem Schooß.

(Der Leser wird gebeten, daß unter uns noch sehr gewöhnliche Volksspruch von Heinrich dem seinen hiemit zu vergleichen, um sich eine lebendige Anschauung zu verschaffen, wie dieselbe Erinnerung, wenn sie auch aus dem Vollsinne hervorgegangen, sich immer wieder an fratere Namen und Begebenheiten anschließt, und so sich gegen Untergang bewahrt.)
Christedler.

Warnung und Ermunterung.

Siehst du in den hohen Spiegel
Deine Lecken gleich zu ringeln,
Scheint ein Bübchen, das hat Flügel,
Dich mit Blumen zu umbingeln:
Dann erscheinen in dem Spiegel
Noch der holden Mädchen drey,
Finken dieses Knaben Flügel,
Anmuth bindet Lieb und Treu.
Willt du freundlich gern sie sehen,
Bleiben freundlich sie ergeben,
Willt du dich nur spiegelnd sehen,
Mögen sie wohl fern vorschweben!
Klage nicht, das Schönheit fliehet,
Schneller flieht das Ärgsche dann,
Kind es nicht durch Kunst, es glühet,
Was uns wärmt noch brennen kann.
Sonnenstral wie warm und helle,
Kannst die Wange bald versengen!
Es wer siebst im Tanz so schnelle,
Alle Farben da sich brangen:
Amor schmiegt die Fackel helle,
Sieht so listig auf den Grund,
Stellt so leicht die falsche Stelle,
Schminkt nicht küsset nicht sein Mund.
Wer hat Amor kann verstechen,
Kann auch nimmer sélig fliehen,
Wer ihn aus dem Schlaf kann wecken,
Kaum bad Kindelein kann betrüben,
Sey auch Lieb durch Schönheit flüchtig,
Wir entfliehen ja mit ihr,
Milde Wein und trage tüchtig,
Schoune Kinder bleiben hier.
Statt des einen Amor viele,
Viele Amors ohne Flügel,
Franzen Grazien im Spiele
Sind du siehst sich ohne Spiegel:
Siehst du deine Schönheit wieder,
In den Kindern, sey einst dein,
Schlage nicht die Augen nieder;
Ach wie schön, so schön zu seyn.

L. Achim v. Arnim.

Zeitung für Einsiedler.

1808. ———— 7 ———— 23. April.

Wahrsagung.

Hie kannst du nun verstehen, wie das Herze Gottes die Wurfschaufel in der Hand hat, und wird einmal seine Tenne fegen: welches ich hiemit ernstlich anmelden thue als in Erkenntniß im Lichte des Lebens, wo das Herze im Lichte des
Lebens durchbricht, und verkundet den hellen Tag.
Wie nun die Tiefe oder das Haus dieser Welt ist ein finster Haus,
da sich die Leiblichkeit ganz diese, finster ängstlich und halb
todt gebäret, und nimmt von den Planeten und Sternen
sein Wallen, welche den Leib in der äußersten Geburt an-
zünten, davon der Elementen Beweglichkeit entstehet, sowohl das Figurliche als Creaturliche Wesen; also ist auch
das Fleischhaus des Menschen ein finster Thal, da zwar die
Aengstlichkeit zur Geburt des Lebens innen ist, und sich in-
nier hoch bemühet, in wütends sich ins Licht zu erheben;
weil sich aber das Herze Gottes im Kerne verbirget, so
kann es nicht seyn.

Jac. Böhmens Morgenröthe im Aufgang 20. Kap.

Wahrsagung.

Und immer näher rückt die Zeit heran, wo dieser Welt Himmel
und Erde sich enger mit einander verbinden werden, freundlich oder feindlich sich berühren müssen; große, wichtige Na-
turerscheinungen werden das künftige Zeitalter characteri-
ren, höchster Zwiespalt und innigste Einigung werden wechseln; und Gott wird halten das Ganze, damit seine Wesen
nicht erblinden im Angesichte des Lichts, nicht verzweifeln in
der Nacht Finsterniß.

Von keinem Einsiedler.

Eingesandt d. 16. April 1808 von unbekannter Hand.

Scherzendes Gemisch von der Nachah-
mung des Heiligen.

Als eines Tages die Kinder mit Jesus zum Thore hinaus aufs
Feld gehen wollten, da kamen sie auf einen Platz, da man Leimen gegraben hatte, und Jesus setzte sich auf denselben Platz nieder und nahm mit seinen Hauden von dem Leimen und machte
kleine Vogel daraus, so wie sie auf dem Felde fliegen; da die andern Kinder sahen, daß Jesus solche schöne kleine Vögel gemacht
hatte, so freueten sie sich darüber und wollten auch solche Vögel
nachmachen. Wahrend der Zeit kam ein alter Jude, der sahe,
daß sie mit einander scherzten und spielten, und er strafte sie und
sprach: Ihr haltet den Sabbath nicht heilig, ihr seyd Teufelskin-
der, ihr entheiligt den Sabbath, ihr ärgert Gott. Er sagte
auch zu dem Kinde Jesus: Du bist Schuld daran, die andern
Kinder machen dir es nach, ihr gehet alle verloren. Jesus antwortete: „Gott weiß es am Besten, ob du oder wir den Sab-
„bath am besten heiligen, du darfst mich nicht beurtheilen." Der
alte Jude wurde bös und wollte sich zur Stelle an dem Kind
Jesus rächen; er ging hinzu und wollte auf die Vögel treten, die
das Kind gemacht hatte. Alsbald klopfte Jesus in die Hände, als
wenn er die Vögel erschrecken wollte, so wurden sie lebendig und
flogen auf gen Himmel, wie andere Vögel; der alte Jud mußte
sie auch lassen fliegen. Als das die anderen Kinder gewahreten,
liefen sie schnelle nach Hans und riefen ihre Aeltern und Lehrer,
wie sie konnten so schöne fliegende Vögel aus Leimen machen,
die Aeltern strafeten sie des Muthwillens; aber sie bestanden auf
ihrem Glauben. Da gingen die Aeltern und Lehrer mit ihnen
heraus, und die Kinder machten Vögel aus Leimen und klopfeten
in ihre Hände, es flogen aber keine Vögel auf gen Himmel von
den Vögeln von Crimen, sondern blieben alle an der Erde sitzen;
des strafeten die Aeltern sie hart, und sie merkten es doch, daß es
zur Ehre unsers Herrn Jesu gehöre, daß niemand ihn nachahmen
wolle, da er selbst niemand nachgeahmt habe; aber des alten Juden Trotz und der jungen Kinder Einfalt hat beydes unsers Herrn

Heiligkeit erwiesen, darum belehret trübe, und spottet ihrer nit
ungehört, nicht derer die des Heiligen verachten, noch derer die
es tändisch nachmachen, denn dieses wie es weiter erging: Johannes kam in jenes Dorf und machte Vögel aus Leimen, die
alle flogen, es wollte aber keiner es ansehen und glauben, er
zog also ein Dorf weiter und machte da alle denten singenden
zahmen Vögel, die den Bauern ihre Häuser von Fliegen und
Mucken rein hielten. Ihr lieben Bauern hört darüber noch weiter
ein anderes Nachleben, wenn ihr dies nicht verstanden, wie
es mit der Nachahmung des Heiligen ergeht. Der alte Jude hätte
unserm Herrn die Kunst mit den Vögeln gern nachgemacht, weil
er damit viel Geld hätte verdienen können; aber weil ging nicht,
nun hörte er aber, daß unser Herr in der Wüste predigte, da
wollte er auch in die Wüste gehen, weil da alles umsonst ist und
ein rechter Einsiedler werden. Da er in dem Wald kam und ihr
war dunkel, da freute er sich sehr seines Vorhabens und baute
gleich eine Hütte von Bäumen, und der Wind blies durch Morgens und Abends, und wenn er seine Metten gesungen hatte und
wollte einschlafen, so pfif der Wind gar saubere Melodeyen ihm
in die Ohren, das mogte er nicht ertragen. Da grub er sich eine
Höhle dabey, auch einen Brunnen, daß er gleich frisch Wasser
haben konnte, der Brunnen war aber nur so tief; als ihn ein
Mensch zu graben vermochte, sechs Fuß lang und zwey breit.
Da es aber Winter ward, so war der Brunnen zugefroren, da
er ihn durstete war kein Wasser zu finden. Er paßte aber
auf eine Hirschin, die alle Tage kam seine Metten anzuhören
trohen sie abwechselnd bald das eine, bald das andre Ohr vor-
streckte, dann ging er ihr nach zu sehen, wo sie säufe. Das wilde
Gethier ging aber durch den Wald und er wußte nicht warum,
bald leckte es seinen Hinterfuß, bald kratzte es in der Erde, fraß
Moos von der Erden und nagte Knospen von den Zweigen und
Rinden, aber gedachte nicht zu trinken, oder wollte es ihm nicht
entdecken. Als er aber diese Bosheit der Hirschin sah, hat er sie
gleich erschlagen und ihr warmes Blut trinken wollen, aber das
wollte ihm nicht schmecken, denn er sahe sich darin und sein Bild

spiegelte sich so roth, er vergoß es in den Schnee und alles andre Gefühl war ihm entflohen, seit er das erste erschlagen. Da öffnete er aus Durst seinen Mund zum Himmel und es kam eine dichte Schneewolke und hing sich an ihn; was trocken gefallen wäre auf der Erde, das zerfließ ihm zu Thau auf seiner Zunge und machte seinen Leib rein vom Blute. Da ging er der großen Schneewolke nach und kam in eine große Stadt, die war gerade so breit als sie lang war, und die Brunnen auch sehr tief von vielen Menschen gegraben, auch oben mit Stroh beflochten, die liefen beständig aus vielen Röhren, auch stand eine große Kirche oben und die war leer, und er stand drin und weinte sich ein rechter Einsiedel; da war ihm aber der Hirschlin ihr junges Hirsch läbchen nachgelaufen, das sang ihm einfältiglich vor; Kraut und Rüben, die haben mich vertrieben; da war er wieder ein rechter Einsiedel. Hier schloß ich meine Erzählung. Es saß aber ein alter Mann mit einem langen Barte in der Ecke, der von der Lust zweyfarbig erschien, der hatte mich nicht angesehen, so lange ich erzählte, nun richtete er sich auf und nickte mit dem Kopfe und sagte: Es hat all sein Richtigkeit, es ist voll wahr, bin selber der alte Jude gewesen, jetzt lese ich nur noch und da will ich euch auch was vorlesen, wie ihr werden sollet, denn werdet ihr nicht wie diese Frau, von der mein Buch saget, so werdet ihr wie sie, davor euch Gott behüte. — Herr, ihr kommt mir bekannt vor? fragte ihn ein hausirender Krämer, der sein Pack hinten auf seinen Stock stützte. — Ich muß ihn irgendwo gesehen haben, antwortete der Alte. — Ja, Herr, wißt ihr noch, sagt der Krämer, ihr habt mir einmal guten Rath gegeben wegen der falschen Kreuzer, wenn ich sie in die Luft schmeisse und sie könnten nicht wieder zur Erde kommen, dann sind sie zu leicht. — Alles lachte, ich ließ mir Frühstück geben, das alte Wirthsweib mit den dicken Röcken und mit der aufgeschürzten Jacke sah mit solcher Demuth darauf, als sie das Frühstück brachte, daß ich meinte, sie reiche mir das Abendmahl. — Darauf las der Alte still fort.

Tauler Nachfolge des armen Lebens Christi Frankfurt 1621. S. 173.

Ein Meister der heiligen Schrift, der kam in eine Stadt; da kam eine Frau zu ihm im zwanzigsten Jahr, und fragte nach dem Meister. Da der Meister die Frau sah, da war ihm die Frau etwas unwerth, denn er war nicht gewohnt worden, daß Frauen aus Jahren, er war viel mehr gewohnt, daß die höchsten Studenten und Gelehrten nach ihm fragten, die in der Stadt waren. Doch so sprach der Meister: Unwertliche Frau, was wollt ihr mein? Da sprach die Frau gar demüthiglich: O Herr ich wär gern der allerhöchsten, lautersten, vollkommensten Wahrheit näher, als es den Frauen möglich ist, die alle ihr Werk nehmen ein Segungniß aus ihrem Genten (Gott.) — Da sprach der Meister göttlicher Schrift: Frau was sind euer Uebung? Habt ihr ein Bürger, oder habt ihr ein Ritter? Da sprach die Frau demüthiglich: Herr ich hab zwei auswendig Uebung und drei inwendig Uebung. Da sprach der Meister göttlicher Schrift: Frau sagt mir durch Gott, was sind nur auswendig Uebung? Da sprach die Frau demüthiglich: Herr die erst auswendig Uebung ist, daß ich alle Tag einen einsten scheide von allen Kreaturen, daß mein Esel kein Augenblick zu thun hat mit keiner Kreatur, als lang bis der Dienst Gottes über alles Erdreich vollbracht ist. So geh ich denn zu der andern Uebung, so ledige ich mein Herz von allen eingezogenen Bildern, und von allen unnützen Gedanken, daß der keiner blieb zwischen mir und Gott. Da sprach der Meister der heiligen Schrift: Frau sind das nur auswendig Uebung, so sagt mir durch Gott, was sind nur inwendig Uebung? Da sprach das Fräulein gar demüthiglich: Herr die erst inwendig Uebung ist, daß ich alle Tage sehe, wie das Gott der Vater sein einig Wort geliebt hat, in dem keuschen jungfräulichen Leib seiner lieben Mutter Maria meiner Frauen, da er innen ist gelegen neun Monat, er war lieber darinnen gelegen tausend Jahr, denn er that neun Monat: noch zu hundert mal lieber wohnet er in einem reinen Herzen geistlich, denn er that in seiner Mutter leiblichen. Die andre Uebung ist, daß ich mich im Spiegel besehe des gebenedeieten Namens meines süßen Herrn Jesu, und sehe in seine Gerechtigkeit und in seine Barmherzigkeit, und in seine Sanftmüthigkeit, also tief ich immer kommen mag. So geh ich denn zu der dritten Uebung, und bad mich, und wasch mich in den blutigen rosenfarben Wunden meines süßen Herrn Jesu Christi, und hab des ganzen Zuverlaß und Zutrauen, und einen ganzen vollkommen Glauben alles dessen, das er noch an mir mit seinem heiligen Leiden erfüllen will. Da der Meister das gehört, da begunt er zu weinen und sprach: Habt ihr einen Mann, seid ihr in der Ehe, habt ihr euch ein Kind, habt ihr Gut, habt ihr Ehe von der Welt? Da sprach die Frau gar demüthiglich: Ja Herr, ich hab es alles! Da sprach der Meister: Sagt mir gute Frau, wie kunt ihr das alles gethan? Da sprach die Frau gar demüthiglich: Lieber Herr, was schadet mir das, ihr sollt wissen, ich geb den meinen ihr Nothdurft, ich ziehe sie auf ohne Ledermuth, ich thue ihn alles das ihr gebührt, Gott zu Ehre und zu einem Lob, ich thue auch weder mit Dirnen noch mit Knechten als ob ich Frau in dem Hause sey, sondern nicht anders denn ob wir alle Brüder und Schwestern sein. Wenn ich das alles gethan hab, und ich in die Kirchen komme, und ein Städtlein gehaben mag, so senk ich mich als tief in Gott, das ich weder mich nit mein, daß jemand lebe in der Zeit, denn ich allein. Da sprach der Meister: Ihr seid in einem rechten Weg, bitte Gott für mich armen Bruder, der sein Kappen hat getragen 50 Jahr und bricht ein kleines göttliches und Kunst, und kam noch nie zu der Vollkommenheit. Ich hab auch große Sorg und Angst, daß mancher so gangen mit dem groben Sacke sunftig Jahr nach dem Brod, der noch immer nahe zu der Vollkommenheit kommen. Da machte der Alte sein Buch zu und wischte seine Brille am Bart ab. Amen, sagte ich, doch verdroß mich diese Gesellschaft sehr, weil ich das Meister zu werden meinte, und schon vieles Geld darum ausgelegt hatte. Der alte Mann sah mich aber unverwandt an, schüttelte mit dem Kopfe und sprach vor sich dies wunderbare einfältige Lied.

Eine Flucht nach Aegypten.

Als Gott der Herr geboren war,
Da war es kalt!
Was steht Maria am Wege stehn?
Einen Feigenbaum.
"Maria, laß du die Feigen noch stehn,
"Wir haben noch dreißig Meilen zu gehn,
"Es wird uns sehr spät."
Und als Maria in das Städtlein kam,
Wohl vor eine Thür,
Da sprach sie zu dem Bäuerlein:
Behalt du uns hier,
Wohl um das kleine Kindlein,

Es mögt dich sonst gereuen.
Der Bauer sprach von Herzen: ja,
Geht mit mir in die Scheuer.
Als nun die halbe Mitternacht kam,
Der Bauer und der stand auf,
Wo seid ihr dann ihr arme Leut,
Daß ihr noch nicht erfroren seid,
Das giebt mich Wunder.
Der Bauer wieder nach Hause geht,
Er weckt auf sein Weib:
Ach Weib mein liebes Weib steh auf,
Und mach den armen Leuten Feuer,
Daß sie sich wärmen.
Und als Maria das Haus hinein kam,
Maria, die war recht froh,
Joseph, der war ein frommer Mann,
Der sauß sein Söhlein besonders.
Sie hingen den Kessel über den Herd,
Zu einer Habt,
Als Maria dem Kindlein den Brei gab,
Da sah man daß es Jesus war
Unter seinen Augen.
Ende.

Nun fragt ich ihn: Ob er mir denn nichts unter den Augen
ansehe? Er schüttelte mit dem Kopfe, ein kleiner Bube aber,
der bisher in seinem Schooße den Kopf auf den Tisch geschlafen
hatte, fragt mich: Herr, ihr müßt euch mit einem Finger voll
Tinte die Augen ausgewischt haben, seht euch nur im Spiegel. —
Ich saß in Verlegenheit nach dem kleinen Wandspiegel, und er
blickte darin zu meiner großen Freude den Herzbruder stehn, der
bisher aus Achtung gegen das Messer eines Barbiers stille ge-
schwiegen, der den weißen Grund seines Bildes gelegt hatte.
Wir umarmten und sprachen, wir hatten uns lange nicht gesehen, ich machte ihn mit meiner Tinte schwarz, er machte mich
mit Bartseife weiß, so, daß sich die beyden Farben zum natürlichen
Gleichgewichte bedachten. Alles lachte, wie sah'n uns im Spiegel,
und ich brach in die Worte aus: Herz am Herzen auszuschwarzen,
gleich das Zeichen auszustreichen, weß zu machen, macht mich lachen! — Das waren ja Verse, riefen wir beyde bestürzt! — Freylich, sagte ich, doch giebt es schon mehrere Beyspiele solcher wunderbar erweckten Poesie und nach mancherley unnützen Begrüß-
ungsvorschlelreden sagte ich: Lies einmal, was ich eben darüber
abgeschrieben habe.

1. Entstehung der indischen Poesie.

Als nun Den erschlagen sah von Nishabo in Ondojens Hain
Samt dem Lehrling der Einsiedler, da ergriff ein Erbarmen ihn.
Sodann darstellend sein Mitleid, begann es so und sprach dies
Wort:
„O weh, daß von dem grausamen Nishado, der so arm an Geist
„Diese unrühmliche That hier, der Welt Abscheu geschehn mußte!"
Mit Seufzen klagend die Kraunchi, die dort weinende, sang er
dies:
„Wohl nicht lang lebst du Nishado! Noch erreichst hohe Jahre du,
„Weil aus dem Krauncho Paar Einen von Liebe trunken du er-
„schlugst."
Als er gesagt dies Wort, ward tief denkend danach er gleich.
„In dem Schmerz dieses Leidgefühls, was war dies was mir da
„entfuhr?"

Ein Weilchen nur daran denkend, laut dann sagend den Klage-
spruch,
Sprich zum Schüler, der bey ihm stand, Bharadvaj'on er dieses
Wort:
„Weil gegliedert in vier Füßen, den Spruch vollzähliger Syl-
„bensahl,
„Ich im Leid klagend jetzt aussprach, drum Lied dies von mir
„an sei."
Als dieses Wort der Lehrling hört, des Einsiedlers vollkommnen
Spruch,
Da nimmt er bey, es annehmend und zeigt wie er den Meister
liebt.

Aus dem Indischen des Valmichi von Fr. Schlegel.

2. Entstehung der neupersischen Poesie.

Nachdem berichtet worden, wie durch die Araber alle altpersi-
sche Poesie bis auf die letzte Spur vertilgt wurde, erzählt Deuletschah das Wiederaufleben persischer Poesie:
„Man sagt: Jakob, der Sohn des Leis, welcher unter den
Chalifen aus dem Geschlechte des Abbas zuerst in Persien Erobe-
rungen machte, hatte einen Sohn, welchen er zärtlich liebte.
Dieser spielte eines Tages mit andern Knaben das Spiel, wo sie
Nüsse in eine Grube warfen. Sieben Nüsse hatte er an das Ziel
gebracht; eine Einer hatte er schon verzweifelt; als er den,
noch zurückprallend sich nach der Grube zuwandte. Im höchsten
Entzücken sprach der Fürstensohn die Worte:
„Sieben, sieben, kömmt sie an der Grube Rand."
Jakob, welchem diese Rede wohl gefiel, berief die Edeln seines Hofes vor sich, welche nach genauer Prüfung fanden, daß die
Worte einen Vers bildeten, und zwar nach dem Metrum He-
jedsch. So begnügte man sich zuerst mit Hemistichen; in der
Folge fügte man noch ein Hemistich hinzu, und zu dem also gebildeten Distichum noch ein Distichum, und diese Gedichte nannte
man Dubaithi (aus zwey Distichen bestehende). Hierauf gelan-
ten die Gelehrten, daß die aus vier Distichen bestehenden Gedichte
den vorigen vorzuziehen seyen, und indem dieses angenommen
wurde, machten sich viele treffliche Männer um die Ausbildung der
Dichtkunst verdient:
„Die Rose ward mit frischer Kraft geschmücket."
Erst unter den Sommiden erreichte die persische Poesie den
höchsten Gipfel; zu ihrer Zeit lebte Rüdbegi, welcher der erste
war, dessen Gedichte in eine regelmäßige Sammlung (Divan) gebracht wurden."

Aus dem Persischen des Deuletschah von Fr. Wilken.

3. Entstehung der heiligen Poesie.

Nicht Leyer! — noch Pinsel — eine Wurfschaufel für meine
Muse, die Tenne heiliger Literatur zu fegen. Heil dem Erzenael
über die Reliquien der Sprache Ennaand — auf schönen Eseln,
nem liegt er im Weitlauf aber die weise Idiot Griechenlands vorgt
Europhrand stolze Hengste zum philosophischen Wortwechsel. Poesie ist die Muttersprache des menschlichen Geschlechts; wie der Gar-
tenbau älter als der Ackerbau, Mahlerey — als Schrift Gesang
— als Deklamation: Gleichnisse — als Schlüsse: Tausch — als
Handel. Ein tieferer Schlaf war die Ruhe unsrer Urahnen, und
ihre Bewegung ein taumelnder Tanz. Sieben Tage im Still-
schweigen des Nachsinnens oder Erstaunens saßen sie und thaten
ihren Mund auf — zu geflügelten Worten. Sinne und Leiden-

schaffen reden und verstehen nichts als Bilder. In Bildern besteht der ganze Schatz menschlicher Erkenntniß und Glückseligkeit. Der erste Ausbruch der Schöpfung und der erste Eindruck ihres Geschichtschreibers; die erste Erscheinung und der erste Genuß der Natur vereinigen sich in dem Worte: Es werde Licht! Hiemit fängt die Empfindung von der Gegenwart der Dinge an. Endlich krönte Gott die sinnliche Offenbarung seiner Herrlichkeit durch das Meisterstück des Menschen. Er schuf den Menschen in göttlicher Gestalt; zum Bilde Gottes schuf er ihn. Blinde Heiden haben die Unsichtbarkeit erkannt, die der Mensch mit Gott gemein hat. Die verhüllte Figur des Leibes, das Antlitz des Hauptes und das Gliederkreuz der Arme sind das sichtbare Schema, in dem wir ein hergehen; doch eigentlich nichts als ein Fingerzeig des verborgenen Menschen in uns. Rede, daß ich dich sehe! Dieser Wunsch wurde durch die Schöpfung erfüllt, die eine Rede an die Kreatur durch die Kreatur ist. Reden ist übersetzen, — aus einer Engelsprache in eine Menschensprache, das heißt, Gedanken in Worte, Sachen in Namen, Bilder in Zeichen. Die Meinungen der Weltweisen sind Lesarten der Natur, und die Satzungen der Gottesgelehrten Lesarten der Schrift. Der Autor ist der beste Ausleger seiner Worte; er mag durch Geschöpfe — durch Begebenheiten — oder durch Blut und Feuer und Rauchdampf reden, worin die Sprache des Heiligtums besteht. Das Buch der Schöpfung enthält Exempel allgemeiner Begriffe, die Gott der Kreatur durch die Kreatur; die Bücher des Bundes enthalten Exempel geheimer Artikel, die Gott durch Menschen dem Menschen hat offenbaren wollen. Die Einheit des Urhebers spiegelt sich in dem Dialekt seiner Werke — in allen Ein Ton von unermeßlicher Höhe und Tiefe. Locke stellt sich die Mythologie als einen geflügelten Knaben des Sclaven Aesopus vor, der die Sonne im Rücken, Wolken zum Fußschemel hat, und für die Langeweile auf einer griechischen Flöte bläst. Wenn unsre Theologie nicht so viel werth ist als die Mythologie, so taugt unsre Dichtkunst nicht, so wird unsre Historie noch magerer als Pharaos Kühe aussehen. Gleich einem Mann, der sein leiblich Angesicht im Spiegel beschaut, nachdem aber er von stund an vergißt; so gehen wir mit nach dem Altern um. Mythologie hin Mythologie her! sagen die Kunstrichter. Poesie ist eine Nachahmung der schönen Natur — und Riewentyds, Newtons und Buffons Offenbarungen werden doch wohl eine abgeschmackte Jahrbücher vertreten können. — Warum geschieht es denn nicht? —

Die Natur wirkt durch Sinne und Leidenschaften. Warum soll ich ihnen nach Stand, Ehr und Würden umpflücken dem Leser, ein Wort durch unendliche umschreiben, da sie die Erscheinungen in den Leidenschaften allenthalben in der menschlichen Gesellschaft selbst beobachten können. Jede individuelle Wahrheit wächst zur Grundsache eines Plans wunderbarer als eine Kuhhaut zum Gebiet eines Staats und ein Plan geräumer als das Hemisphär erhält die Spitze eines Sehpunkts. Kurz, die Vollkommenheit des Entwurfs, die Stärke der Ausführung, die Empfängniß und Geburt neuer Ideen und Ausdrücke, die Arbeit und Ruhe des Weisen, sein Trost und Ekel daran, liegen im fruchtbaren Schooße der Leidenschaften in unsern Sinnen vergraben. Wer seine Werkzeuge verstümmelt, wie mag er empfinden? Sind auch gelähmte Sennaden zur Bewegung aufgelegt. Eure mordlügnerische Philosophie hat die Natur aus dem Wege geräumt, und warum fordert ihr, daß wir selbige nachahmen sollen? Damit ihr das Vergnügen erneuern könnt, an den Schülern der Natur auch Mörder zu werden. Ja ihr feinen Kunstrichter fragt immer was Wahrheit ist, und greift nach der Thür, weil ihr keine Antwort auf diese Frage erwarten könnt. — Eure Hände sind

immer erwaschen, es sey, daß ihr Brod essen wollte, oder auch, wenn ihr Bluturtheile gefällt habt. — Fragt ihr nicht auch, wodurch ihr die Natur aus dem Weg geräumt? — Baron beschuldigt euch, daß ihr sie durch eure Abstractionen schindet. Jener Baron die Wahrheit; wohlan, so werst mit Steinen und sprengt mit Erdenklößen oder Schneeballen nach seinem Schatten.

Die Analogie des Menschen zum Schöpfer ertheilt allen Kreaturen ihr Gehalt und ihr Gepräge, von dem Treue und Glauben in der ganzen Natur abhängt. Je lebhafter diese Idee des Ebenbilds des unsichtbaren Gottes in unserm Gemüth ist, desto fähiger sind wir seine Leutseligkeit in den Geschöpfen zu sehen, zu beschauen und mit Händen zu greifen, und den natürlichen Gebrauch der Sinne von dem unnatürlichen Gebrauche der Abstractionen zu läutern. Leidenschaft allein giebt Abstractionen sowohl als Hypothesen Hände, Füße, Flügel; den Bildern und Zeichen Geist, Leben, Zungen. Wo sind schnellere Schlüsse? Wo wird der rollende Donner der Beredsamkeit erzeugt, und sein Geselle, der einsylbige Blitz? Fürchtet Gott und gebt ihm die Ehre, denn die Zeit seines Gerichts ist kommen, und betet an den, der gemacht hat Himmel und Erde und Meer und die Wasserbrunnen.

Hamann schrieb diese Aesthetica in nuce vor 1762. Wenn wir auf Baumgartens Aesthetica auf einem besseren Stand des menschlichen Gemüths schließen, so müssen wir nach jener eingestehen, daß die Tiefe des Gemüths zu allen Zeiten tief bleibt. Wir werden noch manche Einsicht Hamanns weit über seine Zeit hinaus bekannt machen, und hoffen auf eine neue Ausgabe seiner seltenen Schriften.

4. Entstehung der Verlagspoesie.

Die polnischen Juden machen nach gewissen gesprochenen Gebeten und gehaltenen Fasttagen, die Gestalt eines Menschen aus Thon oder Leimen, und wenn sie das wunderkräftige Schema bamphoras darüber sprechen, so muß er lebendig werden. Reden kann er zwar nicht, versteht aber ziemlich was man spricht und befiehlt. Sie heißen ihn Golem, und brauchen ihn zu einem Aufwärter; allerlei Hausarbeit zu verrichten, allein er darf nimmer aus dem Hause gehen. An seiner Stirn steht geschrieben אמת aemeth (Wahrheit, Gott) er nimmt aber täglich zu, und wird leicht größer und stärker denn alle Hausgenossen, so klein er anfangs gewesen ist. Daher sie aus Furcht vor ihm den ersten Buchstaben auslöschen, so daß nichts bleibt als מת maeth (er ist todt) worauf er zusammenfällt und wiederum in Thon aufgelöst wird.

Einem ist sein Golem aber einmal so hoch geworden und hat ihn aus Sorglosigkeit immer wachsen lassen, daß er ihm nicht mehr an die Stirn reichen können. Da hat er aus der großen Angst dem Knecht geheißen, ihm die Stiefel auszuziehen, sin der Meinung, daß er ihm beim Bücken an die Stirne reichen könne. Dies ist auch geschehen, und der erste Buchstab glücklich ausgethan worden, allein die ganze Leimlast fiel auf den Juden und erdrückte ihn.

Mitgetheilt von Jakob Grimm in Cassel.

(Die Fortsetzung künftig.)

Zeitung für Einsiedler.

1808. —— 8 —— 26. April.

Heimweh des Schweizers.

Ach, wär ich daheim geblieben
In dem kleinen Felsenthal;
Würd ich so nicht ungetrieben
Von der Sehnsucht heißer Quaal.

Nichts will recht mein Herz erquicken,
Nicht der Wald und nicht die Flur,
Sterne, Blumen seh ich blicken
Doch ich werde traurig nur.

Stern und Blumen sind die gleichen
Wie sie blühn im Vaterland
Doch mein Sehnen will nicht weichen;
Dorthin ist mein Sinn gewandt.

Nicht in Sälen kann ich bleiben,
Wo die Menschen um mich sind,
Außen muß umher ich treiben
Wie ein mutterloses Kind.

Fragen Freunde was mich quäle,
Greift nur heißer mich der Schmerz
Was ich schaffe, was ich wähle,
Nichts heilt mir das wunde Herz.

Hätt' ich Schwingen, hätt' ich Flügel
Gleich dem Adler flög ich weg
Ueber Strom und über Hügel
Bis zum fernen Felsensteg.

Und vom Felsen stieg' ich nieder
Wo der Strom in Staub verspritzt;
Und ich säh die Hütte wieder,
Die mich einst als Kind beschützt.

Warum mußt ich fort denn gehn,
Ungetreu dem eignen Heerd,
Hier dieß fremde Land zu sehen,
Wo die Sehnsucht mich verzehrt?

Wo sind denn die schroffen Zinken
Schneeverhüllt und sonnenglänzt
Die den blauen Aether trinken,
Von Gestirnen hoch umkränzt?

Wo der See, aus dessen Fluthen
Wolkenhoch der Berg sich streckt;
Trunken von des Himmels Gluthen
In der Nacht den Schiffer neckt?

Hörst du denn den Waldstrom brausen,
Der voll Fels zu Felsen stürzt?
Weißt du, wo die Adler hausen,
Donnernd die Lawine stürzt?

Siehst du denn die Gemsen springen
Hoch die Felsenwand entlang;
Wenn die Thäler unten klingen
Von des Alphorns hehrem Klang?

Siehst du dort die Heerden weiden,
Wo die Hütt' am Abgrund hangt,
Wo sich Lenz und Winter scheiden
Und das Eis die Blume drängt?

Hirten, die im Wechsel mitten
Treu geblieben alter Zeit,
Redlich üben Väter Sitten,
Wie es laut ihr Herz gebeut.

Wär ich nur daheim geblieben,
Warum gieng ich denn hinaus?
Wer hat mich denn fortgetrieben
Aus des Vaters liebem Haus?

Wohl habt ihr in tiefen Zonen
Vieles was uns dort gebricht;
Aber die auf Bergen wohnen
Tragen eure Elend nicht.

Großer Glanz und reicher Schimmer
Zeichnet diese fremde Welt;
Doch erfreuet das Herz nicht immer
Was den Augen wohlgefällt.

Und so strömt, ihr dunkeln Thränen
Wie zu Nacht ein Brunnen quillt,
Bis mich selbst mit meinem Sehnen
Freundlich still der Tod verhüllt.

J. C. Männy.

Der gehörnte Siegfried und die Nibelungen.

Von J. Görres.

Wilkinasaga. *)

Ganz auf nordischem Boden, wor in den Dichtungen, die, wir bisher angeführt, den Schauplatz der Begebenheiten gegründet in jener aber, zu der wir gegenwärtig übergehen, ist die Fabel, aus jenen engen Schranken hervorgebrochen, oder vielmehr noch nicht in sie eingesaugt das ganze gotische Europa ist in den Kreis ihres Spieles aufgenommen, Teutschland der Mittelpunkt. Es ist das große Gedicht, von dem wir gegenwärtig sprechen, jenes, das in denen die Lebensverbindung zum Ganzen erkennbar, so sind wir mit dem König Rother verfahren, so auch mit der Reihe dieser Aufsätze. Dem mannigfaltigen Interesse der Leser folgen wir, wie billig, unser eignes Haupt-Interesse zu gewissen Untersuchungen nach, doch erkennen wir dankbar in dem mannigfaltig uns geäußerten Beyfalle über die Förderung alter teutscher Kunst, daß wenn auch in langer Ernährung manches Hervorstechende unserer Zeit sich verganglich und verächtlich zeigte, doch das heimlich Große in ihr viel zu groß ist, um eben in Worten sagen zu können, was es wolle. Der blinde Streit zwischen sogenannten Romantikern und sogenannten Classikern endet sich; was übrig bleibt, daß sich die unsere Blätter werden sich mit beyden und für beyde beschäftigen; man lernt das Eigenthümliche beyder Stämme wie in einzelnen Individuen erkennen, achten, und sich gegenseitig erklären, in deiner Entwickelung erkennen.. wir beabsichten über diese Entwickelung unsre Leser wohl nicht erst auf Hrn. Schlegel's nun erschienenes Werk über Ihren (Heidelberg bey Mohr und Zimmer) aus dem unsre Blätter einige Uebersetzungen mittheilen, aufmerksam zu machen.

*) Wir Herausgeber ergreifen die Gelegenheit bey der Fortsetzung dieser Aufsätze unseres Freundes (vergl. S. Stück) einem Vorwurfe zu begegnen, der uns leicht von denen gemacht werden konnte, die unsre Zeitung eigentlich nicht lesen, sondern nur beurtheilen; als zerstückelt wie die Aufsätze, die wir in ihrem Zusammenhange verstanden werden konnten; einige Aufmerksamkeit wird jeden überzeugen, daß diese Abtheilungen nie willkührlich sind, sondern daß jedes für sich ein Ganzes ausmacht, das freilich auf eine weitere Verbindung hindeutet, wie alles in der Welt. Mit einem glücklichen Ausdrucke des H. v. Kleist sagten wir, daß es organische Fragmente sind

In Prosa aufgelöst, sich in der Wilkina saga aller Historien mit Konnung Thiderich af Bern och Hans Kämpar samt Nißlunga Saga, edirt von J. Peringsliöld, Stockholm 1715 findet. Nach dem Zeugniß der Bibliothecarius Eagan ist diese Schrift ein ursprünglich teutsches Werk; Biörn i Skardsa, Bischoff von Norwegen zur Zeit König Hacken Hacdonson um 1250 bückte, als er die Tochter desselben Christine zu Kaiser Friederich dem zweyten, mit dessen Bruder Heinrich sie verehlicht werden sollte, begleitete, am Hofe desselben die Abentheure in teutscher Sprache lernte, und brachte sie bei seiner Zurückkunft nach Norwegen mit, wo sie in die alte isländische Sprache übersetzt, in mehreren Manuscripten sich bis auf diese Zeit erhalten hat. Es ist hier nicht die Insel Hvena, worauf Grimhildis Rache blutig spielt, sondern Heunaland bei König Attila, es sind die Näflunger nicht mehr bloß Näfissöhne, ein Königsstamm eines kleinen Bezirkes Häupter, sondern jener mächtige Volksstamm, die Burgundier, die selbst die arabischen Geographen und Geschichtschreiber unter dem Namen Burgian kennen; die Schrecken ihrer Jahrhunderte, schon Plinius als teutsches Grundvolk aufzählt, die dann gegen die Donau hinabgestiegen, später die Alemannen am Rheine drängten, öftere Einfälle in Gallien machten, bis ihnen endlich die Römer einen Theil der gallischen Provinzen in Germania prima am Oberrhein hinauf längst dem Jura gebirge, der Schweiz bis nach dem Süden von Frankreich hin einräumten, wo sie am Anfange des vierten Jahrhunderts christlich geworden unter ihrem König Gundicar oder Gundibald, das burgundische Reich gründeten, das auch nach die Catastrophe, die es auf dem großen Zuge des Attila erfuhr, wo sein König Gunthaer mit allen den Seinigen den Untergang gefunden — ein Ereigniß, in dem man historisch die Rache der Chrimhild, bis zu sehen geglaubt hat — sich fort behauptete. Der eigentliche Held des Gedichtes aber, um den das Ganze sich herbewegt, ob es gleich aus diesem noch mehrerer aber anticoordinirte Mittelpuncte hat, ist Dieterich von Bern jener Angelpunct der alten gothischen Poesie, den alle ihre Sternbilder immerdar umkreisen. Diesem Heros der Sturm- und verhängnißvollen Jahrhunderte der Völkerwanderung, hat die Zeit wie allen andern seiner Gattung die Riesenkappe aufgesetzt, damit er in dem Maaße, wie er der Dichtung zutreibt, der Geschichte entschwinden möge. Wie die orientalischen Romancier einen zwerschen Escander oder Alexander haben, einen reellischen ältern, der mit Glam schisti eins ist, der die Mauer gegen die nordischen Völker Gog und Magog, die Scythen baute, der den Zug nach Indien machte, um die Quelle des Lebens aufzusuchen, und dort die Säulen wie der alte Bachus setzte, und einen zweyten historischen dem Escander Roumi, den sie aber, und mehr noch die späteren dichtenden Decklentalen, mit jenem Ersten verwechseln: so ist es auf die gleiche Weise auch mit Dietrich von Bern geworden. Historisch die Begebenheiten in ihrer Folge untersucht, ergiebt sich, daß die Dieterich, der in diesen Dichtungen als Zeitgenosse Attila's, dreyßig Jahre an seinem Hofe lebte, nicht jener Theoderich, König der Ostgothen seyn kann, der geboren um 442 an der Spitze seines Volkes um das Jahr 480 einbrach in Italien, die Heruler und ihren Anführer Odoacker schlug, und nun König von ganz Amelungenland oder Italien wurde, und im Jahr 526 zu Ravenna starb, obgleich wieder andere Gedichte, wie die Casseler Handschrift, ihn ausdrücklich als diesen bezeichnen. Attila lebte nach der Geschichtschreibern der Zeit schon um 423 König der Hunnen, um 450 unternahm er seinen großen Zug nach Gallien gegen die Westgothen und die Römer, der mit der blutigen Schlacht auf den catalaunischen Fel-

dern endigte; worauf nach einigen Jahren sein Tod erfolgte. Attila und Theodorich waren daher um beynahe ein halbes Jahrhundert voneinander, und zur Zeit jenes Zuges befand sich dieser als 8jähriger Knabe am Hofe zu Constantinopel. Dagegen erzählt die ungarische Chronik von Thwrocz aus alten Sagen und Schriften· von einem früheren Dieterich von Bern, den das Heldenbuch den Herren von Teutschland nennt, der wahrscheinlich eher eigentlich sein Wolfdieterich ist, von dem es sagt, daß er 80 Jahre vor Dieterich gelebt, und der mit Macrinus an der Spitze eines Heeres, zusammengesetzt aus Teutschen, Longobarden, Ostgothen und vielen andern Nationen, den Hunnen, die eben in Europa eingebrochen waren, entgegenging, sie schlug, zuletzt aber selbst geschlagen wurde; dann die Parthen des Attila nothgedrungen mit seinen Völkern selbst ergriff: und nach dem Tode desselben seine beyden Söhne Chaba und Aladar, jener aus griechischem Stamm, dieser Sohn der Kremheild aus Teutschem, miteinander entzweite um die Herrschaft, indem er mit den teutschen Fürsten die Parteyen des Eigern nahm; wo dann eine fünfzehntägige Gemetzel unter den Hunnen erfolgte, in dem Chaba den Kürzern zog, und nach Asien flüchten mußte. *) Beyde waren aus der Amalungsgothischen Linie, die Letztere aber aus der alamannischen Nebenlinie und wie Peringsköld in seinen Anmerkungen zu Cochloei vita Theoderici vermuthet, sein Vater Samson etwa der Bruder

---

*) Auch Jordanis in seiner Hist. de getarum origine c. 34 zählt vorzüglich die drey ostgothischen Heerführer Walamir, Theodomir und Widemir, die Cranz in seiner gothischen Chronik Brüder nennt, als Theilnehmer des großen Zuges der Hunnen nach Gallien auf. Merkwürdig sind die Fragmente der Gesandschaftsreise, die Priscus um 448 zu Attila unternahm, sie geben einen anschaulichen Begriff von dem ganzen Leben und Treiben dieses ernsten, finstern Geistes, den er 15 Tagereisen Wildin: etwa das Jasz Birinp in Ungarn, wie Otrofoeß in origin. Ungar. II. p. 109 aus den Umständen der Reise vermuthet, in seiner Residenz gefunden, nebst ihm auch bei er seine beyden Weiber Erca und Hecea gesehen. Bey Gelegenheit seiner Bewirthung erzählt er unter anderm: wie der Abends kam und bei Tisch aufgehoben worden, traten zwey Scythen vor Attila hin, und sangen Gedichte, die sie selbst verfertigt hatten, worin sie seine Siege und seine kriegischen Tugenden anpriesen, und viele der Anwesenden erfreuten sich an den Gedichten, andere wurden froh in der Erinnerung alter Kriege bewegt, anderen fossen Thränen, weil sie das Alter geschwächt und entkräftet hatte, wodurch ihre Kampflust und ihr Eifer wider ihren Willen gelähmt worden. Nachdem der Gesang und die Declamation vorüber, trat irgend ein Genthe, unsinnig wie es schien, hervor, der seltsamer, sinnlose, wahnsinniges abließ oder abschreyend, alle zum Lachen bewegte, nur Attila verzog keine Miene. — Es ist nicht unwahrscheinlich, daß sich wohl noch Fragmente dieser alten hunnischen Gesänge in ungarischen Volksliedern und Traditionen erhalten haben mögen, wenigstens hat früherhin ein ungarischer Bischof aus diesen Quellen eine fabelhafte Geschichte des Attila geschrieben, die mir aber noch nicht zu Gesichte gekommen ist. Besonders bey den sogenannten Szeklern, die eine alte Sage im Lande für unmittelbare Abkömmlinge in Europa zurückgebliebener Hunnen erklärt, würde die Nachforschung wohl am fruchtbarsten seyn. Herr von Eckendorf in Wien mögte wohl die beste Gelegenheit zu dieser Untersuchung haben, und er würde sich um die ältere Poesie ein bedeutendes Verdienst erwerben, wenn er die Resultate derselben etwa im Prometheus mittheilen wollte.

des Hunnimunds Königs der Ostrogothen. Die spätern Dichter aber, die an diese genealogischen Spitzfindigkeiten sich nicht binden mogten, brauchten bald Einen für den Andern.

In diesem Dieterich laufen alle Fäden der vorliegenden Sage convergirend mit zusammen. Sie beginnt mit der Geschichte seiner Stammeltern Samson und der Hildesviba und seiner übrigen Vorfahren, und sammelt dann fortschreitend zunächst einen Kreis von Helden und Kämpfern um ihn her, deren Abkunft und Thaten sie gleichfalls episodisch immerfort erzählt. Zuerst führet sie ihm den tapfern Hildebrand, Sohn Reginbalds Herzogs von Venedig zu, und giebt Bericht von den Abentheuern, die sie miteinander bestehen, wie sie den Zwerg Alpris fangen, und durch seine Hülfe das Schwerd Nagelring erlangen, etwas abweichend von jenem dänischen Gedichte, das im Heldenbuch selbst wieder aber von seinem Wolfdieterich, nur weitläufiger und wortreicher erzählt, vorkömmt. Weiter kömmt Heimer, der Helme des Heldenbuchs, und der Ganelon von Mainz in diesem Kreise, der, ein Sohn des Studas umwelt Ge. gaed, dem Schlosse der Brynhilds wohnt, auf dem Rosse Rispe über die Alpen herangezogen. Dann wird die Abkunft des Vidga (Vitigis) entwickelt, dessen Vater der Schmied Velent, der selbst vom Riesen Wada, dem Sohne des alten Königs Wilkin (Willmer) von Willinaland (Schweden) mit einer Meerfrau erzeugt, entsprossen ist. Diese Erzählung von Eduald Veilnt oder Valund, wie er mit dem Schmiede Amilias des Königs Wilbad von Würingen um die Wette, selbst das Schwerd Mimung, dieser aber einen un- durchdringlichen Harnisch schmiedet; wie Veilnt num, der seine Kunst zuerst in derselben Schmiede wie Siegfried, und dann bei den Zwergen gelernt, in sieben Tagen ein Schwerdt zu Stande bringt, und dann er im Gegenwart des Königs einen Faden Wolle, der auf dem Wasser schwimmt, in der Mitte durchhaut; wie er dann, weil die Waffe noch allzu schwer und ungeschlacht, sie mit der Säge in viele Stücke zerschneidet, mit Milch und Mehl ver. setzt, drey Tage lang in dauerndem Feuer beitigt, und in drey. zehn Tagen in ein ander Schwerde umschmiedet, das nun einen ganzen Wollknäuel auf dem Wasser im ersten Hau durchschneidet; wie er dann zum Drittenmal das Werk dem Feuerflammen über. giebt, alle Schlacken von dem Metalle scheidet, und nun nach sieben Wochen endlich ein edel köstlich Schwerdt erlangt, das ein schwimmendes Wollbündel von drey Fuß im Durchmesser kurz und klein zerflickt; wie er endlich mit diesem Werkzeug num dem Schmied Amilias, der sich in seinen Helm und Harnisch hoffär. tig zur Probe stellt, indem er auf dem Sessel sitzt, mitten bis zum Nabel hin durchhaut, und dieser nach dem Schlage klagt, es gehe ihm wie eiskalt Wasser durch die Eingeweide, wo Veilnt ihm dann zurufet, er solle sich nur etwas rühren und schütteln, und dieser dann dem Rathe folgend, in zwey Stücken vom Sitze herunterfällt: Diese ganze Erzählung, so wie das was ihr zunächst im Buche folgt, hat einen ganz eignen alterthümlichen Anstrich, der auch dadurch historisch bestätigt wird, daß Sämund Frode sie als Stäbengedicht unter dem Namen Völundar quida, in seine Edda dem Wesentlichen nach aufgenommen hat. Vidga nun, mit seines Vaters Schwerdt gerüstet, unternimmt gleichfalls den Zug nach Bern; der Kampf auf seinem Wege mit Gramaleif und seinen zwölf Gesellen, fangt, gleichfalls von Wolfdieterich erzählt, den zweyten Theil des Heldenbuchs an, er schlägt im harten Gefechte, mit Hülfe des guten Schwerdtes Mimung, Dieterich, und tritt dann in seinen Heldenkreis. Dieterich aber, um die verlorne Ehre wieder zu gewinnen, unternimmt ei. nen Zug, der ihm zwey neue Helden zuführt, ludem er den Ja.

solb entwaffnet, und den Eintram aus dem Rachen eines Lind. wurmes rettet. Weiter schritet die Geschichte fort, und erzählt die Thaten des Königs Willmer, seine Kriege mit den Russen, die Abentheuer seiner vier Riesen Aspilian, Aventrod, Et. getr und Widolf, wovon der letzte vor allen stark ist, und des. wegen in Friedenszeiten von seinen Brüdern immer an der Kette gehalten wird, wie sie auch im König Rother vorkommen, mit einem ganz leichten Anstriche von den Heymonskindern. Dann folgen die Kriege von Osantrix in Willinaland mit Atti. la, die Entführung der Tochter des ersten Erka durch Ro. dolph von Bechelar für Attila, wovon sie zur Ehe nimmt. Dieterichs Geschichte schreitet nach dieser, das Folgende einlei. tenden Episode wieder weiter fort, indem Dietleß seines sechsten Kämpfers Herkommen und Abentheuer beschrieben werden; Wil. difer und Herbrand treten zur Genossenschaft hinzu, und es folgen wieder Kriege des Osantrix und Attila, in denen Die. terich mit den Seinigen auf Seite der Hunnen kämpft. Die Schweden werden geschlagen, Vidga aber gefangen, und befreyt durch List seines Freundes Wildifer, wobey Osantrix und seine Riesen getödtet werden. Jetzt tritt Siegfried in die Jobel ein, und die Geschichte seiner Herkunft fänge mit einer der Ge. novova ganz ähnlichen Erzählung an. Sigmund, König von Jartungaland, wirbt um Cäcilia, Tochter Ridungs, des Königs von Spanien, und zieht, nachdem sie seine Hausfrau geworden ist, dem König Drasolf von Polen zu Hülfe. Die Grafen Hartwin und Hermann, denen er die Sorge über Cäcilia anbefehlen, mißbrauchen sein Vertrauen auf gleiche Weise wie die; Cäcilia wird von Sigmund zum Tode verdammt, wie aber die Treulosen sie hinausführen, kömmt sie im Schrecken am Ufer eines Flusses nieder. Hartwin und Hermann entzweyen sich über die Tobesart, der Erste wird vom Andern erschlagen, stürzt aber im Fallen das Kind, das die Mutter in ein gläsernes Trinkgefäß legt, in den Fluß, und Cäcilia stirbt darüber vor Schmerz und Gram. Das Kind ist nun Siegfried, hier Sigurd genannt, der Schmied Mimer fand ihn im Flusse, und erzieht ihn in seiner Schmiede. Da der Knabe aber bald über alle Maßen stark wird, und beständige Schlägereyen mit den Schmiedknechten vorfällen, fürchtet sich Mimer vor ihm, und um ihn zu verderben, sendet er ihn in den Wald, wo der Drache wohnt, in den durch Zauber zur Strafe für seine Bosheit Realm, der Bruder des Schmiedes, verwandelt wurde. Sigurd schlägt den Drachen, wobey aber die Unterre. dung sehr, wie bei der Edda mit ihm über mythologische Ge. genstände hält. Er kocht sich alsdann ein Stück der Schlange, und steckt zum Kosten die Finger in den siedenden Topf, und wie er sie verbrannt zum Munde bringt, und einige Tropfen Schlan. genbrühe ihm auf die Zunge kommen, hört er wie die Vögel auf dem benachbarten Baume sprechen, wußte der, was wie reß. sen, er würde heimgehen und seinen Pflegvater Mimer erschlagen, der ihn hat tödten wollen, in das Schlange dort sein Bruder, und er wied dessen Tod an ihm rächen und ihm nach dem Leben sieben. Nachdem er mit dem Blut des Drachen sich gerieben, folgt es diesem Rathe, erschlägt den Schmied, und geht zu Bron. hilbi auf die Burg, nachdem er alle sieben Thore an die eingeworfen hat. Er fängt sich dort das unbändige Pferd Grane ein, das auf Jhren geht, und reitet damit zu Jsung Königs von Angelland, der ihn als Bannerherrn in seinen Dienst aufnimmt. Es ist alles hier, wie sich aus dieser Auseinander. setzung ergiebt, in sich selbst mehr zusammenhängend und besser miteinander als im Volksbuche, wo dieser Theil der Erzählung mehr fragmentarisch auseinandergefallen und verstümmelt ist. Da.

gegen fehlt in der Sage der ganze im Wolfdbuche ihm folgende Kampf mit dem Drachen und dem Riesen, und es lenkt dahur das Gedicht wieder in den Strom ein, auf dem es bisher fortgezogen, und spricht von den Niflungenhelden Gunnar, Gernot, Gißler, Söhne des Königs Aldrian und Hogne ihrem Halbbruder, den einst ein geheurer Geist mit ihrer Mutter Oda erzeugt. Hogne (der Grimme in der nordischen Sprache) wird auf eine solche Weise hier beschrieben, daß man leicht den Hagene des Epos in ihm erkennt: schwarzes Haar, struf und etwas kraus, länglichtes Gesicht, starke Naße, breite Augenbraunen, schwarzer Bart, die Haut braun gefärbt und fest, im Aussehen wild, das eine Auge (an dem andern war er in einem früheren Kampf erblindet) schrecklich, verschlossen, duster, zornig, in allem was er begann, entschlossen, einfach, streng und ernst, sein Schild silbern mit rothem Adler. Alle vier Helden vom Rheine ziehen gleichfalls nach Verona zu Dieterichs Hoflager hin, und so hat sich kaum nun mit ihnen der Zodiacus um den Berner der geschlossen; die zwölf Kämpen, die sich zu ihm gesammelt, bilden gleichsam so viele Sternbilder des Heroismus und der Tapferkeit, durch die Heracles wie die Sonne auf ihren Bahnen wandelt. Neben dem gleichartigen britannischen Kreise Arturs und der Tafelrunde, steht hier ein anderer rein Gothischer, der später erst den zeugenden Frankischen den Carl dem Großen und seinen Paladinen trägt, während er selbst wieder dem Othin und den zwölf nordischen Göttern; den zwölf Athleten und Vereirlern der nordischen Könige, Chriftus und seinen zwölf Aposteln; den zwölf Göttern (Consentes) der Römer und Griechen, und endlich ganz zu unterst dem uralten Naturmythus der Sonne mit ihren zwölf Häusern aufsetzet erscheine. Und es suchen die Helden einen würdigen Gegenstand, an dem sie ihre Kraft üben mögen. Da erzählt der vielerfahrne Herbrand ihnen vom König Isung aus Bertangaland mit seinen ihm gleichen elf Söhnen sammt Sigurd sogar, wie besser noch ihre Schwerter, stärker noch ihre Rosse als die Eigenen seyen, und sie selbst noch heldenmuthiger als Dieterichs Schaar. Dieser beschließt den Zug, um mit ihnen sich zu messen, und nachdem Vidga den Riesen Etgeir geschlagen, der den Wald an der Gränze hütet, wird Isung von den Helden zum Kampf gefodert, und es wird gestritten Mann gegen Mann wie zu Worms im Rosengarten, nur daß die Berner meist unglücklich kämpfen, und Hildebrand, Heimer, Hogne, Sintram, Gunther gebunden werden, bis sie Dettel und Vidga glücklich durch ihren Sieg wieder in Freyheit setzen. Zuletzt kämpft Dieterich mit Siegfried, und nur das Schwerd Nagelring verschafft ihm nach dreymal wiederholtem Streite endlich den Sieg, und Sigurd folgt als

*) Ungern ohne Zweifel zwischen Sachsen und Jütland um Schleswig her, Altengeland genannt, weil von dort aus um dieselbe Zeit (455) die Angelsachsen ihren bekannten Zug nach Britannien unternommen, der eben Stoff zu den Gedichten über die Tafelrunde hergegeben.)

Waffengenoß dem Sieger. Es kehren die Helden nun jeder in sein eigen Land zurück, Sigurd verbindet sich mit Chriembildis im Niflungaland, er freyt Grimhildr dann die Brynhildis, woben der Kampf zwischen dieser Löwenjungfrau und ihm, wie sie die Nibelungen erzählen selbst, wohl aber die Szene in der Hochzeitnacht sich findet. Weiter folgt eine Episode über die Feindschaft zweyer Grafen mit Salomon König von Franken und dem Wildschaden im Wasklungawald, den sie wechselseitig einander zufügen, ein Erzählung, die gleichfalls wieder einen eigenthümlichen Character ferner Zeiten trägt. Die Darstellung der Intriguen des Elsla und seiner Nachlucht, die den König Ermenrek von Rom verleitet, daß er seine eigenen Söhne hinopfert; seine Neffen, die beyden Söhne des Orlungatrost, die unter Vidga's Hut stehen, ermorden läßt, woraus sich, verglichen das hier Vorgebrachte mit dem, was die Einleitung des Heldenbuches skizzirt, ergiebt, daß Vidga der treue Eckart, in der Folge Hyter des Benvabeneed und Elsla aber dort der getreue Elbich, und Irelinburg am Ufer des Rheines, Vidga's Wohnung und die Harlinge im Elsaß unweit Bresisach gewählt werden muß. Endlich übernzieht Ermenrek auch Dieterichen mit Krieg, und vertreibt ihn aus seinem Königreiche. Dieser sucht Schutz im Hunnenland bey Attila, und schlägt mit mehreren seiner Helden während dreißig Jahren seine Kriege mit gegen Osantrix in Wilkinaland, gegen die Riesen und alle Feinde Attila's. Ein Versuch sein Königreich mit Hülfe der Hunnen wieder zu gewinnen, mißlingt, und Attila's beyde Söhne werden in der Schlacht mit Ermenrek getödtet; Erka, Attila's Gattin stirbt, und nun beginnt die Niflungasaga fortschreitend in der Fabel wie das teutsche Epos, und im letzten Theile wie die nordischen Liods über diesen Gegenstand: Gunther in Bernicia statt Worms; der Streit der beyden Weiber, Sigurds Tod an der Quelle, Attila's Werbung um die Wittwe, die Einladung der burgundischen Helden nach Hunnenland, ihre Reise zunächst bis dahin, wo Rhein und Duna (Donau) zusammenkommen,*) die wahrsagenden Meerweiber, der Margraf Rodinger, das Gemezel, alles hier wie dort nur hin und wieder etwas abweichend erzählt; der Tod Gunthers im Kerker, Hogene durch Dieterich gefangen, aber erst nach einigen Tagen sterbend, nachdem er vorher einen Sohn Aldrian erzeugt, der in der Folge den Tod seines Vaters an Attila dadurch rächt, daß er ihn habsüchtigen in den Berg bey dem Nibelungenhort einsperrt, und ihn dort umkommen läßt. Den Schluß macht endlich Dieterichs Rückkehr in sein Reich nach Ermenrichs Tode, und seine Bekehrung zum Christenthum.

*) Die Niflungen fahren nun alle ihren Weg, bis sie dahin kommen, wo der Rheinstrom und die Donau sich verbinden, und es war sehr breit dort, aber sie fanden keine Schiffe für sich.“ Diese merkwürdige Stelle scheint darauf hinzudeuten, daß diese Gedichte ihren ersten Ursprung in jener alten Zeit gehabt haben mögen, wo man noch glaubte der Ister, Rhenos, Eridanos und Rhodanos seyen mit einander verbunden, und bildeten nur einen Strom, der ganz Europa der Länge nach durchschnitt.

An den Ufern des Mayns.

Im Sommer 1806.

Hier wo uns weinbekränzte Hügel
Der Strom sich schlingt,
Sanft gleitend wie des Schwanes Flügel
Erfrischend durch die Wiesen dringt,
Des Schiffleins stille Bahn gezogen,
Auf Schlangen gleich gewundnen Wogen
Sich um die Berge schlingt.

Hier wo im fruchtbegabtem Thale
Der Rede Kraft,
Genährt vom starken Sonnenstrahle,
So goldnen Weines Trank erschafft,
Der einst die Enkel noch erheitert,
Zu Liedern ihre Brust erweitert,
Den Muth der Sorg' entrafft.

Wo froh gesinnt die deutschen Franken,
Voll Kraft und Lust,
Ein schwachen Trübsinn nie erkranken
Fröhlich des freien Muths bewußt;
Wie einzle Blumen auf den Fluren
Zeigend der alten Sitte Spuren
Der alten deutschen Lust.

Hier rührten muthig linde Lieder
Mir an das Herz,
Die alten Ströme brachen wieder
Hervor, und es verschwand der Schmerz.
Was sanft im Lied genossen weinet,
Starrt schweigend innen dort versteinet
Wie kaltes graues Erz.

Doch gleitend auf des Liedes Wellen
Wird alles mild,
Oft spiegelt sich in diesen Quellen
Die Sonne und der Sterne Bild;
Fort wie des Lebens Schiff gezogen
Ist auch des Unglücks Sturm entflogen
Und keine Zeit mehr will.

Wohl muß ein ew'ger Frühling grünen
Dem seel'gen Mann,
Der seines Herz nur erkühnen
Und sich dem Freund verbünden kann.
Euch Wellen gruß ich drun tes Manns,
Gar oft gedenk ich des Vereins,
Der schöner dort begann.

Friedrich Schlegel.

Elegie aus einem Reisetagebuche in Schottland.

(Der Verfasser bittet, diese Verse nicht für Hexameter und
Pentameter zu halten.)

Genua seh ich im Geist, so oft die unnöthigen Wellen
Halten den Himmel im Arm, halten die taumelnde Welt;
Seh ich die klingenden Höhlen des nordischen Mohren? Basaltes,
Seh ich die Erde gestützt auf den Armen der Höll;
Dann, dann sehne ich mich in deine schimmernde Arme,
Weißer Cararischer Stein, kühlend die schwüldige Lust,
Denk ich der Treppen und Hallen von schreienden Menschen durch-
laufen,
Keiner staunet euch an, jedem sind sie vertraut.
Fingal! Fingal! klingst so hell, mir wird doch so trübe,
Frierend wähn ich mich alt, Jugend verlorene Zeit!
Dreht sich die Achse der Welt? Wie führt mich Petrarca zu Fin-
gal,
War es doch gestern, ich mein, daß ich nach Genua kam.
Ja dort sah ich zuerst das Meer, des nunmehr mir grauet,
Weil es vom Vaterland mich, von Freunden mich trennt.
Damals von der Rochetta herab in des Frühroths Gewühle,
Lag noch die Hoffnung darauf, weichlich im schwebenden Bett,
Nicht am Anker gelegnet, nein sorgenlos schlummernde sie dreht sich,
Daß die Schifflein so weich, flogen wie Federn davon.
Lässig band sich vor mir die Göttin das goldene Strumpfband,

Zweifelnd daß frühe so hoch steige der lüsterne Mensch.
Und so stehend und stiebend am Strumpfe sie brüt' und schwebte
Wie ein Flämmelein hin über die spiegelnde Welt.
Bramettet! ich rief, mir schaudert, sie faßte mich selber,
Ja ein Mädchen mich faßt, lächelnd mit Auge mir sicht.
Hier! hier! sagt sie und peitschte den buntgepuschelten Esel,
Daß aus dem ledernen Sack, schwitzte der röthliche Wein;
Lieber, was willst du? sie fragt, du riefst mich eben bey Namen
Wenn sie nicht Blicke versteh, Worte die weiß ich noch nicht.
Der Beschämung sich freuend sie strich mir die triefenden Haare,
Thau und Mühe zugleich hatten die Sterne umhüllt,
Wie ein Bursche der Schweiz ich schien ihr nieder zu wandeln,
Um zu suchen mein Glück und sie wollte mir wohl;
Als sie den Stein erblicket, den sorglich in zartlicher Liebe
Auf den Händen ich trug, daß der Andruck nicht leid,
Ey da lachte sie laut und riß mir den Stein aus den Händen,
Warf ihn über den Weg, daß er zum Meer hinrollt,
Und dann spielte sie Ball sich freuend meiner Verwirrung
Mit der Granate die schnell kehrte zu ihr aus der Luft.
Nicht der zerackelnden eine, die rings viel Häuser zerschmettert,
Doch die feurige Frucht, mystisch als Apfel bekannt.
Sie verstand mich doch wohl? O Einverständniß der Völker,
Daß aus Babylons Bau blieb der zerstreuenden Thürme,
Suchte doch der eine Sack beym brennenden Thurme und fragte,
Also blieb auch dies Wort, Sack den Sprachen gesammt,
Also auch Zeichen der Lieb' im Blick, in guter Erbörde,

Scheidend sie wieherten sich noch, fernhin trieb sie die Nacht. —
Folgend dem trabenden Ziel, sie blickte sich um so gelenkig,
Die Granate entfiel und ich griff sie gescheidt.
Kühle vielsüdliche Frucht, eine Göttern und Menschen verderblich,
Wohl du fielest auch mir, zaubr' ich, wo ich gehofft?
Doch ich zögerte noch, gedenkend an Helena trauernd,
An Proserpina dann, beyde erschienen mir eins
Mit der Eva, da wollt ich sie stille verscharren der Zukunft,
Daß nur das Heute was mein, bliebe vom Frevel bedeckt,
Daß ich dem Zufall vermach zu treiben die Kerne in Äste,
Daß ich dem Zufall befehl, daß er die Blüthe verweht;
Aber ich mocht nicht wühlen im Boden voll zierlicher Kräuter,
Jeglichts Moos noch zart, tränet sich lippig zum Tag. "
Zweifelnd ging ich so bin, nicht sehend stand ich am Meere,
Fern mich weckte ihr Ruf, daß ich nicht stürze hinein:
Klein zu seicht ist die Küste, sie würde nicht bergen das Uebel,
Nur die Tiefe des Meers birgt ein unendlich Geschild.
Also kam ich zum Meer und sahe die Fischer am Glückzug
Springend durch kommende Well, ziehend ein bräunliches Netz,
Noch die Musen erschienen wie Kämme von tauchenden Hähnern,
Bräunliche Mantler umher, schrieen als zagten sie dir,
Andere stießen halbnackt ins Meere die schwarze Jolute,
Trugen das Leute hinein, die zur Fahrt schon bereit.
Auch mich trugen sie hin, ich dacht nur des Apfels des Bösen
Und des unendlichen Meers, das mich zum erstenmal trug,
Wie sie entboten das Schiff begann in dem Schwanken und Schweben,
D.h mir das Herz in der Brust recht wie von Heimweh zerfloß,
Durch die flickenden Jahren erscholl ein liebliches Singen,
Und ich verschloppte das Ohr, die vor Sirenen gewarnt.
Bald belebrete ich mich, es sang ein Weib in dem Kahne,
Das im Mantel gehüllt deckte vier Knaben zugleich,
Wechselnd die Hand bewegte sie wie Flügel der Windmühl
Und als Zigeunerin sang, wie sie Maria begraß.
Sagte die Geschichte ihr wahr des heiligen Kinds, daß sie anblickt,
Wie es im Krippelein lag, Ochseken und Eslein es fab'n,
Sahn wie die himmlische Herrn wie Hirten und heilige König,
Alles das fah sie sogleich an den Augen des Herrn,
Auch das bittere Leiden, den Tod des Welterweiderers,
Hebt er den Stein von der Gruft, nahm der Erde den Leib.
Alles Verderben mir schwand, ich sah das Böse versöhnet,
Statt zur Tiefe des Meers, warf ich den Judern die Frucht:
Engel versöhnet ihr das Herz, das tief arbeitende Böse,
O so versöhne auch die Frucht und vernichte sie so!
Dankend die Mutter sie nahm, hersingend sie öffnet die Schale,
Nahm mit der Nadel heraus jeglichen einzelnen Kern,
Wie im Neste die Vögelein, also im Mantel die Kindlein
Sperren die Schnäbelein schon auf, ob ihr Futter noch da.
Also sie warfen die Kerne mit offenem Munde zur Mutter,
Und die Mutter vertheilt gleich die kühlende Frucht.
Wälze dich schäumendes Meer, ich habe die Frucht dir entzogen,
Nichts vermagst du allhier, schaue die Engel bey mir,
Stürze die Wellen auf Wellen, erheb dich höher und höher,
Du erreichst uns nicht, höher treibst du uns nur,
Schon vorüber dem brandenden Leuchtthurm schutzt uns George,
Der im sicheren Port zähmet die Drachen sogleich.
Wie von Neugier ergriffen, so heben sich übereinander
Grausend die Straßen so viel, droher hebt sich Gebirg,
Höher noch Heitengeburg, da wachet der Festungen Reihe,
Schützet uns gegen den Nord und wir schweben im Süd.
Ey wie ist's, ich glaubte zu schauen und werde beschauet,

Amphitheater erscheint, hier die Erde gesammelt:
Spiel ich ein Schauspiel euch ihr bunten Türken und Mohren,
Daß ihr so bannit und schnell an dem Circus umher?
Kommen von Troja wir heim, am Ufer die Frauen und Kinder,
Kennen den Vater nicht mehr, freuen sich seiner denn doch?
Also befreundet ich wandle auf schwankendem Boden und zweifle,
Ueber sie kennen mich bald, bald erkenne ich sie,
Singal! Singal! rufet schon, muß ich erwachen in Schottland,
Bin ich noch immer dein Held, bin ich noch immer im Traum?
Muß ich sehen zur Erdhütt, keinen der Schnarcher verrieb ich,
Muß mit schlachten ein Lamm, röthen das lebende Erück,
Mehl von Haber so rauch mir backen zum Brodte im Pfännchen
Und des wilden Getränks nehmen vielstüchige Schluck:
Wandrer Mond du schreitest die stumpfen Berge hinunter,
Nimmer du brauchest ein Haus, dich zu stärken mit Wein,
Alle die Wolken sie tränken dich froh mit schimmernden Säften,
Ja dein Ueberfluß fällt, thauend zur Erde herab.
Nimmer du achtest der gleichenden Berge und Gräser und Eren
Denn im wechselnden Schein, du dich selber erfreust;
Siehe mein Leiden o Mond durch deine gerunbete Scheibe,
Schmutzig ist Speise und Trank, was ich mir wünsche das fehlt.

Ludwig Achim von Arnim.

Jenes in der Reisebeschreibung erwähnte Volkslied von der Zigeunerin, schickte der Reisende seinem Freunde Clemens Brentano, der die Gefälligkeit hatte, es für uns zu übersehen, gegen dies heilige Lied wird freylich die profane Stimmung der Elegie verschwinden; wir sind Einsiedler und keine Geistliche, und müssen beydes verstehen.

Ich habe geglaubt, den Einsiedlern eine fromme Freude zu machen, wenn ich ihnen die Uebersetzung des schönen italienischen Volkslieds, la Zingara, die Abbildung einiger der ältesten und kindlichsten Kunstwerke begleite, welche die Geburt unsers Heilands fromm und ohne Fremdes darstellen. Das oberste und unterste Basrelief, die Anbetung der Weisen aus Morgenland und der Hirten vorstellend, sind später entstanden, wie aus ihrer größern Gebildetheit hervorgecht. Sie sind beyde Basreliefs altchristlicher Särge, und in der Roma Sotterranea Cap. XXII. 615 und 617 abgebildet. Die Gemme zwischen beyden aber ist ein Basrelief von der Größe des beygefügten kleineren Elrunds, von der Art, welche pasta antica' genannt wird, sie war um das Jahr 1740 im Museum des Ritter Franzesko Vettori in Rom, wie wir es allein aus der Ausgabe des Sannazar del parto della Vergine von Ant. Fran. Gori, Florenz 1740. wissen, die uns diese Abbildungen an die Hand gegeben. Gori handelt dort mit einer sehr rührenden frommen und gelehrten Umständlichkeit weitläufig über solche Denkmale ab,

und kehrt immer wieder mit der größten Liebe und Verehrung zu der Einfalt dieser Gemme zurück, der er vor
allen damals bekannten Kunstwerken dieser Art, das
höchste Alter zugestehet. Nirgends scheint ihm die große
Armuth in der Herablassung unsers Heilands zu seinen
Geschöpfen treuer, und von frömmerer nur an Glauben
reicher Kunst gebildet. In den beyden andern Abbildungen ist sein Häuptlein bedeckt und sein Lager zubereitet,
hier liegt er ohne Stroh sogar, mehr auf einer Bank
als in einer Krippe, und sein Kopf ruht auf dem Kreuz
seiner Glorie, als habe der Künstler die Worte des
Evangelisten Matth. 8, 20 vor Augen gehabt: die Füchse
haben Höhlen und die Vögel des Himmels Nester, der
Sohn aber des Menschen hat nicht, wo er sein Haupt
hinlege. — Nirgends auch fand er nach Vergleichung
aller vorhandenen Denkmahle dieses Inhalts die Worte
des heiligen Lukas von dem Künstler also treu wie hier
dargestellt. Cap. 2, 6. Geschehen ist aber, als sie dort
waren, daß die Tage erfüllt sind, daß sie gebähre, und
sie hat gebohren den Sohn ihren Erstgebohrnen, und in
Tücher ihn eingewickelt, und gelegt ihn in die Krippe,
weil nicht war ihnen ein Platz in der Herberge. Das
Kind blickte gen Himmel nach den Worten Joh. 6, 38.
Weil ich herabgestiegen bin von dem Himmel, nicht daß
ich thue meinen Willen, sondern den Willen dessen,
der mich gesendet hat. Weiter sieht Gori in der Art des
geringen Bettleins ohne alle Betten und ohne Lehne,
welches doch übrigens (das Entbehren der Lehne ausgenommen) ganz den Lagern der von Christus geheil-
ten Kranken in den alten Monumenten, ähnlich sey,
die Absicht des Künstlers darzustellen, wie die Jungfrau
durch Gottes Wunder ohne menschliche Noth und Hülfe
gebohren habe, was er auch in ihrem heitern Aussehn,
ihrem aufrechten Sitzen und dadurch, daß sie nur bis
an die Hülfte eingewickelt ist, habe treulich abbilden
wollen. Aehnliche Einwicklung der Füße und Lenden
hat er doch nirgends in alten Darstellungen der Gottes-
gebährerin, und selbst nicht in irgend einer antiken Abbildung von Gebährenden auffinden können, und hält
darum dieses Kunstwerk um so älter und wahrscheinlich
ägyptischen Ursprungs, da dort besonders die Sitte dieser Einhüllungen gebräuchlich war, wie aus Mumien
und manchen ihrer Kunstwerke erleuchtet. Joseph aber
setzt zur Rechten, bey den Alten, die geringere Stelle
auf einem schlechten viereckichten Schemel, solcher Art
von geringen Leuten gebraucht, (Valerio Chimentelli
de honore bisellii cap. 24 p. 118) er ist mit dem
Pallium und der tunica longa nach Art der ersten
Christen bekleidet (Giovanni Lami de re vestiaria
Christiani primitivi, in dem Werk De eruditione

Apostolorum cap. IV, p. 57). Sein Erstaunen und
Nachsinnen ist gar angenehm in seinem auf die Unte
Hand gestützten Kopf ausgedrückt, wie seine Demuth
und Verehrung des geheiligten Ortes in seinen entblösten
Füßen. Der geleitende Morgenstern der drey Weisen,
steht über dem Kinde und der Mutter, über Joseph steht
der Mond, die mutternächtliche Zeit bezeichnend, nicht
voll, deutet er die Finsterniß jüdischer Zeit, welche der
Herr erhellte. Ochs und Esel aber sind da nach den
Worten Jesaias 1, 3: Es hat erkannt der Ochs seinen
Besitzer, und der Esel die Krippe seines Herrn, Israel
aber hat mich nicht erkannt, und mein Volk mich nicht
verstanden.

Die Zigeunerin.

Liebe Frau, daß Gott dich segne,
Und daß dir sein Glück begegne!
Sey willkommen altes Männlein!
Da mit deinem schönen Kindlein!

Mutter.

Gar willkomm auf unserm Pfade,
Schwester mein, daß Gott dir gnade,
Deiner Schuld Verzeihung sende,
Der barmherzig ist ohn Ende.

Zigeunerin.

Pilger, ihr müßt wohl gar müd seyn,
Und ich glaub, Ihr armen Leutlein
Mögt ein Obdach gern erreichen,
Die lieb Frau auch gern absteigen.

Mutter.

Ihr, wer seyd ihr, Schwester meine?
Ihr seyd höflich ungemeine,
Ihr seyd recht erfüllt mit Güten,
Mit die Hülfe anzubieten.

Zigeunerin.

Ich bin ein Zigeunerweiblein,
Und wenn gleich ein armes Schelmlein,
Lad ich euch zu meiner Hütte,
Nehmt's nur Liebe an, ich bitte.

Mutter.

Immer sey gedankt, gelobet
Gott der Herr im Himmel droben,
Deine freundlich lieben Reden
Trösteten mein Herz in Nöthen.

Zigeunerin.

Schnell, steig ab, o meine Fraue!
Eine Stunde ich dich schaue,
Ich die Creatur mit Bangen
Füht dies Herz mit Lieb umfangen!

Mutter.

Wir von Nazareth herkommen,
Fanden nirgends Unterkommen,
Müd vom Weg und ohn Bekannte,
Sind wir nun im fremden Lande.

Zigeunerin.

Ich hab einen kleinen Stall hier,
Da kann stehn euer Saumthier,
Heu und Stroh will ich drin streuen,
Daß wir all uns drin erfreuen.

Liebe Frau, ist's nicht nach Würden,
So verzeiht, wie mag bewirthen
Eine Königin ich Arme,
Ach daß Gott sich mein erbarme!

Und du Alterchen sitz nieder,
Kamst zu Fuß, daß müde Glieder,
Schöne Tochter ohn Verweilen
Machtet ihr dreyhundert Meilen.

Eine Kennrin der Gnaden
Bist du, wie's mein Herz errathen,
Dieser ist dein Ehherr, denk ich,
Ei wie ist er gut und freundlich!

Und gefällt dir's, liebe Fraue,
Daß ich in die Hand dir schaue,
Wenn gleich arm und zu beklagen,
Will ich dir dein Glück wahrsagen.

Doch was ich werd saen müssen,
Wirst du all schon besser wissen,
Denn es läßt dein schönes Wesen,
Eine große Weisheit lesen.

Überich werd ich noch vor Freude,
Glücklich war mein Aufgang heute,
Du bist, ich kann's unterschreiben,
Auserwählt von Ewigkeiten.

Du worst stets die Gott geliebte,
Reine, keusche, ungetrübte,
Du bist Mutter von dem Sohne,
Dessen Vater himmlisch wohnet.

Gott zum Boten dir bestellte,
Gabriel, den Glanz umhellte,
Dir im Kämmerlein verschlossen,
Hat die Botschaft sich ergossen.

Wußtest, daß und wie der Willen
Gottes, sich ins Fleisch zu hüllen,
O was Trost ist ausgegangen,
Weib in deinem Gottempfangen.

Gnadenvoll bist du gewesen,
Himmelskönigin erlesen,
Als er sprach mit Worten süße,
Ave Maria, Gott dich grüße!

Und als er dich so gegrüßet,
Angst dein reines Herz durchfließet,
Deine Freucht sey benedeiet,
Die die Welt erlöst, befreyet.

Und von Demuth ganz erfüllet,
Mir gescheh, wie Gott gewillet,
Mir der Magd des Herrn, es komme,
Der Erlöser, sprachst du fromme.

Aber Joseph dort der gute
Dachte nach in trübem Muthe,
Und ob deines Leibes Segen
Thät sein Herz viel Sorgen hegen.

Doch vom Engel unterrichtet,
Ward nun Trost er aufgerichtet,
Und dich Schöne Gottbegabte
Hoher er fortan verehrte.

Und als nun die Zeit gekommen,
Hast du Joseph mitgenommen,
Um nach Bethlehem zu gehen,
Mußtest viele Noth ausstehen.

Konntest nirgend Obdach finden,
Deiner Frucht dich zu entbinden,
Ach du mußtest, Weib der Ehren,
Einsam unterwegs gebähren.

O welch arm elende Stätte,
Ohne Feuer, ohne Bette,
In dem Stall, du Gottbeschworte,
Unter dir die harte Erde.

In der heilgen Weihnacht Thaue,
Da gebarst du o lieb Fraue,
Dieses schönen Gottesknaben,
Hirten ihn verehret haben.

Bittest ihn lieb erfüllet
An, ins Schleyerlein gehüllet
Bebtst du vor dein schönes Knäblein,
Zwischen's Ochslein und das Eslein.

In der Krippe statt der Wiege,
Schöne Frau dein Kindlein liegt,
So gebarst du Gott hienieden,
Krieg nahm er und gab den Frieden.

Solcher Glanz die Nacht entzückte,
Daß die Welt erstaunend blickte,
Alle Hirten sangen Lieder,
Der Erlöser kam hernieder.

Und der Engel Melodeyen,
Konnten alle Welt erfreuen,
O du Nacht der Seeligkeiten
Ganz voll Licht und Himmelsfreuden.

Hirten kamen ihn zu ehren,
Gaben groß ihm zu bescheren,
Ihr Geschrey drang zu den Ohren,
Der Messias ist geboren.

Und weil ihr so mild und huldreich
Zeigt ihn auch, lieb Frau dir euch,
Zeigt, mir armen, euer Kindlein,
Den Erlöser in den Windlein.

(Hieben ein Kupfer.)

Mutter.

Schwester, blick zum Heilandskinde,
Zum Erlöser aller Sünde,
Ach schau wohl, in seinen Blicken
Paradisisches Entzücken.

Zigeunerin.

Ach du lieb Frau Kaiserinne,
Bin nur eine Sünderinne,
Doch mein Kann geliebter Frau
Dies mein liebes Jesulein.

Ach mein Weg war wohl gesegnet,
Daß ich euch allhier begegnet,
Drum schlug mir mein Herz voll Bangen,
Da ich hier herausgegangen.

Doch weil es der Himmel wollte,
Daß ich dir wahrsagen sollte,
Ach dir mit betrübter Seele,
Des Erlösers Leid erzähle.

Schöne Mutter voller Güte,
Dulcinem bist du im Gemüthe,
Deine Aeuglein nun bereite,
Weinen soll'n wir alle beyde.

Jesus beten wird im Garten,
Gottes Starkungskelch erwarten,
Blutger Angstschweiß wird ihn decken,
Ach mein Herz erbebt vor Schrecken.

Dann kommt Judas hergegangen,
Küßt verrathend seine Wangen,
Und um dreyßig Silberlinge
Wird verkauft der Herr geringe.

An die Säule ist gebunden
Und geschlagen voller Wunden
Und getronet, ich ihn schaue,
Ach mit Dornen, liebe Fraue.

Von des Kreuzes Last gebeuget,
Trauriger zum Berge steiget,
Und erschöpfet und entkräftet
Wird er an das Kreuz geheftet.

Liebe Frau, nach seinem Ende
Wird er in das Grab gesenket,
Und nach dreyen Tagen wieder
Hebt er lebend auf die Glieder.

Und zwölf Jahr nach diesem Tage,
Liebe Frau, wie ich euch sage,
Kehrt er sich zum andern Leben,
Wird zum Himmel sich erheben.

Dann o Mutter voller Leiden,
Wirst du für uns Sünder streiten,
Weil du kamst zu solchen Ehren
Um die Schlange zu zerstören.

Liebe Frau, nun will ich schweigen,
Euch nicht länger niederbeugen,
Gebt, daß ich nach meinem Ende
Wieder schau in eure Hände.

Clemens Brentano.

Zeitung für Einsiedler.

May-Heft

1 8 0 8.

Mit zwey Kupfertafeln.

Heidelberg
bey Mohr und Zimmer.

Correspondenznachrichten aus Bädern und Brunnenorten.

Eine Zeit her hat sich zugetragen, daß die unschuldige Neugierde vieler braven Leute in Bezug auf diese gute Stadt, allzu schlecht befriedigt werden, was mit nichten gut geheißen werden kann. Dunkele Gerüchte sind wohl umgelaufen; von mancherley, was dort getrieben und unternommen würde, aber an den Thoren waren die bekannten eisernen Riesen postirt, und weilten mit dem Dreschflegeln unbarmherzig auf alle Zuträger los, und es kam alles zerquetscht und zerprügelt heraus, daß nichts Rechts daraus abzunehmen war. Es hat sich einer der Einsiedler gefunden, der mitten auf dem großen lärmenden Markte seine Siedeley sich gebaut, und dort seinen Betrachtungen obliegt; der will dem brünstigen Verlangen eines verehrungswürdigen Publicums entsprechen, und von Zeit zu Zeit einige authentische Nachrichten der Welt mittheilen, was er so bisweilen aus seiner Klause erblickt, und was sich wissenswürdiges in dieser guten Stadt zuträgt. Es ist übrigens eine harmlose fromme Natur, was die Redaction verbürgen wird, die niemand bösen Leumund machen will und üble Nachrede, nichts als Gutes und Liebes; denn über alles geht der Hausfrieden und die Einsamkeit, und die Stille. Er giebt nie zu, daß Tobak verraucht werde in seiner Klause oder gefucht und sacramentirt; wenn die Jratschkelreiter reisen und schwören und raufen, geht er mit der großen Gelassenheit umher, und macht seine Observationen an den Thierchen, wie sie so boshaft sind und so nichtswürdig, und sich einander die Augen im Kopfe nicht gönnen, und wenn sie giftig über seine übermäßige Gelassenheit auch anfallen, dann hilft er sich wohl einmal wie der Fuchs, wenn ihm die Hunde all zu sehr zusetzen, was in der Naturgeschichte nachzulesen ist.

Nachdem er seine Reverenz gemacht, muß Concipient des Gegenwärtigen sogleich bemerken, daß seine Vorgänger im Amte, sogar Hauptcorrespondenten hier unterrichtet sind. Einer, ein Schneider von Profession, hat jüngst einen kleinen Verdruß mit der literarischen Polizey gehabt, die ihn ausgepäukt, und einige Jeactur in Unslutbuchstaben ihm an die Stirne geschrieben; darauf ist das Edelmännchen so scheu und blöde geworden, daß es nur auf den Bergen herumschleicht, und von weitem aufschnappt, was seine Freunde inwendig ihm zugelegen oder krähen. Neulich haben sie ihm ein confusel Gerede von Hundsschnanzen, Kinbermähechen, gefrorner Musik, Indien, Miostil, u. s. w. zugeträschen, das hat er ins Maul gefaßt und hat's gleich der Expedition apportirt. Marin! das war ein Fressen für die Meute der Brüder; die längst Zeit hatten sie mit hungrigem Magen und gespitzten Ohren gelauchert, der Himmel wollte keine Atzung schicken, da kam das wohlriechende Futter. Alle haben sie auf einmal angeschlagen, die allerliebsten Italietschen, die zärtlichen Traubasenhündchen, die den eleganten Damen mit Lecken der Handschuhe glasiren; die unverschämten zudringlichen krummbeinigten Dachsel, die den Leuten hundertmal gesagt, immer in den Häusern liegen, und den Kindern die Schlucker mit Milch und Biscuit auf Vorrath gefühlt weestehlen, und den buttergrößesten Wick und der Erbsenbrühe; die boshaften neidischen Mopse, die den übermäßigen Herrgott haben, daß ihr liebe Herrgott kein Mops ist, und sie nicht Herrgott sind; die plumpen Metzgerhunde, die mit zusammengebundenem Maule als Recruitenten die Literatur abschen; die blonden giftigen Spitze, die unaufhörlich in den Journalen heulen, und wenn man ihnen nicht auf die Mäuler schlage, in die Waden sich verbeißen; all das Volk, das ein tüchtiger Peitschenknall in die Lecher jagt, ist hervorgestürzt, und eine Heerde Schnattergänse aus Dummheit mit, sie neigneten mit den Hundsschnanzen sich auf

sie gestichelt, und waren darüber so böse wie Ottern geworden. Doch muß das Publicum nicht glauben, es seyen der eigenbinsigen Bullenbeißer wirklich so viele, es ist nur eine einzige Kuppel, die ein berühmter Hundeliebhaber mit den Brosamen seines Tisches füttert, der sich einbildet, alle Leute wollten ihm die Schuhe austreten, die Vögel wollten ihn durch ihr Singen foppen, die Katze mit ihrem Spinnen seine Profession nachmachen, der Wind sage übrigens heulend nach Brod vor seiner Thüre, der Donner wäre ihm in der Unaachtsamkeit entfahren, und das Erdbeben entstünde durch sein zorniges Stampfen. Besagte Compagnie in dem Halsbande mit großen Messingbuchstaben bezeichnet, läuft nun immerfort und nieder, bellt bald zu ienem Loche heraus, bald wieder zum andern, vom kranken Könige; von der todschlagenden Philosophie, von Nonpareille u. s. w. daß man glauben sollte, es wären ihrer viel hundert, und das ganze Publicum heulte zur Gesellschaft mit. Aber wie gesagt, mit einer Butterbemme könnte man sie zahm machen und weidend, oder wenn man herausgienge mit einer Jaze, man könnte sie einfangen und ihnen bunte Röckchen anziehen und sie abrichten zu Janz und Kunststücken jeder Art, daß sie sich unter einander todschließen, auf dem Kopf stehen und dergleichen. Besonders an der steinernen Musik haben sie sich unausstrechlich gelabt, sie haben schon lange gewünscht, daß ihr Geheule zu Steinen werden möge, um damit die verhaßten Gegner zu steinigen; die Kochkunst in der Aesthetik haben sie ohngeachtet einer gewißen Zärterey recht wohl goutirt, und die Geruchkunst war ihnen auch rechte Satisfaction, weil sie dieselbe so schön immer ausüben, wenn sie sich einander begegnen, und immer beym gleichen Gestanke sich erkennen und mit einander befreunden. In Indien aber hatten sie vernommen, verlöre das ganze Geschlecht die Stimme, darum mogten sie nichts hören davon.

Hier soll guter Bescheid und Aufklärung folgen über die ganze Verwirrung. Zuerst ist es allerdings an dem, daß man hiesigen Ortes von gefrorner Musik einige Nachricht hat. Der gemeine unwissende Pöbel hier herum meynt, die Berge weit und breit seyen wirklich solche gefrorne himmlische Gesänge; wo guter Wein wachst und alles schön fruchtbar ist, da haben die Engel gesungen, wo aber rauhe wilde Klippen sind, da hat der Teufel hineingebrüllt. Sie beweisen es ihrer Meynung nach damit, daß die Berge steigen allmählig auf, das ist crescendo, sie fallen ab, decrescendo, sind sie kuppig das ist gestanden, oder ineinandergezogen, geschleift; der Melchsod und Königsstuhl fortissimo, dann fort, herunter bis zum piano und pianissimo unten in der Ebene; die Thäler aber sind Pausen, die Cultur ad Libitum und die Cadenz. Daraus folgt; die Erde ist mit lauter großen steinernen Noten bedeckt, die Flüsse sind die Rastirtung, in der Schweiz aber hat der Kapellmeister gestanden und den Tact bleigirt und geschlagen. Es ist aber keineswegs über diese bloße dumme Meynung, die sie das wird macht; sie haben ein recht preisbares Argument, in der Nähe nämlich ist noch die ganze ehmalige pfälzische Kammermusik, in einen Spiegelsaal gestanden, als unverwüstliches Denkmal übrig. Wahrlich ein ganz herrlicher Anblick, den alle reisenden Fremden, die in hiesige Gegend kommen, durchaus nicht versäumen dürfen, am Abend mit Jackeln in das Eisschloß zu gehen; es brennt alles in den allerschönsten glühenden Farben, die Wiesen sind zu Regenbogen geworden, die Sumphonien stehen in langen Säulengängen umher, und die gefangnen Töne stehen in Flammen auf, die Tremulanten in Schnörlingen verzittert, und die Mordanten haben die scharfen Winkel gegeben, oben hängen die Clarinettsolos wie Eiszapfen herunter, unten hat die Contrebaß brummend als viereckten Crystallsäulen den Pallast geplättet, die Violinen haben eine Spitzenlamberiv um die Säle gebildet, die Flöten zierliche bängende Eissäulen zusammengezaubert, die Waldhörner haben schöne kühle Springttenbrunnen von steigenden weiß flammenden Schneesternen hervorgelockt, die Trompete fährt mit einem langen schießenden Strahle hindurch, wie lockrer Reif hängen die schmelzenden Adagios an den Wänden, in Bildern stehen Theon und Throne und halten Zwiesprache, und liebäugeln die Duette sich zu, und die vier Harmonsölinder lärmen ein Quartett, und an den spiegelnden Wänden verhundertfacht sich alles, denn das Echo ist zum Glanz geworden. Und wenn die Bedienten die Fackeln an den Wänden ausklopfen, dann ist rechter Jubel und Herrlichkeit; wie verwünschte Prinzessinnen werden dann einige Töne erlöst, weil sie schmelzen in der fliegenden Hitze, und die quicken auf, oder schreyen, kreischen, schmachten, wüthen, je nachdem die besternte Schöne von diesem oder jenem Temperamente gewesen. Neben dem Schlosse, aus allen erdenklichen Opern und Operetten gebaut, steht eine große Kirche aus nichts als geistlichen Motetten und Liedern zusammengemauert; der Kirchthurm eine einzige, schöne, große, himmelansteigende Hymne, und was mit Glocken drinn geläutet wird, muß wieder zu lauter Hagel werden, und der fällt den horchenden Leuten auf die Köpfe, und weckt sie mit Gewalt zur Andacht. Die bürgerliche Baukunst ist auch viel exercirt worden, mit Sicilianos und Pastourellen und schottischen Dudelsackballaden hat man schöne, kleine, ländliche anspruchslose Hütten gebaut, in denen die Unschuld sicher und bequem wohnen kann, und am Ende, der gegenwärtigen kriegerischen Zeitläufte wegen, das Ganze mit einer Mauer von Janitscharenmusik umzäunt. Man ist ietzt nur noch im Begriffe, eine schöne große Brücke über den benachbarten Strom hinüber zu schlagen; eine Preißaufgabe wird gesetzt werden, zehn zusammenhängende bogenförmige Bravourarien zu componiren, und ein Geländer mit der Maultrommel dazu. Aber Eines ist die Schwierigkeit bey der ganzen Geschichte, wie's nämlich anzufangen ist, daß während die Brücke wir Stelu und Wein zusammengerüttert, nicht auch der unten lausende Strom mit gerinne, woburch das Bauwerk unnütz werden würde. Dann ist noch ein schöner gemeinnütziger Vorschlag im Werke, man will nämlich da noch immerfort den zehn Concerte die Masse des Glies sich häuft, und am Ende ein Gletscher im Lande sich zu bilden droht, der Schnupfen und Catarrhen und Erkältungen hervorbringen würde, eignermaßen für die Consumtion der Masse sorgen, und die bevorstehenden Sommerhitze einen kleinen Handel mit Gefrornem anlegen. Aber Eines mögte bedenklich seyn, wovor wir alle guten, wohldenkenden Einsichler gewarnt haben wollen. Es sind nämlich den Musikalien, die in dem Berge stehen, auch Schlachten von Fleurus und Posamenstöße, und Belagerungen von Jericho, und das jüngste Gericht gewesen; nun mögte es leicht seyn, wie denn der Teufel auch sein böses Spiel treibt, daß dergleichen Eisstücke läuflich aus gute Leute kämen, die sie nun auf guten Glauben hinunterschluckten, wenn es aber unten in der menschlichen Wärme geschmolzen wäre, dann würde die Bescherung losgehen, als ob tausend Teufel im Leibe rumorten und viele Donnerwetter und andere Ungebührlichkeiten; und die Eingeweide würden auseinander fahren; denn nicht immer hätten die Armen gerade ein Stück Requiem zur Besänftigung bey der Hand, und sie würden elendiglichen Todes an der innern allzu plötzlichen und stürmischen Musik verbleichen. Aber den obgedachten Hunden sey das nicht gesagt; die Bestien können crepiren an der musikalischen Colik, und die Earthaunenschüsse in verkehrten Seufzern streichen lassen.

Zu mehrerer Verständlichkeit dessen hat Correspondent, wie hiebey zu sehen, die ganze Sache in einen schönen Abriß gebracht; auf der Rastrirung ist eine gar anmuthige musikalische Landschaft zu blicken, wie die vor'm Augenblick erglicht, ein ganz musikalischer Canon ist, den die lieben Engelein aus den Wolken heraus posaunen und der Teufel mit einem falschen Strohbaß accompagnirt, wodurch alle Uebel und alles Böse, unter andern auch die schlechten

(Hierzu die Kupfertafel.)

Journale in das himmlische Jerusalem eingeschwärzt werden. Die solidesten viereckigten Noten sind herunter gesunken, und die Töne sind so gründlich fest und gedrungen und widerhaltig, daß sie in unsern Haufen wie Berge da stehen, und die Leute ordentlich darauf herumgehen und drin graben und pflanzen können. Dabey hat sich alles in schöner geologischer Folge und Ordnung zusammengefügt; schichtenweise liegen die Accorde, die gröblichten, körnigten Baßnoten sind, wie bey b zu sehen, zuerst niedergesunken, und haben einen groben festen Granit gebildet; fern erfolgt das Uebergangsgebürge bey e, dann gehts mit Discant und Alt bis nach und nach ins zwey und dreygestrichene a hinüber ', und die Kuppen werden so spitz wie Nadeln, während andernwärts ein Dizzicato eine merkwürdige Tropfstube gebildet hat. Und wie nun alles so fertig geworden, da sind die Menschen gekommen, und haben fortgefahren, wo die Engelein nachgelassen, und auch musizirt und psallirt, und da ist in der Mitte bey f die Stadt entstanden, von der oben die Rede gewesen ist, gleichwie es dann von jeher hergebracht ist, daß die Baßgeigen sich durch ihr Schnurren und Brummen ihren eigenen bauchigten Kasten zusammenbauen, wenn sie nur einmal erst zu Wort gekommen sind. Die Stadt hat sich aber bald mit der schönen Natur entzweit, und der benachbarte Berg streckt durch ein angenehmes Naturspiel dem Neste die Zunge bellend entgegen. In der Ferne g steht das Schloß, von dem schon gesprochen, mit einem runden Thurme aus h molle etwas schadhaft, weil der Sturm von Jericho gleich nach der Verfertigung in ihm aufgeführet worden, und einigen Plecrekten aus Dur. Nachdem aber die vernünftigen Creaturen so ihr Werk vollbracht, sind, was bey i zu sehen, vor die Unvernünftigen gleichfals eingerückt, und moquiren sich über alles, und wollen etwas Bessere. machen, es giebt aber wie voranzusehen nichts als Ställe und Keven u. dgl. Es erklärt aber das recht schön den andern Theil von dem wir Auskunft geben wollten, die Handschnauzen nämlich; Simia, der Affe hockt in der Expedition und zeigt auf Blatt; da stehen die Geschnauzten von denen auch wir's geschrieben steht hat Lux, und der Mohrenkopse! es giebt nur schlechte Brühe, und alle Morgen werden mit neuem Gesnüßlg die Tröge gefüllt, und da treibt die Bande nun Völlerey mit, und schlappert für sich auf den Boden. Will du die Gans nit lassen räuberische Fuchs! — Schriftsproben — schwört der Zug im Hintergrunde dahin, umsonst läuft der Lüstige mit dem Braten davon, das Publicum nach: Eureka, so läuft denn immer nur zu.

Nur eines noch ad vocem Schnauze. Man hat damit einige wenige interessante Versuche angestellt, schon vorlängst, und einer gewissen Clasie von Creaturen, die alles beschnüffeln, einige Gafsenhauer in gutem alten Versmaaße auf die Nasen geschmiert, wie der Engländer seiner Katze mit der Butter that; darauf ist die Salbe den kalten Orte ganz fest geworden, und wie Reif im Winter, der vom Hauch am Barte beschlägt, und sie lecken selcher nun immerwährend an dem nahrhaften Brrruchen, und füttern sich ihre Nester davon. Sonst würden diese Geschnauzten im Staate, wie er seyn soll, zum Teuffelsuchen applicirt werden können, oder nach einem alten Vorschlage Lichtenbergs als Gebülfen bey den Aerzten stehen, um allerlen Preßhaftigkeiten herauszuwittern und anzuschlagen und Jubel und Freude, wo sie den wohlbekannten Wildbyregeruch bemerken.

J. Görres.

(Die Fortsetzung folgt.)

Zeitung für Einsiedler.

May - Heft.

Inhalt.

Der Preiß dieser Zeitung ist für das Vierjahr 2 fl. 2 kr., alle solide Buchhandlungen und die löblichen Postämter nehmen darauf Bestellungen an, man erhält sie nach Verlangen in einzelnen Stücken oder heftweise.

Zeitung für Einsiedler.

1808. —————— 10 —————— 4. Mai.

Gegrüßet seyst du Waldgebäu,
Ihr hochbelaubten Eichen,
O Mägdlein setz dich nebenbey,
Thu mir den Becher reichen.

Und den vielgoldnen Sonnenglanz
Laß in den Becher schauen,
Und flicht mir einen Blumenkranz
Und wolle mir vertrauen.

Und weil die Sonne heißer scheint,
Komm in die tiefen Lauben,
Allwo die wilde Rebe weint,
Da lachen die Turteltauben.

Sie bringt den Wein im Becherglanz,
Aus Veilchen und Narciss'n
Reicht sie ihm einen süßen Kranz
In Waldes Finsternissen.

Uhemacher Vogi S. 31 (1807. Heidelberg bey Mohr und Zimmer.)

Scherzendes Gemisch von der Nachahmung des Heiligen.

(Fortsetzung.)

---

5. Entstehung der deutschen Poesie

Zu lang, zu lang schon ist
Die Ehre der Himmlischen unsichtbar,
Denn fast die Finger müssen sie
Uns führen und schmählig
Entreißt das Herz uns eine Gewalt,
Denn Opfer will der Himmlischen jedes,
Wenn aber eins versäumt wird,
Nie hat es Gutes gebracht.
Wir haben gedient der Mutter Erde
Und haben jüngst dem Sonnenlichte gedient,
Unwissend, der Vater aber liebt,
Der über allen waltet,
Am meisten, daß gepfleget werde
Der feste Buchstab und Bestehendes gut
Gedeutet. Dem folgt deutscher Gesang.

Hölderlin.

6. Entstehung der deutschen Wissenschaft.

Gewiß ist der Satz, daß die heilige Sage des Alterthums ein großes ungesondertes Ganze enthielt und enthalten mußte, daß in seinem Schooße unzählbare Elemente barg, deren Totalität sich nicht in den Kunstbau Einer gesonderten Wissenschaft einschließen lassen, wenn auch je zuweilen eine Form des Mythos zu diesem Versuche anlocken mag. Der alte Fabelfluß Aegyptens strömt auch lang in Einem Bette. Ist darum seine Quelle eine Einzige? Und ist seine mythische Verbindung mit dem allgemeinen dunklen Weltstrom das natürliche Bild von dem Mythos nicht das wahre, noch anwendbar, daß dieser, wie der Nil, am Ausfluß in vielfach getheilter Richtung sich in das Meer der

Wissenschaft ergießet. In der Wissenschaft stehe der Bilderkreis der Vorwelt still und groß wie in der Umschließung Eines Tempels. In dem Hintergrunde würdiger Gedanken ordne sich das Einzelne, ein jedes an seiner Stelle und über dem Ganzen schließe sich, wie die Kuppel unter dem Gewölbe des Himmels, die Vielheit der Ansichten in der Einheit einer heiligen Betrachtung. — Das sagt Creuzer in den glücklich begonnenen Heidelberger Jahrbüchern. — Und der ist wahr und sagt wahr! Sprach leise der Alte in seiner Ecke. — Frau Wirthin, einen Schoppen Wein, wir müssen seine Gesundheit trinken; auch Heidelberg soll leben, denn es muß da ein gutes Leben seyn, frohe, ernst und eifrig. — Gott segne die Studien!

(Die Fortsetzung künftig.)

Von dem Leben und Sterben des Grafen Gaston Phöbus von Foix und von dem traurigen Tode seines Kindes Gaston.

Geschrieben um das Jahr 1389 — 91.

I. Von einem starken Mann.

Zur Zeit, als ich meinen Weg zu dem Grafen von Foix nahm, kam ich in die gute und schöne Stadt Paumiers, und hier verweilte ich, um Gesellschaft zu finden, die nach dem Lande Bearn gehe. Da fand ich in diesen Tagen durch Zufall einen Edelmann des Grafen von Foix, der aus Avignon zurück kam, man nannte ihn Messire Eßraing du Lion, er war ein tapfrer Mann, ein kluger und schöner Ritter, und konnte er damals in

dem Alter von funfzig Jahren seyn. Ich begab mich in
seine Gesellschaft, und waren wir sechs Tage unterwegs,
bis wir nach Ortais zu dem Grafen kamen. Indem
wie so durchs Land ritten, wenn der genannte Edelmann
sein Morgengebet vollendet hatte, vergnügte er sich den
größten Theil des Tages damit, sich allerley Neuigkeiten
aus Frankreich von mir erzählen zu lassen, und antwortete er mir auch sehr ausführlich, wenn ich ihn um dieses oder jenes fragte. Nachdem er mir alles, was
merkwürdiges hie und da vorgefallen, so wie wir an den
Orten vorbey ritten, erzählt hatte, und auch von dem
Kampf, den Bourg d'Espagne, ein sehr starker Mann
und Waffenbruder des Grafen Gaston gegen die vom
Schloß Lourde gestritten, kamen wir zur die Stelle,
wo in dieser Fehde zwey Anführer der Mangant de
Lourde und Ernaulton Bisecte sich einander erschlagen
hatten, und war allda ein Kreuz von Stein zum Gedächtniß der Schlacht errichtet. Seht, das ist das
Kreuz, sprach Messire Espaing du Lion, und somit stiegen wir ab, und beteten jeder ein Paternoster und ein
Ave für die Seelen der hier Erschlagenen. Bei meiner
Treue, sprach ich, als wir weiter ritten, ich habe euch
sehr gern reden hören, aber heilige Maria, der Bourg
d'Espaigne ist er ein so starker Mann, wie ihr mir gesagt? Bey meiner Treu sprach er, ja, denn in ganz
Gascognien mag man nicht seines Gleichens nicht finden an Stärke der Glieder, und darum hält ihn der
Graf von Foix als seinen Gesellen. Und es sind nicht
drey Jahr, daß ich ihn ein schön Stückchen habe treiben
sehen, das ich euch erzählen will. Es traf sich, daß
auf einen Weihnachtstag der Graf von Foix sein großes
und reiches Fest mit Rittern und Herrn hielt, wie es
in der Gewohnheit hat, und an diesem Tag war es sehr
kalt. Der Graf hatte in seinem Saale gegessen, und
mit ihm eine große Menge von Herrn; nach der Mahlzeit verließ er den Saal, und begab sich in eine Gallerie, nach welcher man eine breite Treppe von vier und
zwanzig Staffeln steigen muß. In dieser Gallerie ist ein
Kamin, in welchem man gewöhnlich, wenn der Graf
sich da aufhält, Feuer macht, und sonst nicht, und
macht man da kleines Feuer, denn er sieht nicht gern
großes Feuer. Dort ist es wohl der Ort Holz zu haben,
denn ganz Bearn ist voll Wald, und hat er wohl womit
heizen, wenn er will, aber kleines Feuer ist ihm gebräuchlich. Nun fror es sehr stark, und die Luft war sehr
kalt; als er in die Gallerie gekommen war, sah er das
Feuer, und schien es ihm sehr klein, und sagte er den
Rittern, die da waren: Seht so kleines Feuer für diese
Kälte. Ernaulton d'Espagne stieg sogleich die Treppe
hinunter, denn durch die Fenster der Gallerie, welche

auf den Hof sahen, erblickte er da eine Menge Esel mit
Holz beladen, die aus dem Wald für den Hofdienst kamen. Er kam in den Hof und nahm den größten dieser
Esel ganz mit Holz beladen auf seinen Nacken sehr
leicht, und trug ihn die Treppe hinauf und machte sich
Platz durch die Menge der Ritter und Edelleute, die
vor dem Kamin standen, und warf das Holz und den
Esel, die Füße in die Höh, in das Kamin auf den
Brand, worüber der Graf von Foix große Freude hatte,
und alle die da waren; und verwunderten sie sich über
die Stärke des Ritters, wie er ganz allein sich so schwer
aufgeladen, und damit so viele Staffeln gestiegen war.
Viele Freude und Ergötzung machten mir die Erzählungen des Messire Espagne du Lion, und schien mir der
Weg dadurch nur all zu kurz.

So oft ich ihn aber fragte, woher es doch komme, daß
ein so herrlicher Mann als der Graf von Foix keinen
rechtmäßigen Sohn habe, und warum seine Gemahlin
nicht bey ihm lebe, oder um die Art, auf welche sein
einziger Sohn gestorben, suchte der Ritter auszuweichen,
und verschob es stets auf den andern Tag. Als wir uns
nun den letzten Abend der Stadt Morlal näherten,
sprach ich zu ihm: Ihr habet mir viel erzählt, wovon
ich nie etwas gehöret, und weil ich es weiß, so werde
ich es zum ewigen Gedächtniß niederschreiben, so Gott
will, daß ich zu meinem Lande zurückkehre. Aber noch
um eines möchte ich euch gerne fragen, wenn ihr es
nicht vor übel nehmt, nähmlich durch welchen Zufall
der Sohn des Grafen von Foix gestorben ist. Da ward
der Ritter nachdenklich und sprach: Die Art seines Todes
ist zu traurig und will ich euch nicht davon reden, und
wenn ihr nach Ortais kommt, so werdet ihr wohl jemand finden, der es euch erzählt. Ich tröstete mich bis
dahin, und so ritten wir weiter und kamen zum Nacht-
lager in die Stadt Morlair.

II. Von dem Grafen von Foix.

Den andern Tag kamen wir gen Sonnenuntergang nach Or-
tais, der Ritter stieg bey seiner Wohnung ab, und ich in dem
Hause zu dem Mond bey einem Stallmeister des Grafen, der sich
Ernaulton du Pin nannte, und mich sehr freudig aufnahm darum,
daß ich ein Franzose war. Messire Espaing du Lion ging auf das
Schloß und sprach dem Grafen von seinen Geschäften, den er in
seiner Gallerie fand, denn zu dieser Stunde ein wenig vorher
hatte er zu Mittag gegessen, und die Gewohnheit des Grafen von
Foix ist oder war damals so, und sprach er immer also von
Kindheit an gehalten, daß er gen Mittag aufstand und um Mitternacht zu Nacht aß. Der Ritter sagte ihm, daß ich gekommen sey.
Es ward sogleich nach mir geschickt, denn er war oder ist wohl
kein Herr auf der Welt, der lieber Fremde sähe oder Neuigkeiten
hörte als er. Als er mich sah, ließ er mir gar wohl erweißten,
und behielt mich auf seinem Schloß, wo ich mehr als 12 Wochen

blieb und mein Pferd wohl versorgt, ich auch mit allen andern Dingen trefflich versehen war. Die Annäherung von ihm zu mir war für diesmal, daß ich ein Buch mit mir gebracht hatte, welches ich auf Begehren zur Betrachtung Wenzeslaus von Böhmen Herzogen von Luxemburg und Brabant gemacht habe, und sind in diesem Buche, das der Meliador heißt, alle die Lieder, Balladen, Rondeaus und Virelais enthalten, die jener kunstreiche Herzog zu seiner Zeit gemacht, und meinen Erfindungen darüber einmischen lassen. Dieses Buch sah der Graf von Foir sehr gern, und alle Nacht nach dem Abendtisch las ich ihm daraus vor, aber während ich las, durfte keiner weder mit ihm sprechen, noch ein Wort sagen, denn er wollte, daß ich wohl verstanden würde, und hatte er auch ein großes Vergnügen, alles deutlich zu vernehmen, und wenn auch irgend eine Sache vorkam, auf welche er einging, sprach er sehr gern mit mir darüber, nicht in seinem Gascognischen, sondern in gutem und schönem Französisch. Nun will ich einiges von seinem Wesen und seinem Schlosse erinnern, denn ich war lang genug dorten, um manches davon wissen zu können.

Der Graf Gaston von Foir, von welchem ich rede, war zu dieser Zeit ohngefahr 59 Jahr alt, und ich sage euch, habe ich zu meiner Zeit gleich viele Ritter, Könige und Prinzen gesehen, so ist mir doch keiner vorgekommen, der von so schönen Gliedern, von so schöner Gestalt noch von so schönem Antlitz, fröhlichem Angesicht, blauroth und lachend war. Er hatte geistliche Augen, die sahen gar lieblich dahin, wo er seinen Blick hinzuwerfen beliebte. In allem war er so vollkommen, daß man ihn nicht genug loben konnte, er liebte, was er lieben, und haßte, was er haffen sollte. Ein kluger Ritter war er und von hohem Unternehmen und voll guten Raths. Nie hatte er einen Freigeistmüthigen um sich, er war ein ernster Mann in der Regierung, er betete stehend täglich eine Nocturne des Psalters, eine Hora von unser lieben Frau, von dem heiligen Geist, von dem Kreuz und die Vigilia mortis. Alle Tage ließ er fünf Gulden kleiner Münze in Gottes Lohn und Almosen an seiner Thüre täglichen Armen vertheilen. Er war prächtig und höflich in Gaben, und wußte sehr wohl zu nehmen, wo es sich gehörte, er liebte die Hunde über alle Thiere, und ergötzte sich in den Feldern Sommers und Winters gerne mit der Jagd. Nie liebte er tolle Verschwendung noch tolle Pracht, und wollte alle Monat wissen, was aus dem Seinigen geworden sey. Er nahm aus seinem Land, um die Einnahme zu empfangen und seiner Leute Geld zu ordnen, ansehnliche Männer, und zwar deren zwölfe, und von zwei Monat zu zwei Monat war er von zweien aus ihnen in seiner Einnahme bedient, die dann mit zwei andern in dem Geschäfte wechselten. Aus seinem vertrautesten Mann machte er seinen Gegenrechner, er hatte über alle Rechnungen auf, und legte dieselben schriftlich dem Grafen wieder ab. In seiner Stube hatte er gewisse Kasten, aus welchen er manchmal Geld nehmen ließ, um es den Edelleuten, Herrn oder Hofdienern zu geben, die zu ihm kommen, denn nie verließ ihn jemand, ohne ein Geschenk, und stets vermehrte er seinen Schatz, um die Zufälle und Schicksale ruhig erwarten zu können, deren er sich vermuthete. Er war herablassend und zugänglich jedermann, und redete freundlich und lieblich mit allen, kurz war er in seinen Entschlüssen und Antworten. Er hatte vier geistliche Geheimschreiber, Briefe zu schreiben und zu beantworten, und wenn es ihm beliebte, daß diese vier Schreiber sich fertig hielten, sobald er aus seinem Gemache heraustrat, rief er weder Jean noch Gauthier noch Guillaume, sondern wenn man ihm Briefe brachte und er sie angenommen, rief er sie nur Malmesci (Dienntschlecht) entweder zum

Schreiben oder für alles andere, was er ihnen befahl. Also wie ich euch sage lebte der Graf von Foir.

Und wenn er aus seiner Stube um Mitternacht in seinen Saal zum Nachtmahl kam, so trugen zwölf Diener zwölf brennende Fackeln vor ihm her, und diese zwölf Fackeln blieben um seinen Tisch herum, welches in dem Saal eine große Helle verursachte. Dieser Saal war angefüllt mit Rittern und Hofleuten, und stets waren eine Menge Tische gedeckt, zu essen für die, die essen wollten. Keiner sprach zu ihm während der Tafel, wenn er ihn nicht darum ansebete. Er aß gewöhnlich eine Menge Geflügel, und besonders die Flügel und Schenkel allein, und den übrigen Tag aß er und trank er wenig. Große Freude empfing er an den Tönen der Harfenschläger, denn er verstand sich wohl darauf. Gern ließ er seine Schreiber Lieder, Rondeaus und Virelais singen; er saß zu Tische ohngefahr zwei Stunden, auch sah er gern allerlei wunderbare Zwischenspiele, und schickte sie, sobald er sie gesehen, in den Tischen der Ritter und Hofdiener. Kurz, an so vielen Höfen von Königen, Herzogen, Prinzen, Grafen und hohen Damen ich auch war, gefiel es mir nirgend so wohl, und fand ich nirgend ritterliche Sitte so wohl beobachtend. Man sah in dem Gemache, in dem Saal und Hof, Ritter und Ehremtliener auf und ab wandeln, und hörte man sie von Waffen und Liebe sprechen, und alle Ehre ward darin gefunden. Was nur irgend neues in einem Land oder Königreich vorgefallen, mogte man da wohl vernehmen, denn hier kehrten hier der Würde des Herrn wegen die Nachrichten ein. Da hörte ich den größten Theil aller Kriegshandlungen aus Spanien, Portugall, Arragon, Navarra, England, Schottland und von den Gränzen Languedocs, denn während meines Aufenthalts sah ich da Boten und Ritter von alten Nationen anlangen, die mich gern unterrichteten, wie auch der Graf selbst, der mir oft davon sprach. Ehr gern hätte ich gefragt, da ich den Hof des Grafen so prächtig und im liederliche fand, was aus Gaston seinem Sohn geworden und wie er gestorben sey; denn Messire Espaina du Lion hatte es mit sagen wollen, und erzielte endlich, daß ein alter Hofmann ein sehr ansehnlicher Mann mir es sagte. Er begann auch seine Erzählung folgendermaßen.

III. Von dem traurigen Tode des Kindes von Foir.

Es ist wahr, daß der Graf von Foir und Madame de Foir seine Gemahlin, nicht wohl einverstanden sind, noch es je lange gewesen, und rühret das Mißverständniß unter ihnen von dem König von Navarra her, welcher der Bruder dieser Dame war, denn dieser wollte den Seigneur d'Albret, den der Graf von Foir gefangen hielt, um die Summe von 50,000 Franken auslösen. Der Graf, welcher den König von Navarra als falsch und hinterlistig kannte, wollte ihm diese Summe nicht borgen, worüber die Gräfin sehr unwillig gegen ihren Gemahl wurde, und sagte sie zu ihm, mein Herre und Gemahl, ihr traget wenig Achtung zu meinem Herrn Bruder, wenn ihr ihm nicht 50,000 Livres leihen wollt, auch wißt ihr, daß ihr mir mein Wittwengeld von 50,000 Franken anweisen, und sie zu den Händen meines Herrn Bruders stellen müßt, also könnet ihr nie mehr bezahlt werden. Ihr sagt die Wahrheit, sprach er, aber wenn ihr sorgte, der König von Navarra solle die Zahlung verschieben, nie würde mir der Sire d'Albret von Ortais wiederkommen, bis ich zu dem letzten Heller bezahlt wäre. Doch weil ihr mich darum bittet, so will ich es thun, nicht aus Liebe zu euch, sondern aus Liebe zu meinem

Sohn. Auf dieses sein Wort und das Handschreiben des Königs von Navarra, der sich für ihn verschuldete, ward Ehre d'Albret frey, verheyrathete sich mit der Schwester des Herzogs von Bourbon, und bezahlte dem König von Navarra die 50,000 Livres, für die er sich verpflichtet hatte. Aber dieser schickte sie keineswegs dem Grafen; da sagte der Graf zu seiner Gemahlin: Bey Gott ihr müsse nach Navarra zu eurem Bruder gehn und ihm sagen, daß ich sehr unzufrieden mit ihm bin, wenn er mir nicht sendet, was er mir schuldig ist. Die Dame antwortete, daß sie sehr gern geben würde, und reiste von dem Grafen mit dem Ihrigen ab, und kam nach Pampeluna zu ihrem Bruder, der sie fröhlich empfing. Da sie aber dem dem König nichts ausrichten konnte, wagte sie es auch nicht zurückzukehren, denn sie kannte die wilde Gesinnung ihres Gemahls, wenn er wider einen Unmuth gefaßt. So blieb es. Gaston, der Sohn meines Herrn, wuchs heran und ward ein schönes Kind, und wurde er mit der Tochter des Grafen d'Armagnac verheyrathet. Der Jüngling mochte 15 bis 16 Jahr haben, aber er war ein sehr schöner Ritter und sah an allen Gliedern seinem Vater ähnlich. Ihm kam der Wunsch nach Navarra zu gehen, seine Mutter und Oheim zu besuchen, das war wohl zum Unglück seiner und dieses Landes. Man bewirthete ihn wohl in Navarra und blieb er eine Zeitlang mit seiner Mutter, dann nahm er Abschied, konnte sie aber mit keiner Rede bewegen, ihn nach Foir zu begleiten, denn als sie ihn fragte, ob sein Vater ihm aufgetragen sie zurückzubringen, mußte er ihr wohl sagen, daß davon keine Rede gewesen sey. Also blieb sie zurück, und er begab sich nach Pampeluna, sich seinem Onkel zu empfehlen. Der König hielt ihn sehr gut über zehn Tage lang, und machte ihm und seinen Leuten schöne Geschenke. Das letzte Geschenk aber, das der König von Navarra ihm machte, das war der Tod des Klubes, und nun hört wie und warum. Als die Zeit kam, daß er abreiste, nahm ihn der König in seine Stube allein, und gab ihm ein Beutelchen voll Pulver, es war keine lebendige Kreatur, die nicht von dem Anrühren oder Essen dieses Pulvers ohne alle Hülfe hätte sterben müssen. Gaston, sagte der König, schöner Neffe, ihr sollt thun, was ich euch sage. Ihr wißt, wie der Graf von Foir mit Unrecht eure Mutter meine Schwester höchlich haßt, was mir sehr mißfällt, und das muß es euch auch thun. Vor allem, um die Sache gut zu machen, und daß eure Mutter sich wieder wohl mit eurem Vater befinde, so müsset ihr eine Messerspitze dieses Pulvers bey Gelegenheit auf das Fleisch, welches euer Vater ißt, streuen, aber hütet euch, daß euch niemand sehe, und sobald er davon gegessen, wird er kein anderes Verlangen haben, als eure Mutter, seine Gattin, bey sich zu sehen, und werden sie sich sodann dermaßen lieben, daß sie sich nie mehr trennen wollen. Allein das müßt ihr nun sehr wünschen, aber hütet euch daß es irgend jemand etwas davon zu vertrauen, sonst kommt ihr um euren Anschlag. Das Kind, welches alles glaubte, was der König zum Onkel ihm gesagt, antwortete und sprach: Gar gern. Nun verließ er Pampeluna, und kam nach Ortais zurück, Der Graf sein Vater, empfing ihn freudig, fragte ihn um Neuigkeiten aus Navarra und um Geschenke und Kleinodien, die man ihm gegeben. Dieser sagte, sehr viel schöne Geschenke, und zeigte sie ihm alle, außer dem Beutelchen, worin das Pulver war. Nun war es aber in dem Schlosse von Foir gewöhnlich, daß Gaston und Jvain, sein natürlicher Bruder, in einer Stube schliefen, und liebten sie sich wie junge Brüder es thun, und kleideten sie sich in die nämlichen Wämser und Kleider, denn sie waren ohngefähr von einer Größe, und einem Alter, und kam es, daß sich einstmal, wie bey Kindern wohl geschieht, ihre Kleider vermischten, und die Jacke des Gaston kam auf Jvains Bett, und dieser,

der schlau genug war, fühlte das Pulver in dem Beutlein, und fragte Gaston: Was ist das, das du immer auf deiner Brust trägst? Gaston ward dieser Worte nicht froh und sprach: Jvain gieb mir meinen Wams wieder, du hast nichts mit ihm zu thun. Jvain warf ihm seinen Wams zu, Gaston legte ihn an und war den ganzen Tag nachdenklicher als je. Nun traf es sich drey Tage nachher, da Gotte der Herr den Grafen von Foir retten und behüten wollte, daß Gaston sich über seinen Bruder im Ballspiel erzürnte, und ihm einen Backenstreich gab. Der Knabe darüber entbrannte, trat ganz weinend in die Stube seines Vaters, und fand ihn zur Stunde, da er eben die Messe gehört hatte. Da der Graf ihn weinen sah sprach er: Jvain was fehlt dir? Ich sich Gott erbarm mein Herr, sagte er, Gaston hat mich geschlagen, aber es ist wohl eben so viel oder wohl mehr an ihm zu schlagen, als an mir. Warum, sprach der Graf, der solches in den Verdacht eingang. Mein Treu sagte er, Herr seitdem er von Navarra zurück gekommen, trägt er stets auf seiner Brust ein Beutlein das Pulver, aber ich weiß nicht wozu man's braucht, oder was er mit machen will, nur, daß er mir ein oder zweymal gesagt, seine Frau Mutter werde bald wieder in eurer Gnade sterben, und viel höher als sie jemals darin gestanden. Ha, sagte der Graf von Foir, schweig still, und hüte dich wohl irgend einem lebendigen Menschen hiervon weiter ein Wort zu sagen. Mein Herr, sprach das Kind, das will ich gern thun. Darauf ward der Graf von Foir ganz nachdenklich und bedeckte sein Haupt bis zur Stunde des Mittagsmahls, und wusch sich und setzte sich wie an den andern Tagen in seinen Saal zur Tafel, Gaston sein Sohn hatte das Amt ihn mit allen seinen Gerichten zu bedienen, und als seine Fleischspeisen vor ihm zu kosten; sobald er seine erste Schnittel vor den Grafen gelegt und die Hand hatte was er kosten, warf der Graf, seiner Sache ganz versichert, seine Augen auf ihn, da sich er die Quasten des Beutleins an der Jacke seines Sohns, sein Blut ward irre und sprach er: Gaston tritt näher, ich will dir etwas ins Ohr sagen. Das Kind näherte sich zu dem Tisch, nun öffnete ihm der Graf den Busen, that seine Jacke aufeinander, nahm sein Messer und schnitt ihm das Beutlein ab. Das Kind war ganz erschrocken und gab keinen Laut von sich, aber ward gar bleich unter seinen Augen vor Furcht und begann sehr stark zu zittern, denn es fühlte sich schuldig. Der Graf öffnete das Beutlein und streute ein wenig des Pulvers auf ein Stück Brod, rief einen Hund und gab es ihm zu fressen; sobald der Hund den ersten Bissen verschluckt, verdrehte er die Augen und starb. Als der Graf dies gesehen, ward er gar erzürnt und hätte wohl Ursach und stand vom Tisch auf, nahm sein Messer und wollte es nach seinem Sohne werfen, aber die Ritter und Hofdiener sprangen ihm in den Weg und sprachen: Herr um Gotteswillen übereilt euch nicht und unterrichtet euch zuvor von der Sache, ehe ihr euren Sohn übels thut, viel größer das war der Graf sagte, sprach er in seiner gascognischen Mundart: Ha Gaston Verräther, um dich und um dein Erbe zu vergrößern, habe ich Krieg gehabt und habe gegen den König von Frankreich, von England, von Spanien, von Navarra und von Aragon, und gegen sie habe ich mich gut gehalten und tapfer, und du willst mich nun ermorden, das kommt dir aus verruchtem Blut und aus böser Natur, wisse, darum sollst du sterben nun, nun. Da sprang er über den Tisch mit dem Messer in der Hand und wollte ihn tödten, aber die Ritter und Hofdiener warfen sich ihm zu Füßen und weinten vor ihm und sagten: Ach mein Herr, um Gotteswillen tödtet nicht Gaston, ihr würdet kein Kind mehr haben, laßt ihn gefangen setzen und unterrichtet euch von der Sache, denn vielleicht wußte er nicht was er trug und hat keine Schuld an dieser Schandthat.

(Die Fortsetzung im nächsten Blatt.)

Zeitung für Einsiedler.

1808. ———— 11 ———— 7. Mai.

Romanze.

Klein Christel und ihre Mutter.
Wer bricht das Laub von den Bäumen?
Sie nähen die seidene Mütze,
So tritt sie den Thau von der Erde

Die Mutter nähet den Saum so klein,
So heftig weinte das Töchterlein.

„Hör du klein Christel lieb Tochter mein,
Wie verbleicht das Haar wie verblüht die Wang dein!"

Das ist kein Wunder, muß bleich aussehn,
Ich hab so vieles zu schneiden und nähn.

„Doch sind noch mehr Jungfrauen im Land,
Mit Schneiden und Nähen viel besser bekannt.

Das darf ich länger nicht bergen vor dir:
Unser junger König hat gelocket mir.

„Hat unser jung König gelocket dir,
Was hat er gegeben zur Ehre dir?"

Er hat mir gegeben ein seiden Hemdlein,
Das hab ich getragen mit mancher Pein.

Er gab mir silbergespangte Schuh;
Ich trug sie mit so großer Unruh.

Er gab mir eine Harfe von Gold,
Zu brauchen wenn ich sey sorgenvoll.

Sie schlug an den ersten Strang,
Da hört der jung König im Bett den Klang

Sie schlug an den andern Strang,
Der jung König ei! der schläft lang!

Da rief der jung König zwen Diener sein;
Klein Christel bittet zu mir herein.

Her kam klein Christel vor der Burg sie stund:
Was will der jung König, sein Wort macht mir kund

Da streicht der jung König am Kissen blau,
Setz dich klein Christel und ruhe darauf.

„Ich bin nicht müd, und kann wohl stehn,
Sag was ich soll, und laß mich gehn."

Er zog klein Christel zu sich her
Gab ihr die Goldkron und der Königin Ehr.

Nun ist verschwunden klein Christel ihr Leid:
Wer bricht das Laub von den Bäumen.
Sie schläft alle Nacht an des Königes Seit.
So tritt sie den Thau von der Erde.
Aus dem Dänischen von Wilhelm Grimm.

Von dem Leben und Sterben des Grafen Gaston Phöbus von Foix und von dem traurigen Tode seines Kindes Gaston.

(Geschrieben um das Jahr 1389 — 91.)

(Beschluß.)

Nun dann, sagte der Graf, setzt mir ihn in den Thurm und bewacht ihn so, daß ihr mir für ihn gut steht: Da ward das Kind von Stund an in den Thurm gesetzt. Der Graf ließ nun eine Menge von jenen, die seinen Sohn bedienten, gefangen nehmen, aber er fing sie nicht alle, denn viele entflohen, so auch ist der Bischof de Lescalle noch außer Lands, der mit im Verdacht stand, wie andre mehr. Aber er ließ ihrer wohl an fünfzehn sehr schrecklich ermorden, die Ursache davon war, daß sie seines Kindes Heimlichkeit hätten wissen und ihm hätten sagen sollen: Unser Herr Gaston trägt ein Beutlein auf seiner Brust, der und der Art, aber davon thaten sie nichts, und darum starben sie schrecklich, und es war wohl ein Jammer um mehrere dieser Hofleute, denn in ganz Gascognien waren keine so wohl versehen als diese es gewesen, denn immer war der Graf von Foix von guter Dienerschaft umgeben. Gar sehr nahm sich der Graf diese Sache zu Herzen, und zeigte es wohl, denn er ließ eines Tages alle Edelleute und alle Prälaten von Foix und Bearn, und alle ansehnlichen Leute dieses Landes zusammen rufen gen Ortais, und als sie gekommen waren, erklärte er ihnen, warum er sie gerufen und wie er seinen Sohn in solcher Schuld und so großem Verbrechen befunden habe, daß es sein Entschluß sey, daß er sterbe und daß er den Tod verdiene. Alles Volk antwortete auf diese Rede einstimmig: Herr, haltet uns zu Gnaden, wir wollen nicht, daß Gaston sterbe, er ist euer Erbe, und ihr habt keinen mehr. Als der Graf sein Volk für seinen Sohn bitten hörte, bezähmte er sich ein wenig und entschloß sich, ihn mit Gefängniß zu strafen, er wollte ihn 2 oder 3

Monate inne halten und ihm dann auf 2 oder 3 Jahre irgend auf Reisen schicken, bis daß er seine That vergessen und das Kind zu besserem Verstand und beller Einsicht gekommen sey. So gab er seinem Volk den Abschied, aber die aus der Grafschaft von Foig wollten nicht eher aus Ortais ziehen, bis der Graf ihnen versprechen, daß Gaston nicht sterben würde, also liebten sie das Kind. Da er ihnen dieses zugesagt, verließen diese Leute aller Art die Stadt und blieb Gaston zu Ortais gefangen. Diese Sache verbreitete sich an mehreren Orten und auch nach Avignon, wo damals sich Papst Gregor XI. aufhielt. Er schickte sogleich den Cardinal von Amiens als Legat nach Bearn, aber dieser war kaum nach Bessieres gekommen, als er die Nachricht erhielt, daß es ihm nicht Noth thue, nach Bearn zu gehen, denn Gaston, der Sohn des Grafen von Foig, sey todt. Nun will ich euch sagen, wie er gestorben ist, weil ich nun einmal schon so viel davon geredet. Der Graf hielt ihn in einem Gemach des Thurms von Ortais gefangen, wo wenig Licht hinein fiel, und war er da zehn Tage. Wenig trank er und aß er, denn er wollte nicht, so viel Speise und Trank man ihm auch täglich brachte, und wenn das Fleisch kam, so schob er es bey Seite und wollte es nicht essen, und einige wollen sagen, daß man alle die Speisen, die man ihm gebracht, unversehrt gefunden, und es war ein Wunder, wie er so lang habe leben können aus vielerley Ursachen. Der Graf ließ ihn dort ohne irgend eine Wache, die bey ihm in der Stube gewesen wäre, und ihm gerathen und getröstet hätte, und blieb das Kind stets in demselben Kleidern wie er hineingekommen, und so ward er gar traurig und trübsinnig, denn er war das nicht gewohnt. Auch verfluchte er die Stunde in der er empfangen und geboren worden, um zu solchem Ende zu kommen. Den Tag seines Todes brachten die, welche ihn bedienten, ihm das Fleisch und sagten: Gaston sehet hier ist Fleisch für euch. Gaston achtete nicht darauf und sprach: Stellet es hin. Da sah der Diener in dem Gefängniß alle das Fleisch, welches er ihm in den vorigen Tagen gebracht, hie und da versteckt, darum schloß er die Stube und kam vor den Grafen von Foig und sprach: Herr, um Gotteswillen gebt acht auf euren Sohn, denn er verhungert sich in dem Gefängniß wo er liegt, und glaube ich, daß er noch nicht gegessen seit er darinnen, denn ich habe alles, was ich ihm noch gebracht, bey Seite geworfen gefunden. Ueber diese Rede ergrimmte der Graf, und gieng ohne ein Wort zu sagen aus der Stube und kam zu dem Gefängniß wo sein Sohn lag, und hatte zum Unglück ein kleines Messerlein in der Hand, womit er sich seine Nägel schnitt und

reinigte, er ließ die Thüre des Gefängnisses öffnen und kam zu seinem Sohn und hielt die Klinge des Messers so nahe an der Spitze, daß er nicht mehr als die Dicke eines Silbergroschen davon außer den Fingern hervorstehen hatte. Zum Unglück, als er diese kleine Spitze in den Hals seines Sohnes stieß, verlebte er ihm ich weiß nicht was für eine Ader, und sagte ihm: Ha Verräther, warum ißt du nicht? Und hierauf begab sich der Graf sogleich hinweg, ohne weiter etwas zu sagen und zu thun, und kehrte in seine Stube zurück. Das Kind war erschrocken und erschüttert durch die Ankunft seines Vaters, auch war er gar schwach durch Fasten, und da er die Spitze des Messers sah oder fühlte, die ihn so klein sie auch war, in den Hals verwundete, aber es war in eine Ader, so wendete er sich zur Seite und starb, da der Graf war kaum zu seiner Stube zurückgekehrt, als ihm der Diener seines Sohns die Nachricht brachte, und ihm sagte: Mein Herr, Gaston ist tod, — Todt, sagte der Graf? — So wahr als Gott lebt Herr! Der Graf wollte es nicht glauben, und sendete einen seiner Edelleute hin, der an seiner Seite war; der Ritter kam zurück, und sagte, daß er wirklich tod sey. Da ward nun der Graf von Foig höchlich erschüttert, und bejammerte seinen Sohn gar sehr und sagte: Ha Gaston, welch elend Geschick ist hier dir und mir, zu böser Stunde giengst du nach Navarra, deine Mutter zu sehn. Nie mehr werde ich solche Fröhlichkeit empfinden, als ich sonst wohl empfangen. Dann ließ er seinen Barber kommen, und ließ sich sein Haar abscheeren, und kleidete sich in schwarz, und alle die seines Hauses, und ward der Leichnam des Kindes unter Thränen und Geschrey zu den Minoritenbrüdern zu Ortais getragen und dort begraben. Und so wie ich euch den Tod erzählt habe, so hat Gaston de Foig durch seinen Vater den Tod erlitten, aber der König von Navarra hat ihn ermordet. Die traurige Geschichte von dem Tode dieses Sohnes des Grafen zu hören, zog ich mir sehr zu Herzen, und beklagte ich ihn gar sehr aus Liebe zu dem trefflichen Grafen seinem Vater, denn ich von so hoher Gesinnung so edel, freygebig und höflich erfunden hatte, und auch aus Liebe zu dem Land, das durch den Mangel eines Erben sehr betrübt war, und nahm ich nun Abschied von diesem Edelmann, und dankte ihm, daß er mir also gefällig die Sache erzählet habe.

(Die folgenden Abschnitte künftig.)

Frontalbo und die beyden Orbellen.

Organisches Fragment eines Romans vom Ende des 17ten Jahrhunderts.

Es war eine kurze Zeit noch übrig von den zweyen Jahren, welche Orbella leben sollte, als ich einmal ausspazierete, mich zu ergötzen. Um meine Wohnung war ein schöner jung gepflanzter Wald, gleich einem anmuthigen Garten, in den ging ich hin, meine Zeit zu vertreiben, und erinnerte mich meines Wohllebens. Ich gedachte, ich wollte mir dem Kaiser nicht tauschen, und wenn der Wald, darin ich ginge, mein wäre, mich nach Recht und Billigkeit einen König nennen können.

Indem ich in solchen Gedanken wandele und hinter einer dikken Eiche ein wenig bestehen bleibe, deren Höhe zu betrachten, fällt die Orbella von der andern Seite hervor und wollte mich erschrecken. Ich nahm sie aber zur Vergeltung freundlich in die Arme und sagte: Wo sie mich mehr würde erschrecken, so wollte ich sie strafen, nicht aber in Zorn, sondern in Güte. Sie war emsig zu wissen, wie ich sie doch strafen wollte. Hierauf führte ich sie etlichemal, allein sie legte sich ins hohe Gras nieder und sprach sie wäre müde. Ich that dasselbige, und wir hätten schlafen können, denn wir hatten uns keiner wilden Thiere zu besorgen. Wir spielten so lang im Gras, bis sich der Himmel zum Regen anließ; der Wind erhub sich sehr ungestüm, und zwang uns nach Hause zu gehen. Ich hatte ein kleines doch wohlgebautes Häuschen, von außen wenig angesehen, von innen aber beste geziertet. Als ich in die Thüre komme, finde ich sie unverschlossen und noch eine Orbella im Hause. Ich redete mich selber an: Frontalbo, schläfst du oder wachst du? Oder siehst du zweifach? Nein, nein, du wachest und zu zweifach und gehest jetzt in dein Haus. Was wollen aber die zwo Orbellen? Dich zu fällen. So ging es mir durch den Sinn, als die andere Orbella kam, mich zu empfangen. Die aber, welche ich mir mir gebracht, wollte nach nicht zugeben, daß ich der, die ich im Hause war, sollte die Hand reichen. Da geschah ein Gezänk, daß sich der Himmel darüber hätte verbittern mögen. Da ging es: Du Hure, du Erzhure, was hast du in meinem Hause zu suchen? Was willst du bey meinem Manne suchen? Beyde sagten: Ich wäre ihr Mann, und beyde sagten auch, sie wären meine Weiber. Ich aber als einfältiger Mensch, konnte mich in die Sache nicht schicken, denn sie sahen sich dermaßen gleich in allem, daß auch Eier nicht können gleicher seyn. Ich war verwirrt, und nahm bald die eine bald die andere, allein beyde waren an Freundlichkeit wie an Liebe zu mir nicht zu unterscheiden. Ich vermeinte zwar, daß eine nur die rechte und die andere der Schatten, von jener seyn müßte, weil sie sich mit Reden, Gebärden, Lachen und Weinen gleichstelleten, daß sie im geringsten nicht konnten unterschieden werden. Zwey Weiber zu haben stund mir nicht seyn, sie konnten sich auch nicht vertragen, denn sie schlugen sich, daß es abscheulich anzusehen war.

Mein Herz war hier in Wahrheit ganz verwirret; zürnte ich, so gaben sie mir so gute Worte, und eine allzeit besser denn die andere, küssten sich heimlich mit einer, so schwur sie des Theuersten, sie wäre die, welche ihren Liebhaber aus herzlicher Liebe zu mir hatte sterben lassen. Gedachte ich gegen diese, die andere zu verjagen, so gab es allerhand Einschläge, wie ich machen könnte. Sagte ich wieder der andern etwas, so that sie dergleichen. Und wenn ich mit einer geredet hatte, so sie zur andern ging, konnte ich schon nicht unterscheiden, zu welcher ich geredet hatte. Manchmal gab ich einer ein heimliches Zeichen, woran ich sie erkennen möchte,

Wenn nun die kommen sollte, welche das Zeichen hätte, so kamen sie beyde und zeigten mir die Zeichen, da ich doch nur einer an gegeben hatte. Also mußte ich ewiglich zweifeln, welche die rechte wäre. Keine wollte die Unrechte seyn. Eines mals besann ich mich eines Zeichens, welches die Orbella am linken Fuß trug, als ich nun eine unvermerkt mir den Fuß zeigen hieß, so befand ich doch das Zeichen an beyden. Wie ich mir rathen sollte, wußte ich nicht, denn alles was eine wußte, wußte auch die andere, und alles was eine war, war auch die andere. Sie beteten gleich fleißig, sie sangen gleich emsig und andächtig, ihre Kleidung war gleich und was ich sonst nicht sagen mag.

Ich entschloß mich endlich eine wegzujagen, es wäre gleich die Rechte oder die Unrechte, denn in diesem Zweifel fortzuleben, war mir unmöglich, ich quälte mich Tag und Nacht ab, und fand keinen andern Rath. Als ich vom wegjagen redete, war der Rechten vielleicht darum nicht bange, weil sie vermeinte, ich wußte sowohl daß sie die Rechte wäre, als sie selbst, bekümmerte sich darum ganz und gar nicht, sondern ging und bestellte ihr Hauswesen. Die andere aber kam mir um den Hals fallen, bitterliche Thränen weinete, und versuchte mich zu überreden, die andere doch von mir zu lassen, denn sie wäre ein Teufelsgespenst, welches ihre Gestalt angenommen, damit wir in unserer herzlichen Liebe möchten verhindert werden. Was zu glauben war, wußte ich nicht.

In mich ganz verwirretem Sinnen dachte ich vergeblich nach mir zu helfen. Die Rechte wollte ich nicht gerne verstoßen, weil ich sie allzu herzlich liebte, und alerdwohl wußte ich nicht, welche die Rechte war. Eine jedwede sagte, sie wäre die Rechte, allein zwey Rechte können nicht seyn. Sie untereinander wußtens wohl, allein ich konnte in diesem Jrrgang nicht klug werden, wie am sichersten zu gehen wäre. Ich wurde aber letztlich so ungeduldig, daß ich zu der einen sagte, so hielt mir jede mit kläglicher Rede die Treue vor, ob ich ihr schuldig wäre. Sie sagten, wie getreu sie mir in Astrinnens Schloß gewesen wären, und nachdem mir das Herz so schwer, daß ich beste sterben mögen. Endlich kam die eine, welche sich die Rechte zu seyn, mit viel tausend Eidschwüren bezeugte, und sagte: Ich sollte die andere nur nackend ausziehen, und bis über die Grenze der Eichen, allwo ich sie angetroffen hatte, peitschen, daß das Blut danach ginge, so würde sie nicht mehr wiederkommen.

Herr! wenn ich gedenke, wie unverstockt ich diesem Rathe gefolget bin, so gedenke ich alsobald zu verzweifeln, denn mir war nicht anders zu Muthe, als wenn mich tausend Teufel besessen hätten. Ich nahm eine vielfache Peitsche, welche von Flachs gemacht war, und desgleichen gab ich einer der Orbella, welche bey mir blieb. Die aber, welche weg sollte getrieben werden, zog ich aus und peitschete sie in kurzer Zeit, daß das Blut mildiglich den Felbersleib herunter lief. Diese that so jämmerlich, daß ich nicht sagen kann. Sie bejammerte ihre Eltern, daß sie eine so unglückselige Tochter erzeuget hätten, sie beweineten, daß sie ihren Leib an einen unkeuschen Menschen hätte zwingen, sie fiel auf ihre Knie und bat mich, daß sie doch mit den harten Schlägen zu verschonen und ihre geringste Kleidung zu geben, so wollte sie gern mich und mein Haus ewiglich meiden. Es wollte aber den meinem unbarmherzigen Herzen nichts halten, sie mußte denn erst halb tod gepeitschet seyn. Die Orbella, welche an meiner Seite stund, schlug ihr die verbauete Haut vom Leibe, daß es ein Elend anzusehen war. Sobald sie über die Grenze der Eichen kommen war und mit Schlägen verschonet wurde, kniete sie nieder auf ihre Knie und rief die Götter zum Zeugen an, alle Elemente und alles was in demselben war, daß sie unschuldig litte. Endlich beschaute sie ihr armes Leib, der gleich als mit Messern zerschnitten war, Solchen

Anblick konnte sie schwer vertragen, und sich ganz ohne Verwegung niever. Ich sah von weitem zu, wie sie sich außerte, wiewohl ohne Erbarmen, denn ich war verstockt, und ließ mich von ihrem Jammer im geringsten nicht bewegen. Sie wollte nicht am Wege sterben, damit ihr unglückseliger Leib nicht dazu möchte verspottet werden. Als sie sich darum entfernte, sagte sie drauf sich selbst:

> Wie mußt du doch mit Liebesschlägen,
> In deinem Fleisch Frontalbo wurben,
> Du solltest dich vor Liebe hüten,
> Mich sollst du nun zu Grabe legen.

> Kennst du mich nun an meinem Blute,
> Das sich so oft zu dir gedränget,
> Das Schloß hast du nun aufgesprenget
> Und mir wird nun schon leicht zu Muthe.

> Thät mich die Liebe so verbannen,
> So sind die Furien mir willkommen,
> Jetzt bin ich erst zu Wort gekommen,
> Was gut an mir war dir verbunden.

> In Fleisches Lust warst du gefangen,
> Und jetzo bist du ihr ganz eigen,
> Ein böses Alter wird dir zeigen,
> Wie dir die Jugend schlecht vergangen.

> Dem Schatten bist du nun ganz eigen,
> Das Böse fasst dich an den Haaren,
> Bejammre dich nun in spätern Jahren,
> Und strafend wird sich alles zeigen.

> Der Jugend Traum hast du vernichtet,
> Und alte Wahrheit wird dich fassen,
> Nun mußt du lieben, was zu hassen,
> Die Seele mein mitleidig flüchtet.

So weit ging sie, bis sie diese Worte ausgesaget, hernach schickte sie sich zum Tode. Noch eines sprach sie: O Himmel behalt dem Frontalbo nicht diesen Fehler, denn er sündiget unvorsätzlich an mir. Laß ihn aber seinen Irrthum erkennen, eh der dritte Tag vergeht.

Ich wollte nicht zusehen, wie sie stürbe, ging darum nach Hause, aber mein Gewissen ließ mich wenig ruhen. Die Orbella, welche ich zu Hause hatte, gab mir zwar die köstlichste Worte und suchte mir meinen Willen, wie ichs begehrte, allein es kam mir doch vor, als wenn diese eine Fremde wäre. Denn sie fragte nach Sachen, die sie doch selbst in Verwahrung hatte. Gegen Abend, als die Nacht fast hereinbrechen wollte, ging ich noch einmal zu sehen, was die halbtodte Orbella machen würde. Als ich hinkam war sie schon todt, ich trat hinzu sie zu ermuntern, aber sie war den Weg alles Fleisches gegangen. Ihr Gesicht, welches sie mit den Händen vor den Streichen geschützet hatte, war ganz blos, obwohl auch ein wenig verstellet, denn sie war fast nie krank gewesen, und har also bey gesundem Leibe sterben müssen. Wie bitter ihr der Tod angekommen, ist einem jedweden leicht zu erachten. Weil ich sah, daß die Orbella todt war, so konnte ich doch nicht zugeben, daß die Vögel sie verzehren sollten, ich war ganz geändert und hätte tausendmahl gewünschet, daß sie noch leben möchte, allein weil mein Wunsch nicht thätig seyn konnte, so ging ich fort eine Hacke zu holen, damit ich sie vergrübe. Als ich in

mein Haus will gehen, kommt ein altes Weib daraus getreten. Die fragte ich: Ei Mutter, was wollt ihr denn? Sie sprach: Ei nun, so kennt ihr mich noch nicht? Ich sagte: Ich kenne euch nicht. Sie sagte: Es ist schon gut, so werdet ihr mich kennen lernen, wenn ihr mich nun nicht kennet. Ich ging im Hause herum und suchte meine Orbella, aber da war niemand denn das alte Weib vorhanden. Ich wollte mich stracks erstechen auf diese Begebenheit, die als ein Berg auf mich fiel, allein Orbellens Geist kam mir vor, als wenn er spreche: O Frontalbo, thue dir kein Leid, sondern geh und bestatte den Leib, den du unwissend erstichtest. Und forthin heiße nicht mehr Frontalbo, sondern Dolosbert, weil deine Orbella todt ist. Wir müssen die Liebe büßen, weil wir uns so hoch geübelt. Denn sie war nicht rechtmäßig, indem wir uns vor allen Leuten haben in einem fremden Lande verbergen müssen. Eltern und Freunde haben wir mit unserer Liebe betrübet, darum werden wir auch gar recht, ich mit dem Tod und du mit der Quaal, welche unaussprechlich seyn wird, bezahlet. Geh nun elends und beerdige mich, auch rufe mich nimmermehr hinführe mit Namen.

Als der Geist dies gesaget hatte, wich er von mir. Ich aber erwachte gleichsam aus einem Traum und machte mich auf, der Orbellen Leib zu begraben. Herz! ich habe den Leib, welcher ganz mit Blut überlaufen war, mit meinen Thränen so rein abgewaschen, daß ich nimmermehr geglaubt hätte, daß ein Mensch so viel weinen könnte als ich weinete.

Ich hatte mit dem Leichnam bis in die Nacht zu thun, und der Mond war mir noch so günstig, daß er mir Licht verlieh, daß ich einen Sarg von vier Brettern machte, den Leib darein zu legen. Die Grube war schon fertig, und der Sarg imgleichen. Ich hatte aber nicht so viel Kräfte, daß ich diesen unglückseligen Leichnam allein hätte verwältigen können, denn mein weinendes Gemüth und die halbsterbende Seele waren untüchtig, diese untüchtigen Glieder zu bedienen. Endlich, als ich mich fast todt geweinet, nahm ich doch mit Gewalt meine erstarrten Hände zu ihrem Amt an, damit meine Liebste nur unter die Erde käme, denn nach meinem Tod wäre es nimmermehr geschehen, daß sie wäre begraben worden. Und weil mir der Tod auf der Zunge saß, eilete ich mit der Beerdigung fertig zu werden. Ich sollte ihr ein Leichenlied singen, aber die Worte zerbrachen in meinem Munde, daß nichts als ein trauriges Ach daraus erhöret wurde. Ich faß auch nach auf dem Grabe und bat den Himmel, er möchte mich doch auch zu sich nehmen und derselben zu gefallen. Es war alles vergeblich, meine Unwissenheit zu beweinen und die Mordthat zu beklagen.

Nachdem ich also mit meinen Jammerworten den Himmel angefüllet, kam die Alte und wollte mich mit zu Bette haben. Ich fragte sie, was ich mit ihr zu schaffen hätte? Sie sagte, ich hätte mit ihr zu schaffen, und ich sollte fortgehen, sonst wollte sie mich mit einem Prügel nach Hause treiben. Ich gedachte an die Worte des Geistes, allein die Thränen hatten mich so sehr ausgemattet, daß ich keinen Fuß vor den andern setzen konnte. Als ich nun auf das andere Wort der Teufelin nicht gehorsamete, faßte sie mich bey den Haaren, und schleppte mich auf die Erde so jämmerlich über Stein und alles, daß ich einem Übelthäter gleich sah.

G — A.

Zeitung für Einsiedler.

1808. ———————————— 12 ———————————— 11. Mai.

Naß' ist
Und schwer zu fassen der Gott,
Und wenn die Himmlischen jetzt,
So wie ich glaube, mich lieben,
Wie vielmehr Dich,
Denn Eines weiß ich,
Daß nehmlich der Wille
Des ewigen Vaters viel
Dir gilt. Still ist sein Zeichen

Am donnernden Himmel. Und einer stehet darunter
Sein Leben lang. Denn noch lebt Christus,
Es sind aber die Helden, seine Söhne,
Gekommen all und heilige Schriften
Von ihm und den Blitz erklären
Die Thaten der Erde bis jetzt,
Ein Wettlauf unaufhaltsam. Er ist aber dabei,
Denn seine Werke sind
Ihm alle bewußt von jeher.   *Hölderlin.*

Der gehörnte Siegfried und die Nibelungen
von J. Görres.
III.
Die zwölf Säulen am Riesenwege.

Fassen wir genauer das Bild ins Auge, das wir in jener Sage eben an uns vorübergehen sehen, dann dringt sich ein merkwürdiges Resultat uns auf. Zunächst ergiebt sich, daß das Ganze auf eigentlichen teutschen Gedichten ruht, die hier nur in Prosa aufgelöst, und in Form eines Romans gebracht erscheinen. Ausdrückliche Zeugnisse dessen, der die Paraphrase unternommen, hier und da durch das Buch zerstreut, bestätigen diese Annahme. So sagt er p. 415 bey Gelegenheit des Zuges von König Isung nach Wilkinaland, wo die Königin Ostacia ein Heer von wilden Bestien durch ihren Zauber ihm entgegensandte: „Teutsche Lieder beschreiben, wie sie ein Heer von Wehrwölfen gehabt, und selbst als Drache dabey gewesen sey": dann heißt es auch wieder p. 494 gegen das Ende der Nibelungen: „Denkwürdig sind die teutschen Berichte der Einwohner von Susa (so heißt hier Attila's Hauptstadt), die erzählen, was Alles damal sich zugetragen. Sie bezeugen den Tod Hagene's und Jrungs; weisen den Kerker noch, worin König Günther starb; den Garten, der von der Niederlage noch jetzt der Nibelungen Garten heißt. Auch andere glaubwürdige Männer von Münster und Bremen haben, ohne von jenen etwas zu wissen, mit der treffendsten Uebereinstimmung alles beynahe mit denselben Umständen beschrieben. Daraus ergiebt sich die unbezweifelte Wahrheit der Volkstraditionen, die man in Gedichten teutscher Sprache zur Verherrlichung der Thaten großer Männer zu singen die Sitte hatte." Wieder an einem andern Orte: „die teutschen Gedichte reden von dem blutigen Streite Dieterichs und der Niflungen, und wie das Schwert Eckisat auf den Helmen geklungen; endlich im Zorne sprühte

Dieterich Feuerfunken, daher der Ursprung der Sage, Hagenes Panzer sey glühend davon geworden."

Unter diesen Gedichten waren nun auch, wie sich auch der Vergleichung ergiebt, die Nibelungen; und andere, die sich mit etwas veränderten Formen im Heldenbuche, in den Dänischen Wilkers und der Edda erhalten haben. Betrachten wir unter dieser Voraussetzung die innere Construction der Sage, und sehen wir auf den genauen und innigen Zusammenhang, in dem alle Theile derselben einander greifen; wie sie keineswegs bloß durch einen zufälligen äußern Faden verbunden sind, neben einander gestellt etwa durch die Willkühr des Sammlers, sondern wie ein inneres Band sie in sich selbst zu einem Organism verknüpft, in dem Jedes mit dem Andern und dem Ganzen auf eine solche Weise verkettet ist, daß immer das Erste sich auf das Lezte und hinwiederum zurück bezieht: dann steigt die Wahrscheinlichkeit uns auf, daß die Sage keineswegs auf eine Reihe nur lose untereinander verbundener Romanzen sich gründe, sondern daß ein großes colossales Gedicht ihr unterliege, in dem die Nibelungen nur ein Gesang gewesen sind, während Trümmer der Andern im Heldenbuche und sonstwo sich erhalten haben. Wir würden dann, ausgehend von dieser Annahme, und verfolgend die Spuren der Gliederung, die unverkennbar durch das Werk durchgehen, das Ganze etwa so eintheilen, daß im ersten Gesange die Erzählung von Dieterich und Hildebrand das Gedicht begonnen habe, dann IIter Gesang Welent und Widga diesem sich angeschlossen, III Osantrix und Attila, IV Detlef und Sigurd von Griechenland, V Dieterichs Hülfszug nach Hunnenland, VI Sigmund und Sigurd swen, VII Der Zug der dreyzehn Helden nach Vertangelland, VIII Jron Earl und Salomon, IX Sisfa und Ermenrel und Dieterichs Vertreibung, X Zug nach Italien mit den Hunnen, XI die Nibelungen, XII Dieterichs Rückkehr. So würde das Ganze also in

zwölf Gesängen sich gerundet und geschlossen haben zur
Himmelsbrücke, aus eben so viel weit gespannten Bogen
gewölbt, auf der die Poesie herübergestiegen im Feuerzuge
aus einem andern Welttheil in den Unsern. Und hat
wirklich je ein solches Werk bestanden, dann hat die
Nation in dem ein Denkmal besessen, wie kaum irgend
eine Andere, und wir müßten seinen Untergang als ein
öffentliches Unglück bedauern.

Aber es entsteht, wenn wir erwägen, was aus so
frühen Zeiten in der Edda und der Skaldenpoesie sich
gerettet hat, und dort als nordisches Erzeugniß sich ankündigt, die Frage, ob denn überhaupt dieser ganze poetische Kreis teutschem Boden eigenthümlich angehöre,
oder später erst ihm zugeführt worden und in ihm ange-
pflanzt? Es kann nicht von besondern Formen die Rede
seyn, sie wandeln, wenn die Poesie noch lebt, und nicht
in Büchern einbalsamirt liegt, in Tücher eingewickelt, mit
Hieroglyphen beschrieben, wie die Geschlechter vorüber-
wandeln: aber mit dem, was unwandelbar in den Ge-
nerationen durch die Formen läuft, ist auch das Urtheil
ihrer Poesie gegeben; von dieser Kernmasse, die das Erste und das Letzte zugleich befaßt, kann nur gesprochen
werden. Da ist es denn klar, daß der Ursprung der na-
tionellen Poesie zusammenfällt mit dem Ursprunge der
Nation; wo ihre Geschichte aus der Naturgeschichte hervorgebrochen, da ist der Faden angeknüpft, sie nehmen ihn durch alle Gänge ihrer Entwicklung mit: der
Faden aber ist nicht gesponnen aus todter Faser, eine
grünende Schlingpflanze umrankt er die Schreitenden, und
umwindet sie schön und freudig anzusehen, wie mit grünen bunten Schlangen mit Laub und Blüten, und wächst
immerfort wie das Leben weiter eilt, und welkt mit ihm
und stirbt mit ihm. Wir schiffen an dem Strom hinauf,
in dem die Völker sich ergießen; der eine Arm, der
über den Norden zieht, führt nach Asien zum Canca-
sus hinüber, aber wie finden die Quelle nicht, denn die
Wunde ist vernarbt, die Erde ist von ihr genesen. Weint
der Stein in Jerusalem auf diese Stunde noch, der
den Herren leiden sah, die Berge noch in Armenien
Zeugen der Wundergeburt, sprechen in ihrer Sprache noch
von den Ereignissen, und die Sage, die auf den Bergen
geht, singt noch immer ferne und leise durch die dicht
zu Jahrtausenden gedrängten Jahrhunderte hervor, rührend tönen die Helbenchöre durch die milde Dämpfung.
In der That geht ein Geschlecht von Sagen im Orient
um, das in gerader Linie von denselben Vorvätern ab-
gestammt, den gleichen Familiencharakter mit den nordischen Traditionen trägt. Die Perser, obgleich ein
östliches Volk, doch dem Caucasus eng verwandt, und
aus einer Wurzel mit Jenen hervorgegangen, haben in

ihrer Poesie auch am meisten nordische Physionomie angenommen. Das königliche Buch, Schach Nameh,
in 60000 Beits oder Distichen von Ferdoussi im
zehnten Jahrhundert nach alten Traditionen und persischen Chroniken zusammen gedichtet, erzählend die Thaten der alten persischen Nolh's, (Recken) Heroen aus
den ersten Dynastien, feyert besonders dort die beyden
gepriesensten Helden des Orients Rostam und Asfendiar. Rostam, Sohn von Sal-zer Goldhaar, dem
schönen Jünglinge, in den sich Roudabab aus Kabu-
lestan verliebt; unter allen persischen Kriegern der ta-
pferste, Tschoumten der Bronzerne genannt; in vielen Schlachten und Zweykämpfen immer siegreich; besonders durch jenen großen Streit berühmt, den das
Gedicht Genk danzbeh Nolh, Kampf der zwölf
Helden, gleich den douze preux de la France, genannt, besingt, wo beym Einbruch der Turanier
aus Turkestan über den Gihon in Persien unter
Cailbosru, zwölf Helden von beyden Seiten in einem
Gottesurtheil den Krieg entscheiden sollen, und Rostam nun durch seine Thaten den Persern den Sieg zu-
wendet. Asfendiar aber Gischtasbs Sohn, von
ihm auf Zerlunbuban im goldnen Schloß gefangen,
beym Einbruch Argiasbs aber in Freyheit gesetzt,
seine Eisen mit den Händen brechend, greift er die Feinde an, und wirft sie schnell über den Oxus zurück,
und tödtet den König der Turanier im eigenen
Schloße Rouindiz, Erzhaus. Wie sein Vater
ihn aber gegen Rostam sendet, der in der Provinz unabhängig sich gemacht, da dauert der Zweykampf unent-
schieden einen ganzen Tag hindurch; erst am zweyten
gelingt es Rostam, wie er gewahr worden, daß Asfendiar durch Zauber unverwundbar für Pfeil und
Schwerdter ist, ihn mit der Keule zu erschlagen, nachdem Wunder des Muths und des Waffengeschicks von den
Kämpfenden verrichtet worden. Außerdem hat die persische Literatur eine Reihe Romane über die erste fabelhafte Heldendynastie der Pischdadier, mit dem
Caioumorath, dem Kaioumorts des Senda
besta, 4000 Jahre vor der christlichen Zeitrechnung be-
ginnend, viele Jahrhunderte befassend, durch Tahmu-
rasb, Giamschid, den Erbauer von Persepolis,
den alte Eslander Dhoulcarnein, den zweyge-
börnten, der blaue Mauer baute; von der wir eben geredet,
Shohak, Feridun und mehrere andere Könige in
die zweyte Dynastie der Caianiden übergeht. Unter
diesen Romanen, Nameh genannt, sind besonders
Caioumarrath, Thamurath, Housschenk,
Caherman Nameh im Orient berühmt. Dort
sehen wir alle die Hauptmomente der occidentalischen

Poesie gleichsam vorbildlich angelegt. Die Riesen auf dem Gebürge Caf, denen besonders der Dritte in der Linie Thahamurath furchtbar ist, deswegen auch Devbend, Riesenbändiger, auch Pehelevan Zaman, der Held seines Jahrhunderts genannt, weil er sie geschlagen, und in unterirdische Höhlen eingesperrt. Unter ihnen besonders gräulich Safagan Semendoun mit tausend Armen, Argent, Demrusch der schrecklichste, der in einer Höhle wohnt, umgeben von unermeßlichen Schätzen, wohin er die schöne Mergiane entführt, die Siamak bestegt. Das Schild des Gianbengian, berühmt im Orient, wie jenes des Achilles, das drey Solimans nacheinander schon getraucht, das dann auf Kaiumarat übergieng, aus sieben Häuten verfertigt, mit sieben Kreisen umgeben, als Talisman gebildet, so daß es allen Zauber der Riesen und Dämonen zerstörte; Tigatesch das Blitzstammenschwerd, und Samsam das sehr gute Schwerd, das bis zum Khalifen Harun al Raschid kam; der Panzer Gebeh, der in jeder Schlacht Sieg verschafft; das Schlachtpferd Sobam des Sam Nermand, das alle Ungeheuer schlug; die spätern Greise im Vogel Simorg anka, der sieben Weltalter gesehen, und alle Sprachen spricht; die Feen im Lande Ginistan: das alles sind gleichsam stehende Typen der Poesie, die dort noch vom ersten Guße sich erhalten haben. Man könnte glauben, daß diese Gedichte, Werke späterer Zeit, etwa aus dem Occident herübergekommen seyen, allein leichter gehen die Dinge mit dem Strome, als daß sie gegen ihn ankämpfend sich bewegten; schon im zehnten Jahrhundert lebte Ferdoussi, und später hin bey weit genauerer Berührung hat der Orient mehr gegeben, als empfangen. Aber noch hinter Ferdoussi und die übrigen neupersischen Dichter fällt auch die Entstehung dieser Sagen zurück. In Mahomets Geschichte wird erzählt, wie zu seiner Zeit im sechsten Jahrhundert, Nasser ein arabischer Kaufmann, der lange nach Persien gehandelt, bey seiner Zurückkunft von dort die persischen Romane von Afrasiab und Rostam mitgebracht, und ihre Thaten und Abentheuer seinen Landsleuten erzählt; und wie diese ihnen so wohl gefallen, daß, als sie Mahomet mit seinen Geschichten aus dem alten Testamente unterhielt, sie seine Erzählungen verachteten, und jene für weit schöner erklärten, weswegen der Prophet im Grimme daher den Märchenerzähler feyerlich verwünschte. Auch der Zendavesta, noch zwölf Jahrhunderte weiter zurück enthalten, nennt die Namen der meisten jener alten Helden, und erwähnt ihrer Kriege mit den Dews und den Turaniern.

Das war die Mitgabe, die bey ihrem Zuge nach dem Westen die Völker aus dem Stammland mitgenommen, wie sie sich schaarten je nach Stämmen und Geschlechtern und Zungen, da verarbeitete jedes die Masse auf eigne besondere Weise; es siedelte die alte Fabel sich mitten unter ihnen an, und wurde immer wieder jung, und hatte Landesart und Volkssitte, und gieng mit auf allen ihren Wegen, wie ein groß mächtig Meer, das vor ihnen her immer über die Beragiofel schritt, und Thaten auswarf wie Saamenkorn im Bogen links und rechts, das aufgieng in Gesängen, die durch die Thäler klangen. Scharf geschrieben ist in ferne Zeiten jeglichen Volkes Besonderheit: ist jeglich Land mit einem Gebirgszügen wie mit großen Runen beschrieben, und ist das Wassernetz darüber hingeworfen, gewonnen aus Flüßen, Stromen, Bächen, Quellen, alle aber aus dem einen und selben Element herausgebildet, dann ist nicht anders im Leben unter diesen Völkern. Jede Brust ist auch ein Crystallgewölbe, und die Prophten schlagen mit dem Stabe an, und es quillt frisch und kühl das innere Wallen als ein feuriger Wein hervor; denn es ist Weihnacht für die Nation, und es dauert Jahrhunderte, ehe die zwölfte Geburtsstunde an der Weltuhr ausgeschlagen. Jedes Volk giebt eigene Weinesart, seine Geschichte ist die Gährung, in der sich der brausende Geist bestehet, blutroth schafft ihn nur der wilde Krieg, golden der Frieden und die Liebe; wäre die Zunge und das Auge fein und scharf, sie möchte die ganze Chronik der Vergangenheit in der lichten Klarheit lostend lesen, um sie in dem Rausche immer wieder zu vergessen. Sicher! hat bey irgend einem Volke ein vornehmes Denkmal sich erhalten, das ganz auf seiner Geschichte ruht, das gleichsam das Herz dieser Geschichte selbst ist, das in seinem Wesen mit dem Wesen der Nation aufs innigste verflochten, ihre ganze Charakteristik trägt, wie kennen glauben, daß es auch auf ihrem Boden, in ihrem Gemüthe, geworden seu. Attila's Einbruch war ein schweres Verhängniß eingetreten in jene Zeit; wie ein feuriger, wirbelnd sausend Meteor zog es dahin, und warf nieder alles vor sich her; die germanischen und die gallischen Völkerschaften, unter ihnen besonders die Gothen, waren mitten hin eingezogen in den Sturm, die Römer aber standen wie eine versinkende Erscheinung am fernen Horizont. Mit ihnen war die griechisch lateinische Poesie auch als geworden, aber die Naturpoesie nimmer alternd, war unter den Barbaren selbst eine Barbarin geboren, und Scalden, Barden, Seanaghies waren ihre Blutpriester und ihre Verkündiger, Germanen und Hunnen, Stahl und Kiesel: in dunkeln, glühenden Funken frühe das schlafende Feuer auf, und schlug bey geworden seine tonenden Kreise durch die Lüfte durch. So wurde gewaltsam der innere Geist entfesselt, und in den leichten, schwebenden Gesang gefaßt. In diesen Bardenliedern müssen wir die zweyte Quelle der Bildungen anerkennen, wie wie die innerste Ader tief ins Osten aufgesucht. Teutschland, wie es damal tief hinunter nach Spanien, Gallien und Italien selbst Africa gereicht, und hinauf nach Britanien und Scandinavien; all das weite Gebiet durch das Band einer Muttersprache verknüpft, war das Feld, auf dem die Stürme um den Anfang des neuen Erdenjahrs gegeneinander sich versuchten. Wie Pilzger segen in jhul nach allen Richtungen der Nationen auf Kampf und Schlachten aus; unter ihrem Tritte bersteten die Adern der Erde, sie blutete in tausend kleinen Springquellen auf, und daraus sammelte sich später erst ihr schöne große Strom; das Eros! der Mittelpunct seines Lebens kann nur in der Mitte keiner Geschichte liegen. Nachdem große Staaten aus dem Muttervolk, große geschlossene Sprachen aus der Muttersprache sich geschieden hatten, und die Cultur einen allgemeinen Verkehr zwischen den Organen, gleichsam wie durch ein

höheres Nervensystem vermittelt hatte, begann der Tausch und
Wandel. Im Urbeginn war eine Poesie und eine Fabel, die
bildete in Fortschritte jedes Volk auf eigene Weise sich und seinen
Thaten an; im Verfolge strebte dann das individuell gebildete
wieder zur Vereinigung anderer Art, wie die Flüße eins sind im
Erdenschooß, und eins wieder werden wollen im Meereeschooß.
Von Lande zu Lande wurde die Sage hinübergerufen, die vorher
innerhalb des Bans beschränkt geblieben; es begann ein Aneignen,
ein Sammeln, ein Acclimatisiren, wie in den Kunstgärten nach
und nach sich die Pflanzen aller Himmelsstriche sammelten, und
von dort aus die Geographie der Vegetabilien sich immer mehr
verwirrte. So reisten die Isländer z. B. im zehnten und
eilften Jahrhundert viel nach Teutschland; Erlangen und
Cöln waren die Orte, die sie besonders häufig besuchten. Sämund Frode, der Sammler der Edda hielt sich um 1070 an
dem letztern Orte auf; sie machten sich mit der teutschen Poesie
bekannt, und brachten sie nach dem Vaterlande mit, und es verband dort sich mit dem, was Einheimisches erblühte, und wuchs
und gedieh recht fröhlich neben dem, was des Landes war, und
daß hatten die folgenden Geschlechter schon das Andenken daran
verloren, wie all das sich zusammenfunden hatte. Dadurch wird
indessen keineswegs die Wahrscheinlichkeit auch des ganz entgegengesetzten Manses ausgeschloßen. Glaubwürdig, wie irgendwie war im Norden
die Poesie erblüht; Dichter machten Kriegszüge der Fürsten, und
ihre Pilgerfahrten nach dem heiligen Lande mit, und bildeten die
Fahrten selbst in Gedichte um; von einer eigenen poetischen Wuth
gleich den Breitenwuth, die diese Skalden ergriff, und jedesmal
mit den Aspecten des Mondes zusammenhieng, die ihre Poesie
eben als reine Naturpoesie bezeichnet, was man auch immer gegen
diese einwenden mag, sprechen die Chroniken und Sagen aus jenem
Lande; unmöglich kann es ihm daher an eigenthümlichen Dichtungen gemangelt haben, was denn auch ihre großartige schöne Mythe bis zur Anschaulichkeit beweiset. Allerdings kam mit dem
Haurhloß von Osten her, der den Strom der Völkerwanderung zuerst in Bewegung setzte, aber es kam unläugbar auch ein
bedeutender von Norden herab, und mit dem Völkerstaumen schwarm-
te auch die Poesie von jenen Gegenden aus. Die Flora des Nor-
dens und des Südens wurde wechselseitig gegeneinander umge-
tauscht, und wir dürfen uns deswegen nicht irre machen laßen,
wenn wir große Gebichte, die ursprünglich auf teutschem Boden
ruhen, umgebildet auf nordischem erblicken. *) Die Geschichte hat
nicht Buch gehalten über das, was in jedem Lande eignes gewachsen ist, oder wirkt ihr etwa auch um das Vaterland des Brodes mir,
das ihr täglich eßt? Behalte daher unbestritten der Norden seine
Wuthe, Teutschland sein Epos; jene ruht eben so unbezweifelt
selbst auf nordischer Natur, wie dies auf gothischtreutscher Historie. Sage gegen Sage gesetzt, finden wir im Coder der Annalen des Snorro, da wo er p. 75—76 die Geschichte des Wil-

*) Das Gedicht über die Rache der Chrimhildis auf der Insel
Hvena, von dem oben die Rede war; wird gleich brav wie
das vorige des Dieterich von Bern von Herrn Grimm übersetzt, in einem der nächsten Blätter folgen. Der Uebersetzer
hält den Schluß des Gedichtes von Hagenes Sohn, und
dem Tod der Chrimhildis für unterschoben. Es mögte dieser
Schluß, der sich auch in der Willinasage findet, wohl gleich
ächt seyn, wie das Uebrige, beydes nur accomodirt dänischen
Verhältnißen. Die Vermuthung würde vieles für sich haben,
daß diese Accomodation von dem Scalden Thiodolf, Dichter
am Hofe Harald des Schönhaarigen, Verf. der Ynglingasaga,
der auch am Anfange der Snorrischen Edda angeführt ist, und
selbst von der Insel Huin (Hwen, worauf Tycho Brahes
Uraniemburg) gebürtig war, herrühre.

for oder des Magnus Jarl beschreibt, wie Carl der große,
nachdem er so vielet von den alten Helden Dieterich von
Bern, Sibge Gellars Sohne, den Nislungen Gunnar,
Isung und dem nordischen Haldan gehört, begierig geworden
sey, sie selbst einmal zu sehen, und wie der Magier nun durch Zauberey es dahin gebracht, daß alle bewaffnet, auf ihren Pferden si-
tzend, geschaart in drey Reihen dem Kaiser entgegengetreten seyen.
Dieterich in der Reihe der Dritte unter den zwölfen, vor allen
ausgezeichnet durch Kraft und riesenmäßiges Ansehen, sey dann
vom Pferde gestiegen, und alle hätten auf Einen um den Kaiser
her Platz genommen. Daraus ergibt sich, wie weit die Tradition
den Ursprung jener Dichtungen zurück versetzt, und wie sie keineswegs als eine nordische örtliche Heldensage betrachtet wurde, sondern als eine dem ganzen teutschen Europa Gemeinsame. Ein weiter Aufsatz, der was unmittelbar auf teutschem Boden sich von
ihr erhalten hat, entwickeln, und die Reihe dieser Untersuchungen
schließen soll, wird dies Resultat noch weiterhin bestätigen."

Seelied.

Es schien der Mond gar hell
Die Sterne blinkten klar,
Es schliefen tief die Wellen,
Das Meer ganz stille war.

Ein Schifflein lag vor Anker,
Ein Schiffer trat herfür:
Ach wenn doch all mein Leiden
Hier tief versunken war.

Mein Schifflein liegt vor Anker,
Hab keine Ladung drinn,
Ich lad ihm auf mein Leiden,
Und laß es fahren hin.

Und als er sich entrißen
Die Schmerzen mit Gewalt,
Da war sein Herz zerrißen,
Sein Leben war erkalt.

Die Leiden all schon schwimmen
Auf hohem Meere frey,
Da heben sie an zu singen
Eine süße Melodey.

Wir haben fest gestißen
In eines Mannes Brust,
Wo tapfer wir gestritten
Mit seines Lebens Lust.

Nun müssen wir hier irren
Im Schifflein hin und her;
Ein Sturm wird uns verschlingen,
Ein Ungeheuer im Meer.

Da mußten die Wellen erwachen
Bey diesem trüben Sang;
Verschlangen still den Nachen
Mit allem Leiden bang.

B.

Zeitung für Einsiedler.

1808. ——————— 13 ——————— 14. Mai.

Apoll.*)

Wenn aus Aurorens
Purpurgewölken,
Die Düfte theilend
Mit der Strahlen Gewalt,
Phöbus, der Herrliche, tritt,
Daß die goldnen Locken
Im Sturme flattern,
Daß unter dem leuchtenden Fuße
Wonnig die Erde bebt,
Und mit der Blumen thauigem Blick,
Mit den befiederten Kehlen,
Und der Sterblichen neuerwachtem, regem
Gewühl,
Schmachtend, seiner Fülle sich entgegen
drängt;

Sieh! Er wandelt,
Von ihr unbewegt,
Den ewigen Gang;
Streuet die glühenden Pfeile
Aus bebendem Löchern
Segnend zur Tiefe herab;
Oder verbirgt sie,
Nach seinem Gefallen,
Schlaff das Feuergeschoß,
In der Wolken dunkler Umhüllung.

Denn um der Erde
Dürftige Kinder
Lebt unbekümmert
Der Himmlischen Chor;
Ob in dem engen Busen,
Taumelnd vor Seligkeit,
Das Herz in flüchtiger Wonne rät:
Oder zum Abgrund geneigt,
In den finstern Gewalten,
Blutig die Thräne dem Aug' entstürzt:
Sie seufzen seiner,
Eigend da droben
Am schwellenden Mahl,

Wo ewige Freude den Saal durchrauschet,
Wo, von Schmerz unbedrängt,
Nicht kennend die Sehnsucht,
Hebt den Nektar vollschäumender Jugend
schwillt!

Oder er tritt herab
Der Strahlen entkleidet
In der Seuche tödtender Finsterniß;
Und mit gelassener Hand
Schnellt er nächtliche Pfeile
Von wild-dröhnender Sonne ab;
Daß in der Rosenröthe
Die Jugend bleich wird,
Und Greise gramvoll,
Und Mütter verlassen,
Auf die theuern Leichen gesenkt,
Jagend in Todesnoth,
Vergeblich wehklagend, die Arme werfen
zum Himmel empor.
Dann über Quellen geneigt
Hut anmuthige Teiche
Von Erlen umkranzt,
Bewegt er das lichtlockichte Haupt
In dem silbernen Spiegel sich schmuck;
Die Blaue beschaut sich mit ihm;
Ihm duften die Fluren:
Ihm schweigen die Lüfte:
Und er verweilt lange, ruhig,
In göttlicher Seligkeit,
Staunend, verwundernd,
Seiner eigenen Schöne sich freuend;

Müde des Lenkens
Läßt er drauf die ermatteten Rosse,
Wo sie die Nacht in plätschernden Wellen
tränkt:
Und am Abhang gelagert,
Stimmt er die tönende Leyer

Zu des Herzens nie schweigendem Jubel
gesang;
Dann klingen die Felder
Weithin von dem wunderbaren Lied;
Staunend aus den Wäldern
Horcht das Gewild auf:
Die Felsen versuchen den Nachhall,
Der Vögel geselliger Schwarm
Ruht lauschend in der Nähe,
Die Töne saugen in die melodische Brust:
Und abseits in den Thalern
Stehn die Hirten, auf die Stäbe gelehnet,
Blicken sinnend in den Abendglanz,
Und der Friede, die Stille,
Die Ruhe, die Liebe,
Kehrt unbegriffen in ihr unaufgelöset Herz!

Wie du erscheinest
Phöbus, Apollon
Vor des Sterblichen trunknem Blick;
Wildstürmend, verzehrend,
Von Nacht umdunkelt,
Umflügelt von Grauen;
In warmem Leuchten erquicklich;
Immer senk' ich mein Antlitz,
In Demuth gebeuget,
Vor deiner Herrlichkeit!

Aber willkommen bist du,
Wenn in der reinen Brust
Heilige Lieder vertrauen.
So beglücke mein Leben
Treu dir, von Gesängen umklungen!
Dann winke nur leise
Dem muthwilligen Gott,
Daß er um die gaukelnden Ferien gethan,
Den grauen, müden,
Gern folgenden Greisen
Mild leite zu des Orkus dunkelem Thor!
Christian Schlosser.

*) Dieses Gedicht ist ursprünglich bestimmt, in einen Cultus griechisch-mythologischer Darstellungen einzutreten.

Golo und Genovefa,
ein Schauspiel in fünf Aufzügen vom Maler Müller.*)

Der Anfang des Stückes erweckt die Burgen, wo
in der Ruhe allerley Liebe sich verbunden hatte, mit
den Anstalten zum Mohrenkriege. Es kommt die Nachricht, daß Golo zurückbleiben soll, daß Siegfried alles

*) Wir liefern hier einen Ueberblick des einzigen geendigten ungedruckten dramatischen Werks von dem allgemein geehrten Friedrich Müller (bekannter unter dem Namen Maler Müller) die allgemeine Neugierde ist darauf gerichtet, aber nicht diese, sondern dramatisches Sinn wünschen wir zu befriedigen. Deutschland dankt die Erhaltung dieser Arbeit, so wie die nahe Herausgabe der Schriften Müllers, (der noch seiner Kunst in Rom lebt) dem schönen Eifer Ludwig Tiecks,

Zutrauen in ihn setzt sein Eigenthum zu beschützen, es
ist vielen nicht recht, doch vergißt sich das über dem
Abschied. Carl, ein junger Ritter, scheidet schmerzlich
von Julie, die bey der Genovefa als Gesellschafterin
bleibt. Genovefa wünscht mitzuziehen, aber Siegfried
erlaubt es nicht. Siegfried überträgt dem Golo Ring
und Siegel und alle Gewalt. Heinrich, ein schwabhaf-
ter Arzt, erheitert die Scheideszenen. Als alle fort sind,
prüft Golo sein inneres Wesen im Vorzimmer der Genovefa, er liebt sie, aber er meint nicht, daß er etwas
Böses wolle; ein Kammermädchen bringt ihn auf einige
andere Gedanken von Genovefa, sie kommt, und in ihrer Güte und traurigen Hingebung wird er fast wider
seinen Willen vorlaut mit seiner Leidenschaft. Mathilde,
die heimliche Mutter Golos, öffentlich seine Erzieherin,
entwickelt ihre Plane, Herzogin von Schwaben zu werden, sie ist unzufrieden, daß Golo zurückgeblieben, sie
scheint eine Hausfreundin der Genovefa, und reist zu
ihr. Ein Einsiedler, eigentlich der verstedtte Liebhaber,
Wallrod, der ihretwegen seiner Familie entlaufen, wird
fortgewiesen und beschließt sich zu rächen. Den zweyten
Aufzug beschließt Golo mit dem Liede, dessen herrliche Entwickelung in Tieds Genovefa uns entzückt, es macht den

Eindruck, wie die Mutter eines großen Menschen.
Wir theilen diese Scene (No. I.) mit. Golo ist ietzt
schon nachsichtiger gegen sich, und fügt sich mit unwillig dem Wunsche der Mutter, fortzuziehen, die endlich
sogar nachgiebt, und aus Liebe zu ihm seine Sünde fördern will. Golo läßt vor dem Altane der Genovefa ein
Chor singen, auch diese Scene theilen wir mit (N. II.)
Unterdessen will Wallrod aus Eifersucht Mathilden verderben, er ist zu schwach, und wird von ihr mit Gei-
stesüberlegenheit bezwungen. Golo sucht in allerley
nachdenklichen Büchern Rettung aus der Leidenschaft,
Mathilde stört ihn darin, sie will alles zu einem bestimmten Ausgang bringen, diese menschliche Lust erscheint in ihr schrecklich. Unterdessen ist Genovefa durch
Dragones gewarnt worden, der ein Vertrauter des
Wallrod war, es werden Wachen ausgestellt, Golo erhält den Schlüssel zu Genovefas Zimmer durch die Mutter. Zum Garten geht Genovefa, Golo erklärt seine
Liebe, Dragones kommt dazu und wird von ihm verwundet, Golo entführt ihn mit Mathilde, die auch herzu-
eilte, giebt den Dragones, der da wachte, den herbey-
eilenden Wachen als Verführer an, und Genovefa als
schuldig. Sie werden bewacht. Genofeva verachtet die

Freundin in ihrer Klugheit, allerley Liebe begegnet ihr
von unbedeutenden Leuten, sie gebiert den Schmerzenreich. Mathilde läßt den Dragones durch seinen Freund
Wallrod vergiften, um ihn in alle Schande zu verflech-
ten. Im vierten Aufzug bringt Steffen, ein Diener
Golos, dem Siegfried die Nachricht von der Gräfin Untreue ins Lager, vorher hat dieser Carln ins Schloß ge-
sandt. — Mathilde hat einen Rath der Ritter versammelt, um über Genoveva zu richten. Vorher geht Golo
zu Genoveva, er droht ihr Kind zu ermorden, sie schmei-
chelt es ihm ab, er geht ohne Hoffnung fort. Zum Rit-
tergerichte erscheint Carl, er erklärt Golos Anklage für
Lüge, nach welcher die Ritter sie zum Tode verurtheilt.
Golo tödtet ihn im Zweykampfe. Genoveva wird von
zwey Mördern in den Wald begleitet, Adam und Mar-
garetha befreyen sie mit Gewalt und Geld, und verbergen sie im Wald. Golo verwirrt sich mit der Ueberlegung seiner Schuld, nach der Ankunft Siegfrieds; in
einer wahnsinnigen Nacht verwundet er Mathilde, die
ihm dann erzählt, daß sie seine Mutter, er flieht in die
Wildnisse seines Schlosses. Julie stirbt, in ihren Händen findet man einen Brief Genovevas, worin sie ihre
Unschuld erklärt, Siegfried wird durch diesen und die
Nachricht von Mathilden, daß bey ihrer Hochzeit mit
dem Herzog von Schwaben, Wallrod das Schloß ange-
zündet und sie vergiftet habe, bestimmt, Golo bey einer
Jagd auf die Probe zu stellen, Bernhart treibt ihn dazu; hier folgt No. III. der Schluß des ganzen Stück's,
ausgezeichnet in dramatischer innerer Bewegung.

No. I.
Zweyter Aufzug.

Erste Scene.

(Schloßgarten zu Pfelzel. Ein Springbrunn im Hintergrunde.)
Golo mit der Laute, spielt und singt:

Mein Grab sey unter Weiden
Am stillen dunkeln Bach,
Wenn Leib und Seele scheiden
Läßt Herz und Kummer nach.
Vollend' bald meine Leiden,
Mein Grab sey unter Weiden
Am stillen dunkeln Bach.

(wirft die Laute weg) Wer sie nur einmal recht anfassen,
nur ein einzigmal recht satt an's Herz drücken dürfte,
der wär's! — Ha! für dich ist's leicht sagen Mathilde;
Ritter, entweich von hier, aber so wie ich, — der Hirsch

lechzt nach frischem Trank, muß sterben, — zieh mich
weg und ich bin tod. Kann nicht, mag nicht gedenken.
Nein! nein!
Mein Grab sey unter Weiden
Am stillen dunkeln Bach!

Brandfuchs der Gärtnerjunge.

Brandf. Husch! husch! wieder einen Schmetterling, dazu einen recht schönen. Glückt heut allwegs.
(steckt ihn mit einer Nadel auf den Huth) Wird wieder eine
Freude für Meister Adam seyn, brav hinter'm Glas zu
seiner Sammlung floriren.
Golo. Der lustige freundliche Junge! Hat ihn
gekriegt, seinen Schmetterling, hat ihn, ist zufrieden.
Brandf. Ha! auch da! freundlichen Gruß, Herr
Ritter. (giebt ihm die Hand.)
Golo. Wie geht's, Brandfuchs? Wie steht's um
die Arie, die ich dir jüngst gab? Hast sie bald aus-
wendig?
Brandf. Kann nur so an Feyerabend-Stunden
dran lernen, Tags über treibt mich der Meister zur
Arbeit.
Golo. Meister Adam ist sonst ein Freund vom
Singen.
Brandf. Das wohl, aber Arbeit, sagt er, geht
doch vor.
Golo. Schon recht. — Mach, daß du die Arie
bald lernst, kriegst was von mir. — Hast lange nicht
vor Genoveva gesungen?
Brandf. Gestern Abend, grade als ihr der Bothe
von der Armee die Briefe gebracht.
Golo. Ist ein Bothe von Siegfried angekommen?
Brandf. Wißt ihr denn das nicht? Der schwarze
Jacob — gnädiger Herr, kennt doch den schwarzen Ja-
cob? — Ja, das war auch eine Nachricht, die er mit-
brachte: jetzt geht alles gut, die Mohren sind jetzt schon
so gut wie niedergehauen, all, all miteinander.
Golo. Das wäre!
Brandf. Glaubt's, — mein Bruder ist glücklich
bey der Armee angekommen, mein Bruder und Graf
Siegfried mit all seinen Leuten frisch und eichelganz.
Mein Bruder hat mich grüßen lassen und Ritter Carl
hat dem alten Adolf einen Türken-Säbel zugeschickt,
den er am ersten Tage gleich einem schwarzen Mohren-
prinzen abgenommen. Der alte Herr drunten hat eine
absonderliche Freude drüber, will den Säbel gar nicht
mehr aus Händen legen.
Golo. Hm!
Brandf. Daß ihr nur dabey gewesen anzuhören,
was er all erzählt, — mein lieber Bruder Christoph —

schüß ihn Gott — der gute schwarze Jacob, der mir seinen Gruß überbracht, ich sah ihn zuerst die Brücke rein trotten, hab' seinen Schimmel vor Freuden geküßt.

Golo. Für wen brichst du die Sträuße?

Brandf. Einen für unsre liebe Gräfin, den andern für die schöne Fremde, die jetzt hier ist, — Gräfin, — wie heißt sie doch? Ueber sie selbst vergeß' ich's immer.

Golo. Mathilde.

Brandf. Recht, eine wunderschöne Dame, so prachtvoll und erstaunlich.

Golo. Gefällt sie dir?

Brandf. Für mein Leben. Verkriech' mich in die Hecke und schau' ihr zu halben Stunden nach, wenn sie so stolz im Garten Morgens auf und ab spazieren geht. — Der Meister hat mich jüngst mal drum getrammst.

Golo. Weil du gucktest.

Brandf. Nein, weil ich zu lang blieb.

Golo. Wirst es jetzt satt haben.

Brandf. Ein wenig Schläge, — was thut's? Guck wieder, wenn's sein kann und bin wohl.

Golo. Wähl hübsch, schöne große Nelken voll Thau, Genovefa liebt's so. Würdest es schöner machen, Junge, wenn du zur Arbeit eins sängst.

Brandf. Wenn ihr meint, meinetwegen, Gräfin Genovefens Leibstück. (singt und pflückt hie und da Blumen.)

An Berg und Hügel hin
Klimm' ich, mein müder Sinn
Schickt seufzend einen Blick,
In jenes Thal zurück;
Ach jenes süße frohe Thal,
Die Lüfte ziehen
Alle Bäume blühen
Erquickend im Thal.

Golo. Arzney für ein liebekrankes Herz. Wohin, Junge?

Brandf. Hui! bleib da nicht, die hübsche Dame, dort kommt sie, — seht! (kriecht in die Hecke davon.)

No. II. 2. X. 4. S.

Genovefa, Mathilde, oben auf dem Altan.

Math. Hurra wie frisch lieblich.

Genov. Schade, daß es Nacht ist, die schöne freundliche Aussicht ist ganz dadurch gehemmt, der grüne Gang schließt sich so traulich an jenes Tannenwäldchen. — Siegfried's Großvater legte es an.

Math. Die Luft buhlt recht mit einem.

Genov. Ihr solltet diese Gegend mal so um die Heuernte sehn, wie schön es dann ist, da waben die Mähmänner mit ihren Sensen durchs hohe Gras umher, dort zetteln es Mädchen zum Dörren auseinander und singen dabey Erndtelieder, andre häuffen's auf, dann wrimmelts recht mit Menschen, alles ist fröhlich, dort im Schatten halten dann die Wagen mit starken vorangespannten Ochsen, das trockne Heu von aufgethürmten Haufen nach Hause zu führen; ein Anblick, der recht das Herz anlacht und erheitert.

Math. Ihr mahlt nach der Natur, schade, daß unser armer kranker Ritter nicht ein bischen von eurem Gefühl an dergleichen ländlichen Scenen hat, das müßte ihn bald kuriren.

Genov. Was ihm nur anliegt! Er bleibt doch ganz gewiß wieder?

Math. Wenn's seine Laune zuläßt, die ihn ganz zusammen drückt. Der Mensch ist wie umgekehrt, ich kenne ihn nicht mehr.

Genov. Woher's nur kömmt.

Math. Aus dem Herzen, dort, wett ich, steckt ihm der Pfeil. Wie's nun in seinen jungen Jahren zu gehn pflegt.

Genov. Glaubt ihr, er hab' einer Dame ein Gelübde gethan?

Math. Ganz gewiß. Der arme Narr, wie sehr er mich jammert. — Schade, daß er sich so verzehren soll.

Genov. Die Dame muß sehr grausam seyn.

Math. Was sind wir nicht, wo uns die Laune ankömmt, Harpyen, Drachen, Vipern dem einen, und schwache girrende Täubchen dem andern. Einen Trojanischen Brand könnte oft ein kluges Weib durch eine nachsichtsvolle Minute löschen. Und was ist's denn auch im Grunde, warum wir die guten Männer oft an langsamen Feuer braten? Seifenblase, die sich von unserm Herne aufdunset, und wenn sie nur Leidenschaft ein bischen anrührt, gleich in ein Nichts zerplatzt.

Genov. Wie meint ihr?

Math. Liebe, Liebe ist doch alles, was unter Sonn' und Mond sich regt,

Was hüpft und geht
Trägt Amor's Liverey,
Was athmet und weht
Singt Amor's Meloden.

Warum nicht auch wir? — Hört einmal die Nachtigallen aus den zwey hohen schwarzen Linden brunten, wie lieblich! Hab' eine Dame gekannt, die der zärtlichste Ritter bedient, sie war immer spröde, er immer unglücklich, der stolze schöne Ritter, manches Fräulein beneidete die Dame um ihn, — einmal so der süße Schlag einer Nachtigall durch die Dämmerung her, traf ihr Herz, der Ritter ward gesund von selbem Augenblick. — Gräfin, warum so nachdenkend?

(Die Fortsetzung künftig.)

Zwey Särge.

Zwey Särge einsam stehen
Tief im zerfallnen Dom,
König Otmar liegt in dem einen,
Im andern der Sänger fromm.

Der König saß einst mächtig
Hoch auf der Väter Thron;
Ihm liegt das Schwerd in der Rechten
Und auf dem Haupte die Kron.

Und neben dem stolzen König,
Da liegt der Sänger traut,
Man noch in seinen Handen
Die fromme Harfe schaut.

Die Burgen rings zerfallen,
Schlachtruf tönt durch das Land —
Das Schwerd, das regt sich nimmer
Da in des Königs Hand.

Blüthen und milde Lüfte
Wehen das Thal entlang —
Des Sängers Harfe tönet
In ewigem Gesang.

Justinus Kerner.

Die drey Lieder.

In der hohen Hall' saß König Sifrid:
„Ihr Harfner! wer weiß mir das schönste Lied?"
Und ein Jüngling trat aus der Schaar behende,
Die Harf in der Hand, das Schwerd an der Lende.

„Drey Lieder weiß ich; den ersten Sang,
Den hast du ja wol vergessen schon lang:
Meinen Bruder hast du meuchlings erstochen!
Und aber: hast ihn meuchlings erstochen!

Das andre Lied, das hab' ich erdacht
In einer finstern, stürmischen Nacht:
Mußt mit mir fechten auf Leben und Sterben!
Und aber: mußt fechten auf Leben und Sterben!"

Da lehnt' er die Harfe wol an den Tisch,
Und sie zogen beide die Schwerder frisch,
Und fochten lange mit wildem Schalle,
Bis der König sank in der hohen Halle.

Nun sag' ich das dritte, das schönste Lied,
Das werd' ich nimmer zu singen müd:
König Sifrid liegt in sein'm rothen Blute!
Und aber: liegt in sein'm rothen Blute!"

Ludwig Uhland.

Golo und Genovefa,
ein Schauspiel in fünf Aufzügen,
vom Maler Müller.
(Fortsetzung.)

Genovefa. Dachte an ihn, meinen Gemahl, wo unter'm weiten Sternenhimmel der jetzt ruht. (Küßt ihre Hand, winkt vorwärts.) Flieg hin zu ihm,
Borg' Flügel vom Wind,
Den schön Lieben bald find'!
Math. Ha ha ha!
Genov. Warum?
Math. Das arme Küßchen dauert mich, solltet ihm ein Mäntelchen mitgeben, damit's nicht so weiten Weg's durch die Nacht hin friert und am Catharr oder Schnupfen wie bald stücke Vögelchen zu Grunde geht.
Genov. Wäre mir doch leid drum.
Math. Mir auch. So einem verschmähten Küßchen thut's wehe, wenn's vielleicht wärmern dort weichen muß.
Genov. Wie versteht ihr das?
Math. Wäre denn das so was Ungeheures, Unerhörtes? Wer kennt der Männer Puppenspiel ganz mit uns armen Weibern? Auf Sand gebaut, wer Männern traut, ist kluger Weiber Denkspruch, darin sie den Trauring binden, und unter'm Gürtel fest am Fischbein tragen, bis ein oder der andere pfiffige Ritter das Räthsel versteht, ihn da weg zu pratiziren, dann ist es aus, und das Sprüchwort trifft nm.
Genov. Was regt sich durch's Gebüsch drunten?
Math. Der Wind.
Genov. Die Sterne wie klar.
Math. Stimmen nun all auf einen Lobgesang für ihre schöne Genovefa.

Golo, Adam, Brandfuchs, Dragones
und Andre, unten.

Golo. Greift euch jetzt an! daß keiner fehlt!
Chor. Klarer Liebes-Stern,
Du leuchtest fern und fern
Am blauen Himmelsbogen:
Dich rufen wir heut alle an,
Wir sind der Liebe zugethan,
Die hat uns ganz und gar zu sich gezogen.
2 Stimmen. Still und hehr die Nacht,
Des Himmels Augen-Pracht
Hat nun den Reihn begangen.

Schweb hoch hinauf wie Klockenklang
Der Liebe sanfter Nachtgesang,
Klopf' an des Himmels Pfort voll brünstigem
    Verlangen.
1. Stimme. Die ihr dort oben brennt
Und keusche Flammen kennt,
Ihr Heiligen mit reinen Zungen,
Ach benedeyet unser Herz,
Wir dulden dulden bittern Schmerz,
Wir haben schwer gerungen.
2. Stimmen. Klopft sanft mit beiden Flügeln an,
Klopft sanft und ihm wird aufgethan.
1. Stimme. Die ihr die lange Nacht
Dort unten schwer durchwacht
Ihr Seelen treuer Liebe,
Behaltet eure Flammen rein,
Der Liebesgott wird euch gnädig seyn,
Er wägt schon eure Triebe.
Chor. Wie Auferstehung klang das Wort,
Klang hoch herab von Himmels Pfort,
Drang tief hinein durch Mark und Bein.
Ach hoffet all, ach hoffet all,
Hienieden tief im Thränenthal
Behaltet Herz und Flammen rein,
Der Liebesgott will euch gnädig seyn,
Er wägt nun eure Triebe.
3 Stimmen. Wie Strahlen durch die Lüfte gehn,
Wie Wetter hoch in Wolken stehn,
Wie Summen von der Kirch-Uhr schwer,
(Herz, schauerst still und hehr)
Die Liebes-Waag am Himmel sinkt,
Die Hofnung sich zum Erdball schwingt.
1. Stimme. Die ihr die lange Nacht
Dort unten schwer durchwacht
Ihr Seelen treuer Liebe,
Behaltet Herz und Flammen rein,
Der Liebesgott will euch gnädig seyn,
G.wägt sind eure Triebe.
2 Stimmen. Was ward uns für ein Trost zu Theil?
Wo liegt der Hofnungs-Hafen?
2 Stimmen. Euch ward sehr hoher Trost zu Theil,
Fragt die da drunten schlafen.
3 Stimmen. Da regt sich's um die Gräber laut,
Wie Wogen-Schall im Windes-Wehn,
Wie's Morgens über Wiesen graut,
Wenn Nacht und Tag am Scheiden stehn.—
Es heben sich tausend Zungen:
Wir haben geduldet die lange Nacht,
Haben sie mit Schmerzen durchwacht,
Haben's schwer errungen.

Chor. Nun fühlen wir auch der Liebe Genuß,
Jauchzen und freun uns am Ueberfluß,
Nun zählen wir all die Thränen,
Eine jede verweint im Perlen-Schatz hier,
Der uns in Ruh bescheeret war,
Ein Kuß ein jedes Stöhnen.
Im Regenbogen unser Gewand
Geschmückt von treuer Liebe Hand.
2 Stimmen. Die ihr auf dieser Welt das Leid
Getrennter Lieb' und Zärtlichkeit
Auch duldet treu und rein,
Brecht süße Blüth' und Blumen ab
Und streut's herum an unser Grab
Und auf den Leichenstein,
Denn seelig ruhet hier ein Paar,
Das auf der Erde auch geschieden,
Ach ohne Ruhe ohne Frieden
In stiller Liebe Schmerzen immerdar
Ihr jung frisch Leben hingeweint,
Bis sie ein süßer Tod allhier vereint,
Laßt sachte rinnen eure Zähren,
Gedenkt an uns bei eurer Qual,
Auch eure Ruhestunde kommt einmal,
Nicht ewig können Menschenleiden währen.
Chor. Wir hoffen, ach wir hoffen all
Zur letzten Nacht im Todten-Thal!
2 Stim. Am Firmament
Hat's nun vollendt,
Dahin ist bald der Sternlein süßes Prangen,
Die Nacht beschließt nun ihren Lauf,
Die Morgenröth' zieht schon die Flügel auf
Und streicht sich froh die Thränen von den
    Wangen.
Chor. Ach Hofnung, ach verlaß' uns nicht,
Wenn sterbend unser Aug' nun bricht,
Halt' du uns fest umfangen.
Wir hoffen, ach wir hoffen all
In's Morgenroth im Todten-Thal,
Schon trocknen unsre Wangen. —
Genov. Dank, tausend Dank allen, herzlichen
Dank. Gute Nacht! (geht hinein).
Golo. Da Capo.
Math. Golo.
Adam. Die Gräfin ist schon auf und hinein.
Brandf. Droben ruft's eure Gnaden.
Golo. Schade, Genovefa schon fort.
Brandf. Habt ihr's gehört, — dort oben. —
Golo. Bis morgen mehreres, werd' euch meine
Erkenntlichkeit beweisen. — Brandfuchs, hast es brav
gemacht.

Brandf. So gut ich's gekonnt. — Gute Nacht, Herr Ritter.

Golo. Gute Nacht, Freunde. — Es ging excellent.

Adam. Man muß zu geschehenen Dingen immer das beste reden.

Golo. Meister, es ist unvergleichlich gegangen. Gewiß.

Adam. Gute Nacht, Herr Ritter. (alle ab)

Math. Bist du allein Golo? — Es ist dunkel.

Golo. Und trüb' und traurig dazu, der schönste Stern verschwunden, der diese Nacht erhellt, jetzt spürt man nichts Erfreulichs mehr.

Math. Sauber Compliment für mich.

Golo. Wie ist's? bringt ihr dem Gefangnen Futter?

Math. Kuchen und Bisquit. Sei morgen in aller Frühe bei mir.

Golo. Will bis dahin nicht schlafen.

Math. Wäre ungesund.

Golo. Alles eins, gesund oder nicht, so an der Mauer klebend, an der Seite hier, wo der Engel saß.

Math. Nichts weiter, ich sorge, man belauscht uns.

Golo. Das einzige nur: wie hat sie die Musik aufgenommen? hat's ihr gefallen?

Math. Ich höre jemand drinne. Adjes Ritter. — Hoffe das beste!

Golo. Hoffen! o hoffen! darf ich?

Math. Hoffen ist wenig. Gute Nacht. (ab)

Golo. Hoffen — Alles! der Vorhof des Himmels; was hielte länger Welt und Himmel aneinander, wenn Hofnung und Liebe nicht wär? Es zerstiebte ja alles; müßter dann auch scheiden, holdseelige Lichter da oben am blauen Firmament: brennt fort, küßt noch ein Weilchen euch mit euren lieblichen Stralen!

Die ihr dort oben brennt
Und keusche Flammen kennt

Keusch — reiner Genuß ist auch keusch. — O Wesen aller Wesen, o Geist der alles umfaßt, beseelt und trägt, guck' auf und schwing mich dahin! — Sie — ich soll hoffen. — Ha, es könnte doch wohl noch möglich werden. — Möglich? daran wagt' ich alles, alles, alles was hier unter Sonne und Mond, alles was der zärtlichste Anbether vermag, alles — ob auch je an mich gedacht? — Vielleicht weiß Mathilde mehr noch — ab — hier will ich auf und ab die süße Luft einschlürfen, die ihre schöne Wange gekühlt, darein sie ihren balsamischen Athem ergoß; begrabt mich hier, wenn ich einst sterbe, mein Leib wird nicht in Staub zerfallen, alle meine erstorbenen Adern werden in ein neues Leben zurück dringen und wie Blumen durch die Erde zu dieser Luft empor schiessen. — Du Engel, holder süsser Engel. Wo sie jetzt ruht, das Küssen das ihre Wange drückt, die Kammer die sie verschließt, — ob sie jetzt schon die Augen geschlossen? die Augen, die eine Welt von Seeligkeit umfangen. — Wer doch der Schlummer seyn könnte, auf solch einem Paar Wimpern zu ruhn, — ewiger reicher Himmel! ist es bald, eh ich verschmachte? — Dein Auge wird mich noch leiten in's Grab, in's finstre Grab, Feins-Liebchen thu nicht scheiden. — Kalter Tod, warmes Leben, alles um sie, die Welt, das Universum, um einen einzigen Druck. —

Schlaf wohl und süß, Liebchen zart,
Auf deinem Mund meine Himmelfahrt. (ab)

Nro. III.
Sechste Scene.

(Platz vor dem Schloß zu Rautenburg.)

Ein Röhrbrunnen hinten, worauf Brandfuchs als Schäfer sitzt und singt.

Mein Grab sei unter Weiden
Am stillen dunkeln Bach,
Wenn Leib und Seele scheiden,
Läßt Herz und Kummer nach,
Vollend' bald meine Leiden,
Mein Grab sei unter Weiden
Am stillen dunkeln Bach —

Die schöne Gräfin stirbt nun auch, bald ist's vorbei.

Mein Grab sei unter Weiden
Am stillen dunkeln Bach — —

Werde sie von nun an nicht mehr Morgens und Abends am Söller hervortreten sehn, wenn ich zur Tränke trieb und dazu ein traurig Stückchen sang. — Da war mir Winter und Sommer eins und auch der Lohn nicht gering. — Wie wenig Wochen dauert der Frühling, wie wenig alles. Ich will fort, die Gegend stirbt auch hierum, irgend in der weiten Welt den Zaun suchen, woran mein Blümel ein bischen blüht.

Vollend' bald meine Leiden,
Mein Grab sei unter Weiden
Am stillen dunkeln Bach —

Golo, den Jagdspieß in der Hand.

Golo. Ein thöricht Ding, wie einem Gesang an's Herz greift, in verflossene Zeiten wieder zurück rückt, es wehet einem durch die Seele so nahe, als könnte man's nochmals zu sich ziehn, und noch ist es vorbei, auch für immer. — Wolken, Rauch und nächtlicher Nebel, — uh! was kümmert mich das all? Ist's vorbei so ist's vorbei. — Guten Tag, Brandfuchs, bist du als Schäfer immer noch so lustig, als du als Gärtner warst?

Brandfuchs. Treib' es eben so durch, wie man kann, ein Himmel ober uns, aber drunter der vielerlei Arten sich die Zeit zu vertreiben, sagt das Sprichwort.

Golo. Wer's kann. — Achte, daß dir der Wolf dort nicht ein paar Schafe zerreißt, es ist mir einer im Busch begegnet. [ofen] He drinn! heraus!

Bedienter kommt, mit einem grünen Huth,
(Golo schlägt ihn.

Bed. Hülfe! o! he! der Ritter schlägt mich todt!

Andre Bediente mit grünen Hüthen.

Golo. Ist die Hölle los, daß mir heut alle grünen Hüthe begegnen? Hunde! Schurken! *(schlägt unter sie)*

Bed. Herr, thun's des Hubertus wegen, der heut und morgen gefeiert wird; können wir wegen der Gräfin Zustand morgen nicht mit sagen, wollen wir doch gerne grüne Hüthe tragen.

Golo. In die Hölle mit ihnen! schmeißt sie alle davon, verbrennt sie! daß mir ja keiner mehr so besorgnet, wo er nicht unglücklich seyn will! Meine Augen hassen dergleichen, mein Groll empört sich tödtlich dem nach, der so mit schmält. *(Bediente schmeißen die Hüthe weg)* Genug. Wie ist's? Habt ihr der Zeit nichts weiteres vom Waldbruder vernommen? Meine Knechte stöbern überall, wo sie ihn fangen, an den ersten besten Baum an die Füße aufgehenkt soll er schreyen. — Was macht die droben?

Bed. Steht äußerst schlecht mit der Gräfin, die Doctores geben ihr keine Hofnung weiter, so lange sie bei Sinnen ist fragt sie beständig nach eurer Ankunft.

Golo. Hm!

Andrer Bed. Gewiß, gnädiger Herr, wenn ihr nicht bald hinaufgeht, trefft ihr sie nicht mehr lebendig an.

Golo. Geht auf die Seite. — Brandfuchs, hast du seit dem nichts weiteres vernommen, daß Bernhart mir auflauern läßt.

Brandf. Seit der Zeit nichts mehr.

Golo. Will aller Orten suchen, wohin er Mannschaft aufstellt, will ihn selbst aufsuchen und überstellen, wo du etwa seiner Leute welche siehst sag's ihnen, sie sollen sich vor mir wahrnehmen.

Brandf. Will's, mit so was verdien' ich immer großen Dank oder gar einen Krug Wein.

Golo. Sag's allen genau an - daß ich's heut um diese Stunde zu dir gesprochen, um diese Zeit; ich will nicht wie im Dunkeln im Dunkeln mich verstecken und im Rucken anfallen, mein Gang ist immer im Freien.

Steffin. Geschwind, Ritter, hinauf! Eure Mutter stebt schwer, wenn sie euch vor ihrem Ende nicht noch einmal sieht, sie wartet ordentlich mit dem Wegscheiden auf euch, mein Seel.

Golo. Hat andre mit geringern Umständen fahren lassen. — Adies Brandfuchs. [ab]

Brandf. Wunderbar! kann grüne Hüthe an andern nicht vertragen und hat doch selbst einen.

Steff. Hm, hat so seine Ursach, — weiß, warum. [ab]

Bed. O du weißt auch vielleicht zu viel.

Brandf. Aprilwetter. — Ist er zur Gräfin hinauf?

Bed. Nein, seht doch, geht erst hinunter in den Stall und sie verlangt droben doch so sehnlich nach ihm.

And. Bed. Wenig Resoelt, der Sohn zur Mutter.

(Die Fortsetzung künftig.)

Ueberblick der Universitäten und des öffentlichen Unterrichts im protestantischen Deutschlande, insbesondere im Königreiche Westphalen von M. C. Villers. Nach dem Französischen zusammengezogen. *) Das Werk erscheint in der königlichen Druckerei.

*) Von dem verehrten Wiederhersteller deutscher Geschichtschreibung Johann von Müller gütig mitgetheilt. Wir geben dies als Einleitung der ganzen Untersuchungsreihe über deutsche Universitäten.

I. Kapitel. 1. Verschiedenheit der Nationen, begründet in den Sitten, in der Religion, im Temperamente jeder; in ihrer Geschichte, den Beschaffenheiten die ihre Lebensweise bestimmt haben und ihre Einrichtungen; alles was endlich ihren Character und ihren moralischen Gesichtspunkt fixiert.

2. Daher die Schwierigkeit zur Einzelnen aus einer Nation eine andere zu beurtheilen, so lange sie nicht ihren Character und ihren moralischen Gesichtspunkt gründlich beobachten, so lange sie nicht die Sorgfalt der Gesandte und die allmälige Entwickelungen studieren.

3. Der Character und der moralische Gesichtspunkt der nördlichen oder protestantischen Deutschen unterscheidet sie außerordentlich von den Franzosen, was leicht zu übereilten Urtheilen führen kann. Deutschland ist schwer kennen zu lernen; es ist eine Art von Orient für die Franzosen; sein einfaches Ansehen verbirgt große moralische und geistige Schätze. Es kann mir meins Mitbürger nicht gleichgültig seyn, Deutschland auf der Oberfläche genauer zu beobachten, und kennen zu lernen, jetzt wo der Vorscheer unserer Nation großentheils an die Stelle der ehemaligen Vorsteher des deutschen Bundes getreten und französische Prinzen große Theile der deutschen Nation beherrschen.

4. Der ganze Character einer Nation, welchen so viele Jahrhunderte von Begebenheiten Einrichtungen und niederschmetternde Convulsionen einige Zeit haben, destaltet durch Temperament und Natur dieser Nation ändert sich nicht leicht, besonders wenn diese Nation zu einem hohen Grade von Kenntnissen und zu einem klaren Bewußtseyn ihrer gekommen ist, was in ihren Nationalcharacter auf ist. Es geziemt nicht einmal ihn ändern zu wollen, und daher stimmen alle Civilisirungen nicht wohl mit ihren übereinstim. Napoleon, als er den Thron Frankreichs bestieg, welches aus einer chaotischen Verwirrung von zehn Jahren hervorgieng, wußte alles neu zu schaffen. Der Monta Hieronimus Napoleon im Gegentheil erhielt die Herrschaft über friedliche Gegenden, er muß allein die erhalten und altes vervollkommnen.

5. Das nördliche Deutschland war gelehrt seit die Wissenschaften in Europa wiedererschienen. Die betrachtende Ruhe, oder wenn man es so nennen will, das Flegma seiner Bewohner, sein kälteres Clima, die Abwesenheit der Versuchungen haben das Studieren erhalten, und dieses die Liebe zu der Wissenschaft und Wahrheit.

6. Seit der Reformation hat sich diese Neigung zum Studieren noch mehr ausgesprochen, und nationalisirt. Die Reformation welche durch Wissenschaft gearbeitet worden, konnte sich nur durch höchste Wissenschaft gewann seitdem die Bildsamkeit eines öffentlichen Bedürfnisses einer erwähnenden Kraft, und eines politischen Hebels in den protestantischen Staaten; die Kenntnissen vertreuten, reich wurden und viel Nahrung aufgestartet, erhielten eine neue Organisation; Märkte, Volkommener, mehr wendeten die Kenntnissen zu verbreiten. Die Theologie besonders erhielt ein Dasein, das bis dahin neu und unbekannt. Diese Einrichtungen wurden der Stolz und die Ehre der Nation, ein Gegenstand der Sorgfalt und Vorliebe der Fürsten.

II. Kapitel. 1. Volksschulen. [Catechisation und Unterricht auf dem Lande, von den Pfarrern. Industrieschulen. Einfluß der Pfarrer und der Religion auf diesen ersten Grad des Unterrichts.]

2. Zweite Art des Volksunterrichts; bei den Künstler, Bürgerschulen und Anstaltungen die ihren höhere Bildung zwecken.

3. Für den höheren Theil des Volks; für die nöthige Vermögen und Beruf zur Erlangung höherer Geistesbildung bestimmt; gieße es auch zwey Grade des Unterrichts.

4. Erster Grad. Die Gymnasien für Kinder und Jünglinge übereinstimmend mit den alten Collegien und den neuen Lyceen in Frankreich; die aber ihren gewißeren Unterrichtskreis haben und die angejehensten Gelehrten unter ihren Lehrern aufstellen.

5. 6. Zweyter Grad. Die Universitäten für junge Männer und Schulen. Was dienen in Frankreich entsprechen soll, sind die Specialschulen. Der Verfasser wünscht die Nachtheile dieser zeigen; die Wissenschaften von einander trennen, welche nicht vereinigt werden können. Aus fernhin mag ein junger Franzose, der weder Arzt, noch Advocat, noch Ingenieur werden will, der der Unterschule fern bleiben.

7. Historischer Ueberblick der Universitäten. Während Napoleon die in den übrigen Europa zerstören, erhält die Reformation die andern.

8. Hauptmerkmale der Einrichtung einer protestantischen Universität. Diese Anstalten sind ausgezeichnet und unlitterair. Der Fürst ist der erste Magistrat, unter ihm und seinem Minister, regiert ein akademischer Senat nach den vielen kleinen Republik eigenthümlichen Gesetzen. Hieben die Gelehrte sich der besondern Gesetze und warum die allgemeinen Landesgesetze nicht in allem anwendbar sind. Wer sind die Bürger dieser gelehrten Freystaaten? Junge Leute in den ersten Hufe des freiesten Lebens und öfters aus allen Landen, selbst Prinze. Wichtigkeit der theologischen und juristischen Facultät für die ganze Staatsverwaltung.

III. Kapitel. Uebersicht der Universitäten im Königreiche Westphalen; ihre Wichtigkeit für den Ruhm des Landes und seine Herrscher. Es sind die schönsten Früchte aus dem Mittelalter und die einzigen, die sich bewahren lassen.

Golo und Genovefa,
ein Schauspiel in fünf Aufzügen von Maler Müller.
(Beschluß.)

Siebente Scene.

(Mathildens Zimmer. — Bett, worin Mathilde liegt, zwey Kerzen brennend, Franziskaner kniend, Doctor.

Doct. Leise — hm — noch. — **Franc.** (sieht auf) Vielleicht schläft sie. (Doctor rückt den Vorhang) **Math.** (stöhnt) Golo! Sohn Golo! — **Franc.** Unruhe nach ihm, — beständig, — wie dumpf hohl, arbeitet mit der Hand in der Decke. — **Doct.** Gift, Krampf. — **Franc.** Erstickt — schäumt — bäumt. **Doct.** Der Tod liegt nun gewaltig ihr über den Nerven und spannt. — **Franc.** Hier geistlicher und leiblicher Rath umsonst, — seht, wie gräßlich sie jetzt knirscht. — **Doct.** Murmelt. — **Math.** Ist dein Gift allein, hab schon mein Theil verschluckt. — Oh! Oh! Helft! — **Franc.** Arme Seele, dir sey die Gnade den. — **Math.** Ha! Dragones! Genovefa! laßt mich — helft! — **Doct.** Schwere Nahmen, Zentnerschwer. — **Math.** Helft! Helft! O laßt mich doch nur einmal! Doch nur ein einzigmal: Oh! — **Franc.** Zerschlagnes Herz, Gott heile dich. — **Math.** Bist der Waldbruder? Kriech her unter die Decke, — und — Still drunten! — Tief drunten, bereiten sie unser Hochzeitbett, — stille, daß keine Maus hört, wenn wir beysammen sind. **Franc.** Sie will auf. — **Doct.** Die Gicht krümmt sie. — **Math.** Sie haben's Kill und Kasten voll, sie tischen's uns voll, — wenn nur deren ihr Gesicht nicht dabey wäre — deren dort — mir schmeckt nichts — fort, gebt ihr ein Stück — haltet ihr die Hände vor, mag ihre leeren Augloßer nicht sehn, — fort, — begrabt sie, bevor es Tag wird, stille, daß es Niemand weiß — Siegfried nichts erfährt. — Ach! Oh! Oh! (stirbt) **Doct.** Zerschnitten der Faden, ausgelöscht die Lampe, todt. — **Franc.** Gott, welch ein Ende. — **Doct.** Schrecklich, wie ich kein's sah. — **Franc.** Der Spiegel ihres vergangenen Lebens. — Gott, du Gnadenquell, richte nach deiner großen Barmherzigkeit, fasse auf ihre sinkende Seele. — **Doct.** Sie hat wichtige Worte fahren lassen, sehr wichtige. — **Franc.** Wir stehen am Rande, sie mißt den Weg hin durch das Land der Ewigkeit, wo Gott als Richter steht, müssen Menschen schweigen. — Rückt den Vorhang und zugleich auch einen Vorhang über diese traurige Scene. — **Doct.** Hier kommt ein Ritter.

Golo. Wie steht's mit ihr dort? (zieht den Vorhang wider weg) — **Franc.** Verscheid so eben, sie starb eines schweren Todes, hat oft vor ihrem Ende nach euch verlangt. — **Golo.** Besorgt ihr Leichenbegängniß. Ich kann nicht selbst dabey seyn, habe mein Wort gegeben, drüben in Pfelzel zu erscheinen, muß jetzt dorthin. Ordinirt ihr alles, wie ihr's für gut und nöthig findet. — **Franc.** Ich unterziehe mich gern dieser Mühe, aber

eure Gegenwart dünkt mich dabey höchst nothwendig und auch anständig. — **Golo.** Ein andermal, in Fall wo ihr wollt — nur diesmal unmöglich, es thut sich nicht, — auf Pfelzel hinüber muß ich, wir haben nach der Jagd noch nothwendige Dinge miteinander abzumachen, Siegfried und ich — es geschieht eine Gränzabtheilung unsers Forstes. — **Franc.** Aber auf einen Tag, was kommt drauf an? Siegfried wird euch gewißlich entschuldigen. — **Golo.** Auf eine Stunde, Herr! — ich sollte schon nicht so lange hier schwätzen. — Morgen ist Hubertus, den kein braver Jäger ungejagt vorbey läßt, meine Pferderechsel sind schon auf diese Nacht bestellt, morgen bey guter Zeit drüben zu seyn. — Ueberrechnet die Mühe auch ihr, Doctor, und macht mir nachher Rechnung, es soll euch nichts schaden. — **Franc.** Bleibt diesmal von der Jagd, bitte euch sehr. — **Golo.** Unmöglich — Jagen ist für mich noch das Einzige, man vergißt so vieles drüber. — **Doct.** Jagen ist schon gesund, wie alle Bewegung überhaupt, die den Körper nicht zu heftig anstrengt und mit Vergnügen verbunden ist, aber auch alles mit rechtem Maaß und zur rechten Zeit. — **Golo.** Da werde der Henker fertig. Adies. (ab) — **Doct.** Im Ernst fort. — **Franc.** O mein Gott! Noch raucht der Leichnam, der eben verschiednen Mutter, und der Sohn hat sie schon vergessen! Was soll's noch in dieser Zeit? Elterliche Liebe zu Gott, wo sind ich die? — **Doct.** Wenn ihr wüßt, was sich die Bedienten des Schlosses einander hier in die Ohren raunen, mit dem Waldbruder soll's eine besondre Bewandniß haben, er hat sich gewiß zu Trier den Hang offenbahrt, der ihn alsbald gegen Golo's Nachstellungen in Schutz genommen, er soll der verlobnte Sohn einer großen Familie seyn, den dieser Strudel Mathilde, die alles ihm nahe kommt in sich zieht, verschlungen. Man spricht Dinge davon, die eines Ehrenmann's Zunge nachzusprechen sich schämt, unter dem Vormande geistlicher Uebung, trieben sie sicher ihr unzüchtig Ertel. — **Franc.** O Schande! Erröthe die Erde, die solche Ungeheuer trägt! Das Gewand, das frommer Andacht gewöhnt ist, so zu entbehren, so den Bußrock zur geilen unzüchtigen Buhldecke besudeln! Ach! Ach! — **Doct.** Die Zeit bringt doch alles endlich ans Licht. — Laßt uns, es ist spät, die Todtenglocke wurde lange schon geläutet. — **Franc.** Was für ein Lärm unten? — draußen, — wer schreit?

(Bedienter stürzt herein.) — **Bedt.** Feuer! Feuer! das ganze Schloß in Flammen! — **Doct.** Wo rett ich mich? Hülfe! (lauft ab) — **Franc.** Gott, woher? Wo ist Golo? — **Bedt.** Vor einigen Minuten fort Pfelzel zu. — **Franc.** Flieht! Rettet euch! — Wer kommt da? — **Bedt.** Oh! er ist's! der verstellte Waldbruder mit der Mordfackel, — flieht! rettet euch — bald, bald. (ab) — **Franc.** O Wallrod von Sponheim was macht ihr hier? Im Nahmen Gottes, steht, sagt! (thäte das Cruzifix vor)

(Wallrod mit Fackel und Dolch in Ritterkleidung.) — Hinweg wer Tod und Verderben nicht sucht! fort! reizt mich nicht zu neuen, habe schon zu viel Sünden auf mir. — **Franc.** Kehre wieder, verlohrnes Schaaf,

komm! Er, der am Kreuz den bittern Tod erlitt, rat
Gnade für all unsre Sünde. — Walle. (reißt sich los)
Laß mich! geh deines Pfades! hier ist der meine. — die
Flammen schlagen bereit, auswendig kracht es und stürzt, der
Franziskaner zieht sich zurück) Wie steht's? Liegt da jetzt
so ruhig? Hab' ich dich endlich einmal untergebracht,
du? — Jetzt hat dein Vorrath ein Ende, — du wirst
mir jetzt treu bleiben; nicht wahr? — Wie's hinauf,
hinunter knattert! — Huh die Hitze umringt und verzehrt
mich schon. (sinkt auf dem Bett) Der deine Hand, seins
Liebchen, brennen jetzt gewiß einmal in einer Flamme.
(wirft sich über sie)

Achte Scene.

(Wald vor Pietzel, Morgengrau.)

Golo. Wenn alle abschnappen die von der Sache
wissen, bleibt auf die letzt keiner der mich verräth, dann
komme ich vielleicht wieder einmal zur Ruhe. — Es
sollte mir jetzt der Waldbruder in die Hände springen.
— Wo nur die Burschen bleiben, die ich hinein auf
Pfetzel gejagt! Steffen — uh! wie mir's durch alle
Rippen kracht, schwer in den Knochen als ein Gewitter.
— Todt meine Mutter, von der nehmlichen Hand vergiftet, die sie selbst zu ihren Mordthaten gebraucht: es
ist doch Gerechtigkeit in allen Dingen, die Geschichte
predigt's vom Anbeginn der Welt. Gift mit Gift, Blut
um Blut, mit richtiger Waage so viel Strafe zugewo-
gen, als das Verbrechen galt. Wenn's denn so ist —
Narr der ich bin! — hinzutreten, mich selbst meinen Be-
schuldigern in die Hände zu liefern. — Sie müssen mich
doch erst fangen, wenn sie's vermögen, ihr Recht an
meine Gewalt probiren. — Will nicht mein eigener
Scherge seyn. — Höllisch!

Steffen.

Golo. Nun, was bringst du zurück? — Steffen.
Sie lassen euch wieder grüßen, sagen, sie freuen sich eurer Gesellschaft auf heutiger Jagd. — Golo. Wird bald
aufgefessen? — Steff. Freylich. — Golo.
Reite nur beim zurück, bestelle meinen Pferd-
wechsel richtig, auf heut Nacht kehr' ich wieder nach
Santhal. — Steff. Wollt ihr meinem Rath folgen,
Herr, vermeidet diesmal die Jagd, ich prophezeie euch
nichts Gut's. — Golo. Warum? — Steff. Bern-
harts Knecht hat's verschmäht, wie tranken ein's an der
Kellerthür mitsammen, da hört' ich den Vogel von weitem; bald darauf legte er's näher los, als er's gehört,
daß ihr heut gewiß herüber kämt, er trank seines Herzen Gesundheit im Leben immer hoch zu Pferde, Euch
aber todt und hinunter tief unter die Erde. Es ist gegen
euch argelegt, ich weiß es gewiß. — Golo. Was acht'
ich heimliche Anschläge, Meuchelmord und Gewalt!
Ich scheue dergleichen nichts. — Ich wollte vorhin von
selbst wieder zurück heim, — ist mir jetzt anders; dergleichen Fällen trotzt mein Muth. — Ich höre schon
nahe Hörner, — dort unten im Thal, — ich muß da-
rey voran. Geschwind meinen Fuchs hervor, mir nach,
ich muß hin. (ab) Steff. Rennt in's Teufels Nahmen hinein in euer Verderben, wenn ihr nicht hören
wollt! Ich bleibe hübsch zurück, so weit professionir ich
Ehrlichkeit nicht, mich selbst in die Schanze zu schlagen. (ab)

Neunte Scene.

(Im Wald.)

Bernhart, Heinrich, Förster.

Bernh. Ihr habt auch Genovefens Brief gelesen,

den Siegfried von Julien bekommen, daraus sieht man's
nun sonnenklar, wie unschuldig diese gute Frau gestorben. — Forst. Habe so was nie gehört noch, habe
schon seit zehn Jahren, seit meines lieben Söhnleins
Tod, kein naß Auge mehr gekriegt, — es müßte denn
manchmal vom scharfen Märzwind geschehen, der einem
so herb in die Nase sticht, daß es darnach wässert, —
hab' stennen müssen dabey wie ein junger Bub. —
Heinr. Ein Brief von Genovefa? Was ist denn das
für ein Brief? Hab auch schon so etwas murmeln gehört, — nu? Was hat's denn damit? Wie ist das
Ding? Bedeutung? — Bernh. Schon gut, dachte,
ihr hättet ihn auch gelesen. — Heinr. Nein, geleien
hab' ich nichts, — aber was ist's denn nun? Wie?
Ist's denn ein Brief von Interesse, oder etwa wie? Wo
hat ihn denn Julie her? Erzählt mir's doch auch,
möcht' es gar zu gerne wissen. — Bernh. Ein andermal. Kommen schon dort in hellen Haufen. — Forst.
Golo nahe vom Siegfried. — Bernh. Da ist er! Ich
zweifelte bisher immer noch, ob er auch gewiß käme,
da ist er nun, gewiß. Ein Wort auf Seite, Förster.
(sprechen zusammen) — Heinr. Hm, hm, ein Brief
von Genovefen, — was es damit hat, — Blitzding;
kann jetzt nicht ruhn bis es weiß. Muß mal hinter
Siegfrieden her, ob ich's da heraus kriege.

Siegfried, Golo, Ulrich, andre Ritter und Jäger.

Siegf. Hier der Sammelplatz, wo unsre Pferde
halten? — Jäger. Ein wenig hecht oben, gleich dort.
Siegf. Wollen sehn, wer heut am glücklichsten jagt,
wer einen Bruch erbeutet. — Voran, ihr Herrn. (Golo
mit Rittern und Jägern ab) — Zittern, ein Wort. Haltet euch auf der Jagd immer dicht zu Golo hin, packt
ihn so, daß ihr ihn nie verliert, ich will ihn nachher
auf die Probe stellen, will's wagen. — Bernh. Eher
meine Nase, mein Paar Augen, — wollen ihn schon
halten. — Siegf. Nur keine Gewalt an sein Leben
bis — Bernh. Nicht gleich, aber nachher, wenn ihr
alles gefragt, — ich muß ihn umbringen, zittere darnach! — Siegf. Er soll euch Preiß seyn, sobald wir's
genauer finden. — Bernh. Gut, gut, es wird sich gewiß. — Siegf. Auf, jetzt, frisch zur Jagd! (ab)

Zehnte Scene.

(Innerer Theil des Waldes. — Waldhörner von innen. Oberjäger, Forster.)

Först. Wo zieht's hin? Dem Gebirge oder
innern Wald zu? — Oberj. Die meisten Treiber sind
um's Gebirge hin vertheilt, es muß sich gewiß dem innern Theile zu ziehn. Muthig! Muthig! (läßt ins Horn)
— Först. (Gefällt's nur Siegfried heut, dann ist alles
gut, er kriegt dann wieder Muth zur Jagd; ist Himmels-
sünde, so schönes Gehege und so wenig Pflegung. Hast
den Grafen gesehn'n? — Oberj. Den Wolf gerufen,
so ist er vor der Hecke. Steht du ihn dort? Eporen-
streichs einem flüchtigen Schmalthier nach, fleckicht vorn
auf dem Blatt. — Först. Däucht mich eine Rehkuh,
— Oberj. Muthig dacht', das alles extra geht! Wollen
nachher auch eins zum Hubertus stoßen, bey einer Flasche Johannischer. — Huh! wieder einmal in's Leben!
— Först. Die Hitze sticht arg, bekommen spät im
Jahr noch ein Gewitter heut. Komm, hab dir noch
was zu sagen.

Oberjäger. [singt]

So laßt uns all jagen, uns jagen und jagen,
So lang uns das Blut noch am Herzen frisch quillt,
So laßt uns all jagen, in muthigen Tagen
So lang uns den Kragen so lang uns den Magen
Vertunnius mit brausendem Most noch erfüllt,
Was giebt es dann Süßers zu thun und zu wagen
Als jagen und jagen und liebliches jagen,
So laßt uns all jagen, in mutvigen Lagen
So lang uns das Blut noch am Herzen frisch quillt. [ab]

Golo zu Fuß. Verdammt! bin in des Teufels Klauen! — Wo nun durch? Wo? — Ueberall wie zwey losgelaßne schwarze Geister sind die zwey zottigen Schelme mir beständig am Nacken, treiben mich herum zu Pferd und zu Fuß. — Nur einmal wieder im Freien draußen, daheim! — Da hat sie der Teufel von neuem! [ab]

Bernhart, Ulrich zu Fuß.

Bernh. Bricht dort durch die Hecken, nach ihm, grad zu, Bruder, will umbeugen, ihm vor, und wenn er etwa durch will, oben an der Spiße ihn auffangen und stellen. — Ulr. Erinnre dich nur, was du Siegfrieden versprochen. Keine Gewalt. [ab] — Bernh. Nachdem er sich giebt. [ab]

Oberjäger, Förster.

Först. Sie treiben ihn, er kommt niegends durch. Zu Pferde ießt und Siegfried angesetzt. [ab] — Oberj. [ins Horn stoßend] Hurra! Ins Freye (Grüne! Die Jagd geht frisch! Lieblich! [ab] — Golo läuft und schnauft. Verdammt! Verdammt! Wo hinaus? — Bernhard [ihm entgegen] Willst stehn! — Ulrich [hinten] Halt! — Golo. Was wollt ihr, Teufel? Ha, was jagt ihr mich? — Bernh. Steh! — Golo. Hunde! Ich scheu euch nicht. [hält den Speer vor] — Ulr. Du sollst bey uns bleiben, wollen nichts, als dich immer begleiten. — Golo. Verfluchte! Schert euch davon, — weg! will euer Gefangner nicht seyn. Ha! zurück! — Bernh. Bist unser Bär, wollen dich tißeln, wenn du nicht tanzen willst. — Golo [wirft wild den Korf rechts und links, mit vorgehaltenem Speer ab.] — Ulrich. Immer ihm nach, bis Siegfried uns das Zeichen giebt. — Bernh. Kaum könnt' ich mich halten. — Voran! er seßt von neuem durch! Husch! — Ulr. Siegfried dort, — ihm nach! auch nach! — [ab] — Bernh. Gehetzt jeßt! Frisch! bis er fällt! [ab]

Eilfte Scene.

[Innerer Wald. Auf einer Seite eine Felshöhle, ein hölzern Kreuz vor der Höhle, wovor Genovefa kniet.]

Geno. Du allein prüfst die Herzen, siehst ins Verborgene, du allein wirst es lenken nach deinem Rath.

(Smerzenreich bringt Holz, wirft es nieder.)
Schmerz. Bin müde, Mutter. (legt Wurzeln) Hört mal, Mutter, trinkt das Täubchen denn immer aus Tüben, wenn ihm der Gatte stirbt? — Geno. Ja, Kind. — Schmerz. Mutter, was ist denn ein Gatte? — Geno. Hab dir es ja schon gesagt. — Schmerz. Weißt es nicht. — Geno. Jemand, den man sehr liebt. — Schmerz. Bin ich dein Gatte, Mutter? — Geno. Märchen. — Wie verfehlt er ihm gleicht, — Schmerz. Mutter was ist so schrey drinn? — Hört mal — donnert. — Geno. Im Wald drinn, Jagdgeschrey. — Schmerz. Was ist's, Mutter? — Geno. Männer, die böse Kinder schlagen, wenn sie nicht schön fromm sind. —

Schmerz. Mutter, bin fromm. — Mutter, es donnert sehr. — Geno. Fürchte dich nicht. — Schmerz. Mutter, fürchte mich. — Sieh dort, schwarz. — Ins Gott? — Geno. Ja, sey fromm, im Gewitter wie im milden Sonnenschein ist er immer dein freundlicher Vater und Versorger. — Schmerz. Wollen hinauf zum Himmelvater beten, daß der Weltvater bald zu uns komme. — Geno. Kniee denn zu mir, die Händchen hübsch zusammen, — mir nach: — Allmächtiger, wie knieen vor dir, groß du bist und wohlthätig, laß mich vor dir beten, Gewaltiger, Starker, Heiliger! — Lob singt mit mir Wälder umher! Tannen auf Felsen neigt euch herab! Starker Gott! Schöpfer! Nährer! Erhalter! wohlthuend liebend, die dir vertrauen. — Schmerz. Horch! wie's draus regnet! — Geno. Tränk den Erdball jeßt, daß Menschen und Thiere leben, den Hirsch auf öden Heiden verlässest du nicht, du hohlest dem Felsgipfel, füllst ihm mit Nachtthau, daß dem Adler auf Klippen der Quell springet, und er von dir auch Nahrung findet. — Schmerz. Mutter, es hört auf — es ist vorben. — Geno. Siehst du, wenn man hübsch fromm ist — die Sonne scheint auch schon wieder munter den Bergen hervor, — Sturm schweigt, — das Wetter zieht hin. — Schmerz. Gott Lob, Vater im Himmel, laß ziehen die bösen Wetter, wollen fromm seyn, Mutter und ich. — O die liebe Sonne, wie wohl einem das nach Regen — wie Lerch und Amsel hüpfen und sich wieder freuen mit ihren Schnäbeln. — Schon gegensgen auch noch lieb Mutterchen da oben. — Geno. Still mal, — was rauscht in den Hecken drüben? hörst! [Jagdgeschrey, Hörner nahe.) — Schmerz. Mutter, was ist's? — Geno. Dein Reh dort gesprungen, zur Kohle hinein, — hinten. — Schmerz. O blutig Mutter, wer hat's geschlagen? — Geno. Hinein, hinein! [laufen in die Höhle.]

(Golo stürzt hervor. Nur Flügel, mich wegzuheben! — Ein Sprung über die ganze Welt! — Soll ich dort — will da hinein, mich verbergen. [steigt in die Höhle] Bernhart hervor. Hier haben wir ihn! dort in der Höhle! — Ulrich hervor. Ha! umringt, umstellt, gefangen! — Siegfried hervor. Wo ist er? — Herbey! Alle!

Jäger, Förster, Ritter, Heinrich, Golo aus der Höhle hervor.

Golo. Bin gefangen, sie haben mich. — Ha, was wollt ihr? Wen sucht ihr? Siegfried, wen begehrst du von mir? — Siegf. Antwort über vieles. Kennst du diese Handschrift, diesen Nahmen? — Golo. Was soll's? — Siegf. Lest ihm vor, Heinrich. — Genovefas Schreiben vor ihrer Hinrichtung an mich. — Heinr. Recht sehr gern, — sehr deutlich geschrieben hm! — An meinen theuren, auch im bittern Tod geliebten Gemahl. — Rührend, wahrhaftig. — Du bast mein Todtesurtheil unterschrieben, was ich verbrochen, ist mir unbekannt, ich sterbe unschuldig, doch zufrieden, weil du es befiehlst, es werden Zeiten kommen, wo du dich mein wieder erinnerst, traue nicht zu tief, in Gottes Hand empfehl' ich dich, hoblest mein verwaistes Kind, in jener Welt erwart' ich dich ohne Vorwurf. Lebe wohl. — Siegf. Die Nachschrift. — Heinr. Gleich. Auch denen verzeihen, die dich fälschlich hintergangen, die mich unbeleidnt verfolgt, Mathilde, Golo. (Gott gebe ihnen Gnade." — Golo. Was quält ihr mich lange? Verlangt ihr mein Blut? Seßt alle eure Schwerdt' und Gewehre auf meine Brust, mordet euch satt, ich weiß, daß ihr es wollt!

Genovefa (am Eingang der Höhle.) Gott! er

selbst hier! verleihe mir Kraft, steh mir bey. [kommt hervor, kniet vor Siegfried] Herr, schaft Recht einer unschuldigen Mutter, einer verstoßnen Waisen. — Siegf. Weib, wie kommst du hierher, in diese Wildniß, unter diese Felsen? Wer bist du? Was willst du, begehrst du von mir? — Geno. O Siegfried, Siegfried, Gott sey mein Richter hier unter dem Himmel, hier vor diesen Menschen. [steht auf] Golo, wenn du noch einst Erbarmen und Seligkeit hoffst, so zeuge jetzt die Wahrheit! Ich bin Genoveva, die unglückliche Frau, hier steht mein Gemahl, den ihr fälschlich betrogen! Zeuge die Wahrheit, wir drey stehn hier vor Gottes Augen. — Alle. Oh, Was ist das? Genovefa! Genovefa! — Golo. Todte stehen auf mich zu richten! Weh! Sie ist es! selbst! — Siegf. Wer bist du? Was sagst du? Weib: Gott: o Gott! du. — Geno. Ach Siegfried! Stegfried! — Ach Vettern, liebe Vettern, schaut mich an, — erbarmt euch mein, — niemals hab' ich eure Fluche verdient. Falsche Zungen haben mich zu Grunde gerichtet! Ich war niemals das, was sie mich beschuldigt! — Siegf. Du solltest Genovefa — du lebendig — du — ach, bist du's? — Geno. Siegfried, ich bin's, wahrhaftig und lebend, die treu und rein immer, so wahr meine Hand die deine faßt, drinn in dieser Höhle ist dein Sohn. — Siegf. O hervor! [ulrich bineln] Genovefa, bist du's? O wenn's nur kein Traum ist! — Soll ich dich gewißlich wieder besitzen? — Bist du von den Todten erstanden? Bist du vom Himmel gestiegen hieher zu mir? — Geno. Ich war nicht gestorben, der Allmächtige hat mich gnädig aus der Hand derer gerettet, der grausam mein Blut vergießen sollten. Golo, ich klage dich nicht an, aber die Untreue gegen deinen Freund verdammt dich. — Er war es selbst, Siegfried, der meine Treue zu dir zu fälschen gesucht; ich hörte ihn nicht, und er weiß die Schuld. — Golo. Begrabt mich doch lebendig! O schlagt mich todt! — Ja Siegfried, ich war's, der alles that, dich so verrieth, gieb mir deine Rache jetzt gleich, und laß mich in Ruhe.

Ulrich führt Schmerzenreich hervor, Schmerzenreich starrt alle an.

Geno. Zu mir Lieber, zu deinem Vater! Hier ist er, sieh. — Schmerz. Ach, Mutter, haben mein Reh geschlagen, drinn, drinn — ach! weh! [wieder in die Hole] Siegf. Ach Herz! Herz! es weint, zerspringt, daß ich nicht mehr kann. — Unglückliche! — Ha Schlange, die ich in meinem Busen ernährt — räuberischer Uhu, der mit stinkenden Flügeln Blüthen zerschlägt, die ihm nicht dufteu! — Ach Gott! Gott! — Ha du sollst sterben, nieder hier! [zieht das Weidmesser] Golo. Hier — öffne diesen Busen — mein Blut laß abwaschen die schweren Schulden an dir und an deiner Gemahlin, Siegfried. Gern und leicht stieb' ich, weil sie noch lebt. — Geno. Gieb Gnade, Siegfried, verzeih ihm's, wie ich ihm verzeihe. — Siegf. Nein. — Zwar will ich am Tage, wo ich dich wieder fand, meine Hand nicht mit verrätherischem Blut besudeln: führt ihn weg von hier, fern dieser unschuldigen Ruhstätte, — am Bach dort lohnt ihm nach seinen Thaten. — Golo. Siegfried, lebe lange und doppelt deines Friedens halben, den ich geraubt. — Dürft' ich dir noch zum letztenmal die Hand drücken. Lebe wohl. — Auf deinem Todesbette, in der letzten Stunde, wo man alles verzeiht, erinnre dich meiner und verzeih auch mir. — Bernh. Fort jetzt! Mein Inwendiges hüpft, daß ich dich bald abthu! — Das Gewehr her! — Ulrich. Voran! [entwaffnen und stoßen ihn ab] — Siegf. [bey Seit] Gott! wohin kommt's

mit dem Menschen! Er war mir einst so lieb! Ach, ach! und nun — daß ich ihn richten mußte! — Soll ich ihn zurück rufen? — Verzeih ihm du im Himmel, wie ich ihm jetzt verzeihe. — Komm, Liebe, laß uns fort, einen Ort verlassen, wo alles meinen Schmerz vermehrt. — Geno. Ein Gelübde thu' ich hier. — Siegf. Und meines dazu. [umarmt sie] Hier wollen wir einst sterben, hier der Auferstehung entgegen ruhn unter diesem Felsen. Nur so lange, Traute, laß uns zur Welt zurück kehren, bis wir unsern Sohn zu seinen Würden eingesetzt, bis er mannhaft, stark, selbst gelernt, hier seiner Heerde zu seyn, dann wieder hieher, und wir wollen, so wie wir geliebet, Hand in Hand wallfahrten hinauf. Dann sey mir deine freundliche Dunklung willkommen, wohlthätige Höhle, gesegnet bis dahin. — Wo ist dann mein Sohn? — Lieber, wo bist du? Komm, dein Vater ruft. Kosmm doch, komm. [herein in die Höhle] — Geno. [kniet] Segen ruhe über dir, freundliche Höhle, die mich aufgenommen und bewahrt; sieb immer grün zu meinem Andenken, sey ferner noch gedrückter Unschuld Freystadt, nimm vom Unglück Verfolgte in sichern Schirm auf, — meine Verbannung hat nun ein Ende.

Zwölfte Scene.

[Weidengebüsch. Von fern die Melodie vom Liede: Mein Grab sey unter Weidern — mit Waldhörnern.]

Golo, Bernhart, Ulrich.

Golo. Ha! mein Sterbegesang. — Ulrich. Drunten rauscht der Bach, sag an seinen Tod, wie er sterben soll. — Bernh. Niedergestochen wie ein Thier, dein Blut im Bach rinnend, zerhauen die Glieder und aufgehängt in die Aeste, daß einmal des Himmels Geyer in seinen Knochen boehlen. — Golo [faßt wüthig Bernhard, wirft ihn nieder, reißt das Schwerdt ihm aus der Faust und verwundet ihn] Noch brennt Mannheit in mir. — Verflucht neunmal die Zunge, die solch Urtheil mir sprach! — Ulrich. Ha! noch meinen Bruder erschlagen! — Blutvergießer! Höllischer! — Golo. Bin ich nicht Ritter so edel geboren wie ihr? — Schlachtet ihr mich wie ein Thier? — Ulrich. Hund! wüthiger! will dirs geben! — Bernh. Halt ein Bruder Ulrich! — Ulrich. Nein, soll mit darnieder — Bernh. Sonst badhest du mich, bitte ietzt dich. [Ulrich holt] — Golo [schlägt ihm das Schwerdt aus der Hand] Ihr wäret mir nichts, — ich wollte euch eh beyde Wolf und Geyern vorschmeißen, daß sie eure Glieder zerhadten, eh ihr mich zu Boden brächtet! — Ihr Niederträchtigen! Die ihr schnöde verdammt, ihr Elenden, die nicht fühlen, wie jammervoll dem Unglücklichen ist. — Ihr schmähet mich; schaut auf mein Verbrechen aber nicht auf das Schicksal, das mich bis dahin trieb. — Oh! ich wollte mich jetzt stellen gleich vor euch allen an die Spitze, — hundert Bewaffneter hinter mir, — wer wagt es, mich dann noch zu richten, wo tausend und tausend! — Aber hier, in meinem Busen, — da — ich habe Unglückliche gemacht, habe meinen edelsten Freund hintergangen, ach! [wirft das Schwerdt weg] Stehe hier unbewaffnet wieder. — Ritter-Tod und Begräbniß ehrlich, — mehr begehr' ich nicht. — Bern. Habe mich zu seht auf deinen Tod gefreut, habe ja sehr nach deinem Blut gelechzt; — geh deines Weges, Gott wird dich finden. — Golo. Ich bin müde, mir den Tod giebt mir Ruhe. — Ulrich. [saßt das Schwerdt] Unglücklicher! Sollt haben Rittertod und Begräbniß, ehrlich beydes von meiner Hand. — Steh her, ich will dein Richter seyn. [reckt das Schwerdt] Golo. [sällt hinein] Verzeihet mir, eh ich sterbe. — Beydr. Wir verzeihen dir!

———

Zeitung für Einsiedler.

1808. ——————— 16 ——————— 25. Mai.

Wohl hab' ich solche gekannt,
Die man nennen möchte
Eigner Schönheit gebildet:
Doch sind diese nur, wie die Perle,
Die vom Thaue blinkt,

Geheimnißschön.
Was aber dauernd ist und allen gemein,
Das Tugendreiche, die Wohlfahrt,
Das lobe ich nur.

Erlfalln.

Im Sekendorfischen Musenalmanache für 1808, den wir allen Lesern empfehlen.

~~~~~~~~~~~~~~~~~~~~~~~~~~~~~~~~~~~~

Der Ring.

Ein Gedankenspiel.

Spielende:

Vater.
Mutter.
Kind.

(Gartenplatz vor einem Hause. Morgen.)

1.

Mutter. Vom guten Morgen kommt mir dieser
Gruß,
Der einz'ge jetzt, ich kann ihn ganz verstehen!
Ja wohl du stiller Gruß aus klarem Auge,
Der Schlaf sogar versteht dein süß Erhellen,
Ob schnell, ob langsamere die dunklen Häube
Hinwegzieht, die er über die Geschenke
Der neuen Welt, der hochgeschmückten hat gelegt,
Das weiß er bei am Auge abzusehen:
Zum heitern Morgen dringt ein schnell Erwachen.
Wo endet Schlaf? Wann gehet auf das Sehen?
Wie wird es Tag? Wann löschen aus die Sterne?
Wo endet Ferne, und was ist zu nah?
Was grünt zuerst, wo steigt der erste Klang?
Unendlich tief ist Schlaf, unendlich weit der Morgen! —
So ist das Gestern nun zum Heut geworden,
Dem Auge fern, dem Geiste gegenwärtig.
Hier saß ich gestern Abend, schrieb im Sande
Und fuhr erschrocken auf, was ich geschrieben,
Der Morgenwind hat's sorglich ausgewischet,
Was unvereinbar ist mit meiner Ruhe,
Der Sonne Mahlerblick weiß alles zu verschmelzen,
Aus Meer und Wolken zieht sie helle Strahlen,
In träger Nacht die Geisterwelt zu mahlen.
So unbemerkt enthaltet sich das Schöne;
Unendlich wird ein Frühling allen Sinnen.

Die Tage sind nun liebliche Geschwister,
Die jüngern stets dem Mutterherzen lieber,
Sie sprechen nach, was jene ältern fragen,
Sie haben noch was Süßeres zu sagen:
O Sonne, Mutter zahllos lieber Kinder,
Warum bin Mutter ich und ohne Kind?
O Sonne, einen Augenblick zum Beten! —
Du willst es nicht, die Augen gehn mir über.
(Sie hat in Gedanken einige Blumen gebrochen, die sie ins Gesicht drückt.)
Wie verziehen sich die Blätter
Wunderbar in Flammenlichte,
Drinnen haucht ein kühlend Wetter,
Drück ich sie ins Angesicht,
Alle die Blumen sind ohne Harm,
Nur die rothe Rose nicht,
Sie sticht!
Sticht wie die liebe Sonne so warm;
Man ist ohne die Rose nur Qual,
Ihr stillen Gründe, du einsam Thal.
(Sie vertieft sich abgehend in dem Garten.)

2.

[Vater und Kind, beyde in Kriegskleidern, das Kind sieht sich um und läßt den Vater oft allein.]

Vater. So ist des Unglücks Fluch,
Daß es uns unterwirft der leeren Furcht,
Wie schaudernd hält der Boden heiße Eile:
Ein Schritt, ein Druck der Hand, ein Wort wie leicht,
Wie schwer, wenn unser Schicksal daran hänget.
Tod, Leben giebt der Ueberraschung Wunder.
Kind. Es wird so schwühl, wir gehen doch nicht
weiter?
Vater. Nein, lieber Sohn! — Wir sind schon
allzuweit! —
Zum Ufer wallt, vom Ufer sinkt die Woge,
Was zog mich her, was weist mich nun zurück?
Mich stößt zurück, was lange mich gezogen.

O Sie war schön, ich find für sie kein Bild,
Nach ihr möcht ich die ganze Welt mir bilden,
Die ohne Sie mir farbenlos und leer.
Wie räthselhaft, was unsre Jugend füllt,
Und wie so deutlich, was das Alter schwächt,
Es will vergüten, was die Jugend fehlte,
Ach Jugend macht die Jugend einzig gut.
Es ist zu viel! Die tiefe Noth ich trug,
Und schwindle, da mich trägt ein nahes Ziel.
Ich steh im Vaterland, vor meiner Schwelle,
Hier eingewiegt, als Knabe eingespielet,
Mit Todesmuth als Jüngling eingeschworen,
Wo Liebe fest mich eingewurzelt hält,
Der ersten Liebe gleich durchwachs'ne Rosen:
Dies ewge Band aus Lust und Furcht geworben;
Wie wird mir hier so wohl und auch so weh!
Was meine Jugend füllt ist unerschöpflich,
Das Alter kann noch klar daran sich sehen:
Ha, wo das Herz der Liebe Haus erbaut,
Da baut es ewig, läßt sich nimmer bannen.
Hier lebte ich und war ich fern und fernet,
Hier wachte ich, an dieser heilgen Schwelle,
Wie Traum bewacht der heilgen Unschuld Schlaf,
Und träumend lebt ich beim zu Jugendfreuden.
Was hilft dem Storch, wenn er sein Nest auch findet,
Und findet es erwärmt von andrer Lust,
Und fänd er's kalt; und konnt es nicht erwärmen.
Und ja, ich fühl mich kalt, indem ich glühe,
Denn zu viel Möglichkeiten sind in mir.
    Kind. Du sprichst vor dir. Und mir gefällt hier wohl.
Hier eß ich Milch und Frucht für uns bereit,
Und wer's uns wehrt, mit dem will ich schon fechten.
    Vater. Genieß mit Freuden, Milch und Frucht sind dein,
Und wunderlich erschöpft ein nächtlich Wandern. —
Wo hat mich Frucht von müheschweren Jahren,
Wo hat die Milch der Hoffnung mich erquickt?
Wo hat die Freude mich zum Tanz beflügelt,
Was ist Gesundheit, wo ein öder Sinn?
Nur in dem Kind allein, wie es sich nährt,
Bewußtlos in die Welt so herzhaft fühlt,
Da hol ich nach, was ich versäumte trotzend.
Ich seh ihm gerne zu, wie sich's so macht,
Und wie es reift, sich selber zu erkennen;
Ich habe viel in diesem edlen Kinde,
Ein lebend Bild von der verlaßnen Frau.
Ich bin ihr nah, es will mir ganz genügen,
Mich fühlen ganz und froh, ich kanns nicht fassen.
Was hilft ein volles Mahl dem Hungertode,

Der Aeltern Seegen Liebesterbenden!
    Kind. Du klagst ja Vater, kann ich dir nicht
helfen?
    Vater. Ich klage nicht, ich freue mich nur anders,
Verschlossen sammle ich den Schatz der Noth,
Doch helfen kannst du mir. Bist du noch müde?
    Kind. Ich bin bereit, ich springe ja schon weiter.
    Vater. Wo willst du hin, daß du es schon ver-
nommen.
    Kind. Ich dacht, wir müßten eilend weiter ziehen.
    Vater. Noch nicht, du sollst mir etwas hier erst
holen.
Du siehst den Duft belegten Wiesenplan,
Die Sonne athmet in die Welt so warm,
Das helle Meer läuft zitternd hinmelan
Und scheinet mit dem Himmel schön zu leben,
Und ferne heben sich die Wolkenfelsen
Und wollen drauf gewittern heute Abend.
Gehst du zum vögelklingende Gehölze,
Du findest dich gar bald am weißen Felsen,
Der jähe wie vom Meer zurückgeschreckt,
Halb zweifelnd ob er sich hinein soll stürzen,
Das Ende einer Welt bezeichnen mag,
Zerstörung nagt darin in Wind und Wettern.
    Kind. Du warst wohl lange hier, daß du den Ort,
Der ich ihn nie gesehen, mir deutlich zeigst.
    Vater. Ich war schon hier! Jetzt höre mit Be-
dacht:
Auf diesem Abhang steht ein Myrtenstrauch;
Erst war er klein, nun ist er sicher groß,
Den reiße aus mit allen seinen Wurzeln,
Denn unten liegt ein Schatz, den bringe mir.
    Kind. Kaum halt ich mich; so ist mein Wunsch
erfüllt,
Der dunklen Erde Schätze aufzudecken,
Wonach ich oft in unserm Garten grub.
    Vater. Und alte Scherben heilig dann bewahrtest.
    Kind. Du weißt es nicht, wie ich sie angesehen.
    Vater. So halte heilig, was du dort gefunden,
Du kannst nicht fehlen, ferne wirst du hören
Ein schwärmerisch entsetzlich Klagen von den Vögeln,
Die Schwarzen baden sich im Meer, um weiß zu werden,
Die Weißen baden sich darin, um sich schwärzen,
Vergebens; schwarz wird schwärzer, weiß wird weißer,
Die höre ja nicht an, verricht dein Wesen,
Denn mit geheimer Sehnsucht füllen sie das Herz
Der Jugend nach des Meeres fernen blauen Hügeln,
Und jede Welle glänzt im Waffenschmuck besonnet,
Den jungen Führer huld'gend zu begrüßen.
    Kind. O Vater, wo du bist, da ist mein Hoffen.

Vater. Recht gut mein Kind, doch hör mich
  jetzt auch aus.
Kind. Ich weiß schon alles, alles bring ich dir. (ab)
Vater. Fort ist er, wie er leicht den Boden rührt,
Es ist, als wär er nicht von dieser Welt.
Und doch so kindisch ist sein ganzes Wesen,
Doch immer wie in einem andern Sinn.
Der Blumenstrauß von seiner Hand gebrochen,
Er ordnet sich geheimnißvoll in Farben,
Recht wie ein Regenbogen andrer Art,
Darob die Leute staunen ohne müssen,
Und wissen nicht, was sie so tief entzückt,
Ich will es nicht und muß ihn oftmals kränken,
Er sagt es nicht, und darum muß er leiden.
Mich treibt's so oft das Schmerzliche zu fühlen,
Das Bittere zu fühlen, weil das Stumme,
Das Stumpfe mich viel bittrer quälen kann,
So fühl ich mich ganz hingerissen jetzt,
Ganz lebhaft jener Vögel Ton zu denken,
Viel widriger als irgend Scharren, Ritzen;
Es ist der Mißlaut, der zum Leben worden,
Verruchte Wollust, Lachen nicht, kein Klagen.
Als ich mein Schwerdt am Hochzeittag begraben,
Da freute mich dies Schreckliche in Jugend,
Denn das Vollendete zum Mann mein Wesen.
Was mich zur sicheren Gestalt umflossen,
Das hat wie Sinter eines Quells umsteinert,
Was lebender als je das Herz erregt,
Und wenig kann ich nur von allem sagen,
Das Wen'ge müssen andre wohl beachten.
Sie wirds! Sie wird entschul'gen mich und deuten,
In ihrer Sehnsucht werd ich schuldlos seyn;
O wie sie mich geliebt, so liebt doch keine.
Wer kommt da? Pochst du nicht mein ahnend Herz,
Du fühlst wohl nicht genug, bist du so todt!
Was hast du dich denn taglang so gestellet,
Als wenn nichts Schönres dir begegnen könne.
Sind's dreyzehn Jahre, daß ich sie nicht sah?
Mir ist wie gestern! Langsam gehn die Stunden,
Wenn unser Leben fiebernd stille steht,
Und doch vergeßlich wie der Glocke Töne,
Wenn Lust sie nicht zu Melodieen band:
Ein Augenblick umschloß die Ewigkeit
Und dreyzehn Jahre werden Augenblick!
Wer sieht der Flur wohl an vergangne Jahre,
Wenn sie den Frühling noch am Busen trägt,
Entgegen, entgegen, entgegen so!
[Hatt inne.]

Nein, so bezwingen soll mich selbst nicht Freude,
Nur wer der Liebe Kuß beherrschen kann,
Steht frey allein, der ist ein Mann.

3.

Mutter. Woher der wunderbare Knabe war?
Ach Mutterherz, ach wär' doch so dein Sohn,
Und du warst so beraubt von Angedenken,
Daß du mir keinem Wort ihn hergeladen.
Was trieb dich heute auch zum Myrtenstrauche,
Da war es geitzig und erinnernd voll,
Von schmerzlich wandernden Gedankenreihen,
Da war es, wo ich mit dem Manne wandelte,
Wo er in thörigt leerer Eifersucht,
Daß ich vor ihm, eh ich ihn jemals kannte,
Schon einen Jüngling herzlich angeblicket,
Sein Schwerdt ergrif, und mir den Arm verletzte,
Den ich zum Schutze ängstlich vorgehalten,
Und als mein Blut so röthlich blieb im Schnee,
Da griff ich einen Myrtenstrauch zur Stütze,
Und flehete vom Himmel halb vergessen,
Ein Kind so roth wie Blut, so weiß wie Schnee,
Auf daß die blinde Eifersucht vergeh.
Mir ward Gewährung, doch die Eifersucht
Des harten Mannes raubte es sogleich,
Es soll gestorben seyn und dort begraben,
Auch mit dem Kind wollt er die Lieb nicht theilen.
Ach auch die Liebe wird im Schlechten schlecht
Und mit Entsetzen schied ich mich vom Manne,
Verzweifelnd gieng er in die Welt hinein.
[Sie gehe zu ihrem Tische.]
Ein Wandrer hat das Frühstück mir verzehret,
Er ahndete, daß mir zu weh ums Herz.
Da steht ein Fremdling, ist der's wohl gewesen,
Es ist nicht recht, doch litt er sicher Noth.
Hör Wanderer, du scheinest zu erwarten,
Daß ohne Bitten ich dir geben soll,
Weil du schon nahmst, auch ohne nachzufragen.
Vater (vor sich) Sie kennt mich nicht ihr himmlischen Naturen,
So hat auch Gott die eigne Welt vergessen
Und diese Anred war mir nicht die rechte:
Dem Elend steht des Elends Haus nicht offen,
Da ich will zeigen, daß ich Herr im Hause.
[laut] Ja wohl, wir sind nur Wandrer auf Erden.
Mutter. Wie, sprachest du im Augenblick mit mir?
Wie muß ich doch dabei so weithin denken,
Du kommst zur guten Stunde, willst du bitten,
So bitte was dir gründlich könnte helfen.

Vater. Ich bitte viel, ich bitte dich zurück,
Die Stimme kanntest du, verkenn mich nicht.
Mutter. Wie ist mir, nehmt ihr Büsche hier
        Gestalt,
Ist dies ein Seegesicht aus leerem Dunst?
O Gott! kann ich die Stunde überleben,
O nein, du bist es nicht, dein Zorn schlägt Falten
In deiner Stirn, du dürftest ja nicht zürnen.
Vater. Die Runzeln fügte mir des Irrthums
        Fluch,
Doch Weisheit liegt darin mit reichem Saamen.
Mutter. O Weisheit sprich, wer soll dich denn
        nun ernbten,
Da du so viele Jahr zum Säen brauchst.
Vater. So nimm mich hin du reiche Erndtegöt-
        tin,
Und heb die Garbe auf zur vollen Brust.
Mutter. Du rührest mich, wie bist du alt ge-
        worden,
Und suchest nun, was du vor Zeit verschmähet.
Vater. Nun bring ich dir die Liebe ungetheilt,
Die einst so reich auch mehreren genüate,
O fände ich auch deine ungetheilt.
Mutter. Du sprachst von Weisheit erst und nun
        von Liebe?
Vater. Ich sprach davon, nun werd ich's wohl
        vergessen.
Mutter. Nicht unsrer frohen Tage kann ich den-
        ken.
Vater. Ach ohne sie wär mein Gedächtniß Nacht.
Mutter. Warum bist du im Ueberdruß geschieden?
Kein lebend Band ist zwischen uns geblieben.
Vater. Vielleicht, es war der Himmels Kilaster
        Segen,
Der unser Kind entnahm im ersten Strahl,
Denn unsre Launen sind nicht zu vereinen,
Und Feuer würd' in ihm mit Wasser zischen,
Und was das Schlimme sey, das würd sich zeigen.
Mutter. Laß uns geschieden seyn, wie du's ge-
        wollt.
Vater. Ich kann nicht, was ich will, ich will
        nur was ich kann.
Mutter. Bereitet bin ich nicht so ernst zu reden.
Ich lebt in welcher Lässigkeit die Zeit.
Mein Unwald wird dir leichter Auskunft geben.
Vater. Sey unbesorgt, ich lernte mich nun beu-
        gen,
Und beugen oder brechen muß das Herz.
Mutter. Doch ist der Trotz dir ins Gesicht ge-
        schrieben,

Und was du sagst verwehet leicht der Wind;
Wer Schiffbruch litt, der trauet nicht dem Meer.
Vater. Der Kluge führt am liebsten mit dem
        Strome.
Mutter. Wie lebtest du, sey dies für mich ein
        Zeichen.
Vater. Ein traurig Zeichen, denn ich lebte trau-
        rig.
Mutter. Dich zu verstehn, von dir verstanden
        werden
Es wär mir werth, du würdest dann mich ehren.
Vater. Du hättest sonst den Stolz wohl nicht
        gehabt,
Ich hätt den Stolz dir sonst nicht vergieben,
Und du erhöhst den Preis des Wuchs Sybilla,
Nachdem du immermehr davon verbrannt.
Mutter. Nach alter Art wirst du unbekannt
        Freund.
Vater. Erst mache heimisch mich in diesen Wän-
        den;
Kein Stein ist von dem hohen Dach gefallen,
Als wenn kein Hausherr diesem Hause fehle.
Mutter. Wie schweifet deine Rede also fern.
Vater. Weil mich die Nähe läßt so unbequem.
Ist hier ein Hausherr, dem ich Gruß muß bringen,
Mutter. Ich wünsche jede Sorg wär so zu lösen,
Mein ist dies angeerbte Haus allein.
Vater. Vertraue mir, laß uns das Glück ver-
        suchen,
Ob es in diesem Haus sich zu uns finde.
Mutter. Vertrauen läßt sich tauschen, nicht ver-
        suchen.
Vater. So laß uns hier wie Fremde wieder hau-
        sen,
Die nur Geselligkeit zusammenknüpft.
Mutter. Die je sich nah, die werden sich nicht
        fremd.
Vater. O erstes Wort, das schön wie deine Lip-
        pen;
Bald wird ein Heiter um dich ziehn,
Wo deine Augen hellend hingewendet!
Dem Schönen sammelt sich das Schöne gern
In deinem Tempel sinkt der Unruh Fluch
Und diese Bäume scheinen mir die Schlangen,
Die sich hier schlummernd an die Schwelle gelegt
Und heil'ger Dienst kommt noch aus allen Landen.
Die Tauben schweben girrend noch zum Giebel,
Dann auf die Linde, die uns auch gewiegt;
Das Meer wirft seine Schätze noch ans Land,
Doch eine nur ist aus dem Schaum gestiegen,
Ihr in der Luft hab ich ein Schloß gebaut.
Du lächelst meiner künstlich feinen Rede.
Ach wie so modisch neu ist mir die Freude.

[Die Zersetzung künftig.]

Zeitung für Einsiedler.

1808. 17 28. Mai.

Des Knaben Tod.

Zeuch nicht den dunkeln Wald hinab!
Es gilt dein Leben, du junger Knab'!
„Mein Gott im Himmel, der ist mein Licht,
Der läßt mich im dunkeln Walde nicht."

Da zeucht er hinunter, der junge Knab',
Es braust ihm zu Füßen der Strom hinab,
Es saust ihm zu Haupte der schwarze Wald,
Und die Sonne versinket in Wolken bald,

Und er kommt aus finstrer Räuberhaus,
Eine holde Jungfrau schauet heraus:

„O wehe! du bist so ein junger Knab',
Was kommst du in's Thal des Todes herab?"

Aus dem Thor die mörderische Rotte bricht,
Die Jungfrau decket ihr Angesicht,
Sie stoßen ihn nieder, sie rauben sein Gut,
Sie lassen ihn liegen im rothen Blut.

„O weh! wie dunkel! keine Sonne, kein Stern!
Wen ruf ich an? ist mein Gott so fern?
Ha! Jungfrau dort, im himmlischen Schein,
Nimm auf meine Seel' in die Hände dein!"

Der Traum.

Im schönsten Garten wallten
Zwei Buhlen Hand in Hand,
Zwo bleiche, kranke Gestalten,
Sie saßen in's Blumenland.

Sie küßten sich auf die Wangen,
Sie küßten sich auf den Mund,
Sie hielten sich fest umfangen,
Sie wurden jung und gesund.

Zwei Glöcklein klangen helle,
Der Traum entschwand zur Stund';
Sie lag in der Klosterzelle,
Er fern in Thurmes Grund.

Ludwig Uhland.

Der Ring.
Ein Gedankenspiel.

(Beschluß.)

Mutter. Du hast kein freundliches Geschick erfahren,
Doch ist dein Ruhm so groß, dein Wirken würdig;
Man neidet mir, den Namen dein zu tragen.
Vater. Ich wirkte auswärts um mir zu entfliehen;
Befriedigung, eigne selbst erfreute nicht,
Ach, wem das Beste fehlt, dem fehlt's an allem.
Mutter. Du sprichst wohl herzlich, doch du bist
ein Staatsmann.
Vater. Der Staatsmann sey das ganze Herz vom
Staate,
Doch ich war nirgends, nirgends mehr zu Hause.
Das Neue konnte mir nur herrlich scheinen,
Die goldene Alltäglichkeit war nichts;
An mir wollt' sich Gewohnheit nicht gewöhnen,
Was mir gewöhnlich ward, schien mir zuwider.
Mutter. Bald würde dich bey mir dasselbe quälen,
Dasselbe, wo du sonst dich nicht verstanden.
Vater. Warum ist mir denn jenes Zimmer lieb,
Das wir mit manchem Spielzeug angeordnet,
Mit mancher Inschrift, manchem kleinen Bild,
Das räthselhaft den Fremden, uns verständlich,
So daß wir stets geheime Sprache führten,
Und wunderbar mir in Gedanken lag,
Daß ich des meinen oft darum vergessen.

Mutter. O sieh an dieser Gluth in meinen Wangen,
Ob ich die holde Zeit nicht ganz gefühlt.
Vater. Was ich bisher bewohnt, sind wilde Höhlen,
So ganz verhaßt durch einsam wache Nächte,
Ich mochte sie nicht schmücken und nicht ordnen,
Daß ich nicht außen fänd', was Innen müßte.
Erinnerung lag fern und unerreichlich,
Und Neue folgte mir, daß ich's verscherzt',
Was meines wahren Lebens Ernst und Sinn.
Für wen ich sorgte, wußt' ich nicht zu sagen,
Und was ich that, das war voraus mir Sorge.
Ich hatte Furcht, und sollte Zutraun wecken,
Verantwortung ruht schwer auf dem Gesandten,
Vertrauen darf ihn nimmer unterstützen,
Er muß es brauchen, aber nimmer theilen.
Mutter. Er muß es brauchen, aber nimmer theilen!
Und die Gewohnheit sollte dir nicht bleiben?
Vater. O lehr' mich nicht, noch an mir selber
zweifeln;
Ich mußte viel schon thun, was ich nicht mochte.
Als Schlange mußt Geliebte ich belauschen,
Der Liebe Schein auch zwischendrängend nehmen.
Der Freundschaft hingegebne Worte nutzen,
Was ich für mich wohl nie gethan, nein nimmer.
Gesellschaft, die ich haßte, mußt ich suchen,
Und die gemüthlich mit kaum heimlich sehen,
Ein Kartenspiel aus bloßer Ehre suchen,
Die Nacht vergähnen, Morgen zu verfehlen,
Und reden, wo ich lieber schweigen mogte.
So wurden beßre Menschen mir zu Schatten,

Die der Erscheinung regelrechte Stunde halten,
Sonst mocht' ich nichts von ihnen weiter fordern;
Der Staat allein schloß da der Herzen Band,
Für ihn mußt ich Beleidigung erdulden,
Damit nicht Streit zur Unzeit ihn verflechte,
Und dieser Staat, er liegt unendlich fern,
Und was das Nächste mußt mir fremde seyn.

    Mutter. O Gott! wie elend müssen seyn die
                Völker,
Daß solche Schande nur ihr Leben fristet.

    Vater. Stoß nichts von dir, was du so wenig
                kennst,
Du triffst auch mich, noch weiß' ich drin mit Eifer,
Wenn gleich mit traurig plagenden Gedanken;
Aufopfrung ist was werth! Würd' mir wie Menschen,
Wie andern Menschen wohl, nur einmal wohl,
Ich hätte nicht die Kraft mich zu erheben,
Ich bliebe ruhig, ließ der Welt den Lauf.

    Mutter. Hat sie nicht ihren Lauf nach Gottes
                Willen.
Ich kann's nicht sagen, was ich innen fühle,
Und weiß doch auch gewiß, ich habe recht,
Nicht Menschenklugheit giebt der Welt den Frieden,
Ihr mußt begeistert seyn, es kommt von oben,
Von außen kommt doch nur Vergänglichkeit.

    Vater. Ist Menschenklugheit denn nicht Gottes
                Gabe,
Wie sind sie doch so altklug hier geworden,
Wo sie allein, wo blieb bescheidnes Schweigen,
Das liebe Wortchen, ich verhehl' es nicht.

    Mutter. Und wie so kalt, wie steinern werden sie,
Wie hatt' ich sonst von ihrem Geiste Meinung,
Und sprach schon nach, was ich noch kaum vernommen,
Und jetzt verstehen sie mir gar kein Wort.

    Vater. Ach, die sich lieben, müssen sich verstehen,
Ist dieses nicht mein Arm, die Stimme mein,
Ich bin derselbe, aber sie sind anders!
Kaum Mund zum Mund sich findet, wo die Worte
Wie Pfeile sich zur dunkle Nacht durchkreuzen,
Nicht lieben, streiten läßt sich nur darin,
Käm's endlich auch heraus, wir wären Freunde,
Ich such' den offnen Arm, nicht Vorsichtswaffen.

    Mutter. Was suchen sie, was sie verschmähet
                haben?

    Vater. Ha deine Liebe trieb mich aus zur That,
Wie köstliche Musik in ferne Weite,
Sie ist gescheh'n, Sie sind zu lang allein,
Sie haben sich in der Musik vertiefet;
Vernehmen auch kein Wort, was ich hier sage,
Sie sind in eines schweren Zaubers Bann,

Der Eigensinn hat sie so fest umschlungen,
Sie sind die meine nicht · sie sind nun seine Frau.

    Mutter. Es ist vorbey, ja ganz vorbey auf immer,
Es war doch alles nichts, ich merkt' es gleich,
Ich bin aus ihrer Sklaverey, ich lieb sie nicht,
Aus meinen Augen fort, sie thun mir weh,
Es ist der letzte Kummer, den ich leide.

    Vater. Ja wohl vorbey, ja ganz vorbey auf
                immer,
Nicht mehr getäuscht von dieser lieben Hülle,
Der goldne Ueberzug zerreibt sich vom Gefäß,
Ich sehe klar, daß ich damit betrogen,
Soll ich's vernichten drum, weil's mich getäuschet,
Werf ich's in's Meer, ich könnte später zweifeln,
Es steh vor mir, daß ich mich überzeuge.

    Mutter. Das wollte ich; so überwiesen ganz,
So ganz beschämt du alter Staatsmann,
So solltest du vor einem Weibe stehen,
Getäuscht zu seyn, ist deine höchste Strafe,
Ihr holden Blumen, ach vergeiht den Zorn,
Ich fühl' mich schlecht in diesem Augenblick,
Doch ist's der letzte, den ich so verbringe,
Und wie der Schall im Walde still vertauschet,
Verzeih es Luft! Genug ist zum Gewitter
In dieser Luft, daß ich kaum athmen kann,
Und bin ich schuldig, treffe mich der Blitz.
Was ihre Absicht war an diesem Tage,
Die sie so weit zu mir bieder geführt,
Es ist vergebens jegliches Bemühen,
Und mit dem Ring, den ich vom Finger nehme,
Und werf ihn in die freye weite Welt,
Ist jedes Band gelöst, was noch Erinnrung hielt,
Wir sind geschieden und es sey für immer.

    Vater. Vertrauend baut sich an der Mensch in
                Haben,
Der Erde Beben zerstört's im Augenblick.
Ich fühl' mich ruhig, ich verliere nichts,
Nur der ist frey, der nichts auf Erden hat

4.

Kind (kommt mit einem Schwerdt und einem Wittwenwei-
ße, und findet den weggeworfenen Ring.)
O Vater! sieh den schönen Ring nur an,
Auf einer Lilie gelben Faden schweben,
Es ist ein Schlänglein, das im Schwanz sich beißt,
Ein rother Stein blitzt herrlich aus den Augen,
Ach, daß am Ring kein Anfang oder Ende,
Sonst würd' das schöne Thier auch wohl noch gehen,
So kunstreich ist es durch und durch getrieben.
Du siehst so heftig Vater, und du sprichst kein Wort,

Du schiltst doch nicht, daß ich so lang geblieben,
Es war kein Schatz am Mirtenstrauch zu finden,
Nur dieses Schwerdt, darf ich das Schwerdt auch tragen,
Ich will das Feindliche der Welt bestreiten.
Ach Vater sag', wer ist denn diese Frau,
Die schöne Frau, wenn sie nur liebreich wäre.
Mutter. Ist dies ihr Kind, so sind sie zu beneiden.
Es ist zu liebreich, nein sie sind nur Pfleger.
Vater. (leise zur Mutter) Gedenken sie der Schick-
lichkeit vor Kindern,
Wär' dies nun unser Kind das früh verloren.
Mutter. Ha, wer denkt an Schicklichkeit der Welt,
Wenn hier ein Abgrund, dort ein offner Arm,
Ich ruf' in die Natur nach Helferarmen,
Ist dies mein Kind, was ich gestorben glaubte,
Das sie aus Eifersucht von mir verbannt?
Kind. Ach ja ich bin's, ich bin gewiß dein Kind,
Ach Gott, wüßt' ich nur eine Mutter zu lieben.
Mutter. Gewißheit und ich bin dir unterthänig.
Vater. Wo soll das hin, ich kann die Folg nicht denken,
Und handelte doch nie ohn' Ueberzeugung.
Mutter. Gewißheit und dann morde mich sogleich
Mit diesem Schwerdt, das mich schon früh verwundet.
Kind. Ach Mutter, wie wird dich der Vater lieben.
Vater. So muß mir denn das Schmerzlichste ge-
schehen,
Und ohne Liebe sehn die Vielgeliebte,
Und wie Gewissensblße immer sehen.
Mutter. O laß mir nur mein Kind, nur wenig Stunden,
Ich lieb dich ja in ihm, ich kann nicht mehr.
Kind. Ich lieb euch beyd', du willst schon gehen Vater,
Hast du nicht oft die Arme ausgebreitet,
Lang über mir nach meiner Mutter seufzend.
Vater. Das ist vorbey, das ist nun ganz vorbey.
Mutter. Ist denn kein Ausweg, so verläßt mich Gott,
Ich steh hier trostlos, wo ich sein bedarf,
Und wie ein Unrecht scheinet mir mein Unglück.
Kind. Ach Mutter, ist denn Gott nicht unter uns.
Wir sind ja drey, so sind wir die Gemeine,
Wie spricht du so, nein er verläßt uns nie.
Vater. Es ist dein Sohn, es ist bedacht, es sey,
Es muß das Schmerzlichste von mir geschehen,
Ich opfere mein eignes Leben auf,
Wir leben nun für dieses Kind zusammen,
Nimm du die linke Hand, ich nehm die rechte,
Auf daß er lerne lieben und auch fechten.
Kind. O Vater, wenn ich nur genug dich liebe,
O Mutter, wenn ich nur für dich kann fechten.
Mutter. Es trägt mich des Entschlusses eigne Kraft,
Mit Uebermacht hast du den Geist bezwungen,

Mein Herz schweigt still, es kommen andre Zeiten,
Im Herzen dieses Kindes schlägt das meine,
Und meine Klugheit wachet über's Kind.
Vater. Vermagst du wohl so viel noch über dich,
So laß versuchen uns beym Mondenschein
Zu lesen, wo wir sonst nur weinen sonnten:
Gefühl und Klugheit muß sich immer beugen,
Vor einer Zukunft, die sie selbst erst zeugen.
Kind. Da hast du Mutter diese Mirtenkrone,
Da hast du Vater das verlorne Schwerdt,
O laß mir nur den Ring den vielgeliebten.
Vater und Mutter. Du bist der Ring von
zweyen Vielbetrübten,
Die nun verbunden, die sich einstmals liebten.
Vater. Wir sind verbunden,
Mutter. Ich gehorche Ihnen.
Vater. Wohl dem, der einmal nur geliebt im Leben,
Das Schicksal will ihm goldne Hochzeit geben,
Es drückt das Gold, es zittern seine Hände,
Doch fühlet er, daß nie das Leben ende.
Kind. So küsse doch den lieben Vater, Mutter.
Mutter. Und was der Ernst und die Vernunft
geschieden,
Eint Kinderspiel auf dieser Welt hienieden.
Kind. Hörst du fern im Dorfe singen,
Lust und Düfte zu uns dringen
Aus der tiefen Himmelstimme.
Mutter. Ach zu uns in ernstem Grimme.
Vater. Wie so oft war uns zum Spotte,
Unser Diener Sonntags Schmücken.
Kind. Ach so hört doch zu dem Gotte,
Der in seligem Entzücken.
Vater. Wehe nun ist eine Stille!
Mutter. Aber wie versöhnte Freunde
Tönt nun höher Gottes Wille
Aus der himmlischen Gemeinde.
Kind. Führt mich, wo die Glocken schlagen
Vater. Das Gewissen anzusagen.
Kind. Wo die Freuden alle klingen,
Mußt du mich auch heute bringen.
Vater. Ach wie kühlend in der Hitze!
Haben wir denn da auch Sitze?
Mutter. Gittersitze wir da haben,
Wo die Aeltern sind begraben.
Vater. Und die also Gott gefunden,
Zeigen sich da Gott verbunden,
Und kein Mensch darf sie nicht scheiden,
Die geprüfet in den Leiden!

Ludwig Achim v. Arnim.

Zur Geschichte der Poesie.

Dante mit dem Schmied, der die divina Comedia sang, und wie er den sperrbeinigen Reuter dem Richter empfahl.

Der gesetzte Dichter, deffen Ruhm keine Zukunft verringern wird, Dante Alighieri der Göttliche genannt, war in Florenz der Nachbar der Familie Adimari, und da ein junger Edelmann dieser Familie wegen irgend eines Verbrechens eingezogen worden, der Richter dieser Sache aber mit dem Dante bekannt war, so bat die Familie den Dichter, er möge den jungen Mann dem Richter empfehlen. Dante sagte, er wolle es gern thun. Als er nun gefrühstückt hatte, verließ er das Haus, und machte sich auf den Weg zu dem Richter. Bey der Porta San Pietro sah er einen Schmied auf dem Amboß schmieden, der sang dem Dante ab, wie man einen Gassenhauer singt, und da er seine Verse verhunzt, und allerley gemeines Zeug darunter matschte, schien es dem Dante, als wenn ihn der Kerl höchlich beleidigte. Er sprach kein Wort, nahte sich der Werkstätte des Schmieds, wo eine Menge Werkzeuge lagen, die er zu seiner Kunst gebrauchte, nahm den Hammer, und schmiß ihn auf die Gasse, dann nahm er die Zange, und warf sie auf die Straße, dann nahm er die Wage, und warf sie auch auf die Straße, und so warf er alles Geräthe, was ihm vorkam, hinaus. Der Schmied drehte sich mit einem bestialischen Gesichte zu ihm: Was Teufels habt ihr vor? Seyd ihr verrückt? Dante sagte: Und was Teufels haßt du vor? Ich habe meine Arbeit vor, sagte der Schmied, und ihr verderbt mir mein Werkzeug. Dante sagte: Was du nicht willst, daß dir gescheh', das thu auch keinem andern. Verdirbst du mir das meine, so verderb' ich dir das deine. Und was verderb' ich dir? sprach der Schmied. Da sagte Dante: Du singst das Buch, und singst es nicht, wie ich es gemacht habe, ich habe keine andere Kunst, und du verdirbst sie mir. *) Der Schmied ganz verwundert, wußte nicht, was er sagen sollte, raffte sein Geschirr zusammen, und kehrte an die Arbeit zurück, und wenn er singen wollte, so sang er von Tristan, und von Lancelot, und ließ den Dante Dante seyn. Dieser setzte seinen Weg zu dem Richter, den er vorhatte, fort. Da er aber bey diesem erfuhr, daß jener junge Edelmann, von welchem die Rede, ein hoffärtiger und unartiger

*) Vielleicht hat sich Dante seit der Zeit im Himmel bedacht und möchte viel darum geben, lieber von einem ehrlichen Schmied nach seiner Art begriffen, als von tausend Gelehrten wegen der Geschichte der Poesie durchgeblättert zu werden.

Einsiedler.

Bursche war, der immer sehr brutal durch die Stadt zog, und besonders zu Pferd die Beine so weit auseinander streckte, daß er in engen Straßen den Leuten den Weg versperrte, oder ihnen mit seinen spitzen Schuhen Löcher in die Mäntel riß, welche Manieren ihm, der alles sah, immer mißfallen hatten, sagte Dante zu dem Richter: Ihr habt vor eurem Richterstuhl jenen Edelmann wegen der und der Sache, ich empfehle ihn euch, wenn er gleich der Art ist, daß er noch größere Strafe verdiente, denn ich glaube, das allgemeine Gut anzugreifen, ist ein tüchtig Verbrechen. Dante sagte das keinen tauben Ohren; denn der Richter fragte: Was ist das für ein gemeines Gut, das er angreift? Dante antwortete, wenn er durch die Stadt reitet, so sperrt dieser die Beine dermaßen auseinander, daß alle Menschen auf seinem Weg zurück müssen; der Richter sprach, scheint dir dieses eine Kleinigkeit, das ist noch ein größer Verbrechen als das andere. Da sprach Dante: Aber sehet, ich bin sein Nachbar, ich empfehle ihn euch, dann ging er nach Haus, wo ihn der Edelmann fragte, wie die Sache stünde. Dante sprach, er hat uns gesagt, recht gut. Nun war der Edelmann vorgeladen, sich zu verantworten, er erschien, und da man ihm die erste Beschuldigung vorgelesen, ward ihm auch die zweyte von seinem sperrbeinigen Reiten vorgelesen. Der Ritter, als er seine Schuld verdoppelt sah, sagte zu sich selbst, der Dante hat mich schlecht bedient, nun werde ich gar doppelt verdammt. Nachdem er sich gerechtfertigt, ging er nach Haus, und sprach zu Dante: wahrlich du hast mich gut bedient, ehe du zum Richter gingst, ward ich nur einer Sache beschuldigt, nachdem du mich empfohlen, nahm er mich doppelt in die Kur. Dann fuhr er sehr zornig gegen Dante fort: Werd' ich verdammt, ich vermag zu bezahlen, aber wer es sey, der mir dazu verholfen, dem will ichs lohnen. Da sagte Dante; Ich habe euch so sehr empfohlen, als wenn ihr mein eigner Sohn wärt, mehr konnte ich nicht, hat der Richter es anders genommen, ich kann nichts dazu. Der Ritter schüttelte den Kopf, und ging nach Haus. Wenige Tage hernach ward er in 1000 Lire für das erste Verbrechen und in andere 1000 wegen des weitläuftigen Reitens verdammt, was die Familie Adimari dem Dichter nie verzieh, und trug diese Geschichte nicht wenig dazu bey, daß er in kurzer Zeit als ein Guelphe aus Florenz verbannt wurde, und zu nicht geringer Schande seines Vaterlands zu Ravenna in der Verbannung starb.

Die Einſiedlerin.

O laſſe Geliebter mich einſam leben!
Dem Tode bin ich früh geweiht,
Ich kann dir nicht Friede nicht Freude ge-
ben,
Doch beten für dich in Einſamkeit.

Ich will die Geliebte dein Zellchen bauen,
Mein Herz iſt einſam und dir geweiht.
Und durch meine Augen kannſt du wohl
schauen
Den Himmel ſo nah, die Welt ſo weit.

Die Arme, ich will ſie dicht um dich ſchlin-
gen,
Wie Liebeszweige, an Früchten ſchwer,
Die Lippe, ſie ſoll dir wie Echo klingen,
Wie Böglein ſpringen mein Lied umher.

Dein Händchen, o legt an mein Herz, es
schläget
Im Buſen mir ein lebend'ger Quell
Und wie ſich in Liebe Liebe beweget,
Springt er dir entgegen ſo freudig hell.

Du kannſt nicht lieben, nicht glauben, ſo
liebe
So ziehe nur hin in deinen Tod,
Die Sonne schien in dein Bettchen zu
frühe,
Verschlafe nur nicht dein Abendbroth.

Noch alle Tag iſt's nicht Abend geworden,
Wie bringet die Zeit noch Roſen einſt,
Ich ziehe nach Süden, leb' wohl in Nor-
den,
Du lachſt mir noch, wie du nun weinſt.

Und hinter dem Berge der Freund ver-
schwindet,
Die Sonne geht durch Himmelsthor,
Sein Bündelchen traurig das Mädchen
bindet,
Steigt mit dem Mond am Berg empor.

Es stehen die Wälder ſo stille, stille,
Des Berges Ströme ſauſen wild,
O stärke den Muth mir, stark iſt der Wille,
So betet ſie am Heiligenbild.

Da läutet im Winde ein Silberglöckchen,
Sie tritt in die Zelle von Roſenholz,
Und nimmt das braunſeidene Klausnerröck-
chen,
Legt an die Demuth, legt ab den Stolz.

Und wie ſie die bunten Kleider hinleget,
Schlägt ihr das Herz im Buſen laut,
Die Flöte der Wanduhr ſo ſanft ſich re-
get,
Und ſingt das Nachtlied der Himmelsbraut.

„Gut Nacht, o mein Liebchen, auf ſeidnem
Mooſe,
„Ach wie ſo ſehnend die Nachtigall ſingt,
„Am Fenſterchen glühet die treue Roſe,
„Die Roſe, die einſt die Zeit mir bringt."

„Ich mußte die Hütte, den Garten geben,
„Zu bauen dein Zellchen ſo schön und fein,
„Und muß nun wie du in der Wildniß le-
ben,
„Mit meiner Sehnſucht ſo einſam ſeyn."

„O Liebchen schlaf wohl, von deinem
Schooße,
„Fällt klingend der perlende Roſenkranz,
„Es schläft nicht der Treue auf ſeidnem
Mooſe,
„Ihm flicht wohl die Liebe den Dornen-
kranz."

So ſingt ihr die Flöte, doch verſtehen
Kann Liebchen nicht des Liebes Leid,
Der Liebe Bitten, der Liebe Flehen,
Scheint ihr das Lied der Einſamkeit.

So lebt ſie lange, ungeschmücket
Die Tage hin, die Nächte hin,
Und schon die Roſe ſich niederblicket
Sieht nicht mehr nach der Klausnerin.

Die Stürme ſauſen in wilden Nächten,
Wohl lauter als die Flöte ſang,
Im Walde die Hirsche brünstig fechten
Die Welt wie wild, die Zeit wie lang.

Und ſitzet ſie traurig an der Thüre,
So eilen auf verschlungner Bahn
Die Rehe paarweis, die scheuen Thiere
Und stehen still und ſehn ſie an.

„O Zeit o wolle die Roſen brechen,
„Wie einſam iſt Liebchen, wie allein,
„In Sehnſucht will ihr das Herz zerbre-
chen,"
So schreibt ſie oft auf Täfelein,

Und heftet ſie dann an die Gewehre
Der Hirsche, die ſie zahm gemacht,
Und muſtert ſie ängstlich nach der Reihe,
Ob keiner Antwort ihr gebracht.

Weint Liebesthränen, schlingt durch die
Locken
So weltlich den verfernten Roſenkranz,
Und schürzt das Röckchen, schmückt ihre
Socken
Mit Waldes Blumen, wiegt ſich zum
Tanz.

Und regen die Büsche im Mond ſich helle,
Und flötet die Nachtigall ſüß und mild,
So kann ſie nicht schlafen, ſteht an der
Zelle
Und glaubet, ſie ſähe des Lieben Bild.

Umarmt die Bäume mit Liebesgeberde,
Und reicht den blühenden Zweigen die
Hand,
Und läßt ſich den Buſen an kühler Erde,
Und zeichnet ſein Bildniß in reinen Sand.

Oft hebt ſie die Fäuschen, ſie tanzt ſo gerne,
Und beißt ſich die Lippen, ſie küßt ſo gern,
Am Himmel da ſtehen ſo ruhig die Sterne,
O weh mir wie einſam, die Liebe iſt fern.

So eilet der Frühling, der Sommer ge-
het,
Es ſenken die Büsche das grüne Dach,
Und ſie wied nicht ärndten, ſie wied geſäet,
Nicht ruhig schlafen, die Reue iſt wach.

„Du haſt nicht geglaubt, nicht geliebt, ſo
blühe,
„Verblühe nur hin in deinen Tod,
„Die Sonne schien in dein Bettchen zu frühe,
„Verschlafe nur nicht dein Abendbroth."

So wiederholt ſie im Traum ſeine Worte
Es pocht im Herzen, ja poche nur,
Sie gehet im Traume wohl an die Pforte,
O Wehe es pocht im Herzen eue!

Sie weinet getäuscht, und bleibet stehen,
Da tönen Worte zu ihr hin,
O laßt ohn' Obdach mich nicht gehen
Gott lohnt euch, fromme Klausnerin.

Sie öſnet die Thüre, in lauter Freude
Kann ſie nicht reden, ihr Auge bricht,
In Liebesthränen, und Freud und Leide,
Denn ach es iſt der Geliebte nicht.

Und wie ſie ſo weinet, steht still der Alte
Das Haupt geſenket, blickt ſie nicht an,
O Jungfrau verzeih', daß ich krank dich
halte,
Du biſt wohl der Welt noch zugethan.

So redet er zürnend, und vor ihm nieder,
Kniet weinend die arme Klausnerinn,
Und fleht, gieb mir den Geliebten wieder,
O führ' mich wieder ins Leben hin.

Der Alte spricht ruhig in seiner Klause,
Die heilten mein Dach gewesen ist,
Ist Andacht und Friede wohl mehr zu
Hause,
Da wohnet wohl ein bessrer Christ.

Da wohnt ein Jüngling, fromm und
stille,
Und thuet Gutes, ist ohne Tand,
Er wallet durch der Geliebten Wille
Sich also schwer betrübten Stand.

Die Klausnerin jammert und ringet die
Hände,
Und will nicht bleiben, will zu ihm hin,

O sage mir Greis, wohin ich mich wende,
In welchem Thale finde ich ihn.

Es weinet der Alte, so tief gerühret
Hat ihn der ird'schen Liebe Streit,
Es schmückt sich die Holde, als Braut ge-
zieret
Steht sie im braunen seidnen Kleid.

Und hastig zieht sie ihn von der Schwelle,
Will mit ihm nach dem Thale gehn,
Die Nacht ist so ruhig, der Mond so helle,
Der Greis bleibt bey den Rosen stehn.

Und bricht die Rosen, und kniet nieder
Ein Jüngling vor der geliebten Braut,
Sie kann ihn umarmen, und wieder, wie-
der,
Sie weint so stille und lacht so laut.

Schlaf wohl, o mein Liebchen auf seidnem
Moose,
Die Zeit bringt Rosen, o süße Zeit!
Das Einsiedlerglöckchen ist leicht und ist leise,
Der Himmel so nahe die Welt so weit.

Auf, auf o mein Liebchen, ich will uns
bringen,
Zur Freude hin, geschwind wie der Wind,
Und auf die gesattelten Hirsche sich schwin-
gen,
Der Jüngling und sein getreues Kind.

Es fliehen die Berge, es fliehen die Haine,
Die Städte fliehen, und sehen nach,
Dann sehe er sie nieder und küßt sie am
Rheine,
O Liebchen, wer flöhe den Freuden nicht
nach.

Clemens Brentano.

Die geistliche Spinnerin *)
(Hierzu die Kupfertafel.)

Groß Gnad und Barmherzigkeit sey mit der hochge-
lobten und weitberühmten Wittwen Elisabeth, die da
gewesen ist ein Herzogin und Landgräfin von Hessen.
Wiewohl sie eine Königin war der Geburt, denn ihr
Vater war ein König zu Hungarn, und kam sie doch
von Gottes Gnade zu solcher Armuth, daß sie sich mit
ihren eigen Händen mußt ernähren. Was sie leiblich
gesponnen hat, drückt die Historie aus, was sie aber
geistlich gesponnen hat inwendig in ihrer Seel, und wie
ein andächtige Seel spinnen soll, darauf will ich mein
Red kehren. Und zu Besserung, wenn ich anseh das
Spinnen Elisabeth, so begegnet mir ein ander Spinnen
das sie gethan hat, und ein jeglich Seel thun soll. Was
ist dasselb Spinnen? Nichts anders dann ein ernstliche
Betrachtung göttlicher und geistlicher Ding, wie ein
Mensch die Spindel erwischet oder begreift, und sie
schlägt an das Werk der Kunkel, und heißt mit seinen
Fingern an. Also ein betrachtende Seel schlägt ihre
Finger an zu ersuchen um zu vernehmen was Gott anbe-
trifft. Nun wohlan: was hat gesponnen die andächtig Wit-
tib Elisabeth? Sie hat sich selb gesponnen einen Mantel
inwendig an ihrer Seel mit den Fingern ihrer Betrachtung; mit welchem Mantel sie hat bedeckt all ihre Sünd,
in welchem Mantel sie ist erschienen vor dem Angesicht
des allmächtigen Gottes und vor allem himmlischen Heer.
Was ist dieser Mantel? Es ist nichts anders dann christ-

liche Lieb, damit bedeut muß werden alle Sünd; wer
dies Kleid an hat, der wird fröhlich eingelassen in die
ewige Seeligkeit.

Aus dem Buch Granatapfel, von Joh.
Gayler von Kayserberg.

Von dem Leben und Sterben des Gra-
fen Gaston Phöbus von Foix, und
von dem traurigen Tode des Kindes
Gaston.
(Fortsetzung. Vergl. 11. Stück.)

IV. Von einem Nachtkämpfer und einem
bezauberten Bären.

Noch oft sah ich den Edelmann, der mir solches erzählt auf dem Schlosse von Foix, und einstens fragte
ich ihn, warum doch Messire Pierre de Bearn, der mir
ein gar tapferer und reicher Herr schien, nicht verheyrathet sey. Verheyrathet ist er wohl sprach er, aber
seine Frau und seine Kinder wohnen nicht bey ihm.
Und warum das? sprach ich da. Das will ich euch
wohl erzählen sagte der Edelmann. Messire Pierre de
Bearn hat die Gewohnheit, daß er Nachts aus dem
Schlaf erwacht, aufsteht, sich bewaffnet, seinen Degen
zieht, um sich her kämpft, und man weiß nicht gegen
wen, was denn sehr sorglich ist. Aber seine Diener,
die in seiner Stube schlafen und ihn bewachen, springen dann auf, wenn sie ihn so fechten sehen und sagen
ihm, was er treibt. Er sagt dann aber zu ihnen, er

---

*) Labores manuum duperuit et dedit pauperibus, ideo justitia ejus
exemplaria manus in seculum seculi etc.

wiſſe nichts davon und ſie ſeyen Lügner. Manchmal ließ man ihm auch keine Waffen und Degen in ſeiner Stube, aber wenn er dann erwachte und ſie nicht fand, führte er ein ſolches Getöſe und Unweſen, daß man glauben ſollte, alle hölliſchen Teufel wären bey ihm in der Stube. Drum läßt man ſie ihm lieber und achtet auf ihn; wenn er dann ſich bewaffnet und wieder entwaffnet hat, legt er ſich wieder zu Bett. Heilige Maria, ſagte ich, woher mag wohl ſolche Phantaſie dem Meſſire Pierre kommen? daß er Nachts aufſteht und ſolch Gefechte hält? Das ſind ſehr wunderbare Sachen. Meiner Treu, ſagte der Hofmann, man hat ihn oft darum befragt, aber er weiß nicht zu ſagen, woher ihm das kommt. Die erſte Nacht, als man es ihm bemerkte, folgte auf einen Tag, an welchem er in einem Wald in Biscayen einen wunderbar großen Bär gejagt hatte. Dieser Bär hatte vier ſeiner Hunde getödtet und noch mehrere verwundet, ſo, daß die übrigen nicht an ihm wollten. Da nahm Meiſire einen Degen von Bourdeaur, den er trug, und machte ſich ſehr erzürnt ſeiner getödteten Hunde wegen an den Bären, ſtritt da in großer Leibesgefahr lange mit ihm und hatte große Noth, bis er ihn erlegte. Endlich tödtete er ihn und kehrte dann nach ſeinem Schloß Langue Deuton zurück, wohin er ſich den erſchlagenen Bären bringen ließ. Alle erſtaunten über die Größe des Thiers, und die Kühnheit des Ritters, mit der er ihn angefallen und erſchlagen hatte. Als die Gräfin von Biscayen ſeine Gemahlin den Bären ſah, fiel ſie in eine Ohnmacht und bezeigte großen Schmerz darüber. Sie wurde von ihren Leuten aufgehoben und nach ihrer Stube gebracht, und war dieſen Tag und die folgende Nacht und dann den ganzen folgenden Tag gar troſtlos und wollte nicht ſagen, was ihr fehlte. Den dritten Tag ſprach ſie zu ihrem Gemahl: Mein Herr, ich werde niemals wieder geſund werden, ehe ich nicht nach St. Jacob gewallfahrtet bin, gebet mir Urlaub dahin zu gehen, und daß ich Pierre meinen Sohn und Andrienne meine Tochter, mit mir nehme, ich begehre es von euch. Meſſire Pierre erlaubte es ihr ſehr gern, und ließ ſie ihren ganzen Schatz, ihr Gold, ihr Silber und ihre Juwelen mitnehmen, denn er mußte wohl, daß ſie nicht wiederkehren würde, deſſen man ſich doch ſonſt nicht verſah. Die Dame vollbrachte ihre Reiſe und Wallfarth, und nahm ſodann Gelegenheit, ihren Vetter den König von Caſtilien und die Königin zu beſuchen, da empfing man ſie ſehr wohl, und iſt ſie noch dort, weil auch nicht zurückkehren noch ihre Kinder zurückſchicken, und ich muß euch ſagen, daß in derſelben Nacht, vor welcher er den Bären gejagt und getödtet, ſich erhoben und ihm zum erſtenmal dieſe

wunderbare Phantaſie angeſtoßen iſt, und will man wiſſen, daß die Dame das wohl voraus gewußt habe, ſobald als ſie den Bären geſehen, welchen ihr Herr Vater ſchon einmal gejagt hatte, dem damals auf der Jagd eine Stimme zugerufen: du jagſt mich und ich will dir doch kein Uebels, aber du ſollſt darum ſterben eines böſen Tods. Da hatte dann die Dame ſich daran erinnert, als ſie den Bären ſah und auch der Rede ihres Vaters, und gedachte ſie wohl daran, wie der König Dom Pedro ihn unſchuldig hatte enthaupten laſſen, und darum ſank ſie in Ohnmacht vor ihrem Gemahl und behauptet noch immer, daß es ihm noch wunderbar ergehen werde, ehe er ſterbe, und daß das alles nichts ſey, was ihm auch ict geſchehe; gegen das was noch kommen werde. Und ſo habe ich euch denn von dem Meſſire Pierre de Bearn erzählt, ſagte der Hofmann, wie ihr begehrt habt, und iſt die Sache wahrhaft, denn ſo iſt ſie geſchehen und was haltet ihr davon? Ich, der ich ganz nachdenklich über die wunderbare Geſchichte geworden war, ſprach: Ich glaube das gar wohl, denn wir finden in der Schrift, daß die Götter und Göttinnen vor alten Zeiten nach ihrem Vergnügen die Männer in Thiere und Vögel verwandelten, und ſo machten ſie's auch mit den Weibern. Es kann gar wohl ſeyn, daß dieſer Bär ein Ritter geweſen, der einſtens in den Biscayiſchen Wäldern gejagt, er beleidigte vielleicht einen Gott oder eine Gottin zu ſeiner Zeit, warum er in einen Bären verwandelt wurde, und nun da ſeine Buße that, ſo wie Aetäon in einen Hirſch verwandelt wurde. Actäon? antwortete der Hofmann, lieber Meiſter, erzähle mir davon, und ich will euch gern zuhören: da erzählte ich ihm die Geſchichte von Actäon und ſagte hierauf, ſo kann es auch mit jenem Bären geweſen ſeyn, und hat die Dame vielleicht noch was ganz anders erwartet und wußte, was ſie damals nicht ſagte, darum muß man ſie für entſchuldigt halten. Da ſprach der Hofmann, das kann alles wohl ſeyn, und ſomit beſchloſſen wir unſre Erzählung.

Lehrgedicht an die Jugend.

Ganz in allem gegenwärtig
Sey es Ernſt und ſey es Epiel,
Iſt Natur des Würds gewärtig,
Der ihr zeigt des Strebens Ziel:
Geſtern noch in Mädchenſpielen
Gleitet Sie auf Eis mit Luſt;
Frühling kommt, Sie lernet fühlen,
Fromme Milch ſchwellt Ihre Bruſt.

Sohn, Sie folget deinen Winken,
Du der Geister Auge bist,
Laße nicht dein Auge sinken,
Jrrend Sie dich bald vermißt;
Sprachrohr aller guten Geister
Sey bereit und nicht zerstreut,
Wenn der ew'ge Himmelsmeister
Dich mit mächt'gem Wort erfreut.

Willt du was, ergieb dein Leben,
Es mit ganzer Seele treib,
Vieles wird sich dir ergeben,
Vieles wird ein Zeitvertreib.
Doch das nichste wird dich fliehen,
Wo der Schein dich schnell besiegt,
Vor des Geistes Vollerglühen
Falsches Gold wie Rauch verfliegt.

Ob du kannst die Welt bezwingen,
Bilde dich mit Fleiß an ihr,
Und gar stille Fruchen dringen,
Aus dem frommen Dienst zu dir,
Wer zu dienen erst verstanden
Wird zum Herrschen dann geschickt,
Wir aus vieler Formen Banden
Errigt des Gottes Bild geglückt.

Weil er alle Welt muß fühlen
Reist der bohre Mensch auch spät,
Sturme grimmig in ihm wühlen,
Ihn begeistet, was da weht.
Bis er nach dem langen Schimmen
Das Bestimmte treffe und kennt,
In der Welt verschiednen Stimmen
Dann vereinet, was getrennt.

Deine Stimme in den Chören
Klingt, obgleich es keiner weiß,
Aus dich opseren, ihn zu ehren,
Kannst du diesem höhern Kreis,
Und sein Geist wird ohn dein Wißen
Dann zu lenken dich verstehn,
Denn er ist wie das Gewölßen,
Läßt sich auch nur fließend sehn.

Das Bestimmte muß er ehren,
Umriß bleibt des Schicksals Sinn,
Muß das Unbestimmte stören,
Denn der Aerger bildet drin;
Schonen darf er nicht die Kranken,
Doch Erinnrung macht ihn zart,
Wenn die Kräfte sich auszanken,
Art läßt endlich nicht von Art,

Liebe dich nicht im Verzlehen,
Liebe dich in harter Streng,
Harter Stoff kann dauernd glühen,
Welcher Sinn beschließ uns eng:
Welcher Stoff kann sich verwandeln,
Harter Stoff giebt die Gestalt,
Und so herrscht im Denken, Handeln
Fest besonnene Gewalt.

(Hierbey die Kupfertafel von der heiligen Elisabeth.)

Denke auch, was dich erschrecket,
Also unterwirfst du's dir,
Und der böse Geist der necket
Wird zum lust'gen Diener schier.
Sey im Geiste dir getreuer
Und der Geist läßt dich allein,
Ja er ist vor dir noch schener,
Als du magst gewesen seyn.

Suche nie dich zu betäuben,
Horche jedem Herzensschlag,
Denn die Mühle mag wohl stäuben,
Doch zu treiben sie vermag;
Und die Räder gehn zu hörbar,
Ehe noch der jüngste Tag
Kommt Gedächtniß unzerstörbar
Aus dem Rausche dumpf und wach.

In dem Lernen sey ein Schlafen,
In der That für andre Lehr,
Steeß dein Urtheil unter Waffen,
Und Gewalt zur Gegenwehr.
Muß die Sonn sich ewig drehen,
Glück ist nicht in träger Ruh,
Denn die Fuße sind zum Gehen,
Geh auf eignen Fußen zu.

Scheint es auch, daß Hohe falle,
Scheint es doch von Sternen auch,
Doch die Sterne wieder wallen
Ruhig nach dem alten Brauch,
Schau ihr Fehlen nicht mit Aergre
Mein versteh ein zierlich Heer,
Unter Wolken sie verbergen
Ihren Freunden nur den Schmer;

Fühle Trost in jungen Jahren
An dem Gott im Menschenleid,
Manche sich durch Schrift bewahren,
Einer lebt in unsrer Zeit:
Will er mild den Arm die reichen
Druck ihn nicht wie andre Secund,
Glück, das paart sich nur in Gleichen,
Gott ist mehr als Menschenfreund,

Und erscheint als Gott die ☉
Auf der Menschheit höhern Thron,
O so glaub der Abendröthe,
Werd nicht roth vor ihm mein Sohn:
Rüstig dann mit tücht'gen Händen,
Wirf du frisch zum eignen Werk,
Was vollendet kann nicht enden,
Zum Vollenden fühl die Stark.

Ueberlaß dich deinem Gotte,
Fühle was du selber bist,
Was noch taugt, das trotz dem Spotte
Roheit schlecht bestanden ist:
Laß dich gern empfindsam schelten,
Sey es wie die Weltgeschicht,
Tief empfindsam sind die Helden,
Nur der Eslan empfinder's nicht.

Ludwig Achim von Arnim.

Zeitung für Einsiedler.

Juny-Heft

1 8 o 8.

Mit zwey Kupfertafeln.

Heidelberg
bey Mohr und Zimmer.

Ein kurtzweilig Gespräch, zweier jungen Kauffherren, so in frembde Landt gereiset, wie man sie an den Herbergen empfangen vnd gehalten habe, mit Anzeigung der Teutsch vnnd Welschen Wirthen gebreuch vnnd manier. Zur Vergleichung der deutsch- und italiänischen Sonnette.

Die Personen diß Gesprächs: Berthulphus vnnd Wilhelmus.

Berthulphus. Wie kompt es doch, das sich der mehrer theil zwen oder drey tag zu Lyon versaumen vnd aldo verharren? Ich wann ich einmal auff den weg komme, so ruhe ich nicht mehr, biß ich an das ort komme, dahin ich mir fürgenommen zu reisen. **Wilhelmus.** Ich aber verwunder mich vil mehr, wie einer badannen gebracht werden möge. **Ber.** Lieber aber warumb. **Wil.** Darumb das diß ein ort ist, darvon auch deß Ulysses gesellen nicht gebracht werden mochten, es wonen daselbst die Syrenen. Es wirdt niemandt daheim in seinem hauß so wol gehalten, als da in einer offen Herberg. **Ber.** Was beschicht dann einem aldo? **Wil.** Es stunde allzeit bey dem Tisch etwann ein weib, welche das malzeit mit schimpff vnnd zierlichen reden frölich machte. Es ist daselbst ein sonder glück, von schönen gestalten der weiber. Erstlich kam zu vns die haußmutter, welche vns grüßte, vnd sprach, wir solten frölich sein, vnd mit der ienigen, so vns fürgesetzt, für gut haben, deren folgt nach die Tochter, ein schön weib, mit solchen zierlichen sitten, vnnd freundtlicher rede, das auch den Catonem selber het mögen erfrewen, Sie reden auch nicht als mit vnbekanten Gesten, sonder als mit denen die sie vor langest erkennt vnd als mit iren guten freunden. **Ber.** Ich lob des Welschen volcks freundtligkeit. **Wil.** Dieweil aber dise nicht allzeit zugegen sondten bleiben, derhalb das sie andere geschefft im hauß zu verrichten hetten, vnd die andern Gest auch grüssen müsten, stunde stäts zugegen ein junges Meidlin, zu allem schimpff vnderweisen, das sondte einem jeden auff sein rede gnugsamen bescheid vnd antwort geben, erhielte also das gespräch, biß die Tochter wider kam, dann die mutter was eines gestandenen alters. **Ber.** Was war aber doch zugerüst vnnd gekochet, dann mit Fabien oder geschwätz wirt einem der bauch nicht voll. **Wil.** Fürwar auch köstlich, also das mich verwundert, wie sie die Geste vmb ein so gering gelt halten könden, Weiter nach dem malzeit, belustigen sie den menschen mit zierlichen schönen Fablen, damit kein verdruß einfalle, vnd sie desto frölicher seyen, Es dauchte mich ich wäre daheimen vnd nicht uber selbst. **Ber.** Wie aber in den schlafflamern. **Wil.** Da waren allenthalben etlich schöne Jungfrawen, die lachten, mutwilleten, spilten, vnd für sich selbs bathen sie vns, so wir etwan vnsaubere kleider hetten, die wäscheten sie vns, vnd gewäschen gaben sie vns die wider, Wz soll ich vil sagen? Wir haben also nichts gesehen dann schöne Jungfrawen vnd frawen, dann allein im stal, wiewohl dahin auch zum offtermal schöne Jungfrawen kommen, die hinterstehn vmbfahen sie, vnd mit solcher freundtligkeit schlucken sie die von inen, als ob sie alle ihre brüder wären, oder sonst ire nahe verwandten. **Ber.** Billeicht ziemen sich solche sitten den Welschen, mir aber gefallen mehr des Teutschen Landts sitten als die Mannlichen seind. **Wil.** Ich hab noch die gelegenheit nie gehabt das ich hett mögen das Teutsche Landt besehen, darumb bitt ich dich, du wollest vnbeschwerd sein, mir zuerzelen mit

was weiß sie ire Gest empfahen. **Ber.** Ob es allenthalben einerley weiß sey, mit haltung der Gesten, das weiß ich nicht, Aber was ich gesehen, das will ich der erzelen, den kommenden grüßt niemandt, damit man nicht gedencke sie begeren des Gasts, dann sie achten diß vnflätig vnd verwürstlich sein, vnd das sichs der Teutschen ernsthafftigkeit nicht gebüre, Wann du nun lang vmb dich schreyest, so stoßt etwann zu letzt einer den kopff zum stuben fenster auß, (dann darinnen ligen sie gewonlich biß in Frühling,) nicht anderst dann wie ein schneck auß seinem heußlein gucket, dene muß man allererst fragen, ob er da dörffe einkeren, wann er dirs nicht abschlecht, so merckest du alsdann bz du platz habst, Fragt einer wo der stall sey, so zeigt er dir den mit der hand, daselbst magst du dein pferdt nach deinem willen halten, dann es legt kein diener die hand da an. Ist es aber etwann ein herrlichere Herberg, da zeigt dir ein diener den stall, vnd ein ort aber deinem pferde ganz vnbequem, dann je den geschicktesten platz behalt man für die so hernach kommen, fürnemlich für die Edlen, Beredest du es oder straffest etwas, so börstu von stund an, gefalt es dir nicht, so such ein andere Herberg, inn Stetten gibt man das Höw gar kümerlich, vnd deßhin zumal gar wenig, Verkauffens auch nicht geringer dann den Habern selbs. Wann du dann also dem pferdt versehen hast, so seubert du mit aller deiner rüstung inn die stuben, mit stiffeln, bulgen, koth, vnnd dieselbig stub ist allen gemein. **Wil.** Bey den Welschen zeigt man ein kamer, da man sich auszeuchet, seubert, wermet oder auch, so es jemanden gefället, ruhet. **Ber.** Da ist nichts beßgleichen, In der stuben zeuchst du die stiffel auff, legst deine schuch an, verenderst, so du wilt, das hembdt, die naßen kleider benckst du in der stuben auff, vnd sitzest zum ofen, biß du ertruknest, es ist auch ein wasser bereit, wo es dir gefalt die hende zu wäschen, aber dem mehrern theil so sauber vnd rein, das du hernacher ein ander wasser suchen must, damit du diß wider abwäschest. **Wil.** Ich lob solche Menner, die nicht mit solchen weiblichen dingen vmbgangen. **Ber.** Kompst du dann in die Herberg nach mittag vmb vier vhren, so wirst du dannocht vor den neun oder auch etwann vor zehen vhren nicht zu nacht essen. **Wil.** Warumb? **Ber.** Man rüstet nichts zu, man sehe dann die Gest alle, damit in einer arbeit allen gedienet werde. **Wil.** Sie machens kurtz. **Ber.** Du sagst recht darvon, derhalben so kommen offt in ein stub zusammen, etwann achtzig oder neunzig zu fuß, zu Roß, Kauffleut, Schiff vnn Fuhrleut, Bawersleut, knaben, frawen, gesunde vnd kranck. **Wil.** Da ist wol ein Spital. **Ber.** Einer strält das haupt, der ander wischt den schweiß ab, ein anderer seubert die Bawren schuch oder stiffel, ein anderer laßet ein trucken von knoblauch, Was darff vil wort, da ist nicht minder der sprachen vnd personen zertrörnung, als etwann bey dem Thurn zu Babel. Sihet man dann einen von frömbder Nation, der mit der kleid etwas vortrefflichers sey, so schawen sie alle ganz ernstlich auff denselben, als ob etwann ein frömbder auß Africa her gebracht sey, Auch so man zu Tisch gesessen, kereten sie das angesicht an rucken, vnnd sehen den stäts an, wenden auch die augen nicht von im ab, also das sie auch der Gest vergessen. **Wil.** Zu Rom, Pariß vnd Benedig verwundert man sich keins dings. **Ber.** Es will dir auch nicht gebüren etwas zu forderen, wann es dann sehr spat ist, vnd man vermeint es werden nicht mehr kommen, so freucht herfür ein alter knecht, mit einem grawen bart, beschornen kopff, trammen gesicht, wüsten schmutzigen kleidern, Solche solten den Cardinälen zu Rom zu Tisch dienen. **Ber.** Der keeret die augen hin vnd wider, zelet also still, wie vil in der stuben seyen, vnd je mehr er sihet darin

nen fein/ so vil deſto mehr mercket er den ofen/ ob gleich
wol ſonſt die Sonn mit jhr vberlegtiget iſt/ Das iſt den
jnen faſt der beſte theil jres wohlhattens/ wenn jedermann von ſchweiß zerflieſſen möchte/ welcher dann der
hitz nicht gewonet/ vnnd etwann das ſeufzer ein wenig
auffthut/ das er nicht erſticke/ von ſtund an höret er/
thu zu/ Sageſt du dann/ ich kans nicht leiden/ ſo bö-
reſt du widerumb/ So ſuch dir ein andere Herberg.
Wil. Es dunckt mich aber nichts gefaehelichers ſein/
dann das jren ſo vil einen dampff in ſich fuſſen/ ſonder-
lich ſo der gantz leib geöffnet/ [das iſt/ das die ſchweiß-
löchlein von wegen der embſigen bewegung geöffnet/]
vnd an ſolchem ort die ſpeiß nennen/ vnd etlich til ſtun-
den da verbleiben. Ich vnderlaß jetzund das auffſtoſſen
von knoblauch/ die fürh/ faule demuff/ Wil ſeind die
verborgene tranckheiten an jhnen haben/ vnnd iſt kein
tranckheit die nicht etwas erblichs habe: Es ſeind auch
vil mit den Hiſpaniſchen Blatern/ die man die Franko-
ſen nennet/ behafft/ wiewol diſe allen Nationen gemein
ſeind/ Vor diſen/ glaub ich ſeye ſich nicht munder zu
hüten/ dann vor den Außſetzigen/ jetzund raht du/ wns
für groſſe gefahr ſey zur zeit der Peſtilentz. Ber. Es
ſeind ſtarcke Männer/ ſo diſe ding verlachen vnd verachten
Wil. Sie ſeind aber die zwiſchen ſtarck/ mit.ander leut
gefahr vnd ſchaden. Ber. Was wolteſt du thun/ ſie
habens alſo gewohnet/ ſo ſicht es auch einem tranckhaff-
tigen gemüt zu/ von ſeinem fürſatz vnd angenommen
gewohnheit nit zu weichen. Wil. Es wäre auch vor
fünff vnd zwentzig iaren bey den Brabändern nichts an-
genemers/ dann die warmen Bäder/ die ſind vnd ligen
jetzund alle erkaltet/ Dann die newe raude hat vns ge-
lehrnet darvon abzuſtehen. Ber. Lieber horch doch weiter: Darnach ſo kompt der gebarkte Ganymedes/ legt
die Tiſchtücher dar/ ſo uil er gedenckt der zal genug
ſein/ Aber o Gott wie rein/ du ſagteſt es weren tücher
von einem Segelbaum geriſſen/ er ordnet auch einem jeden Tiſch zum wenigſten acht Gest/ als dann welche
den Landsbrauch wiſſen/ die ſehen ſich wo es einem jeden gefallig/ dann es iſt da kein vnderſcheid zwiſchen
den Armen vnd Reichen/ dem Herren vnd knecht. Wil.
Diß iſt die alte gleichheit/ welche allein die Tyrannen
aus diſem leot hinweg gethan/ Ich achte Chriſtus habe
alſo mit ſeinen Jüngern gelebt. Ber. Nachdem ſie ſich
alle zu Tiſch geſetzt/ ſo kompt der ſchel Ganymedes
wider herfür/ vnd zelet abermal ſeine geſellſchafft/ bald
kompt er herwider legt einem jeden ein Schindteteller für/
vnd ein löffel gleich auff dem ſelbigen ſilber gemachet/
dar nach ein gläſin trinckgſchirr/ vber ein klein weil
hernaher das brodt/ daſſelbig ſenfert jme in jeder ſelbs
für die lange weil/ biß man die ſuppen kochet: Alſo
ſibet man jun zeiten garnach ein gantze ſtund. Wil.
Begert vnd fordert hiezwiſchen kein Gaſt or ſpeiß?
Ber. Keiner der des Landes brauch vnd gewohnheit in
wiſſen hat/ Zu letst kompt auch der Wein dar/ Ach
gilttiger Gott/ wie iſt der ſo gar nicht geſchweblet/ Es
ſolten etwann vor zeiten die gelehrten ſein andern Wein
getruncken haben/ ſo zart vnd ſcharpff iſt er: Wo dann
etwann ein Gaſt/ auch vnnd ſondere bezalung begert/
das man ihme anderthin der eines andern weins bringe/
ſo thun ſie erstlichs gleichſam/ als ob ſie es thun wol-
ten/ aber mit einem ſolchen krummen vnnd ſcheußlichen
geſicht/ gleich als ob ſie einen vmbbringen wolten/ Be-
harreſt auff deinem fürnemmen/ ſo geben ſie dir zu ant-
wort/ Es haben die ſouil Fürſten vnnd Herren einkeert/
vnnd deren keiner har ab meinem wein klaget/ gefalt er
dir nicht/ ſo ſuch dir ein andere Herberg/ Dann ſie halten allein die Edlen jhres Landes für Menſchen/ vnd
deren Schilt vnd Wappen zeigen ſie allenthalben. Nun
zum erſten tregt man für ein Suppen/ welche man dem
hungerigen Magen fürſchnittet/ gleich darnach kommen
mit groſſen hoffieren die teller/ gemeinlich ſetze man

zum erſten ein fleiſchſuppen dar/ oder ſo es an einem
Viſch tag iſt/ ein brühe von gemüß/ darauff ein andere
brühe/ darnach etwz von wider gekochtem fleiſch/ oder
gewermbtem pfeffer/ auff diß wider etwas in einer brühe/
bald darnach etwas veſterer oder harter ſpeiß/ biß das
man/ wann der bauch gnug geſettiget/ auch das gebrat-
tis auffſtellet/ oder geſottene Fiſch/ welche du gar nicht
verachten kannſt/ aber an dem ort ſeind ſie theuret/ vnd
hebt man ſie auch geſchwind auff. Auff diſe weiß halten ſie verenderung der ſpeiß in den Zechen/ gleich wie
die Comedyſpiler/ etwann zwiſchen den Sprüchen ein
dantz einmiſchlen/ alſo verendern diſe die ſuppen vnd ge-
müß oder brühen: Da ſehen ſie aber das die letst tracht
die beſte ſey. Wil. Vnd diß gehöret auch einem guten
Dichter zu. Ber. Das were aber gar ein groſſe ſünde/
wann etwann einer ſagte/ thu diſe blatten oder teller
hinweg/ es iſſet doch niemandts/ Da muß man ſitzen
biß zu gelegner vnd beſtimpter zeit/ welche/ als ich ge-
denck/ ſie mit einem ſtundtglaß außmeſſen/ Zu letſt
kompt der Barthantz oder der Wirdt ſelbs/ welcher in
der kleidung wenig vnderſcheiden von ſeinen knechten/
der fragt wie wir leben/ bald bringt man ein anderley
weins der vmb etwz beſſers ſol: Die haben ſie aber ſon-
derlich lieb/ ſo wol trincken mögen/ dieweil die ienig
ſo vil Wein getruncken/ nicht mehr zalet/ als der ſo gar
wenig getruncken. Wil. Was wunderbarlichen volds?
Ber. Es ſind auch die zu zeiten zweimal ſovil in wein
verthun als zu letst für die Zech bezalen: Aber ehe
dann ich diß Malzeit ende/ iſt ein wunder zuſagen/
was da für ein getümmel vnd geſchreen/ wann jeder-
man anfahet des weins entpfinden vnd erwarmen/ was
ſoll ich ſagen? da hört niemand nichts. Offt miſchen
ſich da ein ſchalcknarren/ wiewol nun ſolche leut nit
genug zuuermeiden/ kannſt du doch nicht glauben/ wie
die Teutſchen ſolche ſo gar gern vmb vnd bey ſich haben.
Diſe miſchen mit jrem ſingen/ ſchwetzen/ geſchren/ ſprin-
gen/ klopffen/ das man meinet die ſtub wölle einfallen/
vnnd keiner den andern kan hoeren nichts. Vnd damit
meinent ſie jnn gutem leben ſein/ da muß man auch ſitzen/
es wölle einer oder nit/ biß in die lange nacht. Wil.
Lieber mach doch der Malzeit ein end/ dann es über-
dreuſt mich auch eins ſo langen imbiß. Ber. Wolan
ich wils thun/ Zuletst wann man den Käß vffgehebt/
welcher jnen nit zuſetzel/ er ſey dann faul vnd voller
würm/ kompt herwider der Barthantz/ bringt ein
ſchindelteller/ auff welches er mit freiden etliche ringlin
vnd halbe ringlin gemahlet/ das legt er auff den tiſch/
ſtilſchweigend vnd traurig/ du meinteſt es were etwann
ein anderer Charon/ welche die treiden verſehen/ die legen das gelt dar/ vnn alſo ie einer nach dem andern/
biß das theller voll wird. Darnach zeichnet er an welche
geben haben/ vnn zelets ſchweigende/ vnd wann nichts
breſt/ ſo deuttet er mit dem kopff. Wil. Wie mann aber
etwz für iſt. Ber. Villeicht geb er wider/ vnnd ſie
thuns auch zur zeiten. Wil. Redet niemand wider vn-
billiche rechnung. Ber. Niemandt der witzig iſt. Dann
er würde geſchwind hören. Wi biſt du für ein menſch?
Du muſt nichtzit beſſinnder zalen wie ein anderer. Wil.
Wie ein freie arth der menſchen zeigſt du mir an.
Ber. Wo etwann einer von wegen weiter reiß müd we-
re/ vnd begehrte bald nach dem nachtimbiß an zu geht/
ſo heißt man jhn warten/ bis andere auch ſchlaffen gehn.
Wil. Es dunckt mich ich ſehe die Stadt Platonis [in welcher jedermann in gleicheit lebte. Ber. Dann ſo mit
einem jeden ſein neſt gezeiget. Vnd warlich nichts anders dann ein ſchlaffkammer/ dann da ſind allein die
beth/ vnd ſonſt nichts das du brauchen/ oder ſtälen kün-
deſt. Wil. Da iſt alle reinigkeit. Ber. Eben wie in
dem Maal die tiſchtücher etwann vor ſechs Monaten ge-
waſchen. Wil. was beſchicht aber hiezwiſchen den pferden? Ber. Sie werden eben gehalten wie die men-

schen. Wil. Ist aber allenthalben gleich? An etlichen orten ists besser, an andern orten ists rüber dann ich erzellet, aber in gemein ists wie ich dir anzeigt hab. Wil. Wie wer im aber wann ich dir jetzt sagte, wie die Geist gehalten werden in dem theil des jetzt Italien, welches man Lombardey nennet, derwiderumb in Hispanien, so dann in Engelland und Walliß. Dann die Engelländer haben an in diß orts zum theil Welsche zum theil der Teutschen sitten, also uß disen beiden Völckern vermischet. So rhümen sich die Walliser einlendische Engelländer. Wer. Lieber ich bitt dich zeig mirs an. Dann ich hab nie gelegenheit haben mögen, die zu besuchen. Wil. Ich hab jetzt nicht souil weil. Dann der Schiffmann hat mir beuohlen ich solte umb die zwey am gestaden oder port sein, ich wolte dann dabinden gelassen werden, so hat er mein plünderlin. Es wirt sich etwann gelegener zeit fügen, von disen dingen ein genügen zuschwetzen.

Zeitung für Einsiedler.

Juny-Heft.

Inhalt.

Der Preiß dieser Zeitung ist für das Vierteljahr 2fl. 2kr., alle solide Buchhandlungen und die löblichen Postämter nehmen darauf Bestellungen an, man erhält sie nach Verlangen in einzelnen Stücken oder Heftweise.

Zeitung für Einsiedler.

1808. ———— 19 ———— 4. Juny.

Die smaragdne Tafel des Hermes Trismegistus.

1. Wahr ist es ohne Lügen, gewiß und aufs allerwahrhaftigste.

2. Dasjenige, welches unten ist, ist gleich demjenigen, welches oben ist: und dasjenige, welches oben ist, ist gleich demjenigen, welches unten ist, um zu vollbringen die Wunderwerke eines einigen Dinges.

3. Und gleichwie von dem einigen Gott erschaffen sind alle Dinge, in der Ausdeutung eines einigen Dinges: also sind von diesem einigen Dinge geboren alle Dinge in der Nachahmung.

4. Desselben Dinges Vater ist die Sonne, desselben Mutter ist der Mond.

5. Der Wind hat es in seinem Bauch getragen.

6. Desselben Dinges Amme ist die Erde.

7. Von diesem einigen Dinge ist der Vater aller Vollkommenheit in der ganzen Welt.

8. Desselben Dinges Kraft ist ganz beysammen, wenn es in Erde verwandelt worden.

9. Die Erde must du scheiden vom Feuer, das Subtile vom Groben, lieblicher Weise mit großem Verstande.

10. Es steigt von der Erde gen Himmel und wieder herunter zur Erde, und empfängt die Kraft der obern und untern Dinge.

11. Also wirst du haben die Herrlichkeit der ganzen Welt. Derohalben wird von dir weichen aller Unverstand. Dieses einige Ding ist von aller Stärke die stärkeste Stärke, weil es alle Subtilitäten überwinden, und alle Festigkeiten durchbringen wird.

12. Auf diese Weise ist die Welt erschaffen.

13. Daher werden wunderliche Nachahmungen seyn, deren Weise hier beschrieben ist.

14. Und also bin ich genannt Hermes Trismegistus, der ich besitze die drey Theile der Weisheit der ganzen Welt.

15. Was ich gesagt habe von dem Werke der Sonnen, ist ganz vollkommen, daran fehlet nichts.

Mitgetheilt von J. Görres.

Der steinerne Bräutigam und sein Liebchen. *)

Sonnet.

Die Epheustaude.

Ich muß den Todten an mein Leben heben,
Umschlingen ihn, wie wir uns einst umschlangen,
Und lebensangend wieder an ihm hangen,
Und wieder er in mir sein Leben finden!

Der Wartthurm.

Nicht kann er meiner Fessel sich entwinden,
Und nicht dem Schooß, aus dem er aufgegangen;
Den Steingebohrnen muß der Stein umfangen,
Und Leben muß im starren Tode schwinden.

Der Pfalzgraf.

Jetzt angeschmiedet hier im engen Raume
Erblick ich nichts, doch fühl ich Morgenwehen,
Und wie es mich umschlingt mit Liebesbeben!

*) Am Wartthurm des Heidelberger Schlosses steht in einer Nische die Statue eines Pfalzgrafen fast ganz von einer Epheustaude überwachsen, die sich an ihn schmiegt wie an den Liebenden die Geliebte. Und warum sollte auch nicht, was vereint dem Licht entfloß, und dann sich trennte, um unter romsenbacher Zorn immer herrlicher wieder ineinander zu fließen; warum sollte es sich nicht auch finden und erkennen können, als Stein und Pflanze? — So entstand dieses Sonnet, in dem der Thurm das Fatum und der diesem obsiegende Engel der Liebe den Epilogus spielt. Nehmt es, ihr Lieben, zum Gedächtniß der schönen Momente unsers Erkennens gütig auf! — W.

Der Engel.

Gelobt sey Gott im Thal und auf den Höhen,
Der der Gestalt sich offenbart im Traume,
Und eint, was ihm entquoll, das Doppelleben!

Werner.

Die grausame Schwester.

Lit von der Schottischen Gränze. Uebersetzt von Henriette Schubert. *)

Es wohnten zwey Schwestern in einem Schloß,
Binnorie, o Binnorie;
Um sie bewarb sich ein Ritter groß,
Bei dem muntern Mühldamm von Binnorie.

Er warb der älteste mit Handschuh und Ring,
Binnorie, o Binnorie,
Doch die jüngste liebt er über jeglich Ding,
Bei dem muntern Mühldamm von Binnorie.

Er warb der älteste mit Spieß und Schwerdt,
Binnorie, o Binnorie,
Doch die jüngste war ihm sein Leben werth,
Bei dem muntern Mühldamm von Binnorie.

Die älteste fühlte Verdruß und Pein,
Binnorie, o Binnorie;
Und neidete sehr ihre Schwester fein,
Bei dem muntern Mühldamm von Binnorie.

*) Ueber das merkwürdige in Deutschland noch unbekannte Werk Minstrelsy of the South Borders III Vol., woraus dies eine Probe: künftig einiges Historische.

Einsiedler.

Die älteste sprach zur jüngsten: „Willst gehn,
Binnorie, o Binnorie;
Des Vaters Schiffe sich nahen zu sehn?"
   Bei dem muntern Mühldamm von Binnorie.
Sie nahm sie bei der Lilien Hand,
Binnorie, o Binnorie;
Und führt sie zu des Flußes Rand,
   Bei dem muntern Mühldamm von Binnorie.
Die jüngste stand auf einem Stein,
Binnorie, o Binnorie;
Die älteste kam, und stieß sie hinein,
   Bei dem muntern Mühldamm von Binnorie.
O Schwester, Schwester, reich mir deine Hand,
Binnorie, o Binnorie;
Und erben sollst du mein halbes Land!
   Bei dem muntern Mühldamm von Binnorie.
„O Schwester, ich will die nicht reichen die Hand,
Binnorie, o Binnorie;
Und erben werd ich dein ganzes Land!"
   Bei dem muntern Mühldamm von Binnorie.
„O Schwester, reich nur den Handschuh dein,
Binnorie, o Binnorie;
Und der süße Wilhelm soll dein Liebster seyn!"
   Bei dem muntern Mühldamm von Binnorie.
Sink nur, und harr nicht des Handschuhs mein,
Binnorie, o Binnorie;
Und der süße Wilhelm wird mein Liebster, Vester seyn!
   Bei dem muntern Mühldamm von Binnorie.
„Deine Kirschenwangen, dein gelbes Haar,
Binnorie, o Binnorie;
Stand mir im Wege immerdar!"
   Bei dem muntern Mühldamm von Binnorie.
Zuweilen sie sank, zuweilen sie schwamm,
Binnorie, o Binnorie;
Bis daß sie kam zu des Müllers Damm,
   Bei dem muntern Mühldamm von Binnorie.
O Vater, Vater, zieht auf den Damm!
Binnorie, o Binnorie;
Hier ist eine Syrene oder milchweißer Schwan,
   Bei dem muntern Mühldamm von Binnorie.
Der Müller eilt, und zog auf den Damm,
Binnorie, o Binnorie;
Und fand ein todtes Mädchen das schwamm,
   Bei dem muntern Mühldamm von Binnorie.
Man konnt nicht sehen ihr gelbes Haar,
Binnorie, o Binnorie;
Vor Gold und Perlen die waren so rar,
   Bei dem muntern Mühldamm von Binnorie.
Man konnt nicht sehen ihres Leibes Zelt,
Binnorie, o Binnorie;
Ihr goldner Gürtel, der war so breit,
   Bei dem muntern Mühldamm von Binnorie.
Ein trefflicher Harfner zog eben Straß,
Binnorie, o Binnorie;
Der sah das Gesicht so schön und blaß,
   Bei dem muntern Mühldamm von Binnorie.
Und als er auf die Dirne schaut,
Binnorie, o Binnorie;
Erseufzt er tief, und stöhnet laut,
   Bei dem muntern Mühldamm von Binnorie.
Er macht eine Harf aus ihrem Brustbein,
Binnorie, o Binnorie;

Deren Ton konnt schmelzen ein Herz von Stein,
   Bei dem muntern Mühldamm von Binnorie.
Die Saiten aus ihrem gelben Haar erlobe,
Binnorie, o Binnorie;
Deren Klang macht traurig das lauschende Ohr,
   Bei dem muntern Mühldamm von Binnorie.
Er bracht sie in ihres Vaters Hall.
Binnorie, o Binnorie;
Und da war der Hof versammelt all,
   Bei dem muntern Mühldamm von Binnorie.
Er legte sie auf einen Stein,
Binnorie, o Binnorie;
Und gleich fing sie an zu spielen allein.
   Bei dem muntern Mühldamm von Binnorie.
„O dort sitzt mein Vater der König voll Macht,
Binnorie, o Binnorie;
Und dort sitzt meine Mutter die Königin in Pracht,
   Bei dem muntern Mühldamm von Binnorie.
Und dort steht Hugo, mein Bruder frei,
Binnorie, o Binnorie;
Und bei ihm mein Wilhelm, so süß und treu,"
   Bei dem muntern Mühldamm von Binnorie.
Doch der letzte Klang von der Harfe Getön,
Binnorie, o Binnorie;
War: „Weh meiner Schwester der falschen Helen!"
   Bei dem muntern Mühldamm von Binnorie.

Minnelied,
mitgetheilt von Docen.

(Man hat den Minnesängern unter uns häufig den Vorwurf ermüdenden Einförmigkeit, im Inhalt und der Behandlung, ihrer Lieder gemacht. Dieser Tadel, in sofern er gerecht ist, kann nur von dem bei einer so großen Anzahl von Dichtern beständig wiederholten gleichförmigen Thema verstanden werden, so daß unter ihnen nur den Nachahmern ihre Armuth Schuld gegeben wird, und das Verdienst der originalen und vorzüglichsten Sänger ungekränkt bleibt. — Das folgende Lied, wiewohl aus einer Handschrift des 15. Jahrhunderts, erinnert an die Weise der Minnesänger, indessen scheint es wenigstens nicht unmittelbar nach einem andern Vorbilde copirt. Es steht auf der mittlern Linie zwischen Minnegesang und Volkslied, und schon als Beispiel dieses Ueberganges scheint es der Mittheilung nicht unwerth zu seyn.)

Der arge Winter will von hin,
   Die Blümlin auf der Heide
   Die sind gel, braun und rot,
Mein' höchst' Augenweide.
Sie sind besallen mit des Maien Thaue,
   Der brach I) wie zwei ein Kränzelein,
   Sprach sich ein' schöne Jungfraue.

Der süße Sommer will uns komen,
   Der Wald hat sich belaubet,
   Bil laut so ruft ein geile Magd, 2)
Meiner Sinn' bin ich beraubet,
Ich bin beladen gar mit sender Swere, 3)
   Der ich diesen Sommer lang
   Mit Jugen wol enbare.

„Saga 4) du mir, gut Töchterlin,
Was sind die fremden 5) Sworte?
Mich dunkt wol, wie du leidest Noth,
An deiner Farbe schöne!"
Mich hat ein stolzer Reuter umfangen; —
„Sage du mir, gut Töchterlin
Ist dir's nicht anders ergangen?"

Reina 6) liebes Mütterlin,
Als ich's gemerken kunde; —
Jo 7) küßt er mich, deß trage ich (?)
Ein Wort von seinem Munde;
Er tät mir, als man tut den werden Welten,
Er fürt' mich ich sein Kämmerlein,
Da begunb' er 8) bei mir beleiben,

Die weil auch, die er bei mir was,
Er schwur bei seinen Elben;
Werger 9) wär mir ein schneller Tod,
Denn unser Velber Scheiben.
Er besißt mein Herz, und beraubt mich aller Sinne.
„Töchterlin, das sey Gott geklagt,
Dich beruret Mannes Minne!" —

Ach, du liebes Mütterlin,
Nun hast du's wol beschönet.
Was solte mir ein Fremdes 10) tun,
So du mich selber hönest?
Er ist mir lieb, und erfreut mir all mein Gemüte,
Die Liebe die wir zusamen ha'n,
Die muß uns Gott behüte.

Ich will tun, was er mich heißt,
Will folgen seiner Lehre,
Rosenthal ist er genannt,
Er ist ein fein Geliebte,
Er kann wol dienen den vil werden Weiben; —
„Ach du liebes Töchterlin,
So sollt du bei im beleiben."

1) brech wir, laß uns brechen. 2) Muntres Mädchen. 3) Mit schwündem Schmerz, Verlangen. 4) Der Ausgang auf, bezeichnete vormals den Imperatio und mehrere Interjectionen. 5) ungewohnte, sonderbar. 6) Auch bei diesem Wörtchen findet sich oft das e angehängt, besonders wo es auf ein Bitten oder Abwähren gerichtet ist. 7) Freilich doch. 8) begann er. Diese Periphrase ist sehr allgemein bei den ältern Dichtern. 9) Lieber, Willkommener. 10) Statt ein Fremder; ebenfalls alte Sprachform.

Auszüge aus Briefen Schiller's an eine junge Dichterin. *)

1.

— — Mit vielem Vergnügen las ich Ihre Gedichte. Ich entdecke darin denselben Geist der Contemplation, der allem aufgedrückt ist, was Sie dichten. Ihre Phantasie liebt zu symbolisiren, und alles, was sich ihr

*) Wir geben diese Auszüge nicht um mit einem berühmten Namen zu traugen, sondern um ein belehrendes Beyspiel zu geben, was Critik seyn kann, wenn sie ein frommes Geheimniß zwischen zweien ist, keine feile Oeffentlichkeit ist.

Einsiedler.

darstellt, als einen Ausdruck von Ideen zu behandeln. Es ist dies überhaupt der herrschende Charakterzug des deutschen poetischen Geistes, wovon uns Klopstock das erste und auffallendste Muster gegeben, und dem wir alle, der eine mehr, der andre weniger, nicht sowohl nachahmen, als durch unsre nordisch-philosophirende Natur gedrungen folgen. Weil leider unser Himmel und unsre Erde, der eine so trüb, die andre so mager ist, so müssen wir sie mit unsern Ideen bevölkern und aufschmücken, und uns an den Geist halten, weil uns der Körper so wenig fesselt. Deswegen philosophiren alle deutschen Dichter, einige ausgenommen, welche Sie so gut kennen, als ich. — Ich habe mir die Freyheit genommen, und in Ihren Gedichten einiges angestrichen, wogegen ein strenger Aristarch etwas einwenden möchte. Sie finden vielleicht Zeit und Lust, diese Kleinigkeit zu ändern. Das beschreibende Gedicht hat besonders meinen Beyfall, nur sind ich es um ein merkliches zu lang. Auch dieses ist ein Fehler, den wir alle mit Ihnen theilen, und den ich um so weniger Bedenken trage zu rügen, da ich ihn mir selbst vorzuwerfen habe.

Allen den jetzt überschickten Gedichten haben Sie einen Geist der Melancholie aufgedrückt. Nun wünschte ich auch einige zu lesen, die eine fröhlige Stimmung und einen Geist der Lustigkeit athmen. Leben Sie recht wohl und nehmen meine Bemerkungen so freundschaftlich auf, als ich sie niedergeschrieben habe. Jena den 18 Jen. 1795.

2.

Die Mühe, welche Sie auf Verbesserung Ihrer Gedichte verwendet haben, ist durch einen sehr glücklichen Erfolg belohnt. Klarheit, Leichtigkeit und (was bey Produkten der weiblichen Muse ein so seltnes Verdienst ist) Correctheit zeichnen solche sehr vorzüglich aus. Ihre Vorliebe für jenes beschreibende Gedicht ist sehr gerecht, denn was in den übrigen Gedichten einzeln zerstreut ist, Geist, Empfindung, poetische Mahlerey und fliessende Sprache ist in diesem vereinigt. Was die Abkürzung dieses Gedichts betrifft, so war meine Meinung nicht, eine Auswahl unter den einzelnen Stanzen zu treffen, sondern aus einem Gedicht deren zwey zu machen, weil ich zwey verschiedne Töne der Empfindung darin zu bemerken glaubte, und mir gegen die Einheit des Geistes gefehlt schien. Nach einem zweyten Lesen fällt mir aber dieser Umstand weit weniger auf, und so wie es ist, bin ich jetzt auch vollkommen damit zufrieden.

3.

Ihre Briefe sind recht interessant zu lesen und mit

vielem poetischen Feuer beschrieben, sie machen mich auf das Ganze sehr begierig, und ich zweifle gar nicht, daß sie das Interesse des Publikums erregen werden. Einzelne kurze Stellen würd ich zu mildern rathen.

4.

In Ihren Gedichten finde ich sehr viel Schönes in Absicht auf den Inhalt sowohl, als auf den Ausdruck. Gegen die Erzählung in Prosa habe ich angebliche Einwendungen, und ich wollte Ihnen nicht dazu rathen, vor der Hand einen Gebrauch davon zu machen. Lassen Sie das Manuskript noch einige Monate liegen, es wird Ihnen fremde werden, und Sie werden sich dann gewiß selber sagen, was ich oder ein andrer Ihnen jetzt darüber sagen würde. Die Charactere sind zu wenig bestimmt, die Maximen, nach denen gehandelt wird, wollen sich nicht ganz billigen lassen, die Erzählung geht einen zu schleppenden Gang, an einzelnen Schönheiten fehlt es nicht, und kann bey einer Arbeit Ihres Geistes auch niemals fehlen.

5.

Sie haben mich mit den ersten Briefen Ihres Romans gestern und heute recht angenehm überrascht, ich finde darin einen so schnellen und grossen Fortschritt, den Ihr Darstellungstalent zu einer höhern Vollkommenheit gethan hat, daß ich Ihnen recht von Herzen dazu Glück wünsche. Diese Briefe sind mit einer sehr angenehmen Leichtigkeit und schönen Simplicität geschrieben, es ist sichtbar, wie sehr Sie Ihres Stoffes sind mächtig geworden, und wie Sie sich durch eine glückliche Cultur vor manchen Fehlern, mit denen das noch nicht ausgebildete Talent gewöhnlich anfängt, und oft lang genug zu kämpfen hat, zu befreyen gewußt haben. Ich kann Ihnen nichts wünschen, meine vortreffliche Freundin, als auf diesem Wege fortzufahren, in den Sie jetzt so glücklich eingetreten sind.

6.

Der Fall, von dem Sie schreiben, ist das Schicksal so vieler, die Ihr Talent zu einer höhern Thätigkeit bestimmte, und manche vorzügliche Fähigkeit geht dadurch für das Beste der Kunst und Wissenschaft verloren. Aber glauben Sie mir, daß wenn es möglich ist, sich aus einer solchen Lage zu retten, dieses nur durch strenge Beharrlichkeit auf dem guten Wege und durch keine Abweichung von demselben, durch keine Nachgiebigkeit gegen den fehlerhaften Geschmack geschehen kann. Man glaubt oft nur der Quantität weiter zu kommen, als mit der Qualität aber außerdem, daß man nur durch letztere sich selbst genug zu thun im Stande ist, so ist auch nur von dem Guten und nicht von dem Vielen ein wahrer äußerer Vortheil zu erwarten. Ich gestehe, daß ich für Sie fürchtete, sobald ich von dem vorhabenden Journale erfuhr. Eine solche Unternehmung schien mir nachtheilig für Sie, und ich konnte auch keinen äußern Vortheil davon für Sie erwarten, der Ihnen eine andre Art schriftstellerischer Beschäftigung, wobey Sie mit Muße und Liebe beharrten, nicht in einem mir höhern und für Sie selbst unendlich befriedigenderm Grade gewährte: Sie haben keine Ursache zu zweifeln, Arbeiten, die auf diese Art entstanden, und ausgeführt worden, auch in demjenigen Sinne zu nutzen, wie jeder Schriftsteller jetzt die seinigen nutzt. Auch Ihre Wahl ist gar nicht begrenzt, da Sie außer Uebersetzungen, welche die letzten Stunden füllen können, Ihre fröhlichen Momente poetischen Arbeiten in Versen, und besonders Erzählungen widmen können. Zu diesen Arbeiten stehen Ihnen mehrere Journale offen. Wieland wird Beyträge von Ihnen mit Vergnügen in den Merkur aufnehmen. Die Flora, eine Zeitschrift für das Frauenzimmer, wird Sie gern zur Mitarbeiterin haben, und was Sie mir für die Horen anbieten, werde ich eben so bereitwillig aufnehmen. Der Vortheil von diesen verschiedenen Journalen ist zwar nicht gleich, aber es ist auch nicht nöthig, daß die Arbeiten gleich sind. Den 23. Dec. 1795.

Gedanken: wie sich die Sagen zur Poesie und Geschichte verhalten, von Jakob Grimm.

In unserer Zeit ist eine große Liebe für Volkslieder ausgebrochen, und wird auch ihre Aufmerksamkeit auf die Sagen bringen, welche sowohl unter demselben Volk herumgehen, als auch an einigen vergessenen Plätzen aufbewahrt worden sind. Oder vielmehr, (da die Sagen auch die Lieder erweckt haben würden,) die immer mehr Lebhaftigkeit gewinnende Erkenntniß des wahren Wesens der Geschichte und der Poesie hat dasjenige, was bisher verächtlich erschienen, nicht wollen vergehen lassen, welches aber die höchste Zeit geworden ist, beieinander zu versammeln.

Man streite und bestimme, wie man wolle, ewig gegründet, unter allen Völker- und Länderschaften ist ein Unterschied zwischen Natur und Kunstpoesie (zwischen und dramatischer Poesie der Ungebildeten und Gebildeten) und hat die Bedeutung, daß in der epischen die Thaten und Geschichten gleichsam einen Laut von sich geben, welcher forthallen muß, und das ganze Volk durchzieht, unwillkührlich und ohne Anstrengung, so treu, so rein, so unschuldig werden sie behalten, allein um ihrer selbst willen, ein gemeinsames, theures Gut gebend, dessen ein jedweder Theil habe. Dahingegen die Kunstpoesie gerade das sagen will, daß ein menschliches Gemüth sein Inneres bloß ergebe, seine Meinung und Erfahrung von dem Treiben des Lebens in die Welt gieße, welche es nicht überall begreifen wird, oder auch, ohne daß es von ihr begriffen seyn wollte. So innerlich verschieden also das beiden erscheinen, so nothwendig sind sie auch in der Zeit abgesondert, und können nicht gleichzeitig seyn *), nichts ist verkehrter geblieben, als die Anmaßung epische Gedichte dichten oder erdichten zu wollen, als welche sich nur selbst zu dichten vermögen.

[Die Fortsetzung künftig.]

*) Wie ... den historischen Beweis davon, da nach unsrer Ansicht in den ältesten wie in den neueren Poesien beyde Richtungen erscheinen.

Einsiedler.

Die fünft Lieb ist die Lieb des Vaterlands von der geschrieben steht: dulcis amor patriae. Diese Lieb, wenn sie durch den Geist nicht geregelt wird, so gibt sie Ursach zu vollbringen groß Uebel; denn sie hält keinen Glauben, sie verordnet und stift viel Krieg und Uneinigkeit, sie bestellt Verrätherei und übereilt das Gesetz Gottes und auch der Menschen; sie veracht und hält wenig von der christglaubigen Kirche; sie gebiert Neid und Haß, Zwieträch-

tigkeit und Hoffart; Schmeichler, Zuträger und Verräther, zeucht sie in ihre Dienstbarkeit, mit der Verkehrung aller Gerechtigkeit, und ist gewöhnlich zu wüthen und strafen ohn alle Barmherzigkeit. Denn sie niemands schonet noch und das alles zu behalten ihren zeitlichen Stand der alten Herkommen und Gewohnheit, sie seynd bös oder gut, darum denn oft zu End zerstöret wird das Vaterland.

Der beschlossen Gart des Rosenkranz Maria Bl. 275.

Gedanken: wie sich die Sagen zur Poesie und Geschichte verhalten, von Jakob Grimm.

(Beschluß.)

Ferner ergiebt sich, wie Poesie und Geschichte in der ersten Zeit der Völker in einem und demselben Fluß strömen, und wenn Homer von den Griechen mit Recht ein Vater der Geschichte gepriesen wird, so dürfen wir nicht länger Zweifel tragen, daß in den alten Nibelungen die erste Herrlichkeit deutscher Geschichte nur zu lange verborgen gelegen habe.

Nachdem aber die Bildung dazwischen trat, und ihre Herrschaft ohne Unterlaß erweiterte, so mußte, Poesie und Geschichte ihr auseinander scheidend, die alte Poesie aus dem Kreis ihrer Nationalität unter das gemeine Volk, das der Bildung unbekümmerte, flüchten, in dessen Mitte sie niemals untergegangen ist, sondern sich fortgesetzt und vermehrt hat, jedoch in zunehmender Beengung und ohne Abwehrung unvermeidlicher Einflüsse der Gebildeten.

Dieß ist der einfache Gang, den es mit allen Sagen des Volks, so wie mit seinen Liedern zu haben scheint, seitdem ihr Begriff eine etwas veränderte Richtung genommen, und sie aus Volkssagen, d. h. Nationalsagen, Volkssagen, d. h. des gemeinen Volks geworden sind. Ich wenigstens meinerseits habe es nie g'aubten können, daß die Erfindungen der Gebildeten dauerhaft in das Volk eingegangen, und dessen Sagen und Bücher aus dieser Quelle entsprungen wären.

Treue ist in den Sagen zu finden, faß unbezweifelbare, weil die Sage sich selber ausspricht und verbreitet, und die Einfachheit der Zeiten und Menschen, unter denen sie erhallt, wie aller Erfindung an sich fremd, auch keiner bedarf. Daher alles, was wir in ihnen für unwahr erkennen, ist nicht, insofern es nach der alten Ansicht des Volkes von der Wunderbarkeit der Natur

gerade nur so erscheinen, und mit dieser Zunge ausgesprochen werden kann. Und in allen den Sagen von Geistern, Zwergen, Zauberern und ungeheueren Wundern ist ein stiller aber wahrhaftiger Grund vergraben, vor dem wir eine innerliche Scheu tragen, welche in reinen Gemüthern die Gebildetheit nimmer verwischt hat und aus jener geheimen Wahrheit zur Befriedigung aufgelöst wird.

Jemehr ich diese Volkssagen kennen lerne, desto weniger ist mir an den vielen Beyspielen auffallend, die weite Ausbreitung derselben, so daß an ganz verschiedenen Oertern, mit andern Namen und für verschiedene Zeiten dieselbe Geschichte erzählen gehört wird. Aber an jedem Orte vernimmt man sie so neu, laub und Boden angemessen, und den Sitten einverleibt, daß man schon darum die Vermuthung aufgeben muß, als sey die Sage durch eine anderartige Betriebsamkeit der letzten Jahrhunderte unter die entlegnen Geschlechter getragen worden. Es ist das Volk dergestalt von ihr erfüllt gewesen, daß es Benennung, Zeit, und was äußerlich ist, alles vernachläßigt, nach Unschuld in irgend eine Zeit versetzt, und wie sie ihm am nächsten liegen, Namen und Oerter unterschiebt, den unverderblichen Inhalt aber niemals hat fahren lassen, also daß er die Läuterung der Jahrhunderte ohne Schaden ertragen hat, angesehen die geerbte Anhänglichkeit, welche ihn nicht wollen ausheimisch werden lassen. Daher es im einzelnen eben so unmöglich ist, den eigentlichen Ursprung jeder Sage auszuforschen, als es erfreulich bleibt, dabey auf immer ältere Spuren zu gerathen, wovon ich anderwärts einige Beyspiele bekannt gemacht habe.

Auch ihre öftere Abgebrochenheit und Unvollständigkeit nicht zu verwundern, indem sie sich der Ursachen Folgen und des Zusammenhangs der Begebenheiten gänzlich nicht bekümmern, und wie Fremdlinge dastehen, die man auch nicht kennet, aber nichts desto weniger verstehet.

In ihnen hat das Volk seinen Glauben niedergelegt;

den es voll der Natur aller Dinge begründ ist, und wie es ihn mit seiner Religion verflicht, die ihm ein unbegreifliches Heiligthum erscheint voll Seligmachung.

Wiederum erklärt sein Gebrauch und seine Sitte, welche hiernach genau eingerichtet worden sind, die Beschaffenheit seiner Sage und umgekehrt, nirgends bleiben unselige Lücken.

Wenn nun Poesie nichts anders ist und sagen kann, als lebendige Erfassung und Durchgreifung des Lebens, so darf man nicht erst fragen: ob durch die Sammlung dieser Sagen ein Dienst für die Poesie geschehe. Denn sie sind so gewiß und eigentlich selber Poesie, als der helle Himmel blau ist; und hoffentlich wird die Geschichte der Poesie noch ausführlich zu zeigen haben, daß die sammtlichen Ueberreste unserer altdeutschen Poesie bloß auf einen lebendigen Grund von Sagen gebaut sind und der Maaßstab der Beurtheilung ihres eigenen Werths darauf gerichtet werden muß, ob sie diesem Grund mehr oder weniger treulos gewesen sind.

Auf der andern Seite, da die Geschichte das zu thun hat, daß sie das Leben der Völker und ihre lebendige Thaten erzähle, so leuchtet es ein, wie sehr die Traditionen auch ihr angeboren. Diese Sagen sind grünes Holz, frisches Gewässer und reiner Laut entgegen der Dürre. Lauheit und Verwirrung unserer Geschichte in welcher ohnedem zu viel politische Kunstgriffe spielen, statt der freyen Kämpfe alter Nationen, und welche man nicht auch durch Verkennung ihrer eigentlichen Bestimmung verderben sollte. Das kritische Princip, welches in Wahrheit seit es in unsere Geschichte eingeführt worden, gewissermaßen den reinen Gegensatz zu diesen Sagen gemacht, und sie mit Verachtung verstoßen hat, bleibt an sich, obschon aus einer unrechten Veranlassung schädlich ausgegangen, unbezweifelt; allein, nicht zu sehen, daß es noch eine Wahrheit giebt, außer den Urkunden, Diplomen und Chroniken, das ist höchst unkritisch,*) und wenn die Geschichte ohne die Menge der Zahlen und Namen leicht zu bewahren und erhalten wäre, so könnten wir deren in so weit fast entübrigt seyn. Es läßig immer, wie bereits erwähnt worden ist, die Sagen in allem Aeußeren erfunden werden, so ist doch im Ganzen das innerste Leben, dessen es bedarf; wenn die Wörter noch die rechten wären, so möchte ich sagen: es ist Wahrheit in ihnen, ob auch die Sicherheit abgeht. Sie mit dem gesammelten Geschichtsvorrath in Vereinigung zu sehen, wird blos bey wenigen

*) Ich fahre mit Freuden an, was Joh. Müller in eben dem Sinn gesagt hat: Buch 1, Cap. 16, Not. 10. Buch Cap. 10, Fol. 115. Buch 4, Cap. 4, Not. 2.

gelingen, also, wie einerseits dieses Unternehmen unnöthige Mühe und vergeblichen Eifer nach sich ziehen müßte, würde es auf der andern Seite thöricht seyn, die so mühsam und nicht ohne große Opfer errungene Sicherheit unserer Geschichte durch die Einmischung der Unbestimmtheit der Sagen in Gefahr zu bringen. Aber darum ist im Grund auch denjenigen nichts an den Sagen verloren, welche lebhaft und aufrichtig gefaßt haben, daß die Geschichte nichts anderes sey als die Bewahrerin alles Herrlichen und Großen, was unter dem menschlichen Geschlecht vergeht und seines Siegs über das Schlechte und Unrechte, damit jeder einzelne und ganze Völker sich an dem unentwendbaren Schatz erfreuen, berathen, trösten, ermuthigen, und ein Beyspiel holen. Wenn also, mit einem Wort, die Geschichte weder andern Zweck noch Absicht haben soll, als welche das Epos hat, so muß sie aus dieser Betrachtung aufhören, eine Dienerin zu seyn der Politik oder der Jurisprudenz oder jeder andern Wissenschaft. Und daß wir endlich diesen Vortheil erlangen, kann durch die Kenntniß der Volkssagen erleichtert und mit der Zeit gewonnen werden.

Sagen von Glocken.

Es ist bekannt, in welcher heiligen Verehrung die Glocken im ganzen Mittelalter standen, und welche Feyerlichkeiten mit ihnen begangen wurden. So stellte man, wenn die Glocke getauft wurde, Gevattern, welche das Seil halten und auf alles, was der Priester die Glocke fragt, Amen sagen mußten. Alsdann bekleidete man sie mit einem neuen Rock, und beschwur sie zur Vertreibung des Teufels und Wohlfahrt der abgeschiednen Seelen. Auch sind die Glocken so heilig, daß man sie in einer gebannten Kirche und einem gebannten Volk nicht läuten darf.

Die große Glocke zu St. Maria Magdalena in Breslau, gehet fünfzig Schläg von selbst wenn man vorher fünfzig Schläg gezogen hat, und allen armen Sündern, wenn sie vom Rathhaus herunter kommen, wird damit geläutet. Davon ist folgende Sage:

Als der Gießer die Glocke gießen sollen, geschah es, daß er zuvor zum Essen gehen wollte, befahl aber dem Lehrjungen bey Leib und Leben, den Hahn am Schmelzkessel nicht anzurühren. Allein dieser konnte seinen Vorwitz nicht länger bezähmen und wollte versuchen, wie es aussähe, darüber fiel ihm der Hahn wider

Willen ganz heraus, so daß das Metall in die unbereitete Form gelaufen kam. Da nun der Jung in der größten Angst sich gar nicht zu helfen wußte, so wagte er es endlich doch und ging in die Stube, wo der Meister war, bekannte alles und bat um Gotteswillen um Verzeihung. Der Meister aber war voller Zorn und erstach den Jungen auf der Stelle, kam voll Jammers heraus, und als er nach der Verkühlung abgeraumet, siehe, so war die Glocke ganz vortrefflich aufgegossen, kehrte darum mit Freuden in die Stube und fand erst, was er für Uebels gethan, und daß der Lehrjung verstorben war.

Hierüber ist derselbe Meister eingezogen und zum Schwerdt verurtheilt worden. Da hat er, weil man die Glocke inmittelst aufgezogen, gar flehentlich gebeten, er möchte ihren Resonanz auch wohl hören, wenn er vor seinem letzten End die Ehr von den Herren haben könnte, welches ihm auch willfahret worden ist, und dem zufolge wird allen Malefizpersonen diese Glocke gezogen.

Zu Attendorn wohnte einmal eine Wittwe, die schickte ihren Sohn nach Holland, die Handlung zu lernen. Dieser Sohn stellete sich aber so wohl an, daß er alle Jahr seiner Mutter von dem Erwerb schicken konnte. Einsmals sendete er eine Platte von klarem Gold, aber schwarz angestrichen neben andern Waaren, so daß die Mutter von dem Werth dieses Geschenks unberichtet, dieselbe unter eine Bank in ihrem Laden stellte, allwo sie stehen blieb, bis ein Glockengießer ins Land kam, bey welchem die Attendorner eine Glocke zu gießen und das Metall von der Bürgerschaft erbetteln zu lassen, beschlossen. Die, welche das Erz sammelten, bekamen verschiedentlich allerhand zerbrochene Häfen dazu geschenkt, und als sie vor der Wittwe Thür kamen, so gab sie ihnen ihres Sohnes Gold, weil sie es nicht kannte und sonst kein zerbrochen Geschirr hatte.

Der Glockengießer, der nach Arensberg verreist war, auch dort einige Glocken zu gießen, hatte einen Gesellen zu Attendorn hinterlassen mit Befehl, die Form zu fertigen und alle sonstige Anstalten zu treffen, mit dem Guß aber einzuhalten bis zu seiner Ankunft. Als aber der Meister lang ausblieb und der Gesell gern selbst eine Prob thun wollte, so fuhr es mit dem Guß fort, und verfertigte den Attendornern eine von Gestalt und Klang so angenehme Glocke, daß sie ihm solche bey seinem Abschied (denn er gedachte zu seinem Meister nach Arensberg, ihm die Zeitung von der glücklichen Verrichtung zu bringen) so lang nach läuten wollten, als er die Glocken hören könnte. Ueber das folgten ihm

etliche nach mit Kanten in den Händen und sprachen ihm mit dem Trunk zu. Als er nun in solcher Ehr und Fröhlichkeit bis auf die kleinerne Brücke gelanget, welches halbweges ist, so begegnet ihm auf einmal sein Meister, welcher alsobald mit den Worten: Was hast du gethan du Bestia! ihm eine Kugel durch den Kopf jagte. Zu den Geleitsmännern aber sprach der Meister: Der Kerl hat die Glocke gegossen wie ein Schelm, er wäre erbietig solche umzugießen und der Stadt ein ganz ander Werk zu liefern. Ritt darauf hinein und wiederholte seine Reden, als ob er den Handel gar wohl ausgerichtet. Aber er wurde wegen der Mordthat ergriffen, und gefragt: was ihn doch dazu bewogen, da sie mit der Arbeit des Gesellen vollkommen zufrieden gewesen? Endlich bekannte er: wie er an dem Klang abgenommen, daß eine gute Quantität Gold bey der Glocke wäre, so er nicht dazu kommen lassen, sondern wegezwackt haben wollte, dafern sein Gesell befohlenermaßen mit dem Guß seine Ankunft abgewartet hätte, weswegen er ihm den Rest gegeben.

Hierauf wurde ihm der Kopf abgeschlagen, dem Gesell aber auf der Brücke, wo er sein End genommen, ein eisern Kreuz zum ewigen Gedächtniß aufgerichtet. Unterdessen konnte niemand ersinnen, woher das Gold zu der Glocke gekommen, bis der Wittwe Sohn mit Freuden und Reichthum beladen nach Haus kehrte und vergeblich betrauerte, daß sein Gold zwey ums Leben gebracht, einen schuldig und den andern unschuldig, gleichwohl hat er dieses Gold nicht wieder verlangt, weil ihn Gott anderwärts reich gesegnet.

Längst hernach trug es sich zu, daß das Wetter in den Kirchthurm geschlagen, und wie sonst alles verzehrt außer dem Gemäuer, auch die Glocken geschmelzt. Worauf in der Asche Metall gefunden worden ist, welches an Gestalt den Goldgülden gleich gewesen, woraus man auch den Thurm wieder hergestellt und mit Bley hat decken lassen.

Becherklang.

Seit nun Gott die Welt durchschnitten
Mit der Allmacht tausend Schwerte,
Liegt in Tag und Nacht inmitten
Wer des Weines Becher leert:
Tief und dunkel zirht der Becher,
Licht und strahlend singt der Zecher,
Schwingt den Hut und jubelnd singt,
Daß der Becher schwirrend springt.

So soll Wein die Welt verblüben,
Die sich trennt in Licht und Nacht,
Wie die Lichter nur verschwinden
Scheinet licht, was ich gedacht,
  Daß nun alle mit mir singen
  Muß mir Herz und Mund aufbringen,
  Ja des Paradieses Baum
  Hat in diesem Keller Raum.

Seht, es steigt aus mir hernieder
Purpur, der lang verbannt,
Er und Bachus sind zwey Brüder,
Es erscheint ein neues Land,
  Weingelaubt der Junger Schaaren,
  Flammen in des Waldes Haaren
  Leuchten durch die Dämmerung
  Alle in erhabnen Schwung.

Panter, Löw und blaue Schlangen
Liegen auf dem Rucken schön;
Faunnverdchen ohne Bangen
Sausst du Tieger ohne Lohn?
  Könnten sie dich nicht mehr mühen,
  Einen hab ich abgerissen,
  Der bung fest an deiner Brust,
  Nimm mein Söhnlein dran zur Lust.

Was erblick ich, die Gesellen
Halten kronen rings für mich,
Wollt ihr euch wie Menschen stellen,
Oder bin ein Gott auch ich?
  Nun so kann ich euch beglücken,
  Kann erschaffen mit Entzücken,
  Heute schaff ich euch die Welt,
  Wie ein jeder sie bestellt.

Tanzet munter, tretet Leimen,
Tretet Rosenblätter drein,
Und ich will schon tüchtig reimen
Feuchtet an den Stoff mit Wein.
  Laßt den Honig aus den Zellen,
  Seht wie schlägt der Wein nun Wellen,
  Macht den Kopf zur Töpferscheib,
  Menschen formt zum Zeitvertreib.

Lebe jeder, wers verlanget,
Sterbe, wer nicht leben mag,
Was der Bruder Herz erlanget
Und verlangt, jeder sag,
  Was der Wein jetzt offenbaret
  Sinkt in Nacht, wenn Tag uns klaret,
  Nur der Augenblick sey ganz
  Offner Herzen Flammenkranz.

Ich, der Becher geh im Kreise,
Tausend Geister send ich euch,
Jeder bleib bey seiner Weise,
Bin ich doch für alle reich.
  Wie ein Meer ich kann euch fassen
  Und die Welt sie liegt im Nassen,
  Jedem wird ein Schatz gezeigt,
  Der sein Haupt recht tief mir neigt.

Kommt ihr meine lustgen Böcke
Auf die höchste Felsenspitz,
Pflanzt mir da die schönsten Stöcke,
Daß der Wein hochtronend sitz,
  Unter lichten Rebenlauben
  Stoßen Ziegen sich um Trauben,
  Mir zum Munde springt der Saft,
  Alle Welt ist voller Kraft.

                Ludwig Achim von Arnim.

(Die Melodie von J. F. Reichardt künftig.)

Der König ohne Volk.

Ein König auf dem Throne
Mit seinem Scepter von Gold,
Den Rath er schlug zum Hohne,
War keinem Menschen hold.

Den Hunden an dem Tische
Der Rath die Teller hält,
Er futtert gut die Fische,
Sein Volk in Hunger fällt.

Sein Völkchen war beritten,
Er ärgert sie so bös,
Daß alle sind fortgeritten,
Da ward der König blaß.

Er konnte sie nicht halten,
Sein ganzes Volk ritt fort,
Er konnt allein nun walten
An seinem Hunderort.

„Wenn mir die Hunde bleiben
„So bin ich dennoch reich,
„Die Zeit mir zu vertreiben,
„Das andre gilt mir gleich."

Die Hunde schlecht bedienet,
Die wurden falsch und wild,
Und als er sich erkühnet,
Zerrissen sie sein Schild.

Zerrissen seinen Mantel,
Da stand er nackt und bloß.
Da sah man bey dem Handel,
Er hatt einen Buckel groß.

Du mußt die Lehre fassen
Mein edler Fürstensohn,
Wen schon die Besten verlassen,
Der sitzt nicht fest auf dem Thron.

                Ludwig Achim von Arnim.

Zeitung für Einsiedler.

1808. ——————— 21 ——————— 11. Juny.

Abschied.

Geh' ich einsam durch die schwarzen Gassen,
Schweigt die Stadt als wär' sie unbewohnt;
Aus der Ferne rauschen nur die Wasser,
Und am Himmel geht der bleiche Mond.

Bleib' ich lang vor jenem Hause stehen,
Drin das liebe liebe Liebchen wohnt;
Weiß nicht, daß sein Treuer ferne ziehet,
Stumm und harmvoll wie der bleiche Mond.

Breit' ich sehnend noch einmal die Arme,
Nach dem lieben lieben Liebchen aus,

Und nun sag ich: Lebet wohl, ihr Gassen!
Lebe wohl! du stilles, stilles Haus!

Und du Kämmerlein im Haus dort oben,
Nach dem oft das warme Herz mir schwoll;
Und du Fensterlein, draus Liebchen schaute,
Und die Thüre, draus sie ging, lebt wohl.

Geh' ich bang nun nach den alten Mauern,
Schauend rückwärts oft mit nassem Blick;
Schließt der Wächter hinter mir die Thore,
Weiß nicht, daß mein Herze noch zurück.

Justinus Kerner.

Der gehörnte Siegfried und die Nibelungen.
Von J. Görres.
IV.
Die Helden vom Rheine.

Auf demselben Schauplatz, über dem die Nibelungen sich bewegen, spielen einige ihrer Helden ein anderes Gedicht, das uns mehrere Manuscripte aufbewahrt, und das von Fischer unter dem Titel: De prima expeditione Attilae Regis Hunnorum in Gallias de rebus gestis Waltharii aquitanorum principis Carmen epicum saeculi VI. Lips. 1780 und 1792, so wie auch von Molter in seinen Beyträgen zur Geschichte und Literatur, Frankfurt 1798 herausgegeben worden. Mit Aetilas Lobe und seinem Heereszuge aus Pannonien gegen die gallischen Könige beginnt die Dichtung. Gibicho, König der Franken, sendet ihm Hagano aus trojanischem Stamme, Sohn des Hagathies, Jüngling noch, mit Schätzen entgegen, und verspricht ihm Tribut und Unterwerfung; ingleichen auch Heririk, König der Burgunden, dessen Sitz in Caullion, ienseits der Apr und Rhone ist, und der seine Tochter Hiltegund ihm als Geisel übergiebt; im Westen endlich schickt auch Alphere, König von Aquitanien seinen Sohn Walther, früher verlobt mit Hiltegund, gleichfals zu dem gefürchteten Hunnen als Bürgen seiner Treue und Zinspflichtigkeit. Hiltegund, Hagene und Walther werden an Attilas Hofe erzogen, iener wird die Aufsicht über die Kleino-

dien der Königin anvertraut, die Jünglinge aber zeichnen sich in den Kriegen der Hunnen aus. Wie aber nach Gibicho's Tode sein Sohn Gunthar sich losgesagt von der Dienstbarkeit, entflieht Hagano, und Walther beredet bald auch seine Verlobte zu demselben Schritte. Hiltegund füllt auf seinen Rath zwey Schreine mit goldnen Ringen aus dem Schatze, und beyde entweichen bey Gelegenheit eines Gastmahls, das er den Hunnen und ihrem Könige giebt. Er selbst gewaffnet wie ein Riese nach der Pannonier Weise, links mit einem zweyschneidigen Schwerdte, rechts mit einem andern aber nur einschneidigen, reitend auf seinem Pferde Leo, Hiltegund mit dem Schatze auf einem andern guten Pferde. Am Tage in den Wäldern versteckt, reisen sie nur bey Nacht, und gewinnen mit Fischen und Vogelfangen sich ihren Unterhalt, bis sie endlich am vierzehnten Tage am Rheine ankommen, da wo der Königsitz Wuormatia (Worms) liegt. Walther giebt dem Fergen einige der früher gefangenen Fische, zum Lohne dafür, daß er ihn über den Rhein setzt, und wie diese am Mittage auf Günthers Tafel gebracht werden, erkennt sie der König als solche, die der Rhein und die benachbarten Flüsse nicht führen, und wie er sich deswegen näher erkundigt, wird ihm der ganze Aufzug des Helden und der Dame mit den schweren Schreinen, die einen Schall von sich gäben, als ob sie Edelsteine enthielten, erzählt, und Hagane erkennt sogleich in der Beschreibung seinen Gesellen Walther. Günther aber, von Habsucht eingenommen, freut sich, daß dieser die Schätze wiederbringe, die Gibicho nach Hunnenland gesendet, und bietet seine Kämpfer auf, daß sie mit ihm hinaufziehen, um

dem Fremdling die Beute zu entreißen. Dieser aber hat
schon den Wald Vosagus, (das alte Jagdrevier der fränkischen Könige Wasagus, im Wasgau, von Trier, Metz
bis Straßburg hin, wie der Ardennenwald an der Mo-
sel und am Niederrhein, von Achen durch die Eysel
bis zum Mayseld und gegen Coblenz), und in ihm eine
Stelle, wo zwischen zweyen nahe stehenden Bergen, von
dem Gipfel der Klippen selbst gebildet, eine enge Hoble
sich befindet. Dort ereilt ihn Günther mit den Seinen,
und weil er mit Troß die Zumuthung verwirft, die
Schätze der Jungfrau herzugeben, beginnt nun der
Streit, so sehr auch Hagane sich bemüht, das Verderben von dem König abzuwenden, von dem ihn ein Traum
belehrt, und die Wissenschaft, die er von der Macht und
Stärke des Helden hat. Wie aber Günther ihn deswegen der Feigheit beschuldigen will, sagt er sich erbittert von der Fehde los, und sieht von einem benachbarten Hügel dem Kampfe zu. Der Streit erhebt sich
nun zwischen dem Aquitanier und den Uebrigen von
den Zwölfen, die Günther mitgebracht; Mann vor
Mann tritt zum Kampf hervor, Kamelon von Metz
(Mentenis) Scaramund, Wurhard, Ecefrid
der Sachse, Hadawart, Patafrid Hagenes
Neffe, Gerwit, Randolf, alle werden sie der Reihe
nach von Walther niedergelegt. Die übrigen, Eleu-
ter genannt Helmnod, Trogunt von Straßburg, Thaneß von Speyer greifen nun zu der
Waffe, die Chronikschreiber der Zeit als den Franken eigenthümlich beschreiben; sie werfen einen Drey-
zack mit Widerhacken und Stricken nach dem Aquitanier, und wie er gefaßt, ziehen sie alle gemeinsam an
den Stricken, um ihn niederzureißen und dann zu tödten. Dieser aber steht wie ein Baum den vieren, und
tödtet sie der Reihe nach, bis auf Günthern, der
die Flucht ergreift. Der König versöhnt sich nun mit
Hagane, der ohnehin über den Tod seines Neffen erbittert ist, und dieser giebt den Rath List zu brauchen,
und durch verstellten Abzug Walthern aus seinem
Rückhalt hervorzulocken, und ihn im freyen Felde von
neuem dann anzugreifen. Günther billigt den Rath,
Walther übernachtet in der Höhle, und wie er am
Morgen weiter zieht, wird er von den Beyden überfallen. Es erhebt sich neuer Streit, der damit endet, daß
der Aquitanier Günthern in einem Schlage das
Schienbein nebst der Kniescheibe bis an die Hüfte spaltet; Hagane dann Walthern die rechte Faust ab-
haut, und dieser nun dem Franken mit dem Dolche
das rechte Auge ausstößt, und das Schlafbein bis zur
Lippe aufschlißt und sechs Zähne einstößt, alles wie es
Haganes früherer Traum aufgesagt. Nachdem sie

das nun aneinander ausgeübt, versöhnen sie sich wieder
miteinander, trinken auf der Wahlstätte scherzend über
ihre Unfälle mitten unter den umherliegenden verlornen
Gliedern, und die Franken reiten nach Worms zurück,
der Aquitanier aber nach seinem Vaterlande, und regiert noch dreyßig Jahre sein Volk. Fragen wir zunächst nach dem Zusammenhange dieser Dichtung mit
den Nibelungen, so finden wir auch ihn in der
merkwürdigen Willinasaga dargestellt. In jenem
Theile der Sage, den wir als die Parabrase des brit-
ten Gesanges in jenem großen poetischen Kreise angegeben haben, kömmt auch S. 157 eine gleiche prosaische
Auflösung und Accomodation dieses Gedichtes episodisch vor.
Walther von Waskastein, (Vasconia hieß auch Aquitanien) Dieterichs Neffe, ist hier gleichfals als Geisel
von Ermenrek an Attilas Hofe nebst Hildegund,
Tochter des Ilias Jarl, Königs von Griechenland,
nicht des Südlichen sondern jenes andern, das die nordischen
Sagen bald nach Rußland, Polen, bald nach Ost-
teutschland hin versetzen, die Jungfrau daher aus dem
Geschlechte des Osantrix von Willinaland. Beyde
entfliehen auch hier mit Attilas Schätzen beladen, der
ihnen Hagane mit elf Andern nachsendet; daß sie ihm
Walthers Kopf zurückbringen. Alle außer Hagane,
der sich flüchtet, werden im Gefecht erlegt; Walther errichtet dann eine Hütte im Walde, um darin zu über-
nachten, und zündet daben ein groß Feuer an. Wie
Hagane von ferne das erblickt, schleicht er herben und
zuckt eben sein Schwerdt gegen den Waslasteiner, wie
ihn Hildegund entdeckt und aufschreyt. Walther
wirft darauf einen Feuerbrand nach ihm, daß er nieder-
stürzt und daß eine Auge in der Folge verliert; Ermenrek versöhnt später die Liebenden wieder mit Attila. Walther aber wird weiterhin im Vorlaufe des
Gedichtes von Wildifer getödtet. Abermal also haben wir in diesem Gedichte eine Gliedmaße jenes großen
verschütteten poetischen Organisms aufgefunden, der
nachdem das Leben aus ihm gewichen, nur in einzelnen
Fragmenten sich erhalten hat.

Sehen wir uns aber nach dem Alter des lateini-
schen Epos um, dann tritt es uns in ferne Jahrhunderte
zurück. Die Membrane, die von ihm in der großherzog-
lichen Bibliothek in Carlsruhe aufbewahrt wird, hat
dieselben Schriftzüge, das Fragment des Raba-
nus corbeiensis bey Mabillon, gehört also dem
neunten Jahrhundert an. Außerdem erwähnt ihrer die
Chronik des Klosters Novalese, gestiftet am Anfange des
achten Jahrhunderts am Fuße des *Moncenis* bey *Mu-*
ratori scriptor. rer. Italic. Tom. II, p. 2 C. 704
und Antiquitates Italicae Tom. III Diß. 44 Col.

964. Diese Chronik, die nach *Muratoris* Meynung um 1060 geschrieben wurde, erzählt von dem Mönche Walther, der sich vor Alters in ihrem Kloster aufgehalten; dessen Vater, der König Alfer von Aquitanien mit dem König Crikk von Burgund den Vertrag um Hiltegund errichtet; wie beyde Königreiche dann aber Attila zinsbar geworden, und Walther und Hiltegund nun am Hofe desselben leben müssen; sie bringt dann eine Stelle wörtlich aus dem Gedichte gezogen, über ihre Erziehung bey, und weiterhin, wie Walther endlich in seinem Alter Mönch geworden, und was Thaten er in ihrem Kloster noch verrichtet, wie er die Räuber geschlagen u. s. w. Erzählungen, die an den Mönch Jlsam des Heldenbuchs erinnern. Auch Aventin in seinen Annalen, führt Stellen aus einem Manuscripte desselben in Rheinsberg an. Hinter das neunte Jahrhundert fällt also die Abfassung des Gedichtes zuverlässig zurück; eine andere Frage aber ist, ob sie Fischer darum mit Recht in das Sechste versetzt. Manches Einzelne erwogen, besonders aber jene Stelle, wo Hagene als aus trojanischem Blute entsprossen angegeben wird, mögten wir uns am ersten für die Zeit Pipins bestimmen, wo es nach Eckharts Angabe in commentarii de reb. Franciae orient. zuerst beliebt wurde bey den Franken, ihre Abkunft vom trojanischen Geschlechte herzuleiten, weil ihre Sagen und Chroniken von einem ihrer früheren Könige Priamus berichteten. Die äußere lateinische Form schließt sich unmittelbar an die römischen Dichtungen der ersten Jahrhunderte an, das innere Wesen aber zeigt ganz den Geist einer in diese Form verarbeiteten nordischen Romanze. Betrachten wir aber nun, wie die ganze Masse des Lichtes in dem Bilde auf dem aquitanischen Helden liegt; erinnern wir uns, daß Aquitanien jenen Strich von Westfrankreich begreift, der sich am Fuße der Pyrenaen hinzog, und den die Visigothen besassen; dann müssen wir die Fabel für eine der Ramificationen des großen gothischen Stammgedichtes erklären, das im Dieterich und dem zunächst mit ihm Verbundenen, ostgothischen Character trägt, hier aber in einer wenigothischen Romanze ausgeschlagen ist.

Eines aber noch ist merkwürdig an diesem Werke, daß Günther und Hagene, offenbar die Helden der Nibelungen, keineswegs Burgundionen, sondern Franken sind, und es ist schwer auszumitteln, welches Gedicht hier das historisch treueste ist. Während nämlich die Allemannen am Oberrheine über Bauern Rhätten und die östliche Schweiz sich verbreiteten; während gleicherweise die Burgundionen ausgegangen von der polnischen Gränze, im dritten Jahrhundert gegen

die Donau andrängend, später in der Gegend von Straßburg über den Rhein vorbrachen, und das ganze östliche Narbonensische Gallien besetzten; waren auf die gleiche Weise auch die Franken vom Ufer der baldischen See, dort noch Waringer genannt — daher das Waringen in der Geschichte des Schmieds Belint — herabgekommen; unter ihrem König Pharamund hatten sie die Harzgegenden an der Bode, der Werra, und Thüringen an der Saale, so wie Oberfranken am Mayn besetzt, und drangen später dann um die Zeit des Zuges von Attila, und seines Todes, nachdem sie früher schon häufige Einfälle in Gallien gemacht, unter ihrem König Hylderich und zwölf Anführern in Masse bey Maynz über den Strom hinüber vor; schlugen die Römer, nahmen Maynz, Worms, Speyer weg, und gründeten dort fünf kleine Königreiche, denen sie Aebogast, Drogo, Geberich mit seinem Sohne Gunthar, Garovik und Haganos vorsetzten;*) rückten dann weiter den Rhein abwärts gegen Coln hin, wo Sigbert das Königreich der Ripuarier errichtete; eroberten Belgien, brachen dann über Trier nach Metz bis Toul hin vor, wo Haganos Neffe Patafried, derselbe der im Gedichte vorkömmt, als König geordnet wurde; und zwangen endlich Paris zur Uebergabe, wo sich ihnen dann das ganze römische Gallien unterwarf. Später am Anfange des sechsten Jahrhunderts gelang es dem berühmten Clodovaeus oder Clovis dann, nachdem er erst die Allemannen in Teutschland, dann die Westgothen in Aquitanien, endlich die Burgundionen geschlagen und sich unterworfen, alle die einzelnen Staaten in ein großes Gemeinwesen zu verbinden, und so, nachdem er das Christenthum zuerst unter seinem Volke einführte, das fränkische Weltreich zu begründen. So viel ergiebt sich aus dieser Auseinandersetzung, daß die Gränzen des fränkischen und burgundischen Reiches um die Zeit, in der das Gedicht spielte, eben etwa in die Gegend der alten Vangionen fielen, und daß sie vielleicht in unbestimmtem Wechsel häufig fluctuirten. Eben diese Unbestimmtheit rechtfertigte daher auch die Dichtung, daß sie gleichfals zwischen Franken und Burgundionen hin und heruber schwebte: denn das ist die Weise der Poesie, daß sie, besonders wo sie eigentlich Nationelle ist, wohl liebt historische Wahrheit zum Grund zu legen, daß sie aber im Fortgange der Entwicklung den gefaßten Gegenstand aufnehmend ins Reich der Phantasie, sich nur durch das Gesetz des Schönen, nicht

*) Das letztere nach *Aventinus Annal. Boior.* der es wahrscheinlich aus verwandten verloren gegangenen Dichtungen, und nicht aus eigentlich sogenannten historischen Quellen schöpfte.

aber durch das der Wahrheit binden will. So ruht die alte
griechische Mythe offenbar auf Naturanschauung, je weiter aber sie von ihrem Ursprunge sich entfernt, um so
mehr treten jene großen einfachen Naturformen in ihr
zurück, und das ganze bunte Gewimmel freyer absicht-
loser Schöpfungen in der Götterwelt nimmt ihre Stelle ein.

Das also hat diese Untersuchung uns gewonnen,
daß sie uber Ort, Zeit und die wirkenden Kräfte in dieser großen poetischen Begebenheit, so viel es bey einem
solchen Gegenstande möglich ist, uns verständigt hat. Der
Rhein, der Nil des alten Deutschlands, der sein Delta
in Holland hat, nachdem er die Schweizergebirge verlassen, durch seine Seen hindurchgeflossen, und über
seine Cataracte sich gekürzt, tritt in jene schönen reichen
Ebenen zwischen den Vogesen und dem Taunusgebirge
und dem Kunstück*) ein, und dort hat das Gedicht sich
ersten Sitz und Stammland selbst gewählt, und fließt nun
groß und herrlich durch seine Geschichte, wie der edle
Strom durch seine Natur. Worms insbesondere, das
alte Borbetomagus, schon dem Ptolemäus bekannt, von den Römern besetzt, Sitz des Erzbischoff-
thums, das bis zum Anfange des achten Jahrhunderts
selbst Maynz als Filial unter sich begriff; unter den
fränkischen Fürsten Paris gleich geachtet, indem die
Könige dort ihren östlichen, wie hier ihren westlichen
Sitz gegründet, und Dagobert an einem wie am
andern Orte ein Dyonisiusmünster gestiftet, und einen
Pallast baute, den 791 eine Feuersbrunst in der rheinischen Stadt verzehrte: dieser Ort ist vor allem das Haus
der Helden in diesem Kreise. Keineswegs war auch die
Erinnerung alter Herrlichkeit in dieser Stadt bis auf die
nächstverflossenen Zeiten hin ganz untergegangen. Man
zeigte noch gegen das Ende des sechszehnten Jahrhunderts das sogenannte Riesenhaus und des gehörnten Siegfrieds Lanze, einen ungeheuren Wellenbaum. Eine alte
Sage, erzählte die Chronik der Stadt, hatte das Andenken an seine Begräbnißstätte in der Kirche der heiligen
Cäcilia aufbewahrt. Als daher der Kayser Friedrich der
dritte um die Hälfte des fünfzehnten Jahrhunderts, nachdem er in Belgien Krieg geführt, in Worms verweilte,
war er neugierig, die Wahrheit der durch ganz Deutschland verbreiteten Dichtungen von seiner Riesengröße,
durch eigene Untersuchung zu prüfen. Er ließ daher das
Grab öffnen, wie den König Franz Rolands Grab,
allein, ob man gleich so tief vordrang, daß man auf

*) Freher in orig. palat. p. 89 führt eine Stelle aus dem Wor-
mer einem altdeutschen Dichter aus der Zeit Friedrichs II. an,
wo es heißt: „Der Imelungenhort lit in dem Lurlenburg
in bro." Der Imelungen hort, wie es scheint, der Nibelungen hort, und die Stelle wo er verborgen, der kurleyreiten
oder die Loreley bey Wesel im obern Rheingau.

die Wasserquellen traf, so fand man doch keine Spur
von Gebeinen. Die Vermuthung Frehers, als ob zwischen ihm und dem berühmten Sigbert, der um 539 unter
dem König Theoderich major Domus gewesen, und in
Worms mit seiner Gattin Crimhilde gewohnt, und viele
Thaten dort verrichtet, eine Verwechselung vorgegangen,
mögte wohl nicht ganz grundlos sich bewähren. Kaum wird
es gegenwärtig möglich seyn, noch irgend etwas historisch
Gewisses über diesen Gegenstand auszumitteln. Wie dem
Untergang von Altdeutschland jene Gedächtnißschwäche
vorangeeilt, in der die letzte Zeit rein vergessen, was wahrhaft Merkwürdiges in ihrer Vergangenheit geworden, ist die
Sage ganz verstummt, und was die Armuth schriftlicher
Denkmäler, wenn nicht unverhofft sich neue unbekannte
Quellen öffnen, geben kann, mögte nicht leicht viel weiter
führen, als wir bisher erreicht. Nachdem das Andenken
an die Begebenheiten bis auf wenige Ortsnamen vielleicht, etwa Guntersblum, Guntramsheim,
Godramstein, Hagenheim, Follesheim und
die Benennung des Rosengartens bey Worms,
ausgestorben ist, hat man zuletzt auch noch das letzte
Denkmal zerstört, das wohl noch Zeugniß geben könnte
von jenen Jahrhunderten. Die schöne alte Capelle in
Worms nahe bey dem Dome, die in einem reinen,
großen Style gestaltet, mit dem Tempel, den Theoderich in Ravenna gebaut, und dessen Kuppel lange
die Urne mit seiner Asche trug, in ihren Formen die
auffallendste Aehnlichkeit gezeigt, und wahrscheinlich also
nicht in einer viel späteren Zeit gegründet wurde, hat
der eigene freywillige Entschluß der dortigen Kirchenvä-
ther der Zerstörung hingegeben, und das Land verliert
an ihm vielleicht das älteste und merkwürdigste Denkmal seiner Vergangenheit. So ist alle Geschichte doch
immer nur Nomadenzug, und haben auch Jahrtausende
die Erdhütten und die Steingezelte sich erhalten, endlich
bricht sie doch die Zeit. Wie Sturmvögel jetzt hoch über
dem Meere schweben, und dann sich niedersenken und
mit den Flügelspitzen den Rand der Wellen streuen, und
die weite Brust im kühlen Erdblau baden, und wieder un-
tertauchen und unter dem Wasser durchbrechend weiter
eilen: so schießt das Leben gleichfalls bald eine Feuerku-
gel durch die Lüfte durch; fährt dann nieder an die
Erde, und furcht sich dorthin schlagend und wieder an
den andern Ort, und wühlt sie dann weiter unter dem
Boden durch, und wirft in hohen Hügeln die Erde auf,
und hat niemal bleibende Stätte an einem Punkte. Und
wenn die wilde Kraft irgendwo ausgetobt, dann tritt die
alte Mutter sorgsam her, und bringt die dienstbaren Na-
turgeister mit hinzu, daß sie langsam wieder glätten,
was der Frevel zerrissen hat; und sie arbeiten leise leise
nagend wie das Knistern in Ruinen; jeder Augenblick hat
ein Staubkörnchen abgerieben: lange Zeit besänftiget
großen Aufruhr, heilt tiefe Wunden, ebnet alle Hügel.
Und es ist nicht an der Natur zu tadeln, daß sie ihr
Reich gegen Beschädigung wahrt, und es ist auch am
Leben nicht zu schelten, wenn es zerstört, was es gebaut; denn es soll sich nicht in seiner eigenen Werke
Fessel geben: wenn aber ein einzelner Privatwillen von
gestern und von heute zerstört, was der Jahrhunderte ist,
das muß man für frech und gottlos halten.

Zeitung für Einsiedler.

1808. ——————— 22 ————— 15. Juni.

Der Brockophantasmist.

Ihr seyd noch immer da! Nein das ist unerhört,
Verschwindet doch! Wir haben ja aufgeklärt.
Das Teufelspack, es fragt nach keiner Regel,
Wir sind so klug und dennoch spuckt (der Schlegel)
Wie lange hab ich nicht am Wahn hinausgekehrt
Und nie wirds rein, das ist doch unerhört.

Die Schöne.

So hört doch auf, und hier zu entmannten.
Aus Göthes vermehrten Faust S. 206.

Um nicht die Leser mit Bemerkungen über einige nicht nach dem Consistorialmaas gemessenen Herameter zu entmunteren, während alle noch in der ersten Freude des Lesens und Wiederlesens sind, zeigen wir blos diese herrliche Erscheinung seiner sämmtlichen Werke an. Dem Correktor hätten wir mehr Genauigkeit gewünscht, denn wir wissen aus eigner Erfahrung, wie schwer diese zu erreichen.

Einsiedler.

Geschichte und Ursprung des ersten Bärnhäuters.

Worin die Volkssage vom papiernen Calender-Himmel und vom süßen breiten Gänsefuß, nach Erzählungen einer alten Kinderfrau aufgeschrieben *) vom Herzbruder.

(Mit der Abbildung des Bärnhäuters.)

I. Die Landsknechte vor der Hölle, im Himmel, und endlich zu Warteinweil.

Im Jahr dreyzehnhundert sechs und neunzig, als Kaiser Siegismundus von dem türkischen Kaiser Celapino geschlagen worden war, wollten die erschlagenen Lands-

knechte auf der Wahlstatt bey den Türken nicht liegen bleiben, giengen drum miteinander zu Rath, und richteten ein Fähnlein auf, das war weiß mit einem rothen Kreuz, und zogen miteinander der Hölle zu, in der Meynung dort, wo es, wie man sagt, fein warm seyn sollte, ein gut Winterlager zu halten. Als die Teufel sie aber mit ihrem Kreuzfähnlein ansichtig wurden, wollten sie solchem Feldzeichen nicht trauen, als unter welchem die Hölle immer bestritten worden. Sie verrammelten daher alle Pforten, besetzten die Mauern, und rüsteten allerseits gute Gegenwehr an. Die frommen Landsknechte zogen solches nicht erwartend ruhig heran, aber die Teufel schossen nach ihnen, und da hierauf die Landsknechte potz Marter Gottes Wunden und dergleichen ehrbarliche Flüche zu reden anfiengen, riefen ihnen die Teufel zu, o ihr lieben frommen Leute, ihr

---

*) Wenn unser Freund Grimm in dem Aufsatze über die Sagen [19 u. 20 St.] das erste Verhältniß der Volkssagen zur Weltgeschichte [die genau genommen nichts anders ist als diese Sagen selbst, bald wunderbar bald listig politisch nach der Entwickelung des Volks ist, wobey das Leben der Einzelnen nur in der Beziehung auf das Ganze angesehen wird] entwickelt hat, von denen er manche der Unbekannteren aus seiner reichen wohlgeordneten Sammlung uns mitzutheilen geneigt ist, so glauben wir mit dieser heitern Anreihung alter Sagen, die dem leichtbewegten Witze eines andern lieben Freundes so wohl gelungen, den scherzenden Sinn der andern Volkssagen am besten eröffnen und darstellen zu können, von denen wir durch Bekanntschaft und Reisen eine unsliche Menge verschiedener Gegenden zusammengebracht haben. Dieser scherzende Sinn der Volkssagen, dieser Spott ohne Ort und Datum, der sich trifft und darum keinen, diese Satyre, womit keiner gemeint ist, die in einem erträumten Lande mit allerley wunderlichen Lebensverhältnissen spielt, fordert entweder große Unbefangenheit oder große Bildung um erfunden und verstanden zu werden, daher die nahe Berührung des mit Wissenschaften, Künste, Geschichten und Sprachen berührenden Jean Paul Fr. Richters mit manchen der frühesten deutschen Erzähler, so daß jetzt fast niemand von dieser Laune ergriffen werden kann, ohne von der classischfrevelnden Publikum, das immer nach dem Bekanntesten die

ganze Welt anordnet, als ein Nachahmer Jean Pauls angesehen zu werden. Diese Gattung keinen Scherzes, die den Deutschen so ganz national ist, daß sich später und früher immerdar Aeußerungen der Art finden werden, hat in ihm bis jetzt ihr reichstes Denkmahl ausgestellt, es wäre aber wunderlich, wenn einer darum seine Einfälle verschlucken wollte, weil ein andrer auch Einfälle gehabt hat, die Menschen kämen sonst endlich auf die Einfall rückwärts zu gehen, weil man bis dahin vorwärts gegangen. Die eigentliche Originalität im Menschen ist unverwüstlich, das Gemeinsame ist aber das Organ, worin sich das Einzelne verständlich ausspricht, das Gemeinsame ist immerdar mehr werth als jedes Einzelne, die Originalitätswuth, die nichts lesen, nichts lernen will, um sich vor Nachahmung in Acht zu nehmen, giebt also das Höhere und was sie als abgeschieden der gemeinsamen Betrachtung giebt, wird daher mit Recht wiederum von der Gemeinte aufgesucht, wir sind es gewiß, daß es kleine Sagen nicht alle ergeben wird, die bekannt und unbekannt zugleich scheinen, wie jene scherzende Mahlereyen, mit neuen aufgelegten Schein von Mannichfaltigkeit ein alter Landsknecht bald in einen Einsiedler, bald in einen Bärnhäuter, dann einen zierlichen Sänger und Edmann verwandelt wird, nothwendig gehört dazu diese Abwechselung der Sprache und Umgebung, die freylich beym ersten Anblick durchaus nicht objectiv scheinen mag.

seyd irr, ihr redet dermaßen heilig, wir lassen euch nicht ein, haltet euch rechts auf der Himmelsstraße, und wiesen das ehrbare Völklein also nach dem Himmel. Als St. Peter sie anklopfen hörte, fragte er sie, wer sie wären, sie sagten, er sollte aufthun, sie seyen fromme Landsknechte in Kaiser Siegmunds Feldschlacht erschlagen, und bisher gewiesen. St. Petrus zeigte es dem Herrn an, der aber sprach: laß sie nicht herein,

Es sind gar unnutze Gesellen,
Die nichts als böse Händel anstellen.
Da nun die Landsknechte mußten harren,
Fiengen sie an zu fluchen und schnarren,
Marter, Leiden und Sakrament,
St. Peter der die Fluche nicht kennt,
Meint, sie reden von geistlichen Dingen,
Gedacht in Himmel sie zu bringen,

Er bat daher für sie, und erhielt die Erlaubniß sie herein zu lassen; als sie aber bey ihm vorbey musterten, ihre Fähnlein schwenkten und ihn auf gute Kriegsmanier mit ihren Waffen begrüßten, hatte er eine große Freude daran, und grüßt sie wieder; zuletzt aber kam einer, der hatte nach Art dieser Hühnerdiebe und Bauernfeinde, einen Hahn, den er unterwegs gestohlen, an seiner Wehr hängen, und schwenkte, St. Petrum zu grüßen, diesen ihm vor der Nase herum. St. Petrus ward gar entrüstet darüber und sprach:

Du Spottvogel, jetzt merke ich,
Willst mit dem Hahn verüren mich,
Weil er nicht eher hat gekräht,
Bis ich den Herrn verläugnen thät.

und schlug somit die Thür zu, ließ den mit dem Hahnen nicht ein. Der blieb stehn und brummlet und flucht, und zog um den Himmel herum, wie ein Vogel, der Thürlein zum Kescht nicht finden kann, wir wollen ihn gehn lassen, vielleicht kommen wir, wenn gleich so jung nicht, wieder mit ihm zusammen.

Kaum, daß die übrigen Landsknechte im Himmel waren, so bettelten sie bey allen Heiligen herum, und als sie etliches Geld zusammen gebracht, breiteten sie ihre Mäntel aus, setzten sich darauf, und würfelten und knöchelten so lang, bis sie in Streit geriethen, da sprangen sie auf, zuckten von Leder, und hieben mit solchem Fluchen und Lärmen auf einander los, daß St. Peter die Haar zu Berg standen, er sprach:

Wollt ihr im Himmel balgen,
Hebt euch hinaus an lichten Galgen.

Da schlugen sie gar auf St. Petrus los, daß er mußt davon laufen, und seinem Herrn und Meister die Noth klagen, der ließ einen Engel mit einer Trommel vor den Himmel hinaustreten, und einen Allarm schlagen. Die Landsknechte hatten sich eben etwas verschnauft und sprachen untereinander:

Wir wollen's nun auf lassen seyn,
Gute Brüder sind wir insgemein.
Aber den alten grauen Jasen,
Wollen wir noch besser abwalken.

Da hörten sie den Lärmen schlagen, und konnte keiner seine alte Gewohnheit lassen, rannten da mit einander dem Thor hinaus. St. Peter aber stand hinter der Thür, und schlug sie ihnen hinterm Rücken zu mit großen Freuden. Da die Landsknechte sahen, daß man sie zum Besten gehabt, hoben sie erst einen gewaltigen Lärmen an. St. Peter trat hinters Schlüsselloch und sprach: wer hat euch hier her kommen heißen, zieht fort, nur fort ihr Blutzapfen, ihr habt euer Leben den Frieden gehaßt, und sollt darum der ewigen Ruhe nicht genießen. Hierauf schrie ihr Hauptmann: „Wo bleiben wir aber heut Nacht? in die Hölle will man uns nicht einlassen, aus dem Himmel wirft man uns hinaus, wohin nun? wir müssen doch auch ein Ort haben, wo wir bleiben sollen." St. Peter aber sprach: trollt euch, oder man wird euch was anders weißen; ihr seyd nichts als Bluthunde, Gotteslästerer, arme Leutmacher, verfluchte, verzweifelte, gottlose Leute. Da ward der Hauptmann gar erzürnt, und sprach:

Hu hu, fahr sacht du alter Greis!
Fein säuberlich mit der Braut auf dem Eis.
Hui bist du nicht der kühne Degen,
Der sich seines Lebens darf erwegen,
Darf Ohr abhauen und seinem Herrn
Beistehn, mit Ernst, doch weit von fern,
Und ferner nicht, als bis zum Herde,
Und daß ihn auch keine Magd geferde;
Wie darf der Fuchs den Wolf wohl schmähen,
Der Hahn thut ihnen beiden trähen.
Sie sind gefallen im guten Streit
Gegen den Türken auf grüner Heid,
Und wenn ich's recht berichtet bin,
Es dünkt mir stets in meinem Sinn,
Du seist der Schelm, der unfern Herrn
Vor allen Jüngern weit und fern
Recht greulich, als ein Mameluck,
Ja dreimal nach einander flucks,
Verläugnet und verschwur behend,
Bei Streit und Brot, eh er ihn kennt;
Und liefst davon, fehlt auch nicht weit,
Du fielst gar auf der Juden Seit,
Gelt unser armer Kriegslumpan,
Sehel die nicht mit seinem Hahn,
Häst Angst, er mögt dir wieder krähn.

Und nun, du Meineyd, du willst uns nicht einlassen, nun müssen wir doch wissen, wo wir hin sollen. Petrus war über das laute Schreyen des Hauptmanns schamroth geworden, und da er fürchtete, die andern mögten den Spektakel im Himmel hören, so sprach er zu den frommen Landsknechten: „Liebe Freunde! seyd still und

schweigt, ich wil'.. urch ein eigen Dorf eingeben, das
liegt zwischen Höll und Himmel und ist ganz neutral,
es heist Warteinweil, da werden mit der Zeit noch mehr
Landsknecht hinkommen, da habt ihr euer Wesen allein,
könnt spielen, saufen, würfeln und singen, da wird kein
Hahn darnach krähen. Auch soll euch ein appart Schicksal hinein gemacht werden. Da nahm Petrus seinen
Stecken und Hut, und führte sie gen Warteinweil, da
halten sie noch ihr Regiment, solcher Ort aber hat nachmals den Nahmen der große Bär erhalten, und ist der
recht Bernhäuter-Himmel geworden. Wir wünschen
nun St. Peter eine glückliche Reise, und wollen sehen,
wo der arme Schelm mit seinem Hahn hinkommen, der
das Thürlein zum Himmel suchte.

II. Der papierne Gänsehimmel. Erfindung des Biers. Spruch vom Schlaraffenland.

Der gute arme Landsknecht mit seinem Hahn irrte
so lange herum, bis er an den Gänsehimmel kam, allwo eine schöne papierne Wiese, worauf die edlen Gän-
seseelen, die theils um St. Martins, theils nm aller
Schreiber willen getödtet werden, zu tausenden die Mär-
tirkrone tragend spazieren weiden, besonders aber waren
allda diejenigen ausgezeichnet und saßen jegliche auf einem Bogen Stempelpapier, welche von speißhaftigen
leckermäuligen Juden mit aufgeschlitztem Bauch schwe-
bend aufgehängt, und so lang mit salzichtem Getränk in
beständig saufendem Durste erhalten werden, bis ihnen
die Leber so groß aus dem Leibe herauswächst, daß oft
die Gans selbst in großer Melancholei nit weiß, ob sie
die Leber oder die Gans ist. Ueber solche elisische Gän-
sefelder trabte der fromme Landsknecht hin, und gedacht, dieß soll vielleicht auch sein Himmel seyn, weil
er eines theils an trockner Leber viel gelitten. Zu Ende
der Wiese aber lag ein schönes Wirthshaus, Kapitolium
genannt, da fehrt er ein, gar müd und schier erfroren,
hängte auch seinen Hahn hinter den Ofen, daß er etwas aufthauen mögte, der Wirth bracht ihm da eine
Sorte Gänsewein nach der andern, konnte aber des
guten Bruders Geschmack nicht treffen, der saß traurig
da und harrte bis sein Hahn aufgebauet; und so lang
wollen wir ihn sitzen lassen und sehen, was vor gute
Gesellschaft weiter hier ankömmt.

Als die Teufel den Anschlag der frommen Landsknechte auf die Hölle so leicht abgewiesen hatten, schickt
Luzifer ein Paar Gesellen aus, um zu sehen, ob sie
nicht irgend einen einzelnen erwischen könnten, der sich
etwa dem Zug nachschleppte, solchen sollten sie als einen

Geißel in die Hölle führen, für die schweren Unkosten,
die ihnen der Vertheidigungsstand daselbst gemacht. Als
nun die beyden den Landsknecht mit dem Hahn vor dem
Himmel herumschlampen sahen, zogen sie ihm so lang
nach, bis er im papiernen Himmel ins Wirthshaus trat,
da blieben sie stehen und wurden folgenden Anschlags
einig, der eine sollt sich in die Hölle hintern Ofen setzen,
der andre aber wollt sich zu dem guten Gesellen machen,
ihm zutrinken, und allerley Fahrwerk mit ihm treiben;
wann dann der fromme Landsknecht das Maul recht
aufreiße, sollt der hinterm Ofen ihm dadurch in den
Leib fahren, und ihn somit von dannen führen. Also
traten sie ein, und nahm der eine die Gestalt eines andern Landsknechts an, der andere aber schlich sich unsich-
tig hintern Ofen. Nun war der betrübte Hühnerdieb
gar froh, einen Gesellen gefunden zu haben, dem erzählte er, wie es ihm ergangen; da giengs an ein Fluchen und Schelten auf St. Peter, da ihnen aber beyden
der Gänsewein nicht schmecken wollte, und dem Teufel
der Landsknecht das Maul nicht allerdings weit genug
aufriß, so sagt er zu ihm: Halt mein guter Gesell, ich
will dem Ding besser thun, potz Cana in Gallilea, ich
soll uns einen Wein machen, da sagt er zum Wirth, er
sollte ihm der Gänse Speiß ein Theil geben; der Wirth
der bracht ihm Gersten, die schmiß er ins Wasser hinein
und rührts, da ward das Bier erschaffen, und hat sich
auch heut zu Tag erhalten, und trinkens die Gänse
nicht ungerne. Während nun der Teufel braute,
sprach er den Spruch vom Schlaraffenland:

Hui Bruder ich bin ein gereister Mann,
Hab neulich erst ein Zug gethan,
Da lernt ich brauen in einem Land,
Sein Nahm der ist mir unbekannt,
Da wachsen die Plateiß auf den Bäumen,
Wie andererwärts die Kirschen und Pflaumen,
Die Gäns, die haben Tanzschuh an,
Die Weiber küssen gern die Mann,
Die Störch, die stechen eim den Staaren,
Der Wolf der großen Schul gefahren,
Die Fuchs, die kommen angefahren,
Die Schnecken machen glänzende Karrieren,
Die Enten Minnelieder blaren,
Die Küh unter andern vielen
Mit Ochsen in dem Dambrett spielen,
Die Esel auf der Laute schlagen,
Die Fisch sich lassen in Sänften tragen,
Die Böck, die geben botanisiren,
Die Frösch, die Physicam dociren,
Ein Krebs Finanz- und Kriegskunst lehrt,
Zwick, retirir, bleib unverrückt,
Die Esel werden Jahteru genannt,
Die Spatzen liederlich und galant,
Der Krug, der lehrt Philosophel,
Sallat steht auch schon lang dabei,

Kienöl, Pfannkuchen und Butterweck
Haben da all einen hohen Zweck,
Dreischlegel muntern sich mit Gedichten,
Das Stroh zu dreschen, die Spreu zu sichten,
Kunst, Wissenschaft, auf grünem Ast,
Ob du ihn lange nicht gesehen hast,
Den Objectiv, den Subjectiv,
Der hundert Jahr ganz ruhig schlief,
Aufwacht, Lärm macht,
Wird ausgelacht,
Hanswurst ist an der Natur gestorben,
Natur ist an der Kunst verdorben,
Und Kunst hat die Religion gefressen,
Und Religion hat den Glauben vergessen,
Und Glauben hat alles wissen wollen,
Und Wissen sitzt auf dem Eischollen,
und fährt hinab ins weite Meer,
Und wird zu Wasser wie vorher,
Aber die Gans ist ein Predikant,
Auch hats viel Hasen in dem Land,
Welche auf Gartenschnecken reiten,
Die für das Vaterland da streiten,
Königinnen *) die Trommel schlagen,
Eichhörnlein die Fahnen ragen,
Der Hunger ist ihr bester Koch,
Karfunkel wachst im Ofenloch
Die Maus, die bauen dort das Feld,
Die Katz ist als Organist bestellt,
Der wilde Eber ist ihr Badknecht,
Ein Hering ist ihr Wildschütz recht,
Der Bär ist ein Informator gut,
Ungeledert er lecken thut,
Und Reineke Fuchs das Schemelbein,
Möcht gar zu gern den Pabst auch seyn,
Ein Schemelbein in seinem Bau
Ein Schemelbein liest man's genau. **)

Nun mags gut seyn, da trank er dem Landsknecht
einen Trunk des neuen Biers zu, der sprach aber, ge-
segn es dir Gott Bruder, nach Landsknechts Brauch,
das war dem hintern Ofen gar zu wieder, konnte drum
nicht in ihn fahren, der Landsknecht aber konnte nicht
trinken ohne den Spruch. Der Brauer Teufel sagt,
laß mir deinen Segen weg, du machst mir das Bier
sauer, da antwortete der Landsknecht: laß es eine Weil
geruhen, ich will uns einen Braten anrichten lassen, du
hast mir so gute Schwänke erzählt, daß ich gern mit
dir essen mag; da rief er dem Wirth:

He lieber Wirth mein gut Gesell,
Geht hintern Ofen in die Höll,
Den armen Teufel nehmt davon,
Zupfet und dann bratet ihn,

---

*) Kaninchen.
**) Die Einsiedler bekennen frey,
Sie wären auch gern all dabey;
Nun sitzen sie mitten in der Natur,
Bey ihrer Correctur.   Einsiedler.

Den wollen wir fressen und zerreißen
That damit hintern Ofen weisen
Auf den hangenden todten Hahn,
Als der Wirth ging zu der Höll hinan,
Wollt den Hahn von dem Nagel schnappen,
Meint der Teufel, er wollt nach ihm tappen,
Ihn zupfen und dem Landsknecht braten,
Und thät sich da nicht lang berathen
Und blies ein Ofenkachel aus,
Und fuhr zum Ofenloch hinaus.

Das ward ein großer Lärm im Gänsehimmel, denn
die wachsamen Gänse erhoben ein gewaltig Geschrey,
und da saß der andere Teufel auch, wie er davon kam,
und riß ein groß Loch in den papiernen Himmel, der
gut Landsknecht aber ließ seinen Hahn an Zahlungsstatt
im Stich, nahm auch im Zorn das Bierglaß, und
schmieß es gegen die Wand, der Teufel hole deinen neuen
Trank, sprach er, was hängen bleibt an der Wand,
mag dein Bier seyn, was abläuft ist der alt Gänsewein,
dies sey die ewige Bierprobe, und so machte er sich durch
das Loch aus dem papiernen Himmel hinaus.
(Die Fortsetzung im nächsten Blatt.)

Die Meerfrau.

Der König eine Meerfrau greifen läßt,
Und setzet in den Thurm sie fest.
Die Königin ruft zwei Gesellen zu sich:
Weset die Meerfrau zu sehen vor mich.
Die Meerfrau kam und stand vor ihr,
Was wollt Ihr Königin, was rufet ihr mir?
Die Königin streicht übers Kissen blau,
Setz dich Meerfrau, und ruhe darauf.
"Es wollt ihr verrathen dein eigen Leib mein,
Hier unten liegt scharf ein Messerlein.
Und weißt du das, auch mehr du weißt,
Sag mir bei meinem Schicksal das meist.
"Weiß ich dein Schicksal und sag es dir,
Du läßt mich im Feuer verbrennen hier"
Du bringst zur Welt drey Söhne kühn,
Dein junger Leib der ist dahin.
Soll mir's ergehen nicht besser hie,
Sag mir, welch Schicksal empfangen sie?
"Der eine wird König von Dänemark seyn,
Der andere tragen die Goldkrone fein."
Der dritte wird werden so weiß ein Mann,
Für ihn mußt du dein Leben lan.
Die Königin zog über ihr Haupt das Kleid,
Sie ging vor den König in die Stube ein.
Hört ihr allerliebster Herr mein,
Gebt mir doch diese Meerfrau fein,
Die Meerfrau Leid nicht geb ich dir,
Sie verrath meine lieben Schifflein mir.
Wie Erde schwarz wird die Königin,
Wie roth läuft sie vor den König hin.
Meine Liebste, nehmt das euch nicht so an,
Folgt ihr mit allen Jungfrauen zum Strand,
Sie kleidet die Meerfrau in Scharlachroth,
Weil sie weingt ihren eignen Tod.
Ihren Jungfrauen sagt sie Königin:
Zur See folg ich der Meerfrau hin.
Auf Wellen blau wird die Meerfrau gebracht,
Die Königin weint gar niemand lacht.
Ihr durft nicht weinen, weint nicht vor mir,
Des Himmels Thor steht offen vor dir.
Im Himmelreich sollt du bauen und leben,
Da wird dir erst Stille und Ruhe gegeben.
Aus dem Dänischen von Wilhelm Grimm.

Zeitung für Einsiedler.

1808. ——————— 23 ——————— 18. Juny.

Wer bist du, armer Mann?

Der Himmel ist mein Hut,
Die Erde ist mein Schuh,
Das heil'ge Kreuz ist mein Schwerd,
Wer mich sieht, hat mich lieb und werth.

(Aus den Kinderliedern. Anhang zu des Knaben Wunderhorn.)

Geschichte des ersten Bärnhäuters.

(Fortsetzung.)

III. St. Peter mit dem Landsknecht, und die Vertreibung der Thiere aus dem papiernen Kalender = Himmel. Ursprung der Tapferkeit.

Nun wußte der gute Landsknecht noch immer nicht wohin, und bettelte von Dorf zu Dorf, bis er auf seinem Zug St. Peter antraf, der war zurück von Warteinweil gekommen, und hatte einen gar bösen Streit im Himmel gehabt, denn er hatte sich eine Gesellschaft gegen die lieben Thiere, die im Himmel mit den Heiligen sind, erhoben, und wurde da ein allgemeiner Gerichtstag gehalten, zuerst hat man St. Peters Geiß fortgejagt, weil sie das Gestirn des Steinbocks irre gemacht, daß er übern Zaun gesprungen, denn haben sie die zwey Mäuslein St. Gertrudis vertrieben, weil sie Marthen das Garn von der Spindel gefressen, auch die Meßbücher schier zernagten, und gab man ihnen auch Schuld, sie hätten das Loch in den papiernen Himmel gefressen, das der Teufel gerissen, und ward dies Loch zur Strafe das Thor, durch das sie alle hinaus mußten, da sie aber den Palmesel nicht wohl hinaus jagen konnten, so machten sie ihm eine freundliche Vorstellung, wie im Himmel der Haber so theuer, Disteln aber gar nicht vorhanden wären, erzählten ihm auch, wie auf Erden daran ein Ueberfluß, und wie er dort ein Faherr werden könnte, und da er gar hörte, daß des Kaminfegers aus Witzenburg Esel Feigen dort gefressen, und sie ihm nicht geschadet, so schrie er Ja, Ja, rannt davon, und riß das Loch um ein gut Theil weiter, ihm folgte St. Markus geflügelter Löwe mit großem Zorn, weil St. Marx sich seiner nicht annahm, und er als ein König der Thiere nicht allein im Himmel sitzen wollte, er lief aus Venedig, wo man ihm viel Ehr anthut, St. Johannes wollte auch nicht vor sein Lämmchen sprechen, und sagte gar, wie er von einem Lamm nur geistlicher Weise gesprochen, und so trabte es stille zum Thor hinaus, der Hund groß und faul, mußte da auch Urlaub nehmen, denn man brauchte ihn nur in Hundstagen, und überdieß solle die Polizey in den Hundstagen keine mehr dulden, auch hätte er viel Flöh gezogen, und müßte man ihm, da er keine Fastenspeisen esse, immer appart kochen, St. Margreth aber mußte ihren Drachen auch jagen, weil man glaubt, er könnte schier des Teufels Spion seyn; St. Oswalds Rabe zog gern von bannen, denn er im Himmel als ein Galgenvogel wenig Freude hatte, und seiner Nahrung auf Erden groß Ueberfluß ist; nun kam St. Gilg mit seinem Hirsch, und bat gar sehr für ihn, aber da hatte er vor kurzem durch den Hirsch mancherley Jagdgedanken unter den Aebten und Prälaten, und sonderlich bey St. Huberto erhoben, ward er ausgemustert, und gieng der Jagdgedanken wegen selbst gern, nun hätte man zwar St. Genovefens Hirschkuh gern gelitten, aber sie wollte ohne den Hirsch nicht bleiben, und gieng als ein Schauspiel ehlicher Zärtlichkeit ihrem Gatten nach, St. Lukas Mastochs hatte besonders St. Georg gegen sich, der sich einen Gaul hielt, dem der Ochs das Futter theuer machte, und da das Roß nicht entbehrlich war, so mußte der Stier weichen. Nun trat St. Gallus mit seinem Bären heran, dem ward auch von der Jagd erzählt, auch müßte er im Himme' stets an den Tappen saugen, auf Erden wären Aepfel und Birnen gut gerathen, die Bienenzucht auch in gutem Flor, er könnt in Nürnberg ein Lebküchler werden, oder sich gar für Geld sehen lassen, er brummelte, kugelte sich zusammen, und purzelte hinaus.

Hinter dem Bären machte man nun das Loch zu, St. Lorenz legte seinen Rost drüber, da man nun von Hauß zu Hauß nachsuchte, ob im papiernen Kalender-Himmel noch irgend ein Thier vorhanden sey, fand man in den vier Häusern bey Frau Frohnfast, an jeglichem einen Häring hangen, die wurden nach vielem Rathschlagen, weil sie viel Marter erlitten, und mit Salz gar gebeizet worden, geduldet, so auch St. Martins

Gans, wie die lieben Gänse all, wegen mannichfaltigen Verdiensten, und besonders der Schreibfedern wegen, welche den ganzen papiernen Himmel entworfen, auch wurden sie getröstet, und auf doppelte Gage gesetzt, weil ihnen ein Loch in ihrem Himmel war gerissen worden, und ihnen die in Zorn und Unmuth abziehende Thiere ganze Flederwische ihrer Federn ausgerissen und mitgenommen hatten. Also fand St. Petrus bey seiner Rückkunft von Warteinweil durch seiner Geiß unordentliche Gesinnung den ganzen Thiergarten verabschiedet, und machten ihm die Heiligen noch Vorwürfe oben drein, und zog er darum auf eine Zeitlang von dannen, bis die Sache zur Ruhe gekommen. Auf solcher Reise traf er den guten Landsknecht, und da sie beyde von milden Gaben lebten, so machten sie den Vertrag, was sie erbettelt mit einander zu theilen; da sie nun an einem Abend im Wirthshaus sich ihre Beute vorzeigten, hatte der Landsknecht einen Hasen, Peter aber drey Goldgulden gewonnen, der Hase ward an den Spieß gesteckt, und der Landsknecht verrichtete was des Kochs Sache ist, St. Peter aber suchte seine drey Goldgulden, die in kleiner Scheidemünze waren, auseinander, der Landsknecht aber konnt es nicht erwarten, und fraß derweil des Hasen Herz und Leber zum voraus auf, da nun der Hase gebraten war und aufgetragen, zerlegte ihn St. Peter in zwey gleiche Theil, aber das Herz war nicht da, auch fehlt die Leber, da schwur der Landsknecht hoch und theuer, daß er sie nicht gegessen habe, St. Peter glaubts, und machte nun aus seinen drey Goldgulden drey Haufen; für wen soll der dritte Haufen, fragte der Landsknecht; für den, der das Hasenherz gestohlen, sagt St. Petrus, da strich der Landsknecht die zwey Gulden ein, und sprach: ich hab das Herz gefressen, und damit lief er davon; St. Petrus sprach: so mag das Hasenherz deiner Natur werden, und kehrt in Himmel zurück, glaubt auch seit dem keinem Landsknecht mehr.

IV. Der erste Bärnhäuter, gelehrte Thiergesellschaft, böhmische Sprache.

Der Landsknecht ward der Goldgulden gar bald los, aber das Hasenherz war nicht zu verderben, und brachte es ihm große Angst, auch war die Gegend nicht allzu geheuer, und streifte der aufgelößte himmlische Thiergarten allenthalben herum, so daß der gute Gesell mit seinem Hasenherz genugsam zu zittern hatte. Als er nun einstens gar traurig in einem wilden Wald stond und schier verzweifelte, erinnerte er sich des guten Gesellen, der ihm von dem lustigen und wunderbaren Land

im Wirthshaus im Gänsehimmel erzählt hatte, und rief aus ganzem Herzen: ach wenn ich nur in das gute Schlaraffenland kommen könnte, ich wollte weder des Himmels noch der Hölle begehren. Da trat derselbige Teufel, der hier auf Werbung lag, zu ihm, und sprach: Nun gut Gesell, wie gehts, gelt du giebst's wohlfeil? der Landsknecht sagt: Ja Bruder, wollst du mir wohl die Straße nach dem ehrbaren Land zeigen, wo du das brauen gelernt, ich wollt mich dort für einen Lehnerich verdingen; was ist das, fragt der Teufel? Das ist eine Art guter fauler Leutlein, die sich im Sonnenschein so an die Kirche oder das Rathhaus anlehnen, und ein fest Vertrauen auf die Mauer haben — da lacht der Teufel und sagt: Nein Bruder, trau nicht darauf, du mögst auf den Hintern fallen, so du mir aber sieben Jahr dienen willst und guten Muth hast, sollst du zu hohen Ehren kommen. Der Landsknecht sprach: gern, aber ich hab ein Hasenherz gefressen, da erwiederte der Teufel: Aufs Herz kommts nicht an, wenn die Haut nur gut ist; indem brummte eine Bär in dem Wald, der Landsknecht erschrack sehr und zittert am ganzen Leibe; da sieh, sprach er, das ist meine Haut, eine Gänsehaut hab ich übern ganzen Leib, ich muß mirs in dem verdammten Gänsewein angesoffen haben, da kam der Bär hervor, schieß ihn vor den Kopf, schrie der Teufel, dem Landsknecht gieng dem Haken los, und der gut Meister Bär burzelte um und um; ist er todt, fragt der Landsknecht, zieh ihm die Haut ab, sagt der Teufel, du hast einer guten Haut nöthig, das soll deine Livrei seyn; wie ist dein Nahm, Bernhard, sprach der Landsknecht, so tauf ich dich Bernhäuter, so sollst du mit allen deinen Nachkommen heißen, nun zogen sie dem Bären die Haut ab und machten dem Landsknecht einen Mantel draus, und so wäre der erste Bernhäuter zur Welt. Dann sagt ihm sein Lehnherr folgende Punkte: Deine Haare und Bart darfst du weder kämpeln noch selbige wie auch die Nägel nie schneiden, die Nase nicht schneuzen, weder Hand noch Fuß noch Antlitz waschen, überhaupt was der Mensch nur säubern und putzen nennen mag, das sey fern von dir, diese Haut sey dein Bett und Kleid, und darfst du mir auch kein Vaterunser beten; hingegen will ich dich mit Commiß, Bier, Tobak und Brantewein also versehen, daß du noch Kostgänger halten kannst, nach dem sieben Jahren aber, in deren sieben du eine von den sieben freyen Künsten dir und andern durchs Maul ziehen magst, will ich einen solchen Kerl aus dir machen, daß du dich über dich selbst verwundern sollst. Der Landsknecht war gar zufrieden, denn er hatte sich ohnedem nie gewaschen noch jemals gebetet. Somit nahm ihn der Teufel und führt ihn von dannen

in eine alte wüste Kirche auf dem Hundsrück, da sehte er
ihn nieder und sprach: Nächstens sollst du gute Gesellschaft haben, ich will ausschreiben in alle Land, daß du
eine Gesellschaft angelegt, und daß bey dir sieben freye
Künste da sitzen und ein Hüttchen auf haben, auch zeigte
er ihm einen Keller, darinn lag Commißbrod, Bier,
Brantwein, Tabak und Pfeifen, der gut Bernhäuter
war froh, und that sich ein Gutes in solcher Buchkammer. Es währte nicht lang, so erhielt er auch einen guten Zulauf, denn die aus dem Himmel vertriebenen
Thiere konnten des irdischen Lebens nicht mehr gewoh-
nen, und da damals die Welt voll Philister war, welchen die Bestien die Nase zu hoch trugen, so kamen sie
nach und nach alle zu dem Bernhäuter, und hatten sie
da eine Gesellschaft zusammen, deren Spuren noch
ewigen Tagen anhängen werden; auch sind in jener
Zeit mancherley Ausdrücke und Mores aufgekommen, z. B. auf dem Hund seyn, ein ochsischer Kerl,
Kraß (von St. Oswald Raben) einem einen Esel boh-
ren, auch die Eselsohren in den Büchern, die ledernen
Hosen u. s. w. die Mäuse aber hüteten den Buchkammer.
Alle diese Thierlein hatten, wie oben gemeldet, den Gänsen bey ihrem Auszug einige Federn ausgerupft, und
brachten sie dadurch das Recensiren auf, weil sie münd-
lich nicht genug mit der Sprache fort konnten. Da sich
die Anstalt sehr erweiterte, wurden auch manche ordi-
naire Weltthiere zum Unterricht gelassen, und ist sehr
merkwürdig, daß dorten nicht allein die so verschiedenen
Lesearten, sondern sogar sehr viele Sprachen entstanden.
Ich erwähne hier nur der Böhmischen, wie ich es in einer
alten Fuhrmannstasche mit goldnen Buchstaben beschrieben gelesen habe. Eine Gans, eine Ente, und eine
Taube hatten bey dem Bernhäuter absolvirt, und reisten, ihre Testimonia in der Tasche, nach Böhmen,
allwo den Menschen dazumal die Sprache noch ein böh-
misches Dorf war, und winkten sie sich verständlich zu
machen, einander mit dem Scheuerthor. Als die drey
nach Hauß kamen, ließen sie ihr Lichtlein leuchten, und
fingen mit dem Bierbrauen an. Sie schleppten an Gersten und Waitzen zusammen, was sie bekommen konnten, und sotten es, da man aber kein Vertrauen zu ihnen hatte, fingen sie an, ihren neuen Trank selbst aus-
zurufen, die Gans, wegen ihrem langen Kragen und
ihrer hellen Stimme, übernahm dieses. Sie lief durch
alle Oerter und schrie laut, biba, biba, d. h. Bier, die
Ente wackelte eilends mit ihren kurzen Beinen nach und
sprach dacke doberße, dackdack, dackdack, dacke doberße
d. h. das ist gut, das ist gut. Mit der Taube aber,
als der schwächsten, die unterdessen zu Hauß geblieben
war, spielten sie der Untreue, und gaben ihr ihren

Theil in einem enghalsigen Glase, da sie aber nichts
herauskriegen konnte, ward sie zornig und lief um die Flasche fluchend herum, Gevsyhi corua matir, Gevsyhi
corua matir, d. h. deine Mutter war eine Dirne. Und
also ist aus diesem und andern Gespräch in Handel
und Wandel dieser drey, die böhmische Sprache entstanden. Auch ist noch zu bemerken, daß der Ausruf der
Schulmeister, wenn die Kinder im Geschmack der ältesten Urkunden schreiben, sie machten allerley Hünersüße,
von jenem Institute herrührt, denn die Hüner lehrten
dort die Kalligraphie. Da aber bey Mangel des Papiers
blos auf den schönen weißen Schnee, und in die weiche
Erde geschrieben wurde, sind jene herrlichen Dokumente
für die Diplomatik verlohren gegangen, im Jahr als
man sang: Drey Wochen nach Ostern, da geht der
Schnee weg, da heurat ich mein Schätzel, und du bist
den —.

[Die Fortsetzung künftig.]

Das Lied von der Frau Grimhild.

Aus dem Dänischen von Wilhelm Grimm.

Das war die stolze Frau Griemhild, die ließ mischen Meth
und Wein,
Sie lud die raschen Helden all, aus fremdem Lande ein.

Sie bat sie zu kommen ohn Weilen zum Kampf wohl und zum
Streit,
Das war der Held Hagen, der verlor seinen jungen Leib.

Das war der Held Hagen, der ging aus zum Strand,
Fand da den Fährmann, wohl an dem weißen Sand.

»Du guter Fährmann, o fahr mich über den Sund,
Ich geb dir meinen guten Goldring, der wieget fünfzehn Pfund.

»Ich fahre dich nicht übern Sund, all für dein Gold so roth
Kommst du in Hunnilds Land, da bleibst du, geschlagen zu todt.«

Das war der Held Hagen, der sein Schwerdt auszog,
Das war der unselige Fuhrmann, dem er das Haupt abschlug.

Er zog den Goldring von seinem Arm, er gab ihn Fährmanns
Weib:
Das sollst du haben zur Liebesgabe, für Fährmann's jungen Leib.

Da wandelt der Held Hagen auf und ab am Strand;
Fand da eine Meerfrau, die ruht auf dem weißen Sand.

Heil dir! Heil dir! liebe Meerfrau, du bist ein künstlich Weib:
Komm ich in Hunnilds Land, kann ich behalten meinen Leib?

»Burgen hast du mächtig, auch vieles Gold so roth,
Kommst du in Hunno's Land, dort wirst du geschlagen zu todt.«

Das war der Held Hagen, der schnell sein Schwerdte auszog.
Das war die unselige Meerfrau, der er das Haupt abschlug.

So nahm er das blutige Haupt, warf es hinaus in den Sund,
Schleudert den Leib darnach, beydes einigt Meeres Grund.

Herr Grimmer und Herr Gernot, die zogen das Schifflein
vom Land,
Zornig war ihnen das Wetter, und mächtig des Meeres Fluth

Zornig war ihnen das Wetter und mächtig des Meeres Fluth
Entzwey ging in des Held Hagen Hand, das eiserne Ruder gut.

Entzwey ging das eiserne Ruder stark in des Held Hagen
Hand:
Mit zwey vergoldeten Schilden steuerten sich die Herrn zu Land.

Da sie nun kommen zu Land, da zogen sie ihr Schwert,
Da stand so stolz eine Jungfrau, die sah sie auf ihrer Fahrt.

Sie war schmal in der Mitte, von Art war sie lang,
Kurz war sie am Leibe, sie übt einen jungfräulichen Gang.

Sie gehen zu der Nordburg hin, und kommen vor die Thür:
Wo ist nun der Portner, der warten sollte hier?

„Hier da ist der Portner, er liegt zum Boot und Schinn,
Wüßt ich woher ihr kommen wär't, zur Botschaft trag ich gern."

Hierher sind wir kommen wohl zu dem runden Land,
Frau Griemhild ist unsere Schwester, das sey in Wahrheit dir
bekannt.

Hinein kam der Portner, stellt vor die Tafel sich hin
Er war klug im Sprechen, konnt fügen seiner Worte Sinn.

Er war klug im Sprechen, konnt fügen viel gut seine Wort:
Da halten zwey so edle Mann vor der Port.

Da halten zwey so edle Mann außen vor der Port,
Der eine führt eine Fiedel, der ander einen vergoldeten Helm.

Er führet nicht die Fiedel irgend für leeren Lohn,
Von wannen sie sind kommen, sie sind zwey Herzogen Sohn.

Das war die stolze Frau Griemhild in Tuch wickelt ihr Haupt
sie ein,
So geht sie nach dem Burghof, sie lad't ihre Brüder ein.

Wollt ihr gehen in die Stube, und trunken Meth und Wein,
Ein Seidenbett, wenn ihr wollt schlafen und zwey Jungfrauen
mein.

Das war die stolze Frau Griemhild, wickelt in Tuch ihr
Haupt ein,
So geht sie in die Steinstube vor all ihren Mannen ein.

Hier sitzt ihr all' meine Mann, trinkt beydes Mieth und
Wein,
Wer will bestehn Held Hagen, allerliebsten Bruder mein?

Wer diesen Preis will ererben, schlag Held Hagen zu todt:
Er soll herrschen in meinen Burgen, und gewinnen mein Gold
roth.

Drauf antwortet ein Kämpfer ein Vogt wohl über das Land:
Den Preis will ich vereinen gewißlich mit deiner freyen Hand.

Den Preis will ich erwerben, ich schlag Held Hagen zu todt,
So will ich herrschen über deine Burgen und über dein Gold so
roth.

Da antwortete Volker Spielemann mit der starken Eisenstange:
Ich werde dich schon finden, eh du kaunst zu mir gelangen.

Er schlug wohl auf den ersten Schlag, fünfzehn Kämpfer die
da lagen,
Hei! Hei! Volker Spielemann, wie rührst du den Fiedelbogen!

Also schlug er die Kämpfer, eine Brücke davon er macht,
Und die war beydes breit und lang, gar groß Unruhe sie bracht.

Zu alten waren die Häute, zu nieren die Erben kleine
Da mußt allererst zur Erden Held Hagen fallen hin.

Und da der Held Hagen wollt wiederum aufstehn:
Halt nun dein Wort lieber Bruder, du weißt wie die Sachen gehn.

Halt nun allerliebster Bruder mein, du hältst deine Treue so
sehr,
Das erste du mögest zur Erde fallen, du wollst aufstehn nimmer
mehr.

So getröstet ward Held Hagen, er wollt nicht brechen sein
Wort,
Er stand auf beyden Knieen, da er empfing die Todeswund.

Mimmering Tanb.*)

Aus dem Dänischen von Wilhelm Grimm.

Mimmering war der kleinste Mann,
Der geboren ward in Königsland.
Und eh' er ward zur Welt gebracht,
Da waren die Kinder ihm schon gemacht,
Und eh' er fing zu gehen an,
Da zog er schon den Panzer an,
Und eh' er anfing zu reiten,
Band er das Schwerdt an die Seiten.
Zum ersten, da er konnt tragen sein Schwerde,
Da war er auch ein Kämpfer werth.
So ging er aus zum Strande;
Ein Kaufmann lag am Lande.
Er sah vom Berg in die Weite,
Wo ein Ritter mochte reiten.
Da kam er geritten so schnell daher,
Wie ein Löwe sein Roß so muthig war.
„Hör du Ritter zart und rein,
Brauchst wohl ein Knabenschild so klein?"
Und da du bist so jung und zart,
Trägst nicht kleinen Panzer schwerer Art?
Mimmering erzürnt bey dieser Red,
Er warf den Ritter herab vom Pferd.
Und bringet weiter auf ihn ein;
Er schlug sein Haupt gegen einen Stein,
So setze er sich auf zu reiten,
Mit andern Kämpfern will er streiten.
Da kam er in einen viel grünen Wald,
Wittich Wielands Sohn begegnet ihm alsobald.
O halt hier an du Ritter gut:
Hast du zu kämpfen für 'ne Jungfrau Muth?
Dann sprach Wittich Wielands Sohn:
Ich werf dich nieder, bin ich ein Mann.
Sie kämpften einen Tag, sie kämpften zwey,
Keiner von ihnen macht Sieger seyn.
Da wollten sie Brüder treu und sich hold,
Bis ans jüngsten Tag das wahren sollt.
Wie immer war diese Zeit so lang,
Konnt nicht dauern bis der Abend kam.***)

---

*) Mimmering ist eine Allegorie auf einen jungen Kräftling, welcher seinen Gegner hier an einem der Männer Wie**) findet, die Gott für Zeitungsschreiber und biedere Hexenmeister zum Fortwerden erschaffen hat.

**) Mannen Wie sind Männer wie Cajus Sempronius u. s. w.

***) Mimmering Tanb fand endlich seinen Tod in der neuesten Jenaischen Schlacht gegen die Klingdinger.

Zeitung für Einsiedler.

1808. ——————— 24 ——————— 22. Juni.

Sed (quod constat) Messalinus Cotta, Messalae Oratoris filius, palmas pedum ex his torrere, atque patinis cum gallinaceorum cristis condira reperit. Plinii hist. nat. L. X. cap. 27. ad. Byp.

Geschichte des ersten Bärnhäuters.

(Fortsetzung.)

V. Auflösung der gelehrten Thiergesellschaft, Bernhäuter privatisirt, Messalinus Cotta der breite Gänsefüßler, Heurathsvorschläge.

Als die sieben Jahre beynahe um waren, kam der Teufel, seine Reitschule einmal zu visitiren, und fand allerdings alles zu seinem Vergnügen. Des Bernhäuters Haare waren lauter Höllenzöpfe geworden, sein Bart schien an Unlust ein dichter Filz (daher die Erfindung des Hutfilzes) seine Nägel glichen Adlersklauen, und war er sonst also beschaffen, daß man ihn nur zu ackern brauchte, um auf ihn zu säen, ja das Ebenbild Gottes war genugsam verloschen, um in ihm ein geschmackvolles Kunstwerk zu bewundern. Der Teufel fand es nun für gut, den Bernhäuter, dessen er sich genugsam versichert glaubte, nebst der ganzen gelehrten Gesellschaft auseinander gehen zu lassen, damit die brodlosen Künste und Wissenschaften mehr um sich greifen möchten, und das machte er sehr einfach, indem er die Einfuhr des Tabacks verbot, und das Bierbrauen als seine Erfindung sich allein vindizirte, das Brandweinbrennen aber untersagte, und das viele zurückbleibende Commißbrod an den Meistbietenden verkaufen ließ, da verlohren sich sehr bald die gelehrten Thiere und gieng die Kunst damals zuerst nach Brod, was nachmals ein betretener Viehweg geworden. Dem Bernhäuter steckte er beyde Hosensäcke voll Dukaten und Pistolen, und befahl ihm, alles zu treiben, was ihm wohl und dem Geld weh thäte, da aber die sieben Jahre des Contrakts noch nicht um waren, durfte er in seinem Lebenswandel noch nichts verändern, und wurde darum seiner großen Abscheulichkeit wegen, von niemand aufgenommen, was ihn gar traurig machte. Da kam er endlich zu dem berühmten Wirthshaus, wo der Wolf den Gänsen predigt, und ward von dem Wirthe, als er ihm eine Handvoll Duplonen zeigte, unter dem Namen eines Homme de lettres aufgenommen und gut bewirthet, doch mußte er in einem besondern Zimmer essen und wohnen, um die

Gänse nicht aus der Predigt zu verscheuchen. Als nun der Teufel wußte, daß nächstens ein sehr edler Herr in dem Gasthaus einkehren würde, eilte er in der Nacht zu dem Bärnhäuter, und machte an die Wände seines Zimmers die Kontrafaits von allen berühmten Leuten, die gestorben, die noch lebten, und die noch gebohren werden sollten, recht vortrefflich nach der Natur. Als zum Beyspiel das Bild des Kains, Lamechs, Nimrods, Mini, Zoroastris, der Helena, der trojanischen und griechischen Helden, nicht weniger Sesostris, Nabuchodonosoris, Cyri, Alexanders, Cäsars, Neronis, Caligulä, Mahomets, Schelmuffkis, des Bruder Grafen, Gottscheds, u. s. w. vor allem aber das Bild des edlen Mannes, der dahin kommen sollte selbst, worüber der Wirth sich sehr verwunderte, besonders als der Bärnhäuter alles dieses für seine Arbeit ausgab. Gegen Abend kam angeregter edler Herr in dem Wirthshause an, wo er sehr oft mit dem Wolf Geschäfte hatte, denn er war niemand anders als jener berühmte Römer Messalinus Cotta, Messalä des Wohlredners Sohn, von welchem Plinius schreibt, im Buch liber X. cap. 27. daß er die breiten Gänsefüße so wohlschmeckend und süß zu bereiten wußte, welche er im Land herum, und vorzüglich hier auflauste. Als er den Wirth um Neuigkeiten fragte, erzählte ihm dieser von seinem seltsamen Gast, dessen Aufzug, Mahlerkunst, und großem Reichthum. Messalinus Cotta konnte nur durch den Augenschein überzeugt werden, und da er besonders sein eignes Portrait in einer delikaten Kreidezeichnung, wie er eben einige breite Gänsefüße in der Pfanne schmort, andere an der Sonne trocknet, erblickte, wurde er mit einem panischen Selbstgefühl erfüllt, und sprach, nachdem er von seinen eignen uneigennützigen Bemühungen für die Republik gesprochen, auch mit Achtung von dem Künstler, der sich besonders in dem leichten Hauch, der über den Gänsefüßen schwebte, gezeigt hatte, denn das Ganze war eine Winterlandschaft, und sah man in dem Schnee, der Ellendicke drauf lag, die Fußtapfen aller Thiere, wie sie der Hirt zum Thor hinaus treibt. Er sprach zum Bernhäuter, du mußt eine wunderbare Kunst besitzen, daß du mich selbst aus der Einbildung so gezeichnet; freylich, antwortete der Bernhäuter, weiß ich mehr als mancher andere. — Wer bist du? — Ich bin der Obrist von Berenhäuter, ein Soldat von Fortunt, und habe mich neulich wieder den Türken gebrauchen lassen, sodann aber eine gelehrte Thiergesellschaft sieben Jahre lang dirigirt, jetzt lebe ich als privatisirender Gelehrter. — Messalinus fand an der Kunst und dem Geld des Herrn Obrist viel Behagen, und sprach zu ihm: Ich habe drey Töchter von gleich schöner Gestalt, welche sich so ähnlich sind, daß selbst ihre Mutter sie oft nicht von einander unterscheiden kann, du sollst sie sehen, wirst du nun errathen, welches die Aelteste, Mittelste und Jüngste von ihnen ist, so magst du eine von ihnen zur Gattin erwählen, räthst du es aber nicht, so sollst du, mit deiner Kunst und deinem Vermögen, mir zum Eigenthum verfallen seyn. Da der Berenhäuter dieß zufrieden war, so nahm ihn Messalinus Cotta, nachdem er mehreren Gänsen gegen billige Bezahlung und viel Ehre die Füße abgeschnitten (sie wachsen wieder nach) mit sich auf sein Schloß, um ihm die drey Töchter sehn zu lassen. Der Teufel erschien aber dem guten Berenhäuter vorher und sagte ihm, wie die Aelteste Kuzbutzia, die Mittelste Dylia Merkelia, die jüngste aber Eudoxia Rimbeckia heiße, er sollte daher nur den Nahmen einer jeden plötzlich ausrufen, so würden sie sich bald verrathen, und so geschah. Berenhäuter erwählte die jüngste geistvolle, zartsinnige, feinschmöbige Eudoxia, und Messalinus Cotta erstaunte ob seiner Allwissenheit, versprach ihm auch als ein ehrlicher Cavalier sein Wort zu halten, Gott gebe, was Mutter und Tochter dazu sage, auch war er bereit, gleich die Hochzeit auszurichten, damit nichts dazwischen käme, aber der Berenhäuter wendete Geschäfte vor, und versprach bald wieder zu kommen, und da er einen zweytheiligen mit einer demantnen Bärentatze gezierten Goldring auseinander geschraubt, und mit Eudoxia getheilt, diese ihm aber einen ähnlichen mit einem verkleinerten Gänsedeck in Gestalt eines Gänsefüßleins gegeben hatte, gieng er seines Wegs. Die Jungfrau aber kleidete sich in Schwarz, und hatte einen unerklärbaren Widerwillen, den Unlust bey Berenhäuter zu berathen, aber dafür war kein Kraut gewachsen, denn Messalinus Cotta hatte große Spekulationen mit dieser Ehestiftung verknüpft.

VI. Der Berenhäuter wird adonisirt, Ursprung der Krämer-Messe, Uebersetzungen, die dreyerley Steinfresser, die falsche *beste Illimaz*, Abzug.

Der Geist führte nun seinen Pflegesohn aus Bingerloch, und nahm eine sonderliche Wäsche mit ihm vor, dann zog er ihn durch alle die Bäder und Gesundbrunnen, ließ ihn schröpfen und zwagen so lange, bis er

gar war, hieb ihm das Grobe mit der Axt herunter, und schnitt ihm nach vielen auflösenden, reinigenden, und ausleerenden Mitteln, Haare und Bart und Nägel nach der neuesten Mode, ja machte ihn zu einem gebildeten, feinen, nicht überspannten, ästhetischen Mann, und zwar äußerlich, denn nur damit war ihm gedient, aus der Bärenhaut machte er ihm eine Wildschur, und von dieser Begebenheit her stammt das ganze lustige Ceremoniel der leider ganz vernachläßigten Depositionsfeierlichkeit. Zuletzt gab er ihm noch einen so vortrefflichen Weingeistfirniß auf Kreidegrund, daß er dem artigsten Kavalier zu vergleichen war. Dann gab er ihm Geld und Edelstein, mehr als zu viel, und sprach zu ihm: jetzt ziehe hin und schreibe in alle Land, wer etwas köstliches hätte zu verkaufen, der sollte kommen, da montire dich als ein rechter Obrister, und ziehe sodann zur Hochzeit. Bernhäuter ließ sich das nicht zweymal sagen, er schrieb einen Landtag aus, allen Krämern und Juden der Welt, und ist hierdurch die Messe entstanden. Zu seiner großen Verwunderung und Freude fand er auf dieser Messe seine aufgelöste Thiergesellschaft wieder, sie hatten sich durch Mangel gezwungen gesehen, was doch gewiß sehr unrühmlich für litteratos, sich dorten für Geld bewundern zu lassen, wer kann die tiefe Rührung unsers nun durch den Zauberstab ästhetischer Bildung so sehr gefühlichen Herrn Obrist von Berenhäuter beschrieben, als er mit seinem gewissermaßen sanftgeschwinderten Gemüth unerkannt sein liebes Vieh in Kasten mit eisernen Gittern eingeschlossen, und der Natürlichkeit wegen sich wilder anstellen sah, als er sie aus der segnenden Hand der Kulturgeschichte gekommen wußte, er zerschmolz in Thränen, und eine leichte Gänsehaut überzog seinen Apollorumpf. Er entschloß sich sogleich, die ganze Menagerie an sich zu kaufen, und dadurch sein neues Etablissement zu verherrlichen. Aber wie sehr war ein neuer Eindruck, den er erhielt, von dem vorigen verschieden, und erfüllte ihn mit Indignation. Er fand nähmlich in einer Bude sich selbst als Bernhäuter in Wachs poussirt für Geld zu sehen, und in einer zweiten einen lebendigen Mann in einer Bärenhaut, welcher für den Bernhäuter ausgegeben wurde, und obendrein Steine fressen mußte, in einer dritten aber, hier hebt meine Feder, fand er eine junge Weibsperson als Bernhäutern gekleidet, auch Steinfressend, und als des Bernhäuters Schwester angegeben, an der Thüre aber saß Messalinus Cotta, und gab für das Eintrittsgeld einen süßen breiten Gänsefuß gratis, alle drei Buden gehörten seyn, doch lag es in seiner Spekulation, dies zu verbergen, und jede Bude warf der andern vor, sie zeige den rechten Bernhäuter nicht, wodurch sie dreifaches Geld verdienten. Unser Obrist faßte sich so gut er konnte; denn er wollte unerkannt bleiben, aber wie war es ihm zu Muth, als er an der Hand der steinfressenden Bernhäuterin, welche sich den Namen la belle Illimaz gegeben hatte, seinen halben Trauring sah, er suchte sie durch vieles Geld, das er dem Messalinus bot, allein zu sprechen, ihm gelangs, er erklärte ihr seine Liebe, er versprach ihr die Ehe, ach! die Arme liebte ihn, den schönen, holden, trefflichen nur zu leicht, sie erzählte ihm ihre unglückliche Verbindung mit dem Bernhäuter, er müsse ihren Vater zu bestechen suchen, sie sey bereit, und so schwätzte er ihr seinen halben Trauring ab, und steckte ihr statt dessen eine Schlange, die ein Vergißmeinnicht fraß, an den Finger. Nun suchte er den Messalinus Cotta zu bereden, aber der edle, unerschütterliche, uneigennützige Karacter des Biedermannes hielt Stich; und er sang dem Bernhäuter folgendes Liedlein vor:

> Die Welt verfolgt mich nimmerhin,
> Ich bin ihr eben recht,
> Das macht, weil ich so edel bin
> Drum schein ich ihr nicht schlechte.
>
> Ich bleibe bei der Redlichkeit,
> Und halt es mit dem Geld,
> Dies ist mein Wesen allezeit
> So lang es Gott gefällt.
>
> So bleib ich immer wer ich bin,
> Hier auf der Krämer Meß,
> Denk jeder, wie ers Brod gewinn,
> Und sorg nicht wie ers seh'.

dann sagte er ihm, meine Tochter ist schon versprochen, und dafür kein Kraut gewachsen; doch nach vielem Zureden ließ er ihn zu sich ein, um ihm zu beweisen, daß er sein möglichstes thun wolle, er hoffte ihm nähmlich bei der großen Aehnlichkeit seiner Töchter, eine andre statt dieser aufzuhängen. So schieden sie auseinander, und der Herr Obrist wäre schier vor Rührung das Zeitliche segnend, mit Tode abgegangen, wenn er nicht durch den Umgang Till Eulenspiegels etwas ermuntert worden wäre, der dazumal, wie in seinen trefflichen Memoirs zu lesen ist, die Messe mit Prophetenbeeren bezogen hatte, gern hätte er sich diesen lieblichen Karacter angeschlossen, aber Herr Eulenspiegel konnte, großer kosmopolitischer Ansichten halben, und aus innerm Drang, ein nützlicher Staatsbürger zu werden, seine Unabhängigkeit nicht aufgeben. Sehr betrübt, ein so nützliches Subject nicht gewinnen zu können, rüstete er sich zu seiner Abreise, er kaufte aus Equipagen, Pferden, Kleidern, Dienern, Kleinodien,

Sammt und Seide, Spezereyen ꝛc. was nur vorhanden war, ließ seine angekaufte Thiergesellschaft reinigen, kleiden und frisiren, und nahm sie als gelehrte Gesellschaft an, nur war im Kontract, daß sie sich gegen ein billiges Douceur auch auf Befehl als Menagerie sollten gebrauchen lassen, dagegen versprach er, sie nur mit todten oder zahnlosen alten Hunden oder freundschaftlich unter einander sich hetzen zu lassen; Lukas Stier kostete ihn besonders viel, weil man ihn gern zum Krönungsochsen geschlachtet hätte, so wurde er auch bey dem Ankauf des Palm-Esels sehr hoch getrieben, weil er bey dort häufig gesuchter Eselsmilch, gegen die Abzehrung, ein sehr ziehender Artikel war, woraus nebenbei erleuchtet, daß es wahrscheinlich eine Eselin muß gewesen seyn. Einen vortrefflichen dicken Trompeter bedauchirte er durch Geld, und diesen blasend an der Spitze, zog es über eine tuchene Brücke, die hinter ihm preiß gegeben wurde, unter dem Seegen aller, denen er Geld zu verdienen gegeben, ab. Große Feuerwerke wurden abgebrannt, und selbst jedes Thier seiner Menagerie, hatte eine Rakete hinten angebunden, die zu guterletzt am Thore losgebrannt wurde. Vivat, Treslat.

[Die Fortsetzung künftig.]

Auf einen grünen Zweig.

> Zur Fremde zog ein frommer Knabe
> An Geld so arm, wie Gold so treu,
> Er sang ein Lied von milde Gabe,
> Sein Lied war alt, die Welt war neu.
>
> Wie Freiheit singt in Liebesbanden,
> So steg das Lied aus seiner Brust,
> Die Welt hat nicht sein Lied verstanden,
> Er sang mit Schmerzen von der Lust.
>
> Das Leben leichter zu erringen,
> Thut er der eignen Lust Gewalt;
> Will nimmer spielen, nimmer singen,
> Geht Kräuter suchen in den Wald.
>
> Die Füße muß er wund sich laufen
> Zum heißen Feld, zum kühlen Bach,
> Und muß um wenig Brod verkaufen,
> Die Blume, deren Dorn ihn stach.
>
> Und wie er durch die Wälder irret,
> Ein seltsam Tönen zu ihm drang;
> Durch wildes Singen rasend schwirret,
> Ein schmetternder metallner Klang.

Der Knabe theilt die wilden Beeren,
Und vor ihm steht ein giftger Baum;
Die Zweige dürr hinaus sich strecken,
Mit Blech geziert und goldnem Schaum.

Und viel gemeine Vögel kreisen,
Rings um des Baumes schmetternd Laub;
Und die von seinen Früchten speisen,
Sie sind des goldnen Giftes Raub.

Da rührt der Knabe seine Laute,
Er singt ein schmerzlich mildes Lied;
Und in dem Baum, zu dem er schaute,
Er einen bunten Vogel sieht.

Er sitzt betrübt, die bunten Schwingen
Senkt an der Silberbrust er hin,
Und kann nicht klagen, kann nicht singen,
Des Baumes Gifte fesseln ihn.

Dem Knaben regt sich's tief im Herzen,
Das Vöglein sieht ihn mächtig an,
Und seines Liedes kind'sche Schmerzen
Hört gern das kranke Vöglein an.

Und weil im Wind die Blätter klingen,
So kann es nicht das Lied verstehn,
Doch er hört nimmer auf zu singen,
Bleibt treu vor seiner Liebe stehn.

Und singt ihm vor zu tausendmahlen
Von Liebeslust und Frühlingsglück,
Von grünen Bergen, milden Thalen
Und Ruh an geliebter Brust.

Schon regt das Vögelein seine Schwingen,
Erbaut freundlich zu dem Knaben hin;
Des Armes um den Baum sich schmiegen,
Die Liebe machet muthig ihn.

Er klimmet in den giftgen Zweigen
Zerreißt mit Lust die Hände sich,
Das kranke Vöglein zu ersteigen,
Es spricht: Ach nimmer heilst du mich.

Und sinket stille zu ihm nieder,
An seinem Herzen hält er's warm;
Und ordnet sorglich sein Gefieder,
Und trägt's zur Sonne auf dem Arm.

Steigt auf die Berge, läßt es trinken
Des blauen Himmels freue Lust,
Und weiß zu blicken, weiß zu winken,
Bis er die Freude wieder rust.

Die Freude kömmt, die bunten Schwingen
Sie funkeln Liebestrahlen gleich:
Das Vöglein weiß so hell zu singen,
Es singt den armen Knaben reich.

Wie nun zum Flug die Flügelein streben,
So bleibet es doch dem Treuen treu;
In Liebesfesseln will es schweben,
In Liebesfesseln ist es frei.

Und ich der ich dies Lied dir singe
Bin wohl dein treuen Knaben sind,
Vertrau mir Vöglein, denn ich bringe
Dich noch auf einen grünen Zweig.

Clemens Brentano.

Der Königssohn und die Schäferin.

Erster Reihen.

In dieser Maienwonne,
Hier auf dem grünen Plan,
Hier unter der goldnen Sonne,
Was heb' ich zu singen an?

Wohl blaue Wellen gleiten,
Wohl golbne Wellen ziehn,
Wohl schmucke Ritter reiten
Durchs Wiesenthal dahin.

Wohl lichte Bäume weben,
Wohl klare Blumen blühn,
Wohl Schäferinnen schweben
Umher in Thales Grün.

Herr Gottmar ritt mit Freuden
Vor seinem stolzen Zug,
Einen rothen Mantel seiden,
Eine goldne Kron er trug.

Da sprang vom Roß geschwinde
Der schöne Königssohn,
Er band's an eine Linde,
Lief, girbet die Schaar davon.

Er ging zu einem Bronnen
Dort in den Büschen kühl,
Die Vögel sangen mit Wonne,
Der Blumlein glänzten viel.

Ich weiß, warum sie sangen
Und glänzten also heß:
Weil auf des Bronnens Raude
Die schönste Schäferin saß.

Herr Gottmar geht durch Hecken,
Er rauscht durch das Grün,
Die Blumen drob erschrecken,
Zur Schäferin sie flichn.

„Willkommen, Gott willkommen!
Du wunderschöne Magd,

Hörst du ob mir erschrocken,
Mir wär' es wahrlich leid."

„Bin wahrlich nicht erschrocken,
Als ich der schworen mag,
Ich meint', ein loser Vogel
Sey geflogen durch den Hag."

„Ach! wolltest du mich erquicken
Aus deiner Flasche hier,
Ich würd' es ins Herz mir drücken
Als die größte Huld von dir."

„Meine Flasche maaß du haben,
Ach bei sie manchem schön,
Will leben daraus laben,
Und wär'd ein Königssohn."

Zu schöpfen sie sich bucket,
Aus der Quaid' ihn rinnen läßt,
Gar zärtlich er sie anblicket,
Doch hält sie die Flasche fest.

Er spricht, von Lied' bezwungen:
Wie bist du so holter Art!
Als wärest du erst entsprungen
Mit den andern Blumen zart.

„Und bist doch mit Würd umpfangen,
Und strahest doch viel aus,
Als wärest hervorgegangen
Aus eines Königs Haus."

„Frag' meinen Vater," den Schäfer:
Ob er ein König was?
Frag' meine Mutter, die Schäferin:
Ob sie auf dem Throne saß?

Er nen Mantel trat er der Holden
Um ihren Nacken klar,
Er setzet die Krone golden
In ihr wunderbraunes Haar.

(Der zweyte Reihen im nächsten Blatt.)

Gar stolz die Schäferin blicket,
Sie ruft mit hellem Schall:
„Ihr Blumen und Bäume, bücket,
Ihr kräuter, neigt euch all!"

Und als den Schmuck sie wieder
Ihm trug mit lachendem Mund,
Da wirst er die Krone nieder
In des Bronnens klaren Grund.

„Die Kron' ich dir vertraue,
Ein herzlich Liebespfand,
Bis ich dich wieder schaue
Nach manchem bittgen Stand."

„Ein Krieg liegt gebunden
Schon sechzehn lange Jahr',
Sein Land ist überwunden
Von deiner Feinde Schaar.

Ach will sein Land erretten
Mit meinen Rittern traut,
Ich will ihm brechen die Ketten,
Daß er den Frühling schaut.

Ich ziehe zum ersten Kriege,
Wir werden die Tage schwül,
Gorich! laß du mich nach dem Siege
Hier aus dem Bronnen kühl.

Ich will der schöpfen und langen
So viel der Bronn vermag,
Auch sollst du die Kron' empfangen
So blank, wie an diesem Tag."

Der erste Reihe ist gelungen,
So folget gleich der zwei;
Ein Vogel hat sich geschwungen,
Laß sehen, wo er sich setzt!

Ludwig Uhland.

Zeitung für Einsiedler.

1808. ———————— 25 ———————— 25. Juny.

Von einigen Ueberfehern.

Gednerus schreibet: Wenn man einem Kapaun Brod in starken Wein geweicht zu fressen giebt, daß er darinnen voll wird, und ihn alsdann an einem finstern Ort über Eyer setzet, das Nest mit einem Siebe bedecket, damit er nicht davon kommen kann, wenn er nun wieder zu sich selbsten kommt, und den Trunk verdauet hat, so denkt der Narr nicht anders, als er habe die Eyer selbst gelegt und brü=
tet sie vollends aus. *Magia naturalis II B. S. 247.*

Geschichte des ersten Bernhäuters.

(Beschluß.)

VII. **Messalinus Cotta wird beschämt, Trau=
ung, gelehrte Thierhetze, hohe Todes=
fälle, der dunkle Riese, Geschichte von
der Ratte, (indischen Ursprungs.)**

Messalinus Cotta war bereits zurückgekehrt, und
der Bernhäuter langte auf einem Umwege auch vor
dem Schlosse an, und schickte seinen debauchirten Trom=
peter hinauf, den Herrn Messalinus Cotta um die Er=
laubniß zu bitten, ihm und der Familie seine Aufwar=
tung zu machen. Messalinus Cotta empfieng ihn mit
offnen Armen, und setzte ihn zwischen seine beiden älte=
sten Töchter, die jüngste hatte er versteckt, den beyden
Töchter wollte in der Bemühung ab, ihm zu gefal=
len, und er küßte ihnen Hände und Füße, um zu sehen,
ob er seinen Verglsmeinichtsring nicht finde. Messalinus
Cotta sprach davon, die Parthie könne zu Stande kom=
men, Herr von Bernhäuter, werde eine andre heura=
then, dieser aber wußte wohl, daß seine Eudoxia Rin=
beckia nicht zugegen war, er begehrte daher, Messalinus
Cotta sollte ihm die dritte Tochter auch vorstellen, daß
er sich an der Aehnlichkeit der drei ergötzen könne, Mes=
salinus Cotta mußte sie wohl rufen, und Eudoxia Rin=
beckia nahm unten am Tische Platz wie ein Turtelttäub=
lein, das seinen Gemahl verlohren, denn sie mußte sich
stellen, als habe sie als eine Verlobte keine Ansprüche
auf diesen ansehnlichen Herrn, die Schwestern aber
triumphirten, und warfen ihr einen stechenden Blick nach
dem andern zu. Bernhäuter aber gieng aus der Stube,
warf seine Bärnhaut um, und trat so wieder auf,
Messalinus Cotta und Eudoxia Rinbeckia, geriethen in
große Angst; ich komme, eure Tochter zu holen, sprach
er, Eudoxia Rinbeckia, zeige mir den halben Trauring;
Eudoxia Rinbeckia erblaßte; ich habe gehört, treuloser
Messalinus Cotta, daß du deine Tochter einem andern
versprochen, — da war guter Rath theuer — Messali=

nus Cotta kniete nieder, und schwur auf seinen gebog=
nen Knieen nebst Eudoxia Rinbeckia, daß dergleichen
Excesse nie wieder vorfallen sollten, Des trefflichen ge=
fühlvollen Herrn Obrist von Bernhäuters Herz konnte
nicht länger wiederstehen, er verzieh, er warf den Bärn=
schur ab, und gab sich zu erkennen, ach der Geliebte
und Gefürchtete waren einer nur, und sie hatte Arme,
ihn zu umarmen, nahmenloses Entzücken. St. Lukas
Ochs trat herein, und gab sie zusammen, die ganze
Gesellschaft der Thiere waren Zeugen, der Trompeter
bließ, daß das Haus zitterte, Messalinus Cotta stellte
alle Gänsefüße bei, die er vorräthig hatte, nach Tisch
war Thierhetze, die gelehrte Gesellschaft biß sich unter=
einander selbst, und da sie sich über die maßen angrif=
fen, verbiß sich der Hund in den Palm=Esel, daß er
trotz aller Mittel nicht von ihm zu trennen war, man
lief daher zum Brunnen, einen Eimer Wasser zu holen,
und auf ihn zu gießen, der Eimer war ungewöhnlich
schwer, und als man ihn endlich herauf brachte, sieh
da, o Jammer, der Leichnam der ältesten Tochter Kuz=
bubia hing daran, sie hatte sich aus Verzweiflung über
Eudoxia Rinbekias Glück ersäuft, dem Hund giengen
unter Jammergeschrei die Zähne auseinander, alles war
sehr betrübt, man sagte Trauer an, und jeder verfügte
sich in seine Garderobe, die Trauerkleider anzulegen, als
Eudoxia Rinbeckia das ihrige vom Zapfenbrette loshän=
gen wollte, griff sie an einen menschlichen Leib, Licht!
Licht! Messalinus Cotta kommt mit einem Brand aus
der Küche, und siehe da, es war die zweite Tochter
Dekia Merkelin, die sich aufgeknüpft hatte, neues Ge=
schrei, doppelte Trauer. Man sammelte sich so gut
man konnte. St. Markus Löwe las eine Abhandlung
über den Selbstmord vor, und die Stunde nahete heran,
in welcher sich zu so vielen Stürmen der treffliche Bern=
häuter sich mit seiner werthen Braut in sein Kämmer=
lein begeben sollte. Als er von dem Schwiegervater
und der Dienerschaft an seine Thüre verlassen war,
überfiel ihn ein wunderbarer Schauer, die Braut begab
sich zur Ruhe. Der Obrist stand am Fenster, es pochte

am Fenster, Eudoxia Rinbeckin kroch bang unter die
Decke, es wachte wieder, der Obrist machte auf, da
stand ein dunkler Riese, an seinem Knebelbart hingen
die beiden ältesten Töchter des Hauses geknüpft, mein
Knecht, sprach der Riese, jetzt sind die sieben Jahre um
— da spürte der Herr Obrist das einst gefressene Hasenherz sehr lebendig — und was nun, sagte er, der Teufel wird mich doch jetzt nicht holen — ei bewahre, sagte
der Geist, das diese dich auf der besten Carriere stören,
ich habe mein Theil, da strich er sich den Bart, ich
darf auch keinen Landsknecht in die Hölle bringen, ich
muß nur Abschied von dir nehmen, und befehl dir zur
ewigen Gedächtniß, auf der Bärenhaut zu schlafen, kul-
tivire die Welt, ermuntre deine Thiergesellschaft zum
Schreiben. — Indem ging der rothe Mond hinter dem
Riesen auf, und schien ihm durch die leeren Augen,
seine Stirne war transparent und darauf zu lesen: eri-
tis sicuti Deus u. s. w. e. g. S. V. Esel, schrie
der Riese plötzlich, was stehst du da und gaffst, und läßt
deine Braut allein, und schlug ihm das Fenster vor der
Nase zu, und sank an der Mauer hinunter. Der gute
Obrist von Bernhäuter faßte Muth, machte das Fenster
wieder auf, und schrie ihm nach: leben sie wohl mein
Better, empfehlen sie mich ihrer Frau Liebsten, aber es
horte nichts, als ein leises brozeln der Gänsefüße in der
Pfanne, er sah wieder an den Himmel, und erblickte
das Gestirn des nachmaligen großen Bärs besonders hell,
er zog ein treffliches Perspectiv hervor, welches er auf
der Messe gekauft, und schaute hinauf, da sah er seine
ehemaligen Brüder, die Landsknechte, ganz besonders
lustig, trinken und singen, bald horte er sie seinen Nahmen nennen, sich seiner erinnern, seine Gesundheit trinken, da schrie er hinauf: Gesegne es euch Gott, und
der Stern drehte sich herum wie ein Drehtopf, und alle
schrieen großen Dank, und dabei flogen ihm so viele
Gläser an den Kopf, daß er das Fenster schloß, zugleich
fingen vor der Thüre seine gelehrten Freunde und Messa-
lianus Cotta an, alte Töpfe zu zerschmeißen, wie das
bei alten Altwerdenschen Hochzeiten Gebrauch war. Solches doppelte Bombardement brachte ihn wieder zu Sinnen, er hob seine ohnmächtige Geliebte von dem Lager,
legte sie einstweilen auf den Schrank, und breitete, wie
er seiner Geiste versprochen hatte, die Bärenhaut über
das Bett aus, worauf er sie wieder zur Ruhe brachte,
und im Glauben, sie schlummre sanft, legte er sich ruhig an ihre Seite, und entschlief, plötzlich aber erweckte
ihn ein entsetzliches Zuweh! welches seine Gattin zu
schreien anhob, Zuweh! eine Ratte, eine Ratte,*) er

*) Die Geschichte von der Ratte ist der muthige Mittelpunct
der herrlichen Biographie des komischen deutschen Halbgottes.

sprang flugs mit gleichen Beinen zum Bette heraus,
und suchte nach der vermaledeiten Ratte, das ganze
Haus erwachte, alles suchte nach der Ratte, sie hatte in
das neu seidne Kleid der Braut ein großes Loch gefressen, aber man konnte sie nicht finden, Eudoxia Rinbeckia schimpfte auch über die Bärenhaut und behauptete,
darin müßte sie noch stecken. Der Bernhäuter wollte
die Bärenhaut platterdings nicht wegthun, und die
Braut verließ das Gemach und verfügte sich auf dem
Grabe ihrer verstorbenen Schwestern bei dem schönen
Mondschein zu trauern; lebe wohl schönes Gemüth!

VIII. Der nackte Schicksalsbär, Bernhäuters Retirade in die Einsamkeit, Stif-
tung des Bernhäuterordens, Messalinus Cotta errichtet das Institut des
süßen breiten Gänsefußes, Wallfahrt
der Eudoxia zum Bernhäuter, Bernhäuters Selbstmord, Ursprung des großen
Bärs. [Hierzu ein Kupfer.]

Als der gute Obrist von Bernhäuter abermals auf
einsamer Bärenhaut entschlummert war, wurde er von
einer Bewegung seines rauhen Betttuchs erweckt, er
tappte um sich, und hoffte etwa die sappermentsche
Ratte zu erwischen, aber er erhielt einen derben Schlag
auf die Hand, und sah bei dem hellen Mondschein einen nackigten Bären vor sich stehen, der ihm mit Gewalt seine Bärenhaut unter dem Leibe weggezerren wollte.
Endlich, hob der Bär an, habe ich dich und die Haut
gefunden, die du mir um diese Zeit vor sieben Jahren
nach einer grausamen Ermordung vom Leibe gezogen;
wisse, daß ich einen Bär bin, den du mehr aus Zufall
als Muth erschossen hast, da du mit dem Bösen einen
schändlichen Bund geschlossen, ich bin der aus dem papiernen Himmel verwiesene Bär des St. Gallus, und
irre nun schon sieben Jahre herum, dich mit meinem
Felle zu suchen, als du vorhin dem trinkenden Landsknechten zu Warteinweil in dem Gestirne, das gesegne
dirs Gott zurieffst, habe ich die bekannte Stimme gehört, und
endlich deinen Aufenthalt erfahren; nun gieb mir mein
Fell wieder, ich will dir auch etwas neues sagen, deine
Braut ist deine Schwester, danke dem Himmel, daß ich
sie mit der Geschichte von der Ratte von deiner Seite
vertrieben, in solche Commissionen hat dich der Teufel
hineinreiten wollen, gehe in dich, ziehe dich zurück,

Schelmufski, welche leider zu lange unter der Bank gelegen, der Ursprung ist natürlich endlichern Ursprungs, wie wir
auf einen blauen Montag Morgens um halb drey Uhr zu
beweisen gedenken.

thue Buße, und somit riß er ihm die Bärenhaut unter dem Leibe hinweg und verschwand. Unser Obrist krümmte sich wie ein Wurm vor Schrecken, und fing an in sich zu gehen, so weit als er hinein konnte; dann stand er auf und entschloß sich, diese Nacht noch das ärgerliche Leben im väterlichen Hauße zu verlassen, und sich in die Einöde zurück zu ziehen. Er setzte den Messalinus Cotta und die Eudoxia Rinbellia zu Erben ein unter der Bedingung, daß sie den gelehrten Thierkreiß zu Tode füttern oder hungern sollten, dieß Testament endigte er mit dem Bekenntniß, daß er für gewiß erfahren habe, wie er der Sohn des Messalinus Cotta sei, und sich jetzt wegen ärgerlichem Lebenswandel zurückziehe. Vor Tages Anbruch brach der gute Obrist von Bernhäuter auf, und zog sich unter beständigem tapfern Gefecht mit den heftigsten ihn bestürmenden Leidenschaften tief in die unzugänglichste Waldeinsamkeit zurück. Kaum hatte er dort ein wenig verschnauft, als er erkannte, daß dieß die Gegend sei, wo er einst den edlen Bären St. Galli erschossen und den bösen Bund geschlossen, er faßte den Entschluß hier zu bleiben, und als er bereits anfing, sich eine Hütte zu bauen, siehe da, da kam der Bär St. Galli mit seiner Haut daher marschirt, sie umarmten sich herzlich. Ich will hier ein Einsiedler werden, sprach der Bernhäuter, und ich will hier, wo du mich erschossen, begraben werden, sprach der Bär, sieh, wir wollen uns einander helfen, grabe mir ein Loch, so will ich dir Holz zu deiner Hütte zusammentragen, Holz tragen kann ich ganz prächtig, das habe ich einst St. Gallo auch gethan. Nun grub der gute Bernhäuter sehr ämsig, und der Bär schleppte das Holz herbei. Als es Abend war, sprach der Bär: Nun mein Freund will ich mich hinein legen, ich verzeihe dir deinen Mord an mir von Herzen, denn dadurch bin ich nicht unter die gelehrte Thiergesellschaft gekommen, sondern werde jetzt als ein Stern an den Himmel versetzt, zum Beweiße unsrer innigen Versöhnung, laß uns Kleider wechseln, ich gebe dir die Bärnhaut zurück, gieb mir deine Husaren-Uniform mit ins Grab, auch sage ich dir, daß du in Jahr und Tag, so dir geschehen ist, wie mir geschah, zu deinen Brüdern nach Warteinweil kommen wirst. Nun wechselten sie Kleider, und der treffliche Obrist bestattete seinen Freund in der schönen Husarenuniform zur Erde, da er ihn eingescharrt hatte und mit Thränen benetzt, fuhr ein Glanz nieder und wieder auf, es war die erste Sternschnuppe und sieh da, das Gestirn des kleinen Bärs schimmerte über dem Hügel. Der gute Obrist warf die Bärenhaut um, eine wunderbare Fröhlichkeit entzückte ihn, und er tanzte

auf dem Hügel seines Freundes, wozu die Nachtigall sang nach der Melodie:

Da droben auf dem Hügel
Wo die Nachtigall singt,
Da tanzt der Einsiedler,
Daß die Kutt in die Höh' springt.

Messalinus Cotta und Eudoxia Rinbellia fanden das Testament, und er erinnerte sich jetzt seines Sohnes, der in Kaiser Siegmunds Feldschlacht geblieben war, er schickte ihm überall Steckbriefe nach, aber umsonst. Leider verschwanden die Schätze, sobald der Teufel erfahren hatte, daß der Bernhäuter seinen Bund gebrochen. Den Thierkreiß hatte Messalinus auf dem Hals, er begann nun, um ihn zu benutzen, eine Zeitschrift, welche die erste war, unter dem Nahmen der süße breite Gänsefuß (wird im 24 Guldenfuß bezahlt) sie erhielt allen gemeinen Beifall, und obschon Messalinus Cotta nun die Schätze des Bernhäuters gekommen war, so hielt er als ein trefflicher edler Uneigennutz, die Verpflichtung, die Animalia scribacia tod zu füttern oder zu hungern, treulich. Sie schrieben und hungerten sich an dem Gänsefuß nach und nach zu tode, aber Messalinus Cotta zog sich immer neue unter dem Präsidium der Füchse nach, und so hatte der Gänsefuß Bestand. Einstens machte Eudoxia Rinbellia mit dem Thierkreiß eine Wallfarth nach einem Einsiedler, von dem sie gehört, und den sie in Verdacht hatte, es könne der verlohrne Bruder sein, und sie fanden ihn, und lasen ihm den süßen breiten Gänsefuß vor, aber er wiederstand ihren Lockungen, in das väterliche Haus zurückzukehren, trat doch als beständiger Mitarbeiter dem süßen breiten Gänsefuß bei. Sie verließ ihn, um ihn nie wieder zu sehen, denn nachdem sein Ruf sich weit und breit ausgedehnt, als er großen Anhang erhalten und die Bernhäuter die Welt anfüllten, aber gänzlich ohne Bärenhaut herumzogen, und seine Statuten profanirten, schoß er sich mit einer großen Hollunderbüchse, welche in seinem Garten gewachsen, tod. Ruhig zog er nun vor den papiernen Kalender-Himmel, St. Peter wollte ihm aber nicht glauben wegen der Lüge mit dem Hasenherz, und so brachte ihn dann der kleine Bär nach Wartelnweil in der Landsknechte Himmel, den er zu aller Bärnhäuter Himmel erhob, und ihm den Nahmen des großen Bären gab.

*) Euphrosia soll Merkellam und Rinbelliam mit der Rudteruß zischen Lazareth-Krankheit angesteckt haben, deren Haupt-Symptom ein Bart mit einer eisernen Stirn ist.

Der Königssohn und die Schäferin.

Zweiter Reihen.

(Beschluß.)

Nun soll ich sagen und singen
Von Trommeten und Schwerterklang,
Und bor' doch Schalmeien klingen,
Und höre der Lerchen Gesang.

Nun soll ich singen und sagen
Von Leichen und von Tod,
Und seh' doch die Bäum' ausschlagen
Und sprießen die Blümlein roth.

Nur von Goldmar will ich melden,
Ihr hättet es nicht gedacht:
Er war der erste der Helden,
Wie bei Frauen so in der Schlacht.

Er gewann die Burg im Sturme,
Steckt' auf sein Siegsbanner;
Da stieg aus tiefem Thurme
Der alte König herfür.

„O Sonn'! o ihr Berge drüben!
O Feld und o grüner Wald!
Wie sind ihr so jung geblieben,
Und ich bin worden so alt!"

Mit reichem Glanz und Schalle
Das Siegsfest begann;
Doch wer nicht saß in der Halle,
Das nicht beschreiben kann.

Und wär' ich auch gesessen
Dort in der Gäste Reihn,
Doch hätt' ich das Andre vergessen
Ob all dem edeln Wein.

Da thät zu Goldmar sprechen
Der königliche Greis:
„Ich geb' ein Lanzenbrechen,
Was setz' ich euch zum Preis?"

„Herr König, hochgeboren,
So setze uns zum Preis,
Statt goldner Helm und Sporen,
Einen Stab und ein Lämmlein weiß!"

Um was sonst Schäfer laufen
In die Wett' im Blumengefild',
Drum laß man die Ritterhaufen
Sich tummeln mit Lanz und Schild.

Da warf die Ritter alle
Herr Goldmar in den Kreis,
Er empfing bei Trommetenschalle
Einen Stab und ein Lämmlein weiß.

Und wieder begann zu sprechen
Der königliche Greis:
„Ich geb' ein neues Stechen,
Und setz' einen schönen Preis,

Wohl setz' ich euch zum Lohne
Nicht eitel Seid' und Land,
Ich setz' euch meine Krone
Aus der schönsten Königin Hand.

Wie glühten da die Gäste
Beim hohen Trommetenschall!
Wollt' jeder thun das Beste,
Herr Goldmar warf sie all.

Der König stand am Gaden
Mit Frauen und mit Herrn,
Er ließ Herren Goldmar laden,
Der Ritter Zier und Stern.

Da kam der Held im Streite,
Den Schäferstab in der Hand,
Das Lämmlein weiß zur Seite
Am rosenfarbnem Band.

Der König sprach: „Ich lohne
Dir nicht mit Seid' und Land,
Ich geb' dir meine Krone
Aus der schönsten Königin Hand."

Er sprach's, und schlug zurücke
Den Schleier der Königin,
Herr Goldmar mit keinem Blicke
Wollt' sehen nach ihr hin.

„Keine Königin soll mich gewinnen,
Das Lämmlein und den Stab.
So mög' euch Gott behüten!
Ich zieh' ins Thal hinab."

Da rief eine Stimm' so helle,
Und ihm ward mit einem Mal,
Als sangen der Vögel an Quelle,
Als glänzten die Blumen im Thal.

Die Augen thät er heben,
Die Schäferin vor ihm stand,
Mit reichem Geschmeid' umgeben,
Die blanke Kron' in der Hand.

„Willkommen, du viel Schlimmer,
In meines Vaters Haus!
Sprich! willt du ziehen noch immer
Ins grüne Thal hinaus?"

„So nimm doch zuvor die Krone,
Die du mir liebst zum Pfand!
Mit Wucher ich dir lohne,
Sie herrscht nun über zwei Land."

Nicht länger blieben sie stehen
Das Eine vom Andern fern.
Was weiter nun geschehen,
Das wußtet ihr wohl gern.

Und wollt es ein Mädchen wissen,
Der thät ich plötzlich kund,
Damit ich sie umfahn und küssen
Ihren rosenrothen Mund.

Ludwig Uhland.

(Bei diesem Blatt ein Kupfer.)

der erste Bärnhäuter

Zeitung für Einsiedler.

1808. ——————— 26 ——————— 29. Juni.

De neegen oolen wisen Süstern (Musen)
De seeten vor un achter em, (Apoll)
Un schrauen vor de grooten Nüssen
Mit aapnen Hals un luder Sterun.

(Hochzeitslied von Alden.)

Die Sonnettenschlacht bei Eichstädt.
Jenaische Literaturzeitung. Junius 1808 Nr. 128 — 31.

Entsetzlichkeiten sind vorgefallen, haaransträubende, himmelanschreiende, höllenabfahrende, gebeinzermalmende, herzzerreißende, bluterstarrende, cannibalenwürdige, menschenwürgende thränenvorlockende, abscheuliche Begebenheiten haben sich ereignet. Das hat Mars uns bedeutet, der so blutroth und zornig eine Weile her am Himmel gestanden, das hat der Comet uns gebracht, der auf einmal so stille wie ein Dieb fortgeschlichen, und doch haben unsere Astronomen mit ihren theuern Instrumenten nichts herauspracticirt. Ohne eine Warnung ist das ganze Geschlecht der Sonette überfallen und schmälig in die Pfanne gehauen, und mit Stumpf und Stiel in einer Action ausgerottet worden. Die Geschichte ist außer Athem zur Expedition gelaufen gekommen, und hat die Sache folgendermaßen erzählt. Mit dem Anbruch der Morgendämmerung des Juny ist ein erschrecklich großes Heer von Hexametern und Pentametern, von Jamben, Trochäen und Anapästen, saphischen und alegyischen Oden, anakreontischen abgedankten Liedern und großen ionisch epischen Schweinkopfphalanxen aufgerückt, angeführt vom großen Mohrenkönig Tamerlano, und haben alle mit großem Geschrey das Blut der Zwerge von ihrem König verlangt, sagende es sey ein unnütz Volk, und der Vogel Phönix sey nicht unter ihnen, und sie seyen zu lang für die gehörige Kürze und zu kurz für die ordentliche Länge, und damit taugten sie nichts, und es sey schändlich von der Natur, daß sie solch unnütz Geheimniß gemacht habe. Der schwarze König hörte das recht gern, denn er hatte längst schon einen Haß auf die kleinen Tönnchen geworfen, und meinte, sie seyen alle tückisch, und da konnte er sie in der Seele nicht leiden, weil er selbst bekanntlich antikisch ist. Sind dann auf das Geschrey der Riesen die armen Zwerge zusammengegangen, und haben Rath geschlagen, und Gesandte geschickt, und um Pardon gebeten für sich und ihre schwangeren Weiber, beym Herrn Urian, beweglich vorstellend, sie seyen zwar nicht von

großer Statur und Leibesgröße, aber sonst doch von geraden und gesunden Gliedern, was ihre Gestalt beträfe, so gäben sie zu bedenken, daß sie so kunstreich eiselirt und gearbeitet wären, wie einer unter den ehrenwerthen Herren, die nach ihrem Blute dürsteten, bäten daher schönstens, sie mit derley ungebührlichen Grobheiten zu verschonen. Die antikischen Berser aber wurden fuchswild, und haben die kleinen Abgesandten entsetzlich angefahren, und ihnen gesagt, sie wollten sie dreymal in Schubsack stecken und wieder heraus, dazu seyen sie capabel, und es habe sie der Heidengott geschickt, sie sollten Session halten und Landgebinge, und das kleine Geschmeiß ausrotten. Es sey demnach keine Barmherzigkeit, und sie sollten über ihr Zeitliches und Ewiges Vorsehens haben, waren also die Zwerge in großer Angst und Noth, und schickten um Succurs ins romantische Land, dort waren sie aber alle in der Traubenlese begriffen, und mußten die Weinberge hüthen gegen Hasen und Füchse, kamen also die Deputirten unverrichter Sache zurück. Beschlossen also sich zu waynen, und ritterlich sich zu wehren für ihr theures Leben, ehe sie sichs aber versahen, war der Wüterich schon mit seiner Schaar von Fliegdrachen eingetroffen, und hat nun ein dermaßen Blutbad unter den unbewehrten Kleinen angerichtet, das vom Widerschein die rieselnden Ströme am Himmel Seebrand entstanden, den man sogar hiesigen Orts auf der Sternwarte gar deutlich vernommen, sammt dem Geröchel der Sterbenden. Vier Tage dauerte das Gemetzel, wie Schneeflocken hat man die Leichen nicht zählen können, und es ist ein Berg geworden, aus dem von nun an das rothe Meer seinen Ursprung nehmen wird. Augenzeugen versichern, daß die Begebenheit mit nichts als dem bethlemitischen Kindermorde verglichen werden könne, so groß sey das Gewimmer gewesen, mit Zetergeschrey, und wie Herodes habe der Entsetzliche verhärtet und Herzen gewüthet und geschlachtet als ein Türke. Aber nicht ungerochen sind die armen Unschuldigen gefallen, gleich anfangs ist dem Feldmarschall sein bester Läufer, ein Molossus unterm Leibe erschossen worden, darauf wie des Blutes immer mehr geworden, das um Rache schrie, hat der Himmel sich erbarmt, und es ist groß Wunder zu sehen gewesen. Alle die zu Stücke gehauenen Sonette, sind wieder lebendig worden, als Epigramme, ein einzig Klingding hat oft tausend Stechdinger gegeben, und die erbosit und erbittert im Herzen, sind nun alle auf den grausamen Fezer losgefahren, und haben ihn dermaßen mit ihren Stacheln accomodirt, daß er seinem Molofus nachgefahren ist. Haben sich dann auf die faubischen Oden geworfen, und sind lästerlich mit ihnen umgegangen, und nehmen die Bestien nun gar keine Raison an, und wüthen fort unter den Feinden, und ist zu besorgen, daß nun der all zu vielen Leichen von beyden Seiten wegen, eine Pestilenz entstehen möge. Aber die Nation der Sonette ist ein für allemal ausgerottet. Nur ein Einziges ist davon gekommen, ein armes Waisenkind, dessen Vater ein Grieche vor zweytausend Jahren gestorben ist, während die Mutter glorreich in der Schlacht sich verblutet hat. Das arme Kind, die wunderfame Creatur, ist ganz nackt und erfroren, und zitternd vom Schlachtfeld weggelaufen, und ist in einer Guitarre oder Korset glücklich durch die Vorposten gekommen

---

Der Einsiedler und das Klingding, nach der Schlacht bei Eichstädt.

Ein Clairobscur für die Leferwelt, Seitenstück zu Frißchens Reise durchs A B C.

Der Schauplatz ist bey Eichstädt in Thüringen.

(Inneres einer Einsiedlerzelle, deren Architektur nach der Ballenschnur aus Makulatur, seine Kutte besteht aus Korrectur, sein Betstuhl aus Litteratur, und er selbst aus Natur, man hat die Aussicht durch sein Fenster auf ein entferntes Schlachtfeld, und hört das Getöse einer Schlacht, welches jedoch ganz wie das regelmäßige Geräusch einer mähenden Sense (alt Zenfe conseo retensiren) klingt, dann und wann wird die Sense gedengelt, während dem hört man unsäglich viel zerbrochelte Hammerstimmen von lauter sterbenden Vierlingen und Drillingen, meistens Mädchen, sie reimen sich alle unter einander, und klingt das ganze wie ein hunterbunder Wunder-Zunder, der in einer Dunstkunst Brunst zerzischet, dann erhebt sich wieder der Sensenstrich mit Juchhei und Heiderlei, Schwärme von Klingding Singer Seelchen ziehen durch die Luft, die Sonne neigt sich zum Untergang, das Ganze ist alles von Stuckatur, und wer am letzten lacht, der lacht am besten.)

[Der Einsiedler tritt von seinem Fenster.]

Sonnet.

Klingdinger Seelchen seh ich gleich ägyptischen Plagen
In Mückenwolken, die er scheut, die Sonn umspielen,
Als wollten sie schon todt, den Punschwunsch doch erzielen,
Die Morgenröthlichkeit der Zukunft anzusagen.

Zu viele fraß der Feind für seinen schwachen Magen
Die Seelen zwicken ihn von tausend Gänseflielen,
Die am Heuschreckenstag durch seine Sense fielen,
Sich steifling geißlos mat der Heiden Schach wird schlagen.

Laß das Gyaskrokodill still am Idyllennile
Herodisch schlummern steif im Mückenmord erstarren,
Wenn Heumondneumond schleicht Ichneumon ihm in Rachen.

Zu den verplexten Aegten finden sich auch Stiele,
Wir stilifiren sie aus Knarrer Pfarrer Sparren
Und wachen, lachen ob dem schwachen zachen Drachen.

Sonnet.

Aber ich will noch nicht ganz verzagen
Es werden die kleinen Reimdinger,
Die süßzuckerichten Gedankenzwinger,
Diese Karfunkel mit Honigseim Schlinger,
Wohl nicht all von einem Krankenfinger,
In einem Tage seyn erschlagen.

Ich reiß ein Siegesliedlein ins Hackbrett schlagen
Damit die winzigen Martyrkronenringer,
Die Reimgeleimten drei Königsbohnenfinger
Die Glaubtraubschraubenden Kreuzbythrinuschwinger,
Wie ächte Kreuzlustsvögeleinsluftspringer,
Sich die Klingdinger in dem Tod betragen.

Sein klein Gebein soll unbegraben ragen,
Daß wenn ein Fabelknochen pochen wollt und fragen:
Welch Sönnlein hat dich Froschleichleichenbein gebleichet?
Solch Klingding nie schamröthlich Antwort reichet:
„Ich war Sonnet, und sonnte mich so nette
„Weil ich ein Sonnensohn und so ohn Vater.“

[Er spielt das Hackbrett und singt:]

Auf Triumph es kömmt die Stunde
Da sich Zion die Geliebte,
Die Betrübte doch erfreut
Babel aber geht zu Grunde

Daß sie kläglich über Jammer,
Ueber Angst und Kummer schreit.

Diese Dirne hat beflecket
Ihr geschenktes, schön geschmücktes,
Jungfräuliches Ehrenkleid,
Und mit Schmach und Hohn bedecket,

Einsiedler.

Es pocht, ich fasse Muth, wer da? mir will schier grausen

(Aristokratensohn, sagt er) aus welchem Lande?

(Er sagt, bei dich, o thus, viel da) — gewiß die Heidenbande

(Herodes nennt er sich) mein Herr o bleib er draußen.

(Er klagt er sei gar matt) Hier giebt's kein Kind zu schmaußen

Ja Mißton viele matt Ton zierknarrt er im Sande

Oft äß' er und sein Kleeblatt Kleie ich verstande

Ich mische mich nicht drein, drum weicht von diesen Klausen.

Ja ja, gar viele Band ohn, kahl ohn, er ist ohne,

Ja proß! ich kenn dein bieder Proß, dein kindlich Eici,

Im Weinachskuchen schnappst du nach der Königsbohne.

In derlei Heuderlei leg Osterhaas dein Maiey;

Des Moisis Garten selbst trägt keine Wünschelruth dir

O närrscher Matheis, Glatteis ist, sei auf der Hath hier.

Eisbrei sei Reisbrei! ei, Breieis reiß schnell von hinnen,
Grrey Mäcken Hemplen grecper mit den andern Erinnen.

Die dem Lamme auf die Hochzeit
Ist zum Weibe zubereit.

Stolze Dirne nicht verweile
Die da auf den vielen, vielen,
Vielen großen Wassern sitzt.

[Es pocht an der Thüre.]

Griechisches Sonnet.

Μῶν οἶσθα κεῖνον ἵμερον κράτιστον

Τοῦ παιδιώδους φιλτάτου τ' ἀγῶνος,

Ἔρωτος οὕπερ πλεῖστός ἐστιν ὦνος

Καρπουμένοισι χαρμάτων μίγιστον.

Φιλημάτων γὰρ εἰ δίδωσι μισθόν,

Οὐ 'γὼ φθονήσω τῷ κλέει Πλάτωνος,

Οὐ 'γὼ φθονήσω τοῖς θεοῖς αἰῶνος

Παῖς γὰρ φίλη πάντων καλῶν ἄριστον.

Φεῦ πρόσθ' ὁ πούς ἄγει με, πρόσθεν ἁ··

Τᾶν ἡδονῶν ἔτ' οὐδέν ἐστι καλόν

Ἄλλως δὲ πῦρ τὴν καρδίαν με κάει.

Ἐγὼ οὐ λυτοῖς δεσμοῖσι κάρθ' ἰάλων·

Ὦ 'νερ, τί καγχᾷ ταῖς φρεσὶν ματαίαι··

Εἰλημμένος ταῖς φροντίσιν κραταιαῖς;

(Das Griechische Sonnet lacht hier über laut auf deutsch, der Einsiedler erstaunt, und bittet es herein zu kommen, er öffnet die Thüre, das Griechische Sonnet hat einen Wolfspelz um, hält sich die Augen mit den Händen zu, und geht rückwärts herein, während es sich übersetzet.)

Einsiedler.

Sonnet.

Es steht mir doch den tollen Schelm von hinten

    O kennst du jenes mächt'ge Sehnsuchtsleiden

In Wolfshaut will das Böcklein sich verhüllen,

    Nach tändelhaftem allerliebsten Streiten,

Und weiche Reime ihm die Zipfel füllen

    Worin des Eros Gold und Minnedeuten,

Ei! Ei! der erste Vierling will sich finden

    Des Freudepflückers aller Seligkeiten.

Komm her, du Maskenäffchen, laß dich schinden,

    Und will der Küsse Lohn er mir bereiten,

Ja, schlage nur nicht aus du griechisch Füllen,

    Mag Platons hohen Ruhm ich nicht beneiden,

Sprich nicht so golden, Flick, du bist ja wüllen,

    Und nicht der Götter seelge Ewigkeiten,

Den zweyten Vierling seh ich her sich winden,

    All Gut schwindt an geliebter Mägdlein Seiten.

Ach liebes Kind wie schön steht Eigenlob dir!

    Ach vorwärts treibt der Fuß mich immer vorwärts!

Doch dreh dich erst herum, sonst gehst du Thorwärts,

    Den Freuden alle Schönheit ist vergangen.

Glaubs gern, wenn erst ein Drilling sich entschob dir,

    Umsonst in Feuer loderst du empor Herz!

Der artge Drilling trillert süßen Ohrscherz,

    Unlöslich harte Banden mich umfangen

O trille dich herum, trill mich nicht weiter,

    O Mann, was rühmst du dich mit eitlen Sinnen,

Der zweyte Drilling, ach du bist's mein Christian Schneider.

    Da mächt'ge Sorgen fesselnd dich umspinnen.

Und der Schelm drehte sich herum und umarmte den Einsiedler. Es war seine Geliebte, sie hatte sich von Christian Schneider in Berlin ein griechisches Sonnet (eine Art Corsett) und zwei Vierlinge und zwei Drillinge machen lassen, um in diesem Costüme sicher über das Schlachtfeld von Eichstädt zu kommen, wo die Klingdinger am — — in die Pfanne gehauen wurden, und so hat das kühne Mädchen ihren frommen Geliebten überrascht, sie sind jetzt verheurathet, und alle ihre Kinder sollen wieder Vierlinge und Drillinge werden, und jedes ein Kling- ding seyn, da nun ich Klingding zwei Vierlinge hat und zwei Drillinge, so wird in dem ersten Wochenbette der Staat einen Gewinn von acht Vierlingen und sechs Drillingen und cetera haben.

Buchhändler-Anzeige.

In wenigen Tagen erscheint die Geschichte des Herrn Sonnet und des Fräuleins Sonnete, eine Romanze von L. A. von Arnim, sie ist ein Anhang zu den Sonneten in der letzten Ausgabe von Bürgers Werken, und erzählt in neunzig Sonneten, wie Herr Sonnet die Sonnete kennen lernte, wie er zu dem Tazer in die Leyre kam, und um sie ward, wie ihm Herr Ottav in die Quer kam, und auch um sie ward, wie dieser abgewiesen ward, wie Herr Sonnet sein Fräulein Sonnete aus dem Feuer rettete, und sie darauf heura- thete, wie Herr Ottav sich mit der Schwester der Sonnete, Fräulein Terzine begnügte, und sie förmlich beurathete, wie diese unglück- lich und jene glücklich, nachdem Herr Sonnet sich das viele Trinken abgewöhnt, lebten, und endlich allesammt starben, worauf sie begra- ben wurden.

Die Hexen Gesellschaft feiert den Bärnhäuter in Versuchung.

Zeitung für Einsiedler

1808. ———————— 27 ———————— 2. July.

Willst du dich ganz zurücke ziehen,
Du kannst dir selber nicht entfliehen;
Willst du selbst eigen andre führen,
Du mußt mit Schöpfungskraft regieren.

Ganz unbemerkt und ohne Plan,
Ein jeder Augenblick macht Bahn:
In schlechter Zeit thu nur was recht,
Die ist dann diese Zeit nicht schlecht.

L. A. v. A.

Scherzendes Gemisch von der Nachahmung des Heiligen.

(Fortsetzung, Vergl. 10. Stück.)

Die Welt ist voll Geist, Herzbruder, sie braucht uns nicht, das ist die wahre Freiheit! — Der Wein ist gut, trink aus. — Es ist alles recht gut, sagte der Herzbruder, es giebt noch gute Leute in der Welt, und gute Wissenschaft und gute Kunst, ich habe nichts dagegen, das Wetter und der Weg wird doch davon nicht besser, gerührt mag ich nicht werden von den Trefflichkeiten der Welt, denn an der Grenze ist mir alles durchgerührt und durchgesucht, daß ich hätte weinen mögen. — Wenn du nicht gelacht hättest. — Muß ich mich denn für einen Spitzbuben halten lassen, weil die Leute nicht an meiner Ehrlichkeit glauben wollen, es ist entsetzlich, wie ich bin mißhandelt, in jeder Tasche haben sie gesucht. — Kritik, nichts weiter, muß es sich doch die Religion gefallen lassen, daß sie alle Tage visitirt wird, und Christus und die Unsterblichkeit der Seele und das Absolute, ob es nicht Conterbande führt. Unser Zeitalter ist ein armer Teufel, der alle Augenblicke in die Tasche faßt, ob er seine Paar Batzen noch hat, und vermißt er sie endlich, so wagt er nicht in die letzte Tasche zu fassen, um seines Verlustes nicht gewiß zu werden. — Wir haben sie in alle Taschen gefaßt, komm mir nicht mit Trost, den hab ich lange durcherlebt, so viel du davon erfinden magst; ich habe dich vorher kaum sehen können, und soll mich nun im Zeitalter umsehen, das fehlte mir noch, dazu hat mein Barbier Zeit, der mir einen geheimen Plan zur Verbindung aller Religionen und Völker mitgetheilt hat, in dem keiner etwas merkt, bis er in der Haut des andern steckt und sie gern behält, weil ihm seine abgezogen. — Der treibts doch nicht mit schwarzer Kunst, sondern mit weißer, ich treibs mit schwarzer, und habe mein Studium aus der Verzweiflung gemacht, so wie ich ein Unglück in der Welt sehe, denk ich nur ein ärgeres, und es gefällt mir dann in der Welt viel besser als in meinem Kopfe; sieh das Pa-

ket, lauter Verzweifelte, ich steh dafür, du lachst, eh du zur Hälfte gekommen: Sag kein Wort und hör zu, sieh der Alte ist wie ein Hund, wo zwei Menschen essen, schleicht er heran und fängt Fliegen. — Der Alte brummte aber verdrießlich: Wir sagen nicht umsonst, du hat Einfälle wie ein altes Haus, wenn nichts mehr hält, da bleibt noch Witz, wir finden nicht umsonst einen Gallapfel, wo ein grünes Blat zerstochen, und er giebt keinen Knoten, der nicht ein witziges Leben führt. — Das ist zu allen Zeiten gewesen, wo ein Knopfloch nicht mehr hält, da lacht das Fleisch hinaus, und wir sind aus den alten Kleidern heraus gewachsen. Macht Kinderzeug aus dem abgelegten Zeuge, es muß doch leider die ganze Weltgeschichte durchmachen. — Der Alte brummte wieder: Wenn die spanischen Fliegen nicht mehr ziehen, dann ist's aus mit den Kranken, die Jugend ist immer eine gute Krankheit, denn sie vergeht gewiß. — Ich hab nichts dagegen, wären wir nur jung. Ließ zu.

Der an seinem Witz verzweifelte Jupiter.

„Weiße Metis, saugend Süße,
„Ach vor Lieb möcht ich dich essen,
„Und was deuten anders Küsse?"
Also fraß in Lieb vergessen
Jupiter sein Weib, die Gute
Mit dem Wurf, der nicht geboren.
Aber von dem milden Blute
Hats in seinem Kopf gegoren,
Daß den Kopf ein schwängernd Fieber,
Jenes Kindlein ungeboren
Eingenommen, alles trüber
Ihm da brause vor den Ohren,
Und die Götter mußten lachen,
Was er da zusamm geschaffen,
Die Centauren thät er machen,
Und statt Helden macht er Affen.
Faustendick ist's ihm geschwollen,
Vor der Stirne, und vor Schmerzen

Thät er scherzen, thät er grollen,
Daß es ging Vulkan zu Herzen,
Der am Aetna mit dem Beile
Honigwaben schnit vom Stocke,
Es nicht abgewischt in Eile,
Sondern in dem Schmiederocke
Eilt er zu dem alten Göhen,
Hieb ihm ein die hohe Stirne.
Gleich gepanzert zum Ergöhen
Sprang da eine hohe Dirne
Die Minerva weise leuchtend.
Aus dem Hien, ganz unverdrossen,
Von des Vaters Stirn verscheuchend,
Runzeln die von Schmerz geflossen.
Honig hat den Kopf geschlossen,
Doch ein Bienchen ist geblieben,
Klebend an dem Beil, verschlossen
Blieb es in dem Kopf dem truben.
Legt da seine tausend Eyer
Und die kommen aus zum Schwärmen,
Und dann treibt ein neues Feuer,
Mancher Einfall tausend Lärmen.
Neues kann daraus nicht steigen,
Eingeschlossen sind sie immer,
Aber anders alles zeigen,
Alle Dinge umziehn mit Schlimmer,
Wenn sie zu dem Auge fliegen,
Aehnlich scheinen sie den Dingen,
Wenn am Ohre sie in Zügen,
Scherzend wird ein Klingbing singen.
Doch von Jeder kommen tausend,
Sich zu tobt die Götter lachen,
Wie beim Bettlermantel lausend
Mehren suchend sich die Wachen,
Die in seinem Kopfe schwärmen.
Ueber die zu todt gelachten
Mocht er sich recht bitter härmen,
Aber seine Seufzer krachten,
Was noch lebt muß todt sich lachen.
Er beschließt, nun einzurennen
Seinen Kopf, ein End zu machen,
Da kein Feuer ihn mag brennen.
Steine fallen von dem Himmel,
Schädelstücke, große kleine,
Von den Wolken wie mit Schimmel
Ueberzogen; also keine
Götter mehr, kein Wih auf Erden
Als so alles aufgesammelt Wesen
Von des seeligen Manns Beschwerden?
Kann kein Antiquar uns sagen

Wo der Bienenstock geblieben?
Mit dem Schädel um sich schlagen,
Heist den Wih noch gar nicht üben!
Schweigt drum still, ihr Antiquare,
Sind die Bienen weggezogen?
Nun so achtet eure Jahre,
Stellet euch nicht ungezogen,
Achtet Jugend, auch ihr Irren
Ist noch wahrer als Verachten,
Laßt manch Klingbing um euch schwirren,
Bienlein, die nach Arbeit trachten.

Jxion, der an seinen Studien verzweifelte Dichter.

Tausend gerissen am
Rade der Zeiten
Aufwärts zur Hohe,
Wohl mir und Wehe!
Einlend noch rascher
Tiefer und tiefer,
Schäumende Wasser
Stick n den Muth;
Schwindend die Augen
Löschen im Funken,
Thränen versunken.
Ach ich gemeiner
Kerrel verfuchte
Ewiger Schonheit
Göttliche Hoheit
Niederzubeugen
Mir zum Genuß,
Mir zum Vesth:
Weil ich geduldet
War bei dem seligen
Mahle der Götter,
Possen zu reißen,
Glaubt ich mich Gott!
Als mir der Nectar
Kihelt die Nase,
Enget den Hals und
Flügelt das Blut,
Gottliche Lüge! —
Glaubt ich mich Gott!
Nimmer ich konnte
Lange ertragen sein
Mächtiges Streben,
Mußte es verschlafen
Und dann erwachend
Mußt ich mich speien,
Daß mir das Herz

Saß an der Zungenspitz,
Trocken die Gaumen,
Daß ich verfluchte
Göttliches Leben
Und mir gelobte
Nimmer zu trinken,
Wenn mir auch Hebe
Reichte den Becher,
Wüsche die Füße,
Salbte die Haare.
Also geschah's oft!
Als mir der Nektar
Kitzelt die Nase
Wieder einmal,
Mehr als Kronien
Selber zu trinken
Ich mich vermaß;
Aber die Augen
Sanken bald zu,
Und aus dem Munde
Floß mir der Nektar,
Kühlend zum Nabel.
Stille einander
Winkten die Götter
(Wie ich erfahren
Als es zu spät.)
Spottend im Kreise,
Löschten die brennenden
Haare des Morgens,
Daß sie die Träume
Sähen, die heimliches
Lüsten entlockte
Trügender Pforte!
Ward mir so wehlig,
Ward mir alleinig,
Fühlt mich bald zwenig,
Juno sie strich die
Locken im Nacken,
Küßte die Augen,
Küßte die Brust mir.
Da ich umfaßte heiß
Hungernd die Gottin —
Ach nur die Wolke! —
Schon mich erweckte
Schluchzend Begehrenden
Donnergerassel;
Lachen und Grinsen
Aller der andern
Lieblinge Jupiters.
Bebend ich schaute sein

Antlitz, ein Augenblick;
Schrecklich die Braunen
Drängt er zusammen
Und in der Augen Blitz
Mußt ich erblinden.
Alle die Götter
Hielten die Nase, die
Augen sich zu!
Da war kein Halten. —
Alle die Stufen der
Himmlischen Feste,
Die ich erstiegen
Ohne zu grüßen,
Schritte der Götter, der
Hohen nachahmend,
Faßt zum Verkommen;
Alle die Stufen, wie
Fallende Kiesel vom
Felsen hinunter,
Schneller und schneller
Ward ich geworfen, aus
Händen in Hände,
Nieder zur Tiefe, denn
Gut ist Bedingung,
Waltender Götter!
Wo ach wohin! Wie
Bin ich verworfen!
Oftmals ich höre den
Anstoß der Becher
Seliger Götter,
Wenn ich am Rade
Schaudre zur Höhe;
Läuft mir das Wasser im
Munde zusammen,
Träum ich sie reichen mir
Neigen vom Nektar, —
(Sonst ich sie ausgoß
Ueber die Erde,
Machend ein Glücksspiel
Sterblichen Menschen
Wo sie erzögen
Irdische Lieder,
Meinten dann stolz, sie
Hättens errungen. Nun
Lechz' ich nach Neigen!)
Nichts mir! Und gar nichts!
Uebergangsschauer! —
Schon in das Wasser
Sink ich verboten,
Weil ich gemeiner

Kerkel versuchte
Ewige Schönheit zu
Fassen betastend, zu
Ziehen herab.
Habe nach Ewgem
Nummer Gelüsten
Kannst du nicht greifen ins
Rad der Zeiten, es
Halten im Sinken,
Tragen das Endende
Gleichen Gemuths und
Freundlicher Seele! —
Meine Gespielen auf
Erden, die jubeln noch
Trinken sich Brüderschaft,
Kennen den Nektar
Nur aus Gedichten
Knap zugemessen
Recht wie die Erben,
Nimmer zum Mahle der
Götter sie laden,
Immer sie warten der
Blicke Kroniens, die
Nimmer sie sehen,
Wartend sie freun sich des
Mahles der Arbeit, der
Mäßigen Höhe, sich
Freuend des Wartens.
Sinkend erinnernd
Sehn sie die Höhen sich
Spiegeln im Mühlbach, wie
Sträuche die Blumen,
Bäume die Sträuche,
Sommer die Bäume,
Alle einander sich
Drängen und treiben bis
Eine der Sonnen
Alles vertreibet:
Treibt sie die Zeit
Nennen sie's Zeitvertreib.

Der an seinen Schülern verzweifelte Philosoph auf verschiednen Standpuncten.

1.

Lehrer. Weiter hinauf ins spitze Haus
Treiben mich Schüler-Schlüsse
Ueber das Gewisse.
Schüler. Schließet fest zusammen
Folgt auf Feuerleitern,
Hört wie er entflammet
Spricht von Sternenzeit.

Lehrer. Wie sie in mich dringen!
Herr bin ich im Hause,
Lasse mich nicht zwingen,
Halt's der Kukuk aus.

2.

Lehrer. Schüler-Klatschen, einzge Lust!
Muß wohl höher singen,
Muß ich auch zerspringen.
Schüler. Seht wie schön er steiget,
Wie ein Luftball schnelle,
Widerspenstig zeiget,
Blendet erst, was hell.
Lehrer. Bin ich in der Hölle?
Steig ich mein vergessen?
Teufel mir am Felle
Hängen sich noch fest.

3.

Lehrer. Neidend seh' ich euer Glück
Kleine Schwalben-Nester,
Ihr hängt doch viel fester.
Schüler. Er will sich besinnen,
Stoßet ihn doch weiter,
Jugend kann verrinnen
Eh wir noch gescheidt.
Lehrer. Ach hier bey der Spitze
Kaun ich kaum noch stehen,
Ach vom Göttersitze
Schwindet Horen, Sehn.

4.

Lehrer. Unter mir die Nebel, der Blitz,
Seht ich trag die Welten,
Das muß höchstes gelten?
Schüler. Springen sie ein wenig,
Daß wir sicher werden,
Ob sie auch der König
Von der tiefen Erd.
Lehrer. En sie sind zu gütig,
Springe, wer da wolle,
Ich bin sehr vollblütig,
Nein, das war zu toll.

5.

Lehrer. Unten bald in meinem Stuhl
Pflegen mich liebe Kinder,
Das ist viel gesünder.
Schüler. Schaut er kommt zurücke,
Schaut nun stehn wir höher,
Leer war all sein Glücke,
Er sey nun versöhnt.
Lehrer. Spottet meine dadrüben
Wo ihr hin entzuckel,
Wo ihr hin mich treiben,
Ihr kennt nicht zurück.

6.

Lehrer. Wer sitzt da im Vaterstuhl,
Wer sind diese Kinder,
Sind vielmehr als minder?
Kinder. Kennet ihr den Alten,
Der so zornig scheinet,
Fest den Stuhl möcht halten,
Und sein Auge weint?
Lehrer. Vater bin ich von Weisen!
Sagt wo blieb die Mutter?
Ach der Stein der Weisen
Ist der Grabstein nur.

Ludwig Achim von Arnim.

[Die Fortsetzung künftig.]

Zeitung für Einsiedler.

1808. —————— 28 ————— 6. July.

Von dem Leben und Sterben des Grafen Phöbus von Foir.

(Fortsetzung. Vergl. 10. Stück.)

V. Von dem Geist Orthon, einem schnellen Zeitungsbothen.

Sehr wunderbar und nachdenklich ist eine Sache, und ich werde, so lange ich lebe, sie nicht vergessen, welche mir ein Hofmann erzählte, der mir auch die unglückliche Schlacht bey Juberoth erzählt hatte; es ist ganz wahr, wie er mir sagte, daß den Tag nach dieser Schlacht der Graf von Foiz schon darum wußte, und war ich höchlich erstaunt, wie das möglich sey, und den ganzen Sonntag und den Montag und den folgenden Dienstag war er auf seinem Schloß zu Ortais so still und betrübt, daß man kein Wort aus ihm bringen konnte, auch wollte er in diesen drey Tagen seine Stube nicht verlassen, noch mit einem Ritter oder Hofdiener sprechen, so vertraut er ihm auch gewesen sey, und ließ er deren welche zu sich kommen, aber redete nicht mit ihnen. Den Dienstag Abend ließ er seinen Bruder Arnauld Guillaume rufen, und sagte ihm ganz leise: Unsre Leute haben zu schaffen gehabt, worüber ich gar traurig bin, denn dieser Heerzug ist ihnen so bekommen, wie ich es ihnen bey der Abreise wohl vorher gesagt habe. Arnauld Guillaume, der ein sehr kluger Mann ist, und die Art und Beschaffenheit seines Bruders wohl kannte, schwieg ein wenig, und der Graf, der seinen Muth aufheitern wollte, denn nur gar zu lang hatte er seinen Verdruß mit sich herum herum getragen, nahm das Wort von neuem und sprach lauter als vorher: bey Gott, Messire Arnauld, so ist es, wie ich euch gesagt, und werden wir bald Nachricht davon hören. Aber niemals noch hat das Land Bearn seit hundert Jahren an einem Tag so viel verloren, als diesmal in Portugall. Mehrere Ritter und Hofdiener die zugegen waren, und diese Rede des Grafen hörten, getrauten sich nicht zu sprechen, und machten ihre Anmerkungen im Stillen darüber. Zehn Tage nachher hörte man die Wahrheit wohl von denen, die dabei gewesen waren, und die gern jedem erzählten, der es hören wollte, wie es zu Juberoth hergegangen war. Da erneute sich die Trauer des Gra-

fen und aller derer, welche dabei ihre Brüder, Anverwandte, Kinder oder Freunde verloren hatten. Heilige Maria, sagte ich zu dem Hofmann, der mir die Geschichte erzählte, aber wie ist es nur möglich, daß der Graf von Foiz eine solche Nachricht so schnell wissen oder errathen kann, als von heut auf Morgen? Meiner Treu, sagte er, er wußte es wohl, wie es sich zeigt. So muß er denn ein Wahrsager seyn, sagte ich, oder er hat Boten, die auf dem Wind reiten, oder er hat irgend eine Kunst. Der Hofmann lachte und sagte: Wahrscheinlich muß er es durch irgend Zauberey erfahren, aber wir wissen eigentlich hier zu Land nicht, wie er es macht, und haben darüber nur eine Vermuthung. Da sagte ich zu dem Hofmann: Und diese Vermuthung, wollt ihr mir sie wohl sagen, und wenn es eine Sache ist zum Verschweigen, so will ich sie wohl verschweigen, und niemals, so lang ich auf der Welt oder in diesem Land bin, den Mund darüber aufthun. Ich bitte euch drum, sagte der Hofmann, denn ich wollte nicht gern, daß man es wüßte, wie ihr von mir erfahren, doch spricht man wohl unter seinen Freunden davon. Nun zog er mich in einen Winkel der Kapelle im Schloß Ortais, und begann seine Erzählung folgendermaßen:

Es sind wohl ohngefähr zwanzig Jahre, daß in diesem Lande ein Baron lebte, der sich Raymond Seigneur de Corasse nannte, Corasse, damit ihr mich recht verstebt, ist eine Stadt sieben Stunden von dieser Stadt Ortais, der Seigneur de Corasse hatte damals einen Prozeß zu Abignon vor dem Papst, wegen der Zehnden der Kirche in seiner Stadt, gegen einen Pfaffen von Castellogne, der sehr reich fundirt war. Dieser klagte, daß er ein groß Recht auf die Zehnden von Corasse habe, die wohl eine Einnahme von 100 Gulden betrugen, und das Recht, das er darauf hatte, zeigte und bewieß er. Denn durch ein letztes Urtheil vor dem ganzen Konsistorium verdammte der Papst Urban der V. den Baron, und entschied für den Pfaffen. Dieser nahm eine Abschrift des Urtheils, und ritt so schnell als möglich nach Bearn, zeigte seine Bullen und Briefe, und ließ sich kraft derselben in Besitz des Zehnden sitzen. Der Baron, der sich wohl der Geschäfte des Pfaffen vermuthete, ging ihm entgegen und sagte zu ihm: Meister Peter oder Meister Martin, wie er dann dieß denkt ihr dann, daß ich durch eure Briefe mein Erbe verlie-

ren soll, so viel Muth traue ich euch wohl nicht zu, daß
ihr irgend eine Sache nehmet oder anhebt, die mein
ist, und thut ihr es, so komnt ich euch ans Leben, drum
geht und suchet anderswo Gefälle, ich sage euch einmal
für allemal, von meinem Erbe werdet ihr nichts kriegen.
Der Pfaffe hütete sich vor dem Ritter, denn er war
grausam, und bestund nicht weiter darauf. Doch entschloß er sich, nach Avignon zurückzukehren, und kam
vor seiner Abreise zu dem Seigneur de Corasse und
sprach: Mit eurer Gewalt und nicht mit Recht, nehmet
ihr mir die Gerechtigkeiten meiner Kirche, wodurch ihr
euch in eurem Gewissen schwer versündiget, ich bin in
diesem Lande nicht so stark als ihr, aber wißt, daß ich
euch, so bald als möglich, einen solchen Gesellen schik-
ken will, den ihr mehr fürchten sollet als mich. Der
Sire de Corasse gab nichts auf seine Drohungen und
sprach: Geh mit Gott, geh, mache was du kannst, ich
fürchte dich mehr tod als lebendig, und um deine Reden
werde ich mein Erbe nicht verlieren. So reiste der
Pfaffe ab und vergaß nicht, was er versprochen hatte.
Denn als der Ritter am wenigsten dran dachte, ohngefähr 3 Monate nachher, in seinem Schloß zu Corasse,
wo er in seinem Bett neben seiner Gemahlin schlief,
ließen sich in dem Schlosse befand, umzuwenden anfingen, und
schien es, als wollten sie alles zusammen schlagen, und
gaben sie solche Schläge an die Kammerthüre des Herrn,
daß die Dame, die darin schlief, hochlich erschrocken
war. Der Ritter horte das alles recht gut, aber er
wollte kein Wort davon sagen, um nicht den Muth eines furchtsamen Menschen zu zeigen. Auch war er muthig genug, iegliches Abentheuer abzuwarten. Dieser
Lärm und Unruh dauerte in verschiedenen Theilen des
Schlosses eine ziemliche Zeit, und hörten denn auf.
Den folgenden Morgen kamen alle Diener des Schlosses zusammen, und begaben sich zu dem Herrn, als er
aufgestanden war und fragten ihn: Herr habet ihr nicht
gehöret, was wir heut Nacht gehört haben. Er verstellte sich und sagte nein, was habt ihr dann gehört?
Da erzählten sie ihm, wie es die ganze Nacht im Schlosse
gelermt, alles umgekehrt, und in der Küche alles Geschirr zerbrochen habe. Er lachte und sagte: Es sey ein
Traum und nichts als der Wind gewesen. Um Gotteswillen, sprach die Dame, ich hab es wohl gehört. In
der folgenden Nacht machten es die Ruhestörer noch ärger als vorher, und schlugen dermaßen an die Thüre und
Fenster vor des Herrn Stube, daß der Ritter aus dem
Bett sprang und sich nicht enthalten konnte, zu fragen:
Wer ist es, der also zu dieser Stunde an meine Stube
anpocht. Da antwortete es ihm sogleich, ich bins, und

wer schickt dich, sagte der Ritter, hierher zu mir; mich
schickt der Pfaffe von Castellogne, dem du groß Unrecht
gethan und ihm das Seinige entzogen, auch werde ich
dich nicht eher in Ruh lassen, bis du ihm alles wieder
ersetzet. Wie heißt du denn, daß du ein so guter Bote
bist? Man heißt mich Orthon. Orthon sagte der Ritter,
der Dienst eines Pfaffen tangt dir nicht, wenn du mir
glauben willst, er wird dich gewaltig plagen, ich bitte
dich, laße ihn laufen und diene mir, ich werde dir es
gar wohl gedenken. Orthon hatte sich bald entschlossen,
denn er hatte sich in den Ritter verliebet und sagte:
Wollt ihr das? Ja, sagte der Ritter, aber du darfst
niemand von nun an Leides zufügen. Es bewahre,
sagte Orthon, auch vermag ich niemand übels zu thun
als nur, daß ich die Leute aufwecke und im Schlaf turbire.
Thue nur was ich dir sage, sprach der Edelmann, wir
wollen uns gut zusammen stehen, und laß den bösen
Pfaffen laufen, bey dem du nichts holen kannst als Müh
und Arbeit. Weil du es dann willst, sagte Orthon, ich
bin es zufrieden. Da verliebte sich dieser Orthon dermaßen in den Seigneur de Corasse, daß er ihn sehr oft
Nachts besuchte, und wenn er ihn schlafend fand, so
zupfte er ihn am Kopfkissen, oder schlug an das Fenster
und die Thür mit großen Schlägen. Der Ritter, welcher erwachte, sprach zu ihm: Orthon, laß mich schlafen; nein, sagte Orthon, ich muß dir erst was neues
erzählen. Da hatte die Gemahlin des Ritters solche
Furcht, daß ihr alle Haare zu Berge standen, und wickelte sie sich in ihre Decke. Da fragte ihn der Ritter,
was hast du dann gutes neues Orthon? Orthon sagte:
Ich komme von England, oder von Ungarn, oder irgend einem andern Ort, gestern bin ich da weggereist
und dieses und jenes ist allda geschehen. So wußte der
Sire de Corasse durch Orthon alles, was auf der Welt
geschah. Und blieb er wohl fünf Jahre in diesem gräf-
lichen Umgang, konnte es auch nicht verschweigen, und
entdeckte sich dem Grafen de Foig folgendermaßen: Das
erste Jahr traf er den Grafen zu Ortais oder anderswo
und sagte ihm da, dieses oder jenes sey in England oder
Schottland oder sonst wo geschehen. Der Graf, der
nachher erfuhr, daß es wahr gewesen, drang ihm einstens sein Geheimniß ab. Da war der Graf sehr froh
und sagte zu ihm: Sire de Corasse, haltet ihn ja lieb,
ich wollte gar gern einen solchen Boten haben. Er kostet euch nichts, und ihr erfahret alles wahrhaftig, was
geschieht. Der Ritter sprach: Herr so will ich thun.
Ich weiß nicht, ob Orthon mehr als einen Meister hatte,
aber er erschien dem Ritter nur alle Woche zwey oder
dreimal, und dieser schrieb die Neuigkeiten dem Grafen.
Einstens sprach dieser zu dem Seigneur de Corasse: Ha-

bet ihr noch niemals euren Diener gesehen? Meiner
Treu, niemals, habe es auch nicht begehrt. Das wun-
dere mich, sagt der Graf, und stünde er so gut mit mir
als euch, so hätte ich ihn längst gebeten, sich mir zu
zeigen, auch bitte ich euch, bemüht euch drum, ihn zu
sehen und erzählt mir, wie er gestaltet ist. Ihr habt
mir auch gesagt, daß er so gut Gasconisch spricht, als
ich und ihr. Das ist die Wahrheit, sagte der Ritter,
und weil ihr es wünscht, will ich mich bemühen, ihn zu
sehen. Nun befand er sich die Nacht wie sonst in dem
Bette neben seiner Gattin, die schon gewohnt, den Orthon zu hören, sich nicht mehr fürchteten. Dann kam
Orthon und zupfte am Kopfkissen des Ritters, der fest
schlief. Wer ist da, fragte er, erwachend. Ich bins,
sagte Orthon, und wo kommst du her, von Prag in
Böhmen. Wie weit ist das wohl, sechszig Tagreisen,
sagte Orthon, und du bist so geschwind gekommen? Ey
ja doch, ich gehe so schnell als der Wind und wohl noch
schneller. Bist du geflügelt? Nicht doch, sagte er.
Wie kannst du denn so schnelle fliegen? Orthon antwortete: Was kümmert euch das zu wissen. Das kümmert mich wohl, sagte der Ritter, denn ich möchte gar
zu gern sehen wie du gestaltet bist, und wie du aussiehst.
Orthon antworte: Was kümmert euch das, es zu wissen, seyd zufrieden wenn ihr mich hört, und ich euch
allerley Neuigkeiten bringe. Bei Gott, ich würde dich
vielmehr lieben, wenn ich dich gesehen hätte, sagte
Corasse. Orthon antwortete, wenn ihr es denn wollt,
die erste Sache, die ihr Morgen sehen werdet wenn ihr
aufsteht, das bin ich. Das ist gut, sagte Corasse, nun
gehe, es ist genug für heute Nacht. Als der Morgen
kam, stand er auf, seine Gemahlin aber hatte solche
Furcht, daß sie die Kranke machte und sagte, sie werde
heut nicht aus dem Bette aufstehn. Der Ritter wollte
aber, sie sollte aufstehn. Sire, sagte sie, ich werde Orthon sehen, ich will ihn nicht sehen, so Gott will, auch
niemals antreffen. Da sagte der Sire de Corasse: Ich
will ihn gar gern sehen. Da sprang er ganz lustig aus
dem Bette und setzte sich auf den Rand, und dachte,
wie er nun Orthon in seiner eigentlichen Gestalt sehen
werde. Aber er sah gar nichts, wobey er hätte sagen
können: Sieh da Orthon. Der Tag ging herum und
die Nacht kam, als der Ritter in seinem Bett lag, kam
Orthon und sprach wie gewöhnlich: Geh, sagte der
Ritter, du bist ein Lügner, du solltest dich mir zeigen,
und du hast es nicht gethan. Nein, sagte er, ich habe
es gethan. Du hast es nicht gethan; und sahst ihr nicht,
sagte Orthon, als ihr aufstand, Etwas, und der Ritter
dachte ein wenig nach und sagte dann: Ja, als ich auf
meinem Bett saß, und an dich gedacht, sah ich zwei

Raben auf dem Boden, die sich miteinander drehten und
spielten. Das war ich, sagte Orthon, diese Gestalt
hatte ich angenommen. Das ist mir aber nicht genug,
sagte der Ritter, und ich bitte dich, nimm eine solche
Gestalt an, in der ich dich sehen und kennen kann.
Orthon sagte, gebet acht, ihr werdet r-ich verlieren,
denn ihr treibt es zu weit mit mir. Du wirst nicht von
mir gehen, sagte Corasse, wenn ich dich einmal gesehen, würde ich dich nicht wieder sehen wollen. Orthon
sagte ihm da: Gieb Morgen acht, was du zuerst siehst,
wenn du die Stube verläßt, das bin ich. Gut, erwiederte der Ritter, ich gebe dir Urlaub, ich will jetzt
schlafen, Orthon verließ ihn. Den andern Morgen
stand der Ritter auf, kleidete sich an, verließ die Stube,
und gieng auf einen Platz, der in den Hof sah, da
warf er seine Augen hinab, und das erste was er erblickte, war die größte Sau, die er jemals gesehen,
aber sie war dabei so mager, daß man nichts als Haut
und Knochen an ihr sah, und hatte sie lange, hängende
und gesleckte Ohren, ihr Rüssel war lang und spitzig
und gar ausgehungert. Der Sire de Corasse verwunderte sich sehr über diese Sau, aber er sah sie nicht
gern, und befahl seinen Leuten: Nun lasset die Hunde
los, ich will, daß diese Sau getödtet und gefressen
werde. Da eilten die Diener und öffneten die Hunde-
ställe, und hetzten sie auf die Sau, welche einen lauten
Schrei that, und zu dem Sire de Corasse in die Höhe
sah, der oben an einem Fenster stand, und nie sah man
sie wieder, denn sie verschwand und weiß niemand, was
aus ihr geworden. Der Ritter begab sich wieder in
seine Stube ganz nachdenklich, denn er gedachte an Orthon. Ich glaube, sagte Orthon meinen Diener gesehen zu
haben, es reut mich, daß ich meine Hunde auf ihn gehetzt. Es sollte mich sehr wundern, wenn ich ihn je
wieder sähe, denn er hat mir oft gesagt, ich würde ihn
verlieren, wenn ich ihn erzürnte. Er sagte die Wahrheit. Nie kehrte er mehr in den Schloß Corasse
ein, und der Ritter starb ein Jahr darauf. Nun habe
ich euch von Orthon erzählt, so denn der Sire de Corasse die
Neuigkeiten brachte, sagte der Hofmann. Ja, sprach
ich, aber ist der Graf von Foiz auch von einem solchen
Boten bedient. Meiner Treu, sagte er, das glauben
viele Leute, in dem Lande Bearn, denn er erfährt und
weiß alles was vorgeht, wenn man es gleich am wenigsten
versteht. So ist es auch mit den Nachrichten, die er
von den zu Juberoth erschlagenen Rittern dieses Landes
hatte. Diese Gabe und der Ruf derselben bringt ihm
manchen Nutzen, denn man verlöre hier nicht den Werth
von einem goldenen oder silbernen Löffel, daß er es nicht
gleich wüßte. Nun nahm ich Abschied von dem Hofmann
und dankte ihm für seine Erzählung und gieng in andre
Gesellschaft, mit der ich mich vergnügte, doch aber
prägte ich mir diese Geschichte, so wie ich sie hier erzählt, sei in das Gedächtniß ein.

VI. Von dem wunderbaren Tod des herrli-
chen Grafen Gaston Phöbus von Foiz 1391.

In dieser Zeit starb auch der edle und treffliche Graf
von Foiz, auf eine gar wundersame Weise, ich will euch
sagen wie: Es ist die Wahrheit, daß er vor allen Lei-
besübungen die Jagd und seine Hunde liebte, und mit

dieſen war er ſehr wohl verſehen, denn er hatte ihrer zu ſeinem Vergnügen mehr als ſechs hundert. Der Graf befand ſich in Bearn, in der Mark von Ortais, und trieb und jagte in den Wäldern von Sanneterre auf dem Weg von Pampeluna, und hatte er den Tag, an dem er ſtarb, den ganzen Morgen einen Bären gejagt, welcher endlich gefangen wurde. Da er den Fang angeſehen und das Waidrecht vollzogen worden war, näherte ſich der Mittag. Da fragte er die, welche um ihn waren, wo man ihm die Tafel bereitet habe? Man antwortete im Hoſpital Rion, zwei kleine Stunden von Ortais, und ſo war es auch. Sie ritten alle nach dieſem Dorf. Der Graf und ſeine Leute ſtiegen an dem Schloß ab, dann begab er ſich nach ſeiner Stube, welche er ganz mit friſchem jungem Laubwerk ausgeſchmückt fand, und die umliegenden Säle waren alle mit grünen Zweigen umſtellt, um Kühle und Wohlgeruch darin zu verbreiten, denn die Luft war draus ſehr drückend und ſchwül, wie ſie es in dem May iſt. Als er ſich in dieſer friſchen Stube befand, ſprach er: Die kühlen grünen Mayen thun mir gar wohl, denn der Tag iſt ſehr heiß, und da ſetzte er ſich auf ſeinen Sitz, und plauderte ein wenig mit dem Meſſire Eſpaing de Lion, und ſprachen ſie davon, welcher Hund am beſten gejagt habe. Während dieſer Unterredung traten Meſſire Yvain, ſein natürlicher Sohn, und Meſſire Pierre de Cabeſtau in die Stube, in welcher ſelbſt die Tafeln ſchon gedeckt waren. Jetzt begehrte er das Waſſer, um ſich die Hände zu waſchen, zwei Hofleute eilten darnach, Ranmonnet Lane und Karmonnet de Compone und Cayenton d'Eſpaigne nahm das ſilberne Waſchbecken, und ein anderer Ritter, der ſich Meſſire Thibault nannte, nahm das Handtuch, er erhob ſich von ſeinem Seſſel, und ſtreckte die Hände aus zum Waſchen, ſobald das kalte Waſſer auf ſeine Finger berabael, welche gar ſchön und gerade waren, erblaßte ſein Geſicht, erbebte ihm das Herz, wankten ſeine Füße unter ihm, und ſank er ihm auf ſeinen Seſſel ſagend: Ich bin des Tods, Gott der Herr ſey gelobt! Er redete kein Wort mehr, aber er ſtarb noch nicht gleich, ſondern litt noch Noth und litte Kämpfe. Die Ritter, die um ihn ſtanden, rief erſchrocken und ſein Sohn nahmen ihn in ihre Arme gar freundlich, und trugen ihn auf ein Bett und legten ihn nieder und deckten ihn zu, und glaubten, es habe ihn nur eine Schwäche angewandelt. Die zwei Ritter aber, welche das Waſſer gebracht hatten, damit man nicht ſage, ſie hatten ihn vergiftet, gingen zu dem Waſchbecken und der Gießkanne, und ſprachen alſo: Sehet hier das Waſſer, in eurer Gegenwart haben wir es gekoſtet, und wollen es vor neuem vor euch koſten, um da thaten ſie es ſo oft, daß alle mit ihnen zufrieden waren. Man gab ihm Brod und Waſſer, Spezereien und alle ſtärkende Sachen in den Mund, und alles dieſes half ihm nichts, denn in weniger als einer halben Stunde war er todt und gab ſeinen Geiſt auf gar ſanft. Der gnädige Gott ſey ihm barmherzig!

Ihr müßt wiſſen, daß alle gegenwärtige ſehr betrübt und erſchrocken waren, ſich ſchloſſen bei die Stube recht feſt, damit die Leute im Schloß nicht ſobald den Tod des edlen Grafen erfuhren. Die Ritter ſahen den Meſſire Yvain ſeinen Sohn an, welcher weinte, ſammerte und die Hände rang und ſagten zu ihm: Yvain, es iſt geſchehen, ihr habet euren Vater und Herrn verloren, wir wiſſen wohl, daß er euch über alles liebte, macht euch fort, reitet nach Ortais und ſetzt euch in Beſitz des Schloſſes und Schatzes, der darin, ehe ein anderer euch zuvorkommt und die Sache bekannt wird. Meſſire Yvain verbeugte ſich auf dieſe Rede und ſagte:

meinte Herrn, große Liebe und Freundſchaft erzeigt ihr mir, die ich euch noch zu belohnen hoffe, aber gebt mir die wahren Merkzeichen meines Herrn Vaters, denn ohne dieſe werde ich nicht in das Schloß eingelaſſen werden. Ihr habt recht, antworteten ſie, nehmt dieſelbau, da nahm er die Merkzeichen und waren ſie ein Siegelring, den der Graf an ſeinem Finger trug, und ein Meſſer, deſſen er ſich öfters bei Tiſch bediente, dieſes waren die wahren Merkzeichen, und ohne ſie zu heben, hätt ihm der Vogt des Schloſſes zu Ortais, der ſie wohl kannte, nie die Pforten geöffnet.

Meſſire Yvain verließ das Hoſpital von Rion nur mit zwei Reutern, und ritt ſo ſchnell, daß er nach Ortais kam, ehe man noch etwas von dem Tod des Grafen wußte. Er ſprengte durch die Stadt, ſagte niemand nichts, auch hatte niemand einen Verdacht auf ihn, ſo kam er auf das Schloß und rief den Burgvogt hervor. Dieſer antwortete ihm: Was beliebt euch Monſingneur Yvain, wo iſt mein Herr Graf? Er iſt in dem Hoſpital, ſagte der Ritter, und ſchickt mich einige Sachen zu holen, die in ſeiner Stube ſind, dann werde ich nieder zu ihm zurückkehren, und damit du mir glaubſt, ſiehe hier die Zeichen, ſeinen Siegelring und ſein Haubmeſſer. Der Vogt öffnete ein Fenſter, und ſah die Zeichen, denn er hatte ſie ſchon öfters geſehen; dann öffnete er das kleine Pförtchen des Thores, und ſie ritten ein, und die Knechte verſorgten die Pferde und führten ſie in den Stall. Als Meſſire Yvain darinnen war, ſagte er zum Vogt, ſchließe die Thoren. Als er ſie geſchloſſen hatte, nahm Yvain ihm die Schlüſſel ab und ſprach: Du biſt des Tods. Der Vogt ganz erſchrocken, fragte ihn warum. Dann ſagte er, weil mein Vater verſchieden iſt, und ich über den Schatz will, ehe ein andrer über denſelben kömmt. Der Vogt gehorchte, wie es ihm zukam, auch war ihm lieber, dem Meſſire Yvain als einem andern zu gehorchen. Meſſire Yvain mußte wohl, wo der Schatz war, und begab ſich dahin, er war in einem dicken Thurm, in welchen man durch drei ſtarke eiſerne Thüren mußte, welche man aber jede mit einem beſonderen Schlüſſel zu öffnen hatte, ehe man hinein konnte. Dieſe Schlüſſel aber waren nicht ſo leicht zu finden, denn ſie lagen in einem kleinen ganz ſtahlernen Coffer verſchloſſen, und dieſer war wieder mit einem kleinen Stahlſchlüſſel geſchloſſen, welchen der Graf von Folg, wenn er verreiſte, mit ſich trug, und fand man ihn auf ſeinem ſeidnen Wammſe hängen, den er über ſeinem Hemd trug, und wurde er erſt gefunden, als Yvain bereits hinweg war. Die Ritter, welche den Leichnam des Grafen bewachten, wunderten ſich jetzt über dieſen kleinen Schlüſſel, und konnten ſich gar nicht denken, wozu er diente, da war aber der Capellan des Grafen, Meſſire Nicole de l'Eſcalle, der nun alle ſeine Geheimniſſe wußte, und den er oft mitgenommen hatte, wenn er an ſeinen Schatz ging, der ſprach, als er den Schlüſſel ſah: Meſſire Yvain wird ſeine Mühe verlieren, denn ohne dieſen Schlüſſel kann er nicht an den Schatz, weil er einen kleinen Stahlkoffer mit allen andern Schlüſſeln verſchließt. Da waren die Ritter gar betrübt und baten den Capellan, den Schlüſſel dem Meſſire Yvain zu bringen, und er ſetzte ſich zu Pferd und ritt nach Ortais. Meſſire Yvain war ganz betrübt in dem Schloß, und ſuchte die Schlüſſel überall und konnte ſie nicht finden, auch wußte er nicht wie er die eiſernen Thüren aufbrechen ſollte, da gar keine Inſtrumente dazu da waren.

(Die Fortſetzung künftig.)

Zeitung für Einsiedler.

1808. ——————— 29 ═══════—————9. July.

Lebensweise.

An den Jedern kennt man Vögel,
An der Arbeit auch die Hand;
Wie du hast gespannt die Segel
Fährst du über Meer und Land.

Unsre Alten auf den Bergen
Bauten sich ein sichres Haus;
Nicht sich vor der Welt zu bergen,
Nur die Freyheit blieb heraus.

Sie allein den Geist verstanden
Der sich in dem Fels verstreckt,
Zwangen ihn in enge Banden,
Daß er seine Schätz entdeckt.

Aus den Steinen eine Blume
Wuchs hervor in üpger Pracht,
Zu der Meister ew'gen Ruhme
Die so tiefen Sinn erdacht.

Kraut und Stamm, und hohe Zweige
Steigen aus dem Felsen auf;
Bleiben nun ein ew'ges Zeichen
Von des Geistes kühnem Lauf.

Hoch auf eines Berges Spitze
Thürmten sie den Wohnpallast,
Drangen zu der Wolkenspitze;
Ohne Ruhe, sonder Rast.

Näher an den blauen Himmel
Schlug empor das kühne Herz,
Fern vom irdischen Getümmel
Sah das Auge himmelwärts.

Ihr Gebet zu Gott gewendet;
Demuth, Liebe, tiefe Reu
Gottes Kirche gern gespendet,
Ihr, und ihrem Kayser treu.

Schwebten mit so edlen Schwingen
Adlern gleich, in Lüften rein,
Und wenn Erd und Welt vergiengen
Schlummerten sie ruhig ein.

Nieder zu dem tiefen Grunde
Stiegen sie in Kriegsgewand,
Wachsen mit dem Schwerdt die Stunde,
Daß die Freyheit noch bestand.

Keine Fluten mochten brechen
Diesen mächt'gen Felsen dann;
Jeden Feindes Hohn zu rächen
War bereit der edle Stamm.

Unter seinen goldnen Zweigen
Blühten Freyheit, Ehr und Recht;
O! wer mag sich doch vergleichen
Diesem edlen Geschlecht.

An den Jedern kennt man Vögel,
An der Arbeit auch die Hand;
Wie du hast gespannt die Segel
Fährst du über Meer und Land.

Jetzund am bequemen Orte,
Still im Thale, eng und klein,
Ohne Joch und breite Pforte
Nützlich muß die Wohnung seyn.

Wenig Holz, und keine Steine,
Nur ein niedlich Kartenhaus,
Kleine Fenster, nur zum Scheine
Füllen alle Wünsche aus.

Ob es heute schon und morgen
Wiederum zusammenstürzt,
Dieser halb sey ohne Sorgen,
Wenn man nur die Zeit verkürzt.

Spielend leben, spielend sterben,
Ist geschenten Bürgern gleich;
Weiß man doch nicht, ob erwerben
Man dort wird ein Himmelreich.

Leben, nur so wie zum Spaße
Nicht gehärmt, und nicht gegrünt,
Denn wie bald liegt unterm Grase
Jede Lebenslust gelähmt.

Was von Glaub und Gott zu halten
Muß ein jeder kindisch seyn,
Nur Vernunft muß stets obwalten
Dann ist alles leicht geschehn.

Was Vernunft nicht will, zu hassen
Ist ja Pflicht dem Menschenfreund;
Leben, und auch leben lassen
Es mit allen gut gemeint.

Nur nach Stunden abgemessen
Dieses edlen Lebens Ziel,
Schnell versprochen, schnell vergessen
Alles ist doch nur ein Spiel.

Also auch mit Wehr und Waffen
Nur im Scherze angethan,
Mit dem Schwerdte im Ernst zu schaffen
Hat kein kluger Biedermann.

Feinde schlägt man nicht mit Thaten,
Denn da floße Menschenblut;
Fürst und Vaterland verrathen,
Ist die Kunst, und die ist gut!

Diese Fahrt die Anker lichtet
Ehmals in ein enges Reich,
Wo drei Säulen sind errichtet,
Doch die hat man nun verbaute.

Nein, so edle Thaten helfen
Jetzund zu der Menschheit Glück!
Heulen muß man mit den Wölfen,
Keiner bleibe da zurück!

An den Jedern kennt man Vögel,
All der Arbeit auch die Hand;
Wie du hast gespannt die Segel,
Fährst du über Meer und Land.

Rostorf.

Von dem Leben und Sterben des Grafen Phöbus von Foix.

(Beschluß.)

VII. Die guten Männer von Ortais.

Während dem wurde in Ortais, Gott weiß wodurch, ob durch Weiber oder durch Diener, die vom Hospital gekommen waren, bekannt, daß der Graf gestorben sey. Das war wohl eine harte Nachricht, denn sie liebten ihn alle sehr. Die ganze Stadt kam in Bewegung, die Bürger versammelten sich auf dem größten Platze der Stadt und unterredeten sich, da sprachen einige: Wir haben Messire Ivain ganz allein nach dem Schlosse reiten sehn, und sah er wohl sehr erschrocken aus. Da antworteten die andern, gewiß muß etwas vorgefallen seyn, denn nie ritt er allein vor seinem Herrn Vater her. Als die Männer von Ortais sich so versammelt hatten, und auf dem Markt miteinander redeten, sieh, da ritt ihnen der Capellan grad in die Hände. Die umringten ihn und sagten: Messire Nicole, wie gehts mit unserm Herrn? Man hat uns gesagt, er sey gestorben, ist es wahr? Behüte Gott, sagte der Capellan, aber er ist gar sehr krank, und ich komme nur, um ihm etwas zurecht machen zu lassen, was ihm sehr gesund seyn wird, und dann will ich wieder zu ihm. Mit diesen Worten machte er, daß er davon kam, ritt auf das Schloß und ruhte nicht, bis er drinnen war. Da war Yvain gar froh, daß er die Schlüssel hatte. Nun will ich euch aber sagen, was die Männer von Ortais thaten. Sie machten sich allerlei Gedanken über den Grafen, und sprachen untereinander: Nun ist's bereits Nacht, und wir haben noch gar keine sichere Nachricht von unserm Herrn, und ist Yvain mit dem Kapellan, der um alle Geheimnisse des Herrn weiß in dem Schloß, läßt uns diese Nacht das Schloß bewahren, morgen werden wir mehr hören, wir wollen heimlich nach dem Hospital schicken, um zu hören wie's steht, denn wir wissen wohl, daß der größte Theil des Schatzes auf dem Schloß ist, und würde er gestohlen, so machte uns das große Schande, und brächte uns gar in Schaden, drum dürfen wir diese Sache nicht übersehen. Das ist die Wahrheit sprachen die andern, da hielten sie Rath, und seht, sogleich werden alle Männer von Ortais geweckt, und gehn sie alle nach dem Schloß, und schicken sie die erlesen der Stadt an alle Pforten zur Wache, und waren sie da die ganze Nacht bis zum Morgen. Ach da hörte man die Wahrheit von seinem Tod, da konnte man wohl großes Wehklagen, Schreyen und Trauern von allen Leuten, Frauen und Kindern in der guten Stadt Ortais hören, denn sie hatten ihn alle sehr lieb. Da verstärkte man die Wache und alle Männer der Stadt waren auf dem Platz vor dem Schloß unter den Waffen. Als Messire Yvain dieses in dem Schloß sah, sprach er zu dem Capellan: Messire Nicole, mein Anschlag geht verloren, ich werde hier nicht heraus können, denn die Männer von Ortais wissen um die Sache und bewachen das ganze Schloß. Ich werde wohl gute Worte geben müssen. Da sprach der Capellan: Redet mit ihnen, denn nur mit guten Worten könnt ihr hier noch etwas ausrichten. Messire Yvain begab sich also in einen Thurm, aus dessen Fenster er mit den Leuten gut reden konnte. Da öffnete er ein Fenster und redete mit den ansehnlichsten Leuten der Stadt ganz laut: Ihr guten Männer von Ortais, ich weiß wohl, warum ihr versammelt seyd, nun aber bitte ich euch, haltet mir es nicht vor übel, um der Liebe willen, die mein seliger Herr Vater für richtig, daß ich mich vor jedem andern in den Besitz des Schlosses und Schatzes zu setzen gesucht. Ich will damit nichts als alles Gutes. Nun aber ist er nach Gottes Willen gestorben, ohne irgend eine Einrichtung zu treffen, mich

wie er doch gewollt in sein Erbe einzusetzen, und bat er mich unter euch, unter denen ich herangewachsen, als einen armen Ritter den natürlichen Sohn des Grafen von Foix zurückgelassen, wenn ihr mir nicht helft und rathet. Achtet darauf um Gotteswillen und aus Mitleid, ihr thut damit ein Allmosen, und will ich euch das Schloß öffnen und mögt ihr hereinkommen, denn gegen euch will ich es nicht halten noch verschließen. Da antworten die besten Männer von der Stadt also: Messire Yvain, eure Rede gefällt uns wohl, wir wollen mit euch halten und wollen das Schloß und die Güter, die darinnen sind, auch bewachen helfen; und sollte der Vicomte de Castillon euer Vetter, welcher der Erbe des Landes zu Bearn ist, herankommen, und sich in Besitz des Schatzes setzen wollen, so wollen wir wohl wissen, mit welchem Recht, und wollen euer und Messire Gracien euers Bruders Recht wohl beachten, und alles dieses betheuern wir und wollen es euch aufrichtig halten. Mit dieser Antwort war Messire Yvain sehr zufrieden, und that er die Thore des Schlosses auf, und gingen die Männer von Ortais hinein, so viel ihr wollten. Man stellte da genug und gute Wachen hin. An diesem Tag ward der Leichnam des Grafen von Foix nach Ortais gebracht und in einen Sarg gelegt. Alle Männer, Frauen und Kinder von Ortais gingen ihm unter bittern Thränen entgegen, gedenkend seiner Stärke, seines edeln Lebens, seiner mächtigen Regierung, seines Verstands, seiner Tapferkeit und großen Freygebigkeit. Vor allem aber des Friedens, dessen sie unter diesen trefflichen Herrn genossen hatten. Denn weder Franzosen noch Engländer hatten es gewagt, ihn zu erzürnen. Da sprachen sie also: Ach Gaston, schöner Sohn, warum haßt du je deinen Vater erzürnt, wärst du uns geblieben, der so schön und in so großem Beginnen war, du wärst uns ein großer Trost geblieben, aber wir haben dich allzujung verloren, und dein Vater hat uns zu früh verlassen. Er war ein Mann erst von 63 Jahren, das ist kein groß Alter für einen solchen Fürsten, der einen so starken Willen hatte, und alles was er begehrte. Land von Bearn trostlos und verwaißt, ohne einen edlen Erben, was wird immer aus dir werden, so trefflichen und edlen Herrn wirst du nie wieder gewinnen! Unter solchen Klagen und Thränen ward der Leichnam von sieben Edelleuten durch die Stadt getragen, ihm folgten sechzig Ritter, welche sich aus dem Lande versammelt hatten, und trug man ihn wie ich euch sage mit entblößtem Angesicht nach der Barfüßerkirche. Da ward er einbalsamirt, und in einem bleyernen Sarge bis zu seiner feyerlichen Bestattung bewahrt, und brannten Tag und Nacht vier und zwanzig große Wachsfackeln um den

Leichnam, die wurden abwechselnd von acht und vierzig Dienern getragen.

An dem Tag der Bestattung des herrlichen Grafen Gaston de Foix, des letzten dieses Nahmens, welche in der Stadt Ortais in der Barfüßerkirche in dem Jahr unsers Herrn 1391 den 12ten October an einem Montag gehalten wurde, war viel Volk aus dem Lande Bearn und sonst woher, Baronen, Ritter, Prälaten und drey Bischöffe in Ortais. Der Bischof de Palmes las das Todtenamt, da brannten eine Menge Lichter und alles war sehr prächtig angeordnet, und hielten während der Messe vor dem Altar vier Ritter vier Fahnen, mit den Wappen von Foix und Bearn. Die erste hielt Messire Ranmond du Chatelneuf. Die zweyte Messire Espaing du Lion. Die dritte Messire Pierre Degmer. Die vierte Messire Menauld de Novalles. Den Degen hielt Messire Roger d'Espagne. Den Schild trug der Vicomte de Bruniquel. Den Helm trug der Sire de Valentin, das Pferd führte der Sire de Corasse. Die ganze Bestattung wurde prächtig nach Landesgebrauch vollzogen und wurde nach der Messe der Leichnam aus dem Sarge genommen, in gutes neues Wachstuch eingewickelt, und vor den großen Altar der Chores bey den Barfüßern beerdigt. Des Seinen ist nichts mehr, Gott verzeihe ihm!

Von den Machandel Bohm.

Ein Kindermährchen in der Hamburger Volkssprache, nacherzählt von Ph. O. Runge *)

Dat is nu all lang her, woll twee Dusent Gohr, do was dar een rick mann, de hadde eene schoine frame Frou, un se hadden sik beede seer leef, hadden averst kene Kinner, se wünschten sik averst seer welke, un de frou bedt so veel darum Dag un Nacht, man se kregen keen un kregen keen, — vor eerem huse was een hoff, darup stund een Machandelboom, ünner den stun de Frou eens in n Winter, un schalt sik eenen appel — un as se sik den appel so schalt, so snet se sik in'n finger, un dat blot feel in den snee — ach! sed de frou, un süft so recht hoch up, un sach dat bloot vör sik an, un was so recht wehmödig, hadd ik doch een Kind so roth as Bloot un so witt as Snee — un as se dat sed so

---

*) Wir machen mit kleiter Erzählung am liebsten den Anfang der aus verschiedenen Gegenden erhaltenen, theils ihrer eigenthümlichen Wunderbarkeit und Häuslichkeit wegen, theils auch um in Göthes neuem Faust (letzte Scene) einige in Eldachen wiederverweckten alte Verse zu kommentieren.
Einsiedler.

wurd eer so recht frölich to mode, eer was recht as sull dat was warden, dar ging se to den huse un ging een Maand hen, de Snee vör ging un twee Maand dar was dat groin, un Dree Maand da kemen de Bloimer ut de Erde, un Veer Maand dar drungen sik alle Boimer in dat Holt un de groinen twige weeren all in een anner wussen dar sungen de Vägelkens dat dat ganze holt schallt, un de Blöten felen von de Boimes dar was de fofte Maand weg, unse stand iemer den Machandelboom de rook so schoin bo sprang eer dat hart vör freuden unse seel up eere Knee un kunde sik nich laten, un as de feste Maand vörby was dar ward en de früchte dik un stark da ward se ganz still, un de soßen de Maand da greep se nabe Machandelbeeren un att se so nidsch, da ward se trurig un krank, darging de Achte maan hen, un se reep eeren Mann un weende un sed, wen il starve so begrave my ünner den Machandelboom, da wurde se ganz getrost un freute sik bett se de neegte maand vörby was dar kreeg se een Kind so witt as Snee un so roth as bloot un as se dat sah so freute se sik so dat se sturv.

Dar begrob eer Man se ünner den Machandelboom, un he fung an to weenen so seer, eene Tyd lang, da ward dat wat sachter, un dor he noch wat weend had, da heel he up, un noch eene Tyd, do nam he sik wedder eene Frou.

Myt de tweete frou kreeg he eene dochter, dat Kind averst von de eerste frou was een lüttje sohn un was so root as Bloot un so witt as snee, wenn de frou eere dochter so an sach so hadd se se so leef, averst den sach se den lütten jung an und dat ging so dorcht hart, un eer ducht as stünd he eer allen wegen in'n weeg, un dacht den man jümmer wo se eer dochter all dat vormögent towender woll, un de Bose gav eer dat in dat se den lütten jung ganz gram wurd un stöd em herüm von een Ek in de anner, un buß em hier un knuffte em dar, so dat dat arme Kind jümmer in Angst war, wenn he den ut de school kam so hadd he keene ruhide stede.

Eens war de frou up de kamer gan, da kam de lüttje Dochter ok herup und sed, Mutter gib my eenen appel! ja myn Kind sed de frou un gav eer eenen schoinen appel ut de list, de kist averst hadd eenen groten swaren Deckel mit een groot scharp ysern slott, mutter! sed de lüttje Dochter schall Broder nich ok eenen hebben, dat vördrot de frou, doch sed se ja wen he ut de school kümmt, un as se ut dat finster gewaar wurde dat he kam so was dat recht as wen de Bose aver eer kam, un se grapst to un nam eerer Dochter den appel wedder weg un sed du sast nich eer eenen hebben as

Broder dar smeet se den appel in be kist und makt de
kist to, dar kam de luttie iung in der dor dar gav eer
de Böse dat se fründlich to em sed, myn Söhn witt du
eenen appel heben, und sach em so hastig an, Mutter!
sed de lüttie iung, watt sühst du grestg ut, ia giw my
eenen appel, dar was eer as full se em to eten, kum mit
my, sed se un makt den Deckel up haal do eenen appel
berut, un so as üf de lüttung henin büst so reet eer de
Böse. Kratsch — sloog se den Deckel to dat de kop af
sloog un unner de roden appel feel dar drer leep eer
dat in de angst un dacht kund ik dat von my bringen,
dar ging se davenna eere stuve na eeren Dragkasten,
un bakt ut de bavelste schnustade eenen witten Dook,
un sett den kopp wedder up den hals un band den hals-
dook so um dat man nits seen kund, un sett em vör de
Dör or eenen stool und gav em den appel in de hand.

Dar kam dar na Marleenken to eere Mutter in de
kök de stand by den suhr un had eenee Putt mit heet
water for sit, den rührt se nümmer um, Mutter segd
Marleenken Broder sitt vor de Dör un sübt gans witt
ut, un bet eenen appel in de hand, if hev em beden
he soll my den appel geven averst he antwoed my nich
da ward my gans grautig, ga noch mahl hen segd de
Mutter un wen he dy nich antworden will so giw em
rens an de Ohren, da ging Marleenken hen un sed,
Broder giw my den appel averst he sweeg still, dar gav
se em eens up de Oren, da feel de kopp herin, dar
daräver vor schrack se sik und fung an to weenen un to
rauren, un seep to eere Mutter un sed: ach! Mutter if
heb minen Broder den kop af slagen! un weend un
ruol sik nich to freden geven, Marleenken: sed de Mutter wat best ,du dahn — averst swig man still dat
keen minsch markt dat it is na doch nich to annern, wy
willen em in suhr koken. dar nam de Mutter den lüttien
iungen un hakkem in stücken, ded em de in den Putt
un kokkem in suhr. Marleenken averst stun darby un
weend un weend un de tranen feelen all in den Putt,
un se brukten dar teen solt.

Dar kam de Vader to huus un sett sik to disch un
sed wo is den min sohn? dar droog de Mutter eene grote
grote schottel up mit swart suhr, un Marleenken weend
un kund sik nich hollen da sed de Vader wedder, wo is
den myn sohn, ach segt de Mutter he is avett kand
gahn, na Mutten eer groos Dem, he wull dar wat bli-
ven, wat deit he den dar? un bet my nich mahl adiüs
sega, o! he wuld geer hen un bed my ob he dar wull
sechs Weken bliben kun, he is io woll dar up haben, ach
sed de man nu is so recht trurig, dat is doch nich recht
he had my doch adiüs seggen schnult, mit der fung he
an to eeten un sed Marleenken watt weenst du? Broder

wart woll wedder kam ach frou sed he von wat smekt
my dat Eten schoin giv my meer, un ie meer he att ie
meer wull he hebben, un sed gevt my meer gn soll nix
darof hebben dat is as wen dat all myn weer, un he
att un att, un de knoken smeet he all unner den Disch,
bet he allns up had, Marleenken averst ging hen na
eere Commode un nam ut de unnerste schuuf eeren besten syden Dook, un haalt all de beenken un knoken unner den Disch berut, ut bund se in den syden Dook,
un droog se vör de dor un weente eere blödigen tranen,
dar sed se se unner den Machandelboom in dat groone
graß, un as se se dar hen legd had so was eer mit een
mahle so recht licht un weente nich meer, do fung de
Machandelboom an sich to bewegen, un de Twyge deden
sich iümmer so reecht von een unner un wedder to hope
so recht as wen sik eene so recht freut un mit de handen
so deit, myt des so ging dar so'n Nebel von den Bohm
un recht in den Nebel da brennt dat as sühr, un ut dat
führ dar floog so'n schoinen Vagel herut de sung so herlich un floog hoch in de Luft, un as he weg war dar
war de Machandelboom as he vorher west war, un de
Dook mit de knoken war weg — Marleenken averst war
so recht licht un vergnoigt, recht as wen de Broder noch
leeft, dar ging se wedder gans lustig in dat hus by
Disch un att.

De Vagel averst floog weg un sett sik up eenen
Goldsmit syn huus un füng an to singen

Mein Mutter der mich schlaec't — Mein Vater der
mich aß — Mein Schwester de Marleenichen — Sucht
alle mine Beenichen — Und bind't sin ein siden tuch
Legts unter den Machandelboom.

Kywitt! kywitt! ach watt een schoin fugel bin if.
De Goldsmidt satt in syne Warkstede un maakt eene
goldne kede, dar hörd he den Vagel de up syn dat sat
un sung un dat dünkt em so schoin dar stun he up un
as he aver den süll ging, so vörloor he eenen tüffel he
ging aver so recht midden op de strate eenen tüffel un
een sof an, syn schottfell had he vör un in de een hand
had he de golden kede un in de anner de tang un de
sunn scheint so hell up de strate dar ging he reeht so —
stahn un sach den vagel an „vagel! segd he do, wo
„schoin kanst du singen sing my dat stück noch mahl"
Nee segd de vagel twee mahl sing if nich umsünst, giv
my de golden kede so will if deit noch mahl singen, da
segd de goldschmidt hest du de golgen kede nu sing my
dat noch mahl, dar kam de vagel un nam de golden
ked so in de reehte krall, un ging vör den goldsmitt
un sung: — Mein Mutter der mich schlaec't
        Mein vatter der mich aß :c.
Dar floog de vagel weg na eenen schoster un sett sik
up den syn Dak un fang:
        Mein Mutter der mich schlaec't re.
        [Die Fortsetzung künftig.]

Graf Richard.

Schottische Gränze, alt.

„O wiege länger dein Söhnlein jung,
Nicht länger nun für mich;
Ich hab' ein Liebchen anderswo
Das lieb' ich mehr als dich."

„Die Sohle selbst von ihrem Fuß
Ist weißer als dein Gesicht." —
„Graf Richard! ihr verschmäht zur Nacht
Mein Gast zu seyn doch nicht?"

Und da sie sich zum Mahl gesetzt,
Schenkt sie ihm wacker ein;
Als Lebendes ging er zu Bett,
Bald wird er's nicht mehr seyn.

Dann auf und sprach der Papagei,
Ihr Haupt umfliegend sein:
„Wohl hattet euer grünes Kleid,
Von Richards Blute rein!"

„O! besser hab' ich mein grünes Kleid
Von Richards Blute rein,
Als du kannst halten dein schellend Wort,
Und rückst schwätzig sein."

Sie rief die Dirnen all herbei,
Die Dirnen in ihrem Schloß:
„Hier liegt ein todter Mann," sprach sie
„Ich wünscht', ich wär' ihn los!"

Sie stiefelten und spornten ihn
Wie er gewohnt zu reiten:
Ein Jagdhorn hing um seinen Hals,
Ein Schwert an seiner Seiten;
Sie warfen ihn in den bleichen See,
Wohl unter die dürren Weiden.

Dann auf und sprach der Papagei
Der saß auf einem Baum —
„Was hast du mit Graf Richard gemacht,
Warst noch ihn lieben kaum?"

„Herab, herab auf meine Hand,
Herab mein Vogel fein,
Ein goldner Käfig soll für dich
Da jetzt ein Zweig nur dein."

„Hinweg, hinweg du böses Weib,
Kein goldner Käfig mir;
Wie du es mit Graf Richard gemacht
Würd'st du es mit machen mit mir!"

Kaum war sie über einen Rain,
Nur über einen Rain,
Als sie traf seinen Vater alt,
Der kam geritten allein.

„Wo warest du noch, Fräulein schön,
So spät nach Tageslicht?" —
„Graf Richard haben wir gesucht,
Doch finden wir ihn nicht."

„Er kennt die Wege durch den See
Wenn es auch tob' und schäumt!
Und ob die Nacht so dunkel ist
Wird er doch kommen heim.";

Und eines Tages auf die Jagd,
Der König wollte reiten
Und er vermißt Graf Richard gleich
Ihm sonst zur rechten Seiten.

Das Fräulein ließet sich rund umher,
Und sprach mit Trauer-Klang;
„Ich fürchte sehr, Graf Richard fand
Im See den Untergang."

„Wer taucht? wer taucht?" Der König rief
Wer taucht für Geld und Gut?
Wer taucht für Richard in den See,
Wer hat für mich den Muth?"

Sie tauchten ein, sie tauchten aus
Wo tief das Wasser sehr;
Sie tauchten für ihn in den See
Als wären's für Bruder wär!

Es traf sich in des Fräuleins Schloß,
Im Bett der König liegt,
Und auf und sprach der Papagei,
Der um das Fräulein ihm fliegt.

„Stell ein das Tauchen bei der Nacht,
Stell es bei Tage ein,
Und wo der Ritter erschlagen liegt
Wird man der Kerzen Schein."

„O! 's ist ein Vogel in diesem Schloß,
Der süß und traurig singt;
O! 's ein Vogel in euerm Schloß
Der um den Schlaf mich bringt."

Das Tauchen stellten sie bei Nacht
Und auch bei Tage ein;
Und wo der Ritter erschlagen lag
Da glühte der Kerzen Schein.

Wo tief in Feld der See getrübt,
Zog man den Grafen hervor;
Ein Rosenblut auf seiner Brust,
Daß er nicht kam empor.

Dann auf, und sprach der König selbst,
Als er erschaut die Wund —
„Wer schlug ihn dir der Rechten mir
Hielt treulich Falk und Hund?"

„Dann auf und sprach der Papagei,
„Was braucht es euch und Weib?
Den Tod gab seine Buhle ihm,
Und barg ihn in dem See."

Sie schwor, daß sie seit Montag früh,
Hätt' nicht gesehen ihn;
Sie schwur es, bei dem reifen Korn,
Und bei dem Gras so grün.

„Das Kätchen, meine Dirne that,
Legt mir nicht bei," sprach sie —
Und aufgebauet ward Dorn und Strauch,
Daß Käth' in Flammen glüh'.

Es wollt nicht ihrer Haut sich nahn,
Nicht ihrer Wange schön,
Und auch nicht ihrem gelben Haar,
Daß es die Sünd' verzieh.

Die Dirn berührte die Leiche kalt,
Kein Blut entquillt der Wund;
Das Fräulein legt die Hand darauf,
Und bald wird roth der Grund.

Man nahm die Dienerin heraus
Gab die Gebieterin Preis:
Die Gluth naht sich der Wange schnell,
Naht sich der Haut so weiß.

Naht schnell sich ihrem schönen Leib —
Sie flammt wie dürres Reis.

Henriette Schubart.

Von den Machandel Bohm.*)

(Beschluß.)

De Schoster hörd dat un leep vor syn dör, in
hembsarmel un sach na syn dak un muß de hand vör de
oogen holln, dat de sünn em nich blend't, vagel segd
he wat kanst du schoin singen — da reep he in syn dör
herin, frou kum mahl herut dar is een vagel, so mahl
der vagel de kan mahl schoin fingen, da reep he für

*) Durch einen Schreibfehler steht Hamburgisch statt Pommerisch
im vorigen Blatte.

bochter un kinner un gesellen, jung un magd, un kee=
men all up be straat, un segen ben vagel an wo be
schoin weer, un he had so recht rode un groine feddern,
un um ber Hals was bar as luter Gold, un be ogen
blickten em in kop as steern, vagel sed de Schoster, un
sing my bat stuck noch mahl, nee segb be vagel twee
mahl sing i nich umfünst, bu must my wat schenken,
frou sed be Mann ga na be ben Bohn up ben bövelsten
Boord, ba stan een raar rode Echo, de bring herun,
bar ging be frou na un halt be Echo, ba vagel sed be
Mann, un sing my bat stück noch mahl, bar kam be
vagel un nam be Echo in be linke klau un stog webber
up bat baf un sung:
    Meine Mutter der mich schlacht rc.
un as be ut sungen had so stoog he weg, be kede had
he in be rechte un be Echo in be linke klau un he stoog
wiit weg na eene mähl, un be mähl ging klippe klappe
— klippe klappe — klippe klappe, un in be mahl bar
seten zwintig mählenburßen be bauten eenen steen un
hakken, hik haf — hik haf — hik haf, un be mähl ging
bar so klippe klappe — klippe klappe rc. Dar ging be
vagel ap eenen Lindenboom sitten be vor de mähl stän
un sung:
    „Mein Mutter der mich schlacht
da hörte een up
    „Mein Watter der mich aß
da horten noch tween up un horten bat   .
    „Mein schwester der Marlenichen
bar horten webber veer up
    „Sucht alle meine benichen
    „Un bindt si in een seiden tuch
un haken noch man acht
    „Legt's unter
un noch man söve
    „ben Machandelboom
un noch man een
    „Kywitt, kywitt ach watt een schoin vagel bin ik.
bar beel be lette of up un had bat lette noch hörd —
vagel segt ke wat singst du schoin, kaat my bat of hö=
ren sing my bat noch mahl, nee segt be vagel twee
mahl sing ik nich umfünst, giv my ben mählensteen so
will bat noch mahl singen, ja segt he wenn he my al=
leen hörd so suß du em hebben, ja seben be annern
wenn he noch mahl singt so sall he em hebben, bar kam
be vagel herun un be Mollers saf'ten all twintig mit
bom an nn horten ben steen up hu uh up! hu uh
tho — hu uuh uhp, bar stal be vagel ben Hals vor bar
lok un nam em üm as eenen kragen un stoog webber up
ben boom, un sang:
    Mein Mutter der mich schlacht rc.

---

un as he bat ut sungen had ba sed he be stünt von een
anner unb had in be rechte klau be kede un in be linke
be Echo un üm ben hals ben mählensteen un stoog
wiit weg na sines Babers huse. —
    In be stuve satt be Baber, be Mober un Marleen=
ken by Disch, un be Baber sed ach wat wart my licht,
my is recht so goot to mobe — neh! sed be Mober my
is so angst so recht as wen een swar gewitter kümmt,
Marleenken averst satt un weend un weend bar kam be
vagel anstegen, un so as he sik up bat back sett — ach
segd be Baber mi is so recht freündig un be sünn
schiint buten so schoin, my is recht as süll ik eenen ol=
len bekanten webber seen, — Nee! sed be frou my is
so angst, be teene klappern my un bat is my as suhr in
be abern un se reet sik eer listen up un so meer, averst
Marleetiken satt in een ek un weende un had eeren pla=
ten vor be oogen un weende ben platen gans meß natt,
bar sett sik be vagel up ben Machandelboom un sung:
    Mein Mutter der mich schlacht
bar beel be Mutter be ooren to un kneep beu ogen to
un wald nich seen un hören aver bat bruste eer in be
ooren as be aller starkst storm un be ogen brennten eer
un zacken as blih
    Mein Watter der mich aß
Ach Mober sed be Mann bar is een schoin vagel, be
singt so herlich,   be Sünn schiint so warm un bat rük
as luter zinnemamen
    Mein schwester der Marlenchen
bar sed Marleenken ben kop up be knee un weende in
eens weg, be Mann averst sed ik ga herut, ik mut ben
vagel bicht by sehn, ach ga nich sed be frou my is as
beut bat ganze huus un stün in stammen, au er be
Mann ging herut un sach ben vagel an
    Such alle meine Benichen
    Und bindt si in een seiden tuch
    Legts unter ben Machandelboom
    Kywitt, kywitt ach watt een schoin vagel bin ik.
    Mit bat leet be vagel be golben kede fallen, un se
feel ben Man jüst um ben Hals, so recht hier herum
bat se recht so schoin paßt, bat ging be herun un sed si
wad is das vor een schoin vagel, bat my so ne schoine
golbne kede schenkt, un süht so schöne ut, be frou aver
wat so angst un seel langst in be stuve hen un be Müz
feel eer von ben Kopp — bar sang be vagel webber:
    Meine Mutter der mich schlacht
ach bat ik dusent suder unner be Eerde weer, bat it bat
nich hören sull
    Mein Watter der mich aß
bar feel be frou vor boot nedder
    Mein schwester der Marlenichen
ach sed Marleenken ik will oof herut gan un sehn op be
vagel my wat schenkt, bar ging se herut,
    Sucht alle meine benichen
    Und bind si in een seiden tuch
bar smeet he eer be Echo herän
    Legts unter ben Machandelboom
    Kywitt, kywitt ach watt een schoin vagel bin ik.
    Das watt eer so licht un fröhlich, bar truf se be nei

en roben Echö an un danß un sprüng berin, ach segh
se is was so trurig as it berut ging un nu is my so
licht, dat is mahl een herlichen vngel, het my een paar
rode Echö schenkt, nee seb de srou un sprang up un de
har stunden eer to barge as fübes flammen, nuy is nö
sull de welt unner gan, it will ul berut op my lichter
worden sull, nu nö se ut de dör kam — bratsch! —
smeet eer de vngel de mählensen up den kop dat se gans
to matscht, de Baber un Marlenten hörden dat un gingen berut, dar ging een dampn un stam un führ up von
de sted, un nö dat vorby was, da stand de lütje Broder un be nam sinen Baber un Marleenten by de hand
un wecten all dree so recht vergnoegt, un ging er in dat
huus bi disch un eeten.

Des Riesen Langbein und Wittich Wielands
Sohn Kampf.

Aus dem Dänischen von Wilhelm Grimm.

König Dieterich sihet dort in Bern, seine Macht
rühmt alle Welt
So manchen hat er bezwungen, beides Kämpfer und ra-
schen Held.
Dort steht eine Burg, die heißet Bern, drin
wohnet König Dietrich.
König Dieterich stehet bei Bern, schaut weit hin in
die Ferne,
Gott gebe, ich wüste den Helden stark, ich zöge zum
Kampf so gerne.
Da sprach zu ihm Meister Hildebrand: Ich weiß
wohl Krieg und Streit
Dort liegt ein Kämpfer beim Birtingsberg, bist du ihn
zu wecken bereit.
Hör du Meister Hildebrand, du bist ein Kämpfer so
gut,
Du sollst ausziehen zur Stund in den Wald, führ unser
Schildzeichen mit Muth.
Dazu sprach Meister Hildebrand, er war ein Held
so weiß:
Herr heut führ ich euer Schildzeichen nicht, denn mir
geziemt nicht der Preis.
Da rufet Wittich Wielands Sohn mit guten Sin-
nen gar bald
Ich will der erste im Haufen seyn, noch heut gegen
Birtings Wald.
Das verkündiget Wittich Wielands Sohn, zornig
sprach er zur Hand:
Mein viel gutes Schwert, das schneidet so scharf, zer-
frißt wohl Stahl und Gewand.
Es waren an dreihundert Kämpfer, die drangen in
Birtings Land
Sie suchten nach Langbein dem Riesen, bei dem Walde
man ihn fand.
Da sprach Wittich Wielands Sohn, wir wolln spie-
len das wunderlich Spiel,
Ihr laßt mich reiten zuerst in den Wald, wenn ihr mir
traut so viel.
Bleibt allzumal ihr Königes Mann beim grünen
Berg hier stehn
Die weil ich reit' in den Wald hinaus, nach dem Wege
mich umzusehn.
Nun reitet Wittich Wielands Sohn wohl zu dem
Walde hinweg
Herunter hingen die Reiser tief, da fand er so enge den
Steg

Da sprach also König Dieterich: Ich sage dir das
von mir,
Findest du Langbein den Riesen, verbirg das nicht vor
mir.
Da kam Wittich Wielands Sohn in den Birtings
Wald,
Dort fand er Langbein den Riesen, erlag da schwarz
und ungestalt.
Das war Wittich Wielands Sohn erstieß den Ries'
mit dem Schaft:
Wach auf Langbein Riese, mir dünket du schläfst gar
hart.
„Hier hab' ich gelegen manches Jahr, und geruht
in der wilden Heide
Hier kam nimmer ein Kämpfer herein, der mich wecken
durfte zum Streite."
Hier halte ich Wittich Wielands Sohn, mein gutes
Schwerdt an der Seite,
Ich will aus dem Schlaf dich wecken auf, das soll dir
werden leide.
Das war Langbein der Riese, die Augen zur Höhe
er richt't.
Woher kommt dieser junge Gesell der solche Worte aus-
spricht.
Wieland hieß der Vater mein, ein Schmid war er
so schön
Bobild hieß meine Mutter, ihr Vater trug Königes
Kron
Strenving heißt mein viel gutes Schild das man-
cher Pfeilschuß traf
Blans wird genennet mein stolzer Helm so manches
Schwert er brach.
Skimming heißt mein edles Roß, erzeugt aus wil-
der Brut,
Memmering nennt man mein Schwert, taucht sich's in
Helden Blut.
Selbst heiß ich Wittich Wielands Sohn von Eisen
ist mein Kleid
Stehst du nicht auf! bei deinen Beinen lang, ich bring
dich gewißlich in Leid.
Hörst du Langbein Riese, ich will dich nicht belügen,
Der König hält außen vor dem Wald, du sollst ihm
Schatzung geben.
„All mein viel rothes Gold, das bewahr ich mit
großer Ehre
Das gewinnt mir kein Staubub ab und kein Mann
nimmermehr."
So jung und klein als ich auch bin selbst du mich
finden hier
Dein Haupt schlag ich wohl ab und gewinne das Gold
von dir.
Zu schlafen Langbein dem Riesen nicht länger da
mehr gefiel:
„Gelüstet dich förder zu leben, reit von mir du junger
Held. "
Skimming sprang auf in Muth mitten in des Rie-
sen Seite:
Entzwei ging ihm das Riesenbein, und so begann er zu
streiten.
Da nahm Langbein der Riese seine Stahlstang
recht in die Händ,
Er schlug einen Schlag nach Wittich, daß die Stang
im Berge sich rend't.
Das sieht Langbein der Riese, er wendet sich ab zu
zu fliegen:
Nun liegt meine Stang im Berge fest, wie vom Hammer
geschlagen.

Wittich wollt sich nicht versäumen, da war so mu-
thig sein Sinn
Wohl auf! Stimming, wend dich um, taugst du noch
Mimmering?
Er faßt Mimmering in beide Hände, zum Riesen
er hin rannt,
Er schlug so tief in die Brust, daß die Schärf sich um
Eingeweid wend't
Da empfing Langbein der Riese vom ersten
Schlage die Wund,
So gern hätt ers vergolten, die Kraft er nicht gewin-
nen kunnt.

„Verflucht seyst du Wittich, darzu das Schwert
an deiner Seite
Du hast geschlagen die Wund in meine Brust, darum
so bin ich in Leide."
Ich will dich hauen du Riese so klein, wie die Luft
den Staub aufwebt,
Oder du zeigst mir wo dein gesammeltes Gold im Walde
verborgen steht.

„O lasse das Wittich Wielands Sohn, o schlag
mich nicht zu todt,
Ich will dich führen zu dem Haus, gedeckt mit Gold so
roth "
Wittich reitet mit dem Riesen fort, so weit in den
Wald hinein,
Sie fanden das Haus mit Gold gedeckt, das glänzt in
hellem Schein.

„Darinnen ist viel mehr rothes Gold, als in die-
sem Land mag seyn,
Du hebe hinweg den großen Stein, die Thür in den
Dachen häng ein."
Da sprach zu ihm Wittich Wielands Sohn, er
fürchtet die Kisten sein:
Es übt kein weiser Held seine Kraft, begraben zu wer-
den vom Stein.

„Das ist wohl deine kleinste Kunst, du kannst dein
Roß wohl wenden,
Ich wills thun mit zwei Fingern, und du mit beid' dei-
nen Händen."
So hob er auf den großen Stein, und schob seinen
Herd daran,
Wohl sah da Wittich Wielands Sohn wie böslicher dies
gethan.

„Mehr als bei fünfzehn Königen, mag hier des
Goldes stehn,
Hör nun du Wittich Wielands Sohn du sollst zuerst ein-
gehn."
Da sprach Wittich Wielands Sohn er kannte wohl
seinen Sinn,
Du sollst selbst zuerst eingehn, denn solches ist Kämpfer
Sitt'.

Das war Langbein der Riese, der blickt nach der
Thür hin ab,
Wittich blieb mit beiden Händen, das Haupt blieb er ihm ab.
Da nahm er von des Mannes Blut, sich und sein
Roß er bestrich,
So reit't er zum König Dieterich spricht: Schand ist
dies für mich.

Dann faßt er den todten Leib, stellt ihn an die
Eiche kühl,
So reitet er wieder zurück, und treibt ein wunderliches
Spiel.
Hier haltet alle am grünen Berg ihr guten Stal-
brüder mein
Langbein Riese hat mich geschlagen heut; das ist meine
erste Pein.

Erlittst du beides Hieb und Schlag, das ist so bös
gethan,
Wir wollen reiten nach Bern zurück verlieren keinen
Mann.
Du wend dich König Dieterich, da wend dich
schnell mit mir,
All das Gold das der Riese hat, das will ich zeigen dir.
Hast du geschlagen den Riesen am Tag, das ver-
künd über Land so weit,
Der Held wird nicht geboren auf Erden, der gegen dich
vermag mit Streit.

Da waren König Dieterichs Mann, die begehrten
den Riesen zu sehn:
Mit ihnen zu lachen ermüdet man, laßt sie an dem
Walde stehn.
Sie meinten der Riese werde gewiß nach ihnen die
Beine lang strecken
Und keiner getraut bei ihm zu seyn, und keiner auch
wollte ihn wecken.

Das war Wittich Wielands Sohn, der ihnen da
Schimpfer bot:
Wie mögtet ihr bei dem Lebendigen seyn, dürft ihr ihn
nicht sehen im Tod.
Wittich berührt den Leib mit dem Schaft, zu der
Erde das Haupt hinfällt
Das sage ich euch in Wahrheit hier, der Ries' war ein
starker Held.

Sie zogen heraus viel rothes Gold, erbeuteten was
da stand
Dem Wittich gehörte der beste Theil, erworben mit sei-
ner Hand.
Die Beute, die war ihm nicht so viel den Sieg hat
er im Sinn
Wie Langbein Ries' überwunden sey, erschalle in die
Lande dahin.

Sie reiten so freudig nach Bern zurück, König Die-
terich erfreut am meist
Führt mit sich Wittich, Wielands Sohn, muß ihm fol-
gen zu denn allernächst.
Dort steht die Burg, vor Bern denn wohnt
König Dieterich.

Dieses Aufrichten eines todten Leichnams erinnert
auch an die Erzählung vom Cid (S. 225)
Mitternacht wars und man setzte
Auf sein gutes Pferd Babinka,
Grab und fest den todten Herrn.
Dies gesehn erschracken alle
Sechs und dreißig Mohrenkönge.
Und wie sich die Fantasie überall wunderbar gleich
und ungleich zugleich gestaltet, so fanden wir schon eine
Berührung dieser Art wieder in den vorhergehenden
Kindermährchen. Manche Vermuthungen werden dadurch zweifelhaft wie einzelne Lehren, besonders reli-
giose gewandert seyn sollen durch Mittheilung, während einzelne Zaubermittel der Fantasie und wissenschaft-
liche Entdeckungen in bestimmten Zeitaltern müß von
vielen annähernd zugleich gemacht wurden, wahrscheinlich weil der Himmel dem gebrechlichen Einzelnen nicht
seine Offenbarung anvertrauen wollte. Im thätigen Leben der Geschichte ist es offenbar, daß nie etwas Großes durch einen einzelnen Menschen geschah, sondern
immer durch die Entwickelung vieler, an deren Spitze
freilich immer das Thätigste stand, zuweilen auch der
Göttlichste.   Einsiedler.

Zeitung für Einsiedler.

1808. ——————— **31** ——————— **16. July.**

Fräuleinswache.

Ich geh' all Nacht die Runde
Um Vaters Hof und Hall,
Es schlafen zu dieser Stunde,
Die trägen Wächter all
Ich Fräulein zart muß streifen,
Ohn' Wehr und Waffen schweifen,
Den Feind der Nacht zu greifen.

O weh des schlimmen Gesellen!
Nach Argem steht sein Sinn;
Würd' ich nicht kühn mich stellen,
Wohl stieg er über die Zinn.
Wann ich denselben finde,
Wie er lauert bei der Linde,
Ich widersag' ihm geschwinde.

Da muß ich mit ihm ringen,
Allein die Nacht entlang:
Er will mich stets umschlingen,
Wie eine wilde Schlang.
Er kommt vom Höllengrunde,
Wie aus ein's Drachen Schlunde,
Gehn Flammen aus seinem Munde.

Und hab' ich ihn überwunden,
Halt ihn im Arme dicht:
Doch eh' die Sterne geschwunden,
Entschlüpft mir stets der Wicht.
Ich kann ihn Niemand zeigen,
Muß meinen Sieg verschweigen,
Und mich in Trauer neigen.

Ludwig Uhland.

~~~~~~

Alte Briefe eines Einsiedlers und einer Mohrin, die Nonne wurde.

1.

Das edle Saitenspiel des heiligen Geistes, der Prophet David, ward einsmals ertrunken in der Stille des göttlichen Schauens, und sprach das edle Wörtlein: Mir ist gut, daß ich Gott anhange. O wohl mir, zarte Kinder, was mein Mund euch oft begreiflich gesagt hat, da ich bei euch war, das rufet zu euch mein Herz. Das ist gut, und ist besser und ist das allerbeste! Daß Gott anhänget wird ein Geist mit Gott, und verschwimmet in das Einige ein. Das begehrte der Widerglanz des ewigen Lichtes an dem letzten Nachtmahle, das er hätte mit seinen Jüngern: Heiliger Vater ich begehr, daß sie Eins mit uns seyn, als ich und du Eins und Eine sind. Und welche also mit der Einheit in Einigkeit worden sind, alle ihre Sinne kommen in solche Eingezogenheit und ihr Verständniß ist ein Schauen der bloßen Wahrheit. Ach hebet auf euere Augen, sehet was freuen sich jetzund Berg und Thal, Laub und Gras, wie lachet jetzt die schöne Heyde? Nichts anders denn von der klaren Sonne. Ach darum mein Kind, erschwinge dich in die wilde stille Wüste der Gottheit, leide und wisse, daß ein schwacher Leib und ein starkes Gemüth mit Gott alle Ding überwinden möge. Nehmet wahr, wer der schönen Rosen Augen wieder tugentlich haben will, und wonnigliche Früchte der Balsamen

genießen, der muß ihre natürliche Art erwarten in Gemach und in Ungemach, bis daß der fröhliche Tag kommet, daß er sie in spielender Wonne fröhlich genießen wird nach aller seiner Herzenslust.

Der Einsiedler.

2.

Ich danke euch für euer Schreiben, so weit ich es verstehe, und auch was ich nicht verstehe tröstet mich göttlich. Heiliger Vater! Ich bin erst einige Tag von euch entfernt und meine, es wäre eine Ewigkeit, ich werde euch wohl nicht wieder sehen! Wie war ich so traurig, als ihr mit einem Segen von mir geschieden, die Schwestern sahen mich alle so neugierig an und befühlten meine Hand, ob die schwarze Farbe darauf säße oder darunter; meine Seele umzog bald ein so trübes Dunkel, daß ich nicht schlafen konnte, sondern an das Fenster ging, und mich über den Mond verwunderte, wie er so helle durch die Linden schimmerte, die Linden rauschten ihm entgegen, und ich fühlte mich umfaßt, von der kranken Schwester Therese, die auch nicht schlafen konnte. Sie ist auch so gut, beinahe so gut wie ihr, und klagt nur immer, daß sie mich nicht genug lieben könne. Die andern Novizen denken alle noch weit hinaus in die Welt, und wissen alles was da geschieht, wie beyde denken nur an euch, und wie wir gerne mit euch lernen und lehren möchten, so weit ihr uns Kraft gebet, und könnten wir nicht lehren die Heyden, so könnten wir doch eure Füße salben, für euch forgen, aber wofür braucht ihr zu forgen, da Gott mit euch, ihr forgt für uns und für die Welt. Alle Heiligen denken wir uns wie euch, und die Jugend gefällt mir nicht, da ihr alt feyd, euer weißer Bart ist das Ruhekissen aller Andacht, wie war die Sandwüste, wo ich darauf ruhen durste, als ihr forglich wartet für mein Leben; fein Obdach wäre mir da willkommen gewesen, so hart auch das Unwetter; ich horte euer Herz schlagen, ich fühlte euern Athem wie Thau an meiner Brust, ich war euch so nahe und nun bin ich euch so fern, ich liebe euch wie meinen Himmel, und liebe den Himmel, wenn es so wie ihr fortwandelt in aller Gute. O möge euch für die Treue Maria die Mutter Gottes ihr Kindlein eine Stunde in die Arme geben, daß es euch anlächle in der Wüste.

Die Mohrin.

3.

Da der König David seine Jugend im Gottesdienste hatte vertrieben, da er begann zu alten, da begann er zu kalten, und das sahen seine getreuen Diener und die zogen durch alles Land, und suchten ihm eine züchtige Jungfrau und fanden ein ausnehmend schones Mädchen, und führten sie ihm zu, daß sie ihn wärmete und ihm diente. Wer nun Wunder will schauen, der sehe nicht an, daß das beschah in den alten Tagen. Er soll sehen das klägliche Ding, daß neues geschehen ist, da die volle Mond gebrochen ist, daß die spielende Sonn erloschen ist, der liebe Ostertag zu dem stillen Freitag worden ist, ach und die heiße Sommerwärme zu dem kalten Reise gerathen ist. Das seyd traurig ihr wohlsingenden kleinen Vögelein, die den Sommer in lachender Freude empfinget und euch gegen den schonen Sonnenglanz erschwinget. Ach zartes Kind, nun lehre dein Angesicht herzu und höre, was ich meine. Es sind jetzund viele Menschen, die tragen einen geistlichen Schein und haben Gott nie scheinbar erzürnet, aber sie sind laulich, lieblos und gnadeleer gewo den, schließe dich an sie zu erwarmen den Kalten, und Reif wird herabfließen in Thränen, und die Flur wird heller und grüner seyn denn jemals. Also geschiehet auch nur durch deine heilige Wärme. Ein liebendes Herz spricht zu tausend andern. So thut als wilde Falten einen freien Schwung, daß die natürlich edlen Herzen inne werden der göttlichen Heimlichkeit. Wahrlich es ist ein seeles Leben, Gott dienen, wie ich es meyne. Manche Rose, die sich dem Himmelsthaue lange verschlossen, gehet im kalten Reise auf, denn es spricht die liebhabende Seele von ihrem Geliebten, laß mich hören deine Stimme, denn deine Stimme ist süß, und dein Angesicht lieblich. Mein

Kind! ich bitte die ewige Wahrheit, daß sie in deinem Herzen zu bauße komme, und alles das kräftiglich daraus stoße, das je darinnen sich gesetzte. Wie wäre es möglich, daß alles Gerümpele das zwanzig Jahre an einem Orte sammeln, sich alles bald lasse ausstoßen. Niemand ist Gott zu jung oder zu alt, er giebt und thut, was er will. Es muß noch manches wandelbar Wetter in uns aufstehen, ehe daß die bleibende Heiter in uns bestattet wird. Des lieblichen Liebhabers Zürnen ist doch besser denn aller Liebhaber Kosen. Darum läßet Christus sein Antlitz leuchten über die, daß du sehen mögest, wo es noch dunkel und unrein in deinem Herzen.

Der Einsiedler.

4.

Heiliger Vater! Ich habe mein Gelübde gethan, mein Haar ist nicht aufgegangen vor der heißen Sonne, ich konnte kein Haar verlieren und abschneiden lassen wie die andern, ich habe nicht getanzt wie die andern den Tag vorher, ich habe nicht geweint wie die andern den Tag nachher, als die Thür zuschlug und ich in die dunkle Zelle eingeführt wurde, ich fühlte mich nicht verändert, und schreibe es der Trockenheit meines fremden Himmels zu. Ihr seyd mein Himmel, ihr hörtet mich, als ich im Schandhause ein frommes Lied sang, ihr tratet herein und fürchtetet nicht das Gespötte der wilden Seerauber und sagtet: Hier ist noch eine arme Seele, die gerettet werden kann, denn sie wendet sich zu Gott, und Gott gab euren Worten Gewalt, und erschreckte die Männer, und ich folgte wie ein junges Kindlein der Mutter. Ich war einer großen Sünde recht nahe und wußte es nicht, nun ist es weiß, habe ich mich gebessert durch euch, ihr habt mich an den Himmel abgegeben, ich wage aber nicht hinauf zu sehen. Sehet hinauf und betet für mich.

Die Mohrin.

5.

Die Weinstöcke haben Augen genommen, und geben ihren Geruch, die Turteltaub läßt sich hören in unserm Land. Mit welchen Freuden meinet ihr, daß sich der Herr in den schönen Weingärten ergienge, ach ihr jungen schönen Weinstöcke des himmlischen Vaters, ihr schönen, holdseligen Turteltäubelein des göttlichen Gemahls, gedenket wie lange Zeit ihr wüste seyd gelegen, wie manchen schönen Tag ihr müßig und unfruchtbar seyd gelegen. O wehe ihr kalten Winde unnützer Worte. Mein zartes Kind! Was soll ich mehr schreiben? Denn daß meine Augen manchen fröhlichen Augenblick gethan, so ich ginge über die schöne Haide, florirten all durch die Blumen hin, und ich hörte die himmlischen Harfen der lieben Vögelein ihren zarten lieblichen Schöpfer loben, daß es durch die Luft aufdrang, ich sah sie nicht, und hörte sie doch, ich hörte euch im Chore, und sah dich nicht und hörte nicht dich, sondern dich in allen, so verfließt ein seliges Leben über alle die es vereinet. Es freuet sich mein Herz über euer angefangenes heiliges Leben, ehe ihr aber erstarket seyd, so sollet ihr euch umzäunen als ein junges Bäumlein gegen das grasende Vieh. Eines Dinges sollest du auch gewarnet seyn, so die schönen Weingärten aufblühen, daß auch dann die Bremen und die leidigen Käfer beginnen stürmen, und da der böse Geist mit sich selber nicht kann zukommen gegen einen wohlgesitteten Menschen, da reitet er sein Gesinde mit bittern Worten, mit falschen Weissagungen in Lieb oder im Leibe. Und darum mein junges Kind, mein zartes auserwähltes Kind stehe fest in Gott, denn er läßt dich nicht.

Der Einsiedler.

6.

Heiliger Vater! Ich bin demüthig, und meine Freude ist allen zu dienen, und doch werde ich verschmähet. Wer wagt doch mich zu verachten, da ihr mich gewürdiget habt der Lehre. Bei der Pfingstprozession traf mich die Reihe eine Fahne zu tragen; aber die weißen Schwestern rissen mir die Fahne aus der Hand, und ich wie eine Aussätzige mußte nebenher gehen, und ich konnte vor Scham nicht roth werden, ich bin schwarz und von Gott zur Nacht verstoßen. Heiliger Vater! ich kann nicht schreiben, ich bedarf euren frommen Trost, daß ich auch hier nicht tauge, wo ich meinte selig zu werden, ich muß weinen um andrer Leute Stolz, und weine aus Hochmuth, und habe euch und den himmlischen Bräutigam zu denken, und denke immer meiner Mitschwestern und zwinge mich wohl, zu beten für sie, aber mein Herz wird vom Zorn überwältigt, umsonst geißle ich mein Fleisch, es ist gewohnt der Schläge und fühlt nicht, wir hatten einen schlimmen Herrn auf der Insel. Hörte ich nur ein Wort von euch heiliger Vater.

Die Mohrin.

7.

Ich bin schwarz, aber gar schön ihr Töchter Jerusalems wie die Teppiche Salomos. Also stehet geschrieben in der lieben Buch von der liebenden Seele. Die Töchter Jerusalems hatten ein Angaffen, daß König Salomos auserwählte Frau schwarz war, und ihm doch wohl unter vierzig und hundert Frauen die liebste war. Das antwortete sie ihnen jugendlich und sprach also:

Ich bin schwarz, und bin doch holdselig. Mir ist lieber eine gnadenreiche holdselige Schwarze, denn der Schein einer gnadenlosen Weiße. Ich nun höre, du liebe schwarze Tochter, was meinet der heilige Geist hier inne? Wer ist die schwarze holdselige Mohrin, die dem himmlischen Salomo so gar lieblich ist? Siehe, das ist eine gottleidende Seele, welche die ewige Sonne mit grossem bitterlichen Leiden entfarbet, aber den inneren Menschen mit gnadenreicher, lieblicher Holdseligkeit kleidet. Wer sich auf der himmlischen Heyde ermattet hat, der achtet nicht viel auf das zeitliche Mayengewand, was sollen ihm rothe Rosen, Violen, Lilien, so sein Herz davon in keiner Weise kann ruhig seyn. Mein Kind, mein Kind! warum schreibe ich dir schöne Worte, da mein Auge voll Wassers, mein Herz voll Feuers ist. Lieber Gott, es ist gar leicht zu sprechen und zu hören, es thut aber gar wehe, ein Gegenwärtiges empfinden. O wehe, schöne Zarte, wie bist du verhöhnet worden wegen deiner Schwärze von den scheinheiligen Weißen. Siehe in die schöne Allheit der Welt, siehe an die schönen Gemäuer des himmlischen Jerusalem, wie die Steine glänzend gefärbet sind mit den schwarzen Leiden der Erde. Welch ein schöner Wind daher strömt! Ach alle liebende reuige Herzen empfinden diesen Wind. Also geschah auch den lieblichen Reuerin, da sie zu den milden zarten Füßen der geliebten Weisheit kniete, und mit diesem göttlichen Winde durchwehet war, ach und ihm seine göttlichen Füße mit ihren herzlichen Thränen durchgoß. Die goß aus eine edle Salbe, die alles Haus erfüllete mit ihrem Geruche, Reue, welch ein edel Ding bist du, wie selig ist der, dem der wahre Grund einer rechten Reue wird. Denn ihm werden seine Sünden lauterlich vergeben, und wären ihrer so viel als Sand am Meere, und aus einer aufgenommenen Sünderin wird eine auserwählte Liebhaberin. Mein Kind! wir sind nicht allein die Verschmähten, die Verstoßenen in der Welt, die Mehrzahl des himmlischen Hofes sind unsre Gesellen. Sind wir den Leuten unnütz? Das Weidenholz ist unnütz, man schnitzet aber gar holdselige Bildnisse daraus, die man werther hält als Zedernholz. Wenn arme Dürftige, die in Hungersnoth sind, zusammen kommen, so erlangen sie ein Kurzweil, daß sie ihres Kummers vergessen. Ach mein Kind, ich muß dir eins sagen, daß du deines Leidens vergeßest. Siehe, es geschahe einmals, da war ich in grossem verschmähetem Leiden, da saß ich in meiner Zelle und sahe einen Hund, der lief mitten in dem Kreuzgang, und schleifte da ein Gebetbuch und warf es nieder und biß darein und spielte damit. Also Herr bin ich in der Brüder Mund. Das Gebetbuch läßt sich behandeln wie der

Hund will, ich legte es in mein Käppelein neben meinen Stuhl, und schicke es dir nun zum Troste, höre an diese edle Trutznachtigall (von Spee) meines Bruders, die irdische Nachtigal muß dieser himmlischen schweigen, die dich immerdar mahnt: Daß du ein Herz wie das meine, so schwinge dich auf durch die Nebel und Schlossen. Der Himmel leite dich.

Der Einsiedler.

8.

Heiliger Vater! Ihr wandelt wie die seligen Engel herum, und beglücket wunderbar alle Menschenkinder und taufet sie im Geiste, (sehet aber nicht zuviel auf die, welche beglückt sind durch euch, sondern strebet immer weiter wie die Gnadensonne. Lasset mich aus der Freue euer Gewand anrühren, wendet euch um, es ist auch christliche Milde den frommen Dank anzuhören. Mir ist der Frieden geworden, ja es scheinet Gottes Auge über mir zu weilen, und mich mit einem Meere lichter Wolken zu erfüllen. Kein Unfall störet mich mehr, und die Schwelle über die ich falle wird mir zum Altar, dem ich den Anstoß danke, mich wieder von ihm höher erheben zu lassen. Ich bin ungeschickt es euch zu sagen, mag auch meine Seligkeit nicht sträflich unterbrechen durch Nachsinnen, mir ist oft, als wenn ich flöge wie eine Biene, und sammelte den seligen Honig ein, ja der Himmel erscheinet mir mit seinen Heiligen, wie ich an ihn denke. Die ungläubigen Schwestern spotten über meine Gesichte, weil mein Angesicht schwarz ist, aber mich schmerzt das nicht, ich weiß was ich gesehen habe, sie haben mich dem Bräutigam vermählt, ich fühle noch an meinem kleinen Finger den Druck des Ringes. Ich war oft so entzückt in seliger Anschauung, daß ich das Geläute der Metten nicht hörte, sie schickten mir den frommen Abt, um mich ermahnen zu lassen, und ich sagete ihm, was ich sehe, und ihm war wie eine schwebende Taube, er kniete vor mir; heiliger Vater kommt zu mir, es wendelt mich oft eine Furcht an vor meiner Seligkeit und Vollkommenheit, als wenn ich damit nicht leben könnte, als wäre ich schon im Himmel wie eine rothe Abendwolke, die alle Gesichter der Menschen rothet. Heiliger Vater! wäre ich noch eine Magd, so stände ich in schwerer Arbeit, die mir die selige Zeit nehme, wäre ich eine Frau, so hätte ich eine Sehnsucht nach meinem Manne, ihr habt mich geführt zur heiligen Freiheit, laßt euch führen von mir zu der Seligkeit, die ich allein angeschaut, die ihr verstehen könnt und verdienet, und nicht verschmähen werdet wie meine Schwestern. Schon kommen Bedrängte aus ferner Gegend, die von mir gehört haben und wollen, daß ich die Hand auf sie lege, und ich lebe so selig in meiner Klause, daß mir die Welt rings dunkel und öde erscheint, und um euch trauert, daß ihr noch darin wallet. Ich werde von einer innern Kraft getrieben, wie ein Samenkorn, und wage nicht umzukehren, ob ich Raum habe, meine Blätter zum Himmel zu treiben, ich sehe die Säulen an unsrer heiligen Kirche und trauere, daß ihre Knospen nicht blühen, wenn sich mein Samenkorn entwickelt, da wird es einen Säulenwald geben, und auf jeder ruhen eine Wolke eigen und ein Stern, und ich habe die heilige Kirche wie einen Stein an den Baum gehangen, ihn nieder zu drücken, aber er hebt mit Frühlingskräften die Steine, und sie belasten ihn nicht mehr. Kommt zu mir heiliger Vater und

vereinigt euch mit mir, wie soll ich mich halten gegen die Wunder.

Die Mohrin.

9.

Liebe Tochter! Sage meinen Geliebten, daß ich vor Liebe krank liege. Es scheinet wohl, daß die Liebe trunken machet, daß ein Mensch nicht weiß, was er thut. Säße ein Mensch vor einem Keller in einem sommerlichen Tage, schön bedeckt mit des gelaubten Waldes grüner Staat, mit der Blumen mannigfaltigen Schönheit, und man ihm da heraus einen Zwerwein in dem durchleuchtenden Gläslein vortrüge, und nach seines Herzens Begierde tränkte und ein andrer Mensch auf der dürren Haide unter einer rauhen Wacholderstaude säße und Beeren abläse, daß es kranke Menschen gesund machte. Entdeute jener diesem, wie er zum süßen Saitenspiele sollte tanzen, erspräche, der mag wohl trunken seyn, er meinet, daß jedermann sey wie ihm, mir ist ganz anders zu muth, wir sind ungleich geführet. Mein Kind! das mag ich eigentlich zu dir sprechen von der Botschaft, die du mir hast gethan, wie eine inbrünstige Fackel entbrennet ten in deinem Herzen von rechter inbrünziger Liebe zur ewigen Weisheit, und von dem neuen Lichte und unbekannten Wundern, die sie in dir wirket, und wie dein Herz hat darin empfunden ein süßes Wehn und ein liebliches Zerfließen und ein überschwenglisches Frohlocken, davon du mich gefraget hast, und begehrest wie du dich ihm allerliebhaft hierin sollst erzeigen, und gegen die Wunder halten. Mein Kind, es steht eine unmäßige Freude auf in meinem Herzen, daß sich der Liebliche so lieblich erzeiget, und daß er giebt zu empfinden, was ich dir mit Worten sagte. Ich wollte gern dursten, wenn alle, mein Kind, so getrunken. Mein Kind! es ist ein groß Wunder, daß du in so kurzen Tagen bist hinzu kommen, das machet dein grundloser Ernst, dein Kehr zu Gott, deine Abkehr von der Welt. Mein Kind! ein Mensch, der nie zu dem Wein kam, dem ist der Wein empfindlicher als der schon oft getrunken, und gedenke, daß dir also geschehen sey von der klaren süßen Liebe der ewigen Weisheit, die dich ukräftlich hat überwunden. Oder es meinet aber, daß Gott dich reize, und dich bald von hinnen will nehmen in den grundlosen Brunnen, woraus du ein Tröpflein verfuchet. Oder er meinet aber, daß er sine Wunder hieran dir will erzeigen, und den Ueberfluß seiner Güte, und sollt du also halten, daß du dich neigest unter seine Füße mit der Selbstverworfenheit in einem Schauen seines Willens ohne Lust suchen dich selbst, du darfst dabei nicht Furcht haben, du sollst deiner leiblichen Kraft wahrnehmen, daß du nicht zu viel darinnen verzehret werdest. Es mag sich im Lauf fügen, daß drinn diese Lockung dir zu dermaßen benommen wird, und daß du auf ein Geringes gesetzt wirst, denn nach der langen Hitze und Dürre leuchten die Wetter prächtig und tränken die Gefilde mit Himmelsduft, aber dann ist es oft lange kalt. Fülle in Demuth deine Zisterne, daß es dir an Wasser nicht mangle und theile es allen mit, die da dürsten, ich lebe hier an einer sanften Quelle, die immerdar in Tropfen fließet und habe ich die Stündlein mit ausgestreckter Hand gebetet, hat sich gesammelt so viel des Trankes, als mir gut thut im Alter. Liebe Tochter! versäume nicht andre über mich hin in deiner Frömmheit.

Der Einsiedler.

Ludwig Achim von Arnim.

Bruder Claus.

O Herr nimm von mir,
Was mit wendt von dir.
O Herr gieb mir,
Was mich kehrt zu dir,
O Herr nimm mich mir,
Und gieb mich ganz zu eigen dir.

So betet ein und zwanzig Jahr,
Der Bruder Claus, alltäglich zwar
Bei Melchthal in der Zellen,
Die er sich that erwählen,
Als er war sechzig Jahre alt,
Da ging er in den wilden Wald,
Sein Weib und seine Kinder verließ,
Sie oft und freundlich wieder grüßt,
Doch lebet er für sich allein,
Von Wurzeln und von Kräuterlein.

Sein Leib war grad und wohlgestalt,
Doch dürr und mager, weil er alt,
Fast nichts als Adern, Haut und Bein,
Ganz schwarz und klar die Augen sein,
Sein Bart nicht lang von wenig Haar,
In zween Spitzen getheilet war,
Sein Farb war braun, das Haar vermischt
Mit schwarz, auch graues drunter ist,
Sein Adern, so er redt waren, gleich
Als ob die Luft sie füllte reich,
Und nicht ein Blut nach Menschenart,
Ein Kleid von ihm gebraucht nur ward,
Ein langer Rock bis auf die Füß,
Und Haupt und Fuß er bloß stets ließ.

Mit männlich Stimm, in langsam Red
Viel künft'ge Ding weissagen thät,
Verkündigt Buß und Besserung,
Und manchem es zu Herzen ging.
In seiner Lehr Gottes Wort er traf,
Ob er gleich nie Geschriebnes las,
Bescheidentlich er disputirt,
Und nie in seiner Rede irrt.

Den Eidgenossen gab er Rath,
Zum Frieden sie ermahnet hat;
Der ist der Eidgenossenschaft
Ringmauer wider Feindeskraft.
Der Schweizer Stier mit seinem Horn
An einem Ort würd seyn verlor'n,
Doch bleibt ihm noch sein Rosenkranz
Dreizehn Rosen drein voll Glanz,
Die werden blühen Tag und Nacht,
Wenn sie mit allem Ernst bedacht
Und folgen Bruder Clausens Lehr.
Zur Handarbeit mahnt er sie sehr,
Ausländ'schen Dienst sie meiden sollen,
Gerechtigkeit und Freiheit wollen,
Die Freiheit, die mit fester Hand
Vorzeit erhielt bei hartem Stand.

Der Weihbischof von Kostanz fragte,
Einst was die größte Tugend sey,
Der Bruder Claus zur Antwort sagte:
„Auf recht Gebot Gehorsam frey."
Der Bischof gab ihm drei Biß Brod,
Und sprach: Gehorche dem Gebot,
Und esse dieses Brod vor mir,
Das ich gesegnet reiche dir.
Der Bruder nahm und brach das ein
Noch in drei Biß und Stücklein klein,
Fing an zu essen so beschwerlich,
Daß jedermann vergnüget sich
Der Tugend, des Gehorsams seyn.
Der Bischof reist in Sorgen heim,
Doch in der Nacht es sich begeben,
Daß Claus im Bette thät erbeben,
Die Sternen leuchten schön und klar,
Ein Bildniß an dem Himmel war,
Des Papstes Haupt mit seiner Kron
Sah Bruder Claus am Himmelsthron,
Doch das viel Schwerdt mit ihren Spitzen,
Ihm um die hohe Krone blitzen:
Tausend fünfhundert und zwei Jahr
Zählt man, da er gestorben war.

Sein Weib und Kind sah oft der Greis
Besucht sie oft mit ganzem Fleis,
Und jeden Kind hat er verlassen,
Die alle Leibesmängel hatten,
Damit sie ja stolzierten nicht,
Wie sonst wohl ist der Menschen Sitt,

Ob ihres Vaters Heiligkeit,
Der demüthiglich zu seiner Freud,
Im Schnee zum Bruder Ulrich kam
Und seiner Kirchen sich annahm,
Hochzeitlich Tagen nicht veracht,
Da er das Sakrament empfaht.

Von Sante Otilien Leben.

In den Zeiten des Königs von Frankreich, genannt Hilderich, war ein Herzog, genannt Adelreich, der war so edel von Geschlechte, daß sein Vater der Würdigste war an des Königs Hofe. Wiewohl daß dieser Adelreich äußerlich wohl seiner Ritterschaft wartete, doch war er in allen seinen Werken gerecht gegen Gott, davon so gab ihm unser Herr einen guten Sinn, daß er mit Fleiße begehrte ein Kloster zu bauen, da Gottesdienst innen würde vollbracht. Darum empfahl er allen seinen Freunden, daß sie wahrnehmen, wo er diesen Bau möchte anlegen, daß sein Kloster von den Leuten unbekümmert bliebe. Also kam sein Jäger und sagte ihm von einer wilden Wohnung, die so hoch wäre über den Leuten, daß es Hohenburg wäre genannt. Dieser Mähre war er froh, und fuhr dahin und beschaute die Stätte, die gefiele ihm so wohl, daß er Gottes Gnade dankete, und bauete da zur Stund eine große Kirche mit allem dem Gemach, was zu einem Kloster nothdürftig war. Dieser Herzog hatte eine Frau, Berswinda genannt, die dienete unserm Herren allerzeit mit großer Andacht. Diese Frau ward eines Kindes schwanger, und genas zur rechten Zeit eines blinden Tochter. Da dies der Vater erhört, da ward er so sehr betrübt, daß er das Kind begehrte zu tödten und sprach zur Mutter: Nun erkenne ich, daß ich sonderlich wider Gott muß gesündigt haben, daß mir an meiner Frucht ist mislungen, das keinem von meinem Geschlechte nie geschah. Da sprach die Mutter: Herr du sollt dich um diese Sache nicht also sehr betrüben, wenn du wohl weißt, daß Christus von einem gebornen Blinden sprach; dieser ist geboren blind, nicht durch seiner Vordeten Missethat willen, er ist blind geboren, daß Gottes Gewalt an ihm erscheinen sollte. Dieses verfing alles nicht in dieses Herzoges Herzen, alle seine Begierde war, daß das Kind getödtet würde. Davon sprach er zu seiner Frauen: Schaff, daß dies Kind von unser Freunde einem heimlich getödtet werde, oder also ferne werde von uns gethan, daß wir sein vergessen, anders ich werde nimmer froh. Des Gebotes betrübete sich die Mutter gar sehr, und bat unserm Herren mit Andacht um Rath und um Hülfe in dieser Sache. Also gab ihr Gott an ihren Sinn, daß sie gedachte an eine Fraue, die war ihre Dienerin, nach der sandte sie und sagte der des Herren Sinn wider das Kind. Da tröstete die Dienerin die Fraue und sprach: Liebe Fraue, ihr sollet euch nicht also sehr betrüben, denn Gott, der das Kind blind gemacht, der mag es wohl wieder sehend machen. In diesen Zeiten war ein heiliger Bischof in Bayerland, Sankt Erhard genannt, dem kam ein Gebot vom Himmel, daß er über Rhein sollte fahren in das Kloster Palma, da wäre ein Mägdlein blind von Geburt, die sollte er taufen und nennen Otilia, so würde sie in der Taufe sehend. — Dieser Meinung war der Bischof gehorsam, und da er dies Kindlein taufte, da schloße es seine Augen auf, und sah den Bischof an. Da sprach er: Nun begehr ich liebe Tochter, daß wir einander in dem ewigen Leben müssen ansehn! — Also offenbarte der Bischof den Klosterfrauen, wie ihm das von dem Himmel wäre verkündiget, darum so empfahl er ihnen das Kind und fuhr wiederum heim in sein Land. Danach zogen die Klosterfrauen das Kind viel zärtlicher, und lehrten es die heilige Schrift. Also bot sich dies Mägdlein mit großem Ernste zu allen Tugenden und verschmähete alle Hoffahrt, und begehrte allein dem zu dienen, der sie erlöset hatte. Da nun Sankt Erhard wieder in sein Land war kommen, da entbot er dem Herzoge alle Geschicht und entbot ihm, daß er dies Kind wieder in seine Gnade empfinge, das ohne seine Schuld in seine Ungunst wäre kommen. Dazu antwortete der Herzog nicht. Also geschah, daß Sankt Ottilie erfuhr, daß sie einen Bruder hätte, der in ihres Vaters Hause in Hulden war, dem schrieb sie einen Brief und bat ihn, daß er ihr Gnade erwürbe an ihrem Vater, daß sie ihn einmal mit Freuden möchte ansehen. Da der Bruder diesen Brief empfing, da ging er vor den Vater und sprach: Gnädiger Vater, ich begehre, daß du die Bitte deines Sohnes wollest erhören. Da antwortete der Vater und sprach: Bittest du unziemliche Ding, so ist es unbillig, daß ich dich erhöre. Da sprach der Sohn: Es ist eine ziemliche Bitte; ist es anders gefällig deinen Gnaden, denn ich begehr nichts anders dann, daß deine Tochter meine Schwester, die in dem Elende lange ohne Trost ist gewesen, nun wieder zu deinen Hulden werde empfangen, und deine gnädige Gegenwärtigkeit genieße. Da hieß ihn der Vater der Rede schweigen. Da hätte der Jüngling so großes Mitleiden mit seiner Schwester, und hieß heimlich einen Wagen bereiten mit aller Nothdurft, und sandte nach seiner Schwester. Also geschah, daß der Herzog mit seinem Sohne und mit seiner Ritterschaft saß auf Hohenburg, und sah einen gezierten Wagen kommen; da sprach er: Wer da komme. Da sprach sein Sohn, seine Tochter Otilie komme da. Da sprach der Herzog: Wer ist so frevel oder so thöricht, der sie ohne mein Heißen hätte herberufen. Da merkte der Sohn, daß dieß nicht möchte verholen bleiben und sprach: Herr, ich dein Diener betrachtete, daß es Schande war, daß sie in so großer Armuth wohnete, und habe sie hergesandt aus großem Mitleiden, dessen begehre ich zu deine Gnade. Vor Zorne hob der Vater seinen Stab auf und schlug den Jüngling so sehr, daß er sich wandt und starb. Deß betrübte sich der Vater so sehr, daß er sich bis an seinen Tod in ein Kloster zur Buße legt, gedachte auch seiner Missethat und sandte nach Sankt Otilien und empfahl sie einer andern Klosterfrauen und hieß ihr nicht mehr geben als einer Magd, damit ließ sie sich wohl begnügen. In diesen Zeiten geschah es, daß ihre Amme starb, da gedachte sie an den Ernst, den sie zu ihr hätte gehabet in ihrer Jugend, und begrub sie selber mit ihren Händen. Darnach über dreißig Jahr sollte man einen andern Menschen an derselben Stelle begraben, da fand man, daß dieser arme Leichnam gar verfaulet war, ohne allein die rechte Brust, damit sie Sankt Otilien hätte gesäuget. Es geschah einmal, daß dem Herzoge Sankt Otilia begegnete im Kloster, da überwand er sich und sprach: Tochter, was gehst du? Da sprach sie: Herr ich gehe und trage ein wenig Habermals, davon will ich den armen Menschen ein Müslein machen. Da sprach er: Vielliebte Tochter! dich soll nicht beschweren, daß du bisher ein arm Leben hast geführet, es soll nun alles besser werden. Also gab er ihr das Kloster mit allem seinem Gute und begehrte, daß sie mit Fleiße mit ihren Klosterfrauen ewiglichen Gott für seine Sünde bete. Danach kürzlich starb er, da ist ihr erschienen in dem Geiste, daß ihr Vater in großen Peinen wäre um seine Sünde, die er noch nicht auf Erden gebüsset hätte, darum büßte sie mit Fasten und mit Wachen so lange für ihren Vater, daß zu jüngste eine Stimme

mit einem Lichtscheine kam und sprach: Otilie du Auswählte Dienerin Gottes, nicht peinige dich mehr um deinen Vater, denn der allmächtige Gott hat dich erhöret, und führen die Engel deines Vaters Seele gen Himmel.

Diese heilige Jungfrau hätte unter sich hundert und dreißig Jungfrauen in ihrem Kloster, die versorgte sie leidlich und geistlich mit guter Lehre und gutem Bilde, das sie ihnen vortrug. Und war ihre Speise Gerstenbrod, ihr Bette eine Bärenhaut und ihr Kissen ein harter Stein. Die heilige Otilie merkte, daß wenig armer Menschen zu dem Kloster kamen, an denen sie Werke der Barmherzigkeit möchte üben, weil der Berg zu hoch war, darum thät sie bauen unter dem Berge eine Kirche zu Sankt Martins Ehre, und dabei eine Herberg. Da Sankt Otilie in diesem Baue gar bekümmert war, da kam zu ihr ein Mann, der trachte drei Zweig von einer Linden und gab ihr die, daß sie die sollte pflanzen ihm zu einem Gedächtnisse. Also hieß sie drei Gruben machen und setzte den ersten Zweig im Namen des Vaters, und den andern im Namen des Sohnes, und den dritten im Namen des heiligen Geistes. Die drei Zweige wurden große Bäume, und stehen noch heutiges Tages da. Danach sammelte sie alle ihre Frauen, und hieß sie erwählen, was Regeln sie wollten empfahen, ob sie wollten ein offen Kloster haben. Da sprachen sie alle: Dieß sollte in ihrer Ordnung liegen. Da sprach sie: Ich erkenne euch alle in Christo, daß ihr wohl ein beschlossen strenges Leben führet, doch weiß ich, daß unsere Nachkommen die Härtigkeit nicht mögen erleiden, und daß ihnen das ein Fluch würde, was uns ein Heil sollte seyn. Darum ist meine Begierde, daß wir unter der offenen Regel bleiben. Diese Sankt Otilie hatte besondere Andacht zu Sankte Johann dem Täufer, eine Nacht lag sie in ihrer Andacht, da erschien ihr Sankt Johann und zeigte ihr eine große leere Stelle, wo sie e ne Kirche sollte bauen. Des Morgens ordnete sie den Bau an. Einmal fielen vier Ochsen mit einem beladenen Wagen, die Steine zu der Kirche führten, den Felsen herab über siebenzig Schuh Höhe; die wurden doch von Sankt Otilien aufgehalten, daß sie unversehret blieben, und denselben Wagen mit Steinen zu derselben Stunde zur Kirche brachten. Neben der Kirche bieß sie eine Kirche bauen, da wohnete sie mit wenig Frauen in Andacht. Sie hatte einen Bruder Adelbert genannt, der hatte drei Töchter: Eugenia, Attala und Gundelinde, die hörten so groß Lobsagen von ihrer Base, daß sie begehrten ein geistlich Leben. Da das Sankt Otilie empfand, nahm sie diese Jungfrauen mit großen Freuben. Einesmales stand sie im Gebete, da kam die Kellerin und klagete, daß sie nicht Weines genug hätte den Frauen zu geben. Da sprach sie: Der Gott der mit fünf Broden und fünf Fischen fünf tausend Menschen speisete, der mag auch uns von dem wenigen Weine tränken. Darum so geh hin und vollbringe deine Andacht in der Kirche, wenn Christus hat gesprochen: Ihr sollet zuerst suchen das Reich Christi, so fallen euch zu alle zeitliche Ding nach eurer Nothdurft. Da nun die Zeit kam, daß sie essen sollten, da fand die Kellerin das Faß voll Weines, das sie vorhatte leer gelassen. Also nahm die Sankt Otilie in allen Tugenden zu, und übete sich in großen Gotteswerken, darum wollte sie unser Herr aus diesen Arbeiten erlediger. Da sie empfand, daß die Zeit ihrer Hinfahrt nahete, da ging sie in Sankt Johannes Kirche und hieß alle ihre Frauen vor sich kommen, und ermahnete sie, daß sie allezeit Gott vor Augen hätten, und seine Gebote nimmer übergingen und für sie und ihren Vater und alle ihre Vordern mit Fleiße beteten. Also hieß sie die Frauen alle gehn in unsre Frauen Kirche, und da eine Weile den Psalter lesen. Dazwischen fuhr ihre selige Seele von ihrem Leibe in die ewige Freuden. Da ward ein so süßer Geruch, daß ihn wahrnahmen die Frauen in der anderen Kirche. Darum gingen sie hin und fanden ihre selige Mutter todt, und knieend in der Kirche; des betrübeten sich die Frauen gar sehr, daß ihre selige Mutter ohne das heilige Sakrament war geschieden, und riefen alle die Gnade unsers Herrn an, daß er seinen Engeln gebote, daß sie die heilige Seele wieder in den Leichnam führten. Zur Stund ward Sankt Otilie wieder lebendig und sprach: O ihr lieben Schwestern, warum habt ihr mit solche Unruhe gemachet, daß ich aus der seligen Gesellschaft Sankt Lucien wieder mußte in diesen arbeitseligen Leib kommen: Also hieß sie, ihr biethen einen Kelch mit dem heiligen Sakramente, das nahm sie selber; darnach schied die heilige Seele wieder von ihrem Leibe. Durch dies Wunder ist derselbe Kelch behalten in der Kirche: Also nahmen die heiligen Frauen den Leichnam, und begruben ihn vor Sankt Johannes Altar, da blieb der süße Geruch acht Tage in der Kirche, da wirkete der Herr seiner Dienerin zu Lobe, viel große Zeichen und Wunder ob ihrem Grabe. Bei dem Begräbniß waren Sankt Attala mit ihren Schwestern, denen schrieb Sankt Attala mit der Hand: Gottes Friede, guter Friede, Zeitenlehre todtet.

(Nach Lombardia Historia Mis. S. 101. Königshoven Straßburgische Chronik her von Schilter. Straßburg 1698 S. 515.)

Diese Worte stehen als Umschrift der Kapsel über der heiligen Reliquien Hand der heiligen Attala, denn warum wollte und das nicht heilig seyn, was an ein heiliges Leben erinnert, wie auch die Trummern Roms groß sind, weil sie an ein großes Leben erinnern. Zur Vergleichung falle und hier eine sehr schöne Erzählung Otilie in den neuen Volksmährchen (Leipzig Weygand 1789—93 4 Bände) in ganz anderm Sinne, minder ehrwürdig aber zierlich und tiefsinnig in Ergreifen des flachsten modernen Treibens, sie will fast nie eigentlich alterthümlich seyn. Diesen neuen Volksmährchen, die vielleicht durchaus keinen Fehler als eine allzu geregelte breite Sprache haben, ist das gewöhnliche Schicksal trefflicher Bücher begegnet aus Nachbrechereien irgend eines tonangebenden Krittlers immerdar verachtet worden zu seyn. Noch neulich giebt ihnen ein guter Schriftsteller (schuld, daß sie dem Musäus nicht so glücklich nachgeahmt sind; unbegreiflich ist dies Verkennen einer reichen Eigenthümlichkeit, an die Musäus, ungeachtet seines Talents nie anreichen konnte, nicht zu gedenken, daß sie rein sind von den witzigen literarischen Anspielungen der Zeit, die zu den Zeiten des Musäus für Witz gelten mußten sie sind ein unbenutzter Stoff für Eingeschleibelten und Romanensänger. Nie ist Kindergefühl so dargestellt worden wie in der Otilie, im Hloim, in Walther und Maria, im St. Georg, nie der Ernst des schrecklichen Lebens wie im Orbert, sein Heiligenlampe, wie im Julian, kein Familienleben wie im Stillen Volk — ich bin unerschöpflich in dem Lobe dieses Buchs, das mir sehr traurige Nächte erheitert. Aus Dankbarkeit hoffe ich noch oft die Rechte des Einen gegen die Anmaßungen der Kritik zu versichern, deren Nichtigkeit ich endlich ganz zum eignen Bekenntniß bringe, die Kritik wird eingestehen, daß sie ihrer Natur nach Mysterie gewesen, daß es ohne kein Mysterie (wir brauchen das Wort um den den Bock im Morgenblatte ein wenig zu finden) bloße Täuschung sey, wo wir stille stehen, wohin wir fortschreiten mit einem unverfälschtsloersichten Gefühle für alle anzunehmen wie die Welt ihre ganze Klassen Eindrucke aufzuhorchen — oder in ihrem Namen aufzugeben, was doch alles nur für den einen mißdeutenden Sonnenradius ohne Ernste und Tiefe gilt, den ich habe dargestellt. Es wird sich zeigen, daß alle Kritik über die Mitlebende Scherz ist; es giebt darin nur ein Anerkennen, ein Hinführen zum Anerkennen, und doch ist dies selbst mein überflüssig, die Würdigung ist nicht die Wirkung der Schrift, das immer ein Wunder bleibt, man mag sie nach Pestalozzi oder nach Olivier lernen; ein Wunder wie alle Ansicht der Natur in ihrer Menheit bei jeder Entdeckung, beim ersten absichtslosen Verse, den wir machtet, wir erstaunen über uns, Indier und Perser erkannten das auch, wie wir gesehen haben, und sucht die Erziehung das Wunderbarste gewöhnlich zu machen, weil ihr keine Wunder thun kann. Um die Deerheit der Kritik darzuthun, die mit einem Paar Einfällen ausschließet, alles Wunderbare übersehen, und die Bemühungen ganzer Völker berichtigen will, haben wir aus dem Unschlage des vorigen Hefts ein altes Gespräch über deutsche und welsche Wirthshäuser zur Vergleichung deutscher und italiänischer Sonette abgedruckt, nicht als wenn das wirklich paßte, nur um zu zeigen, wie alles in der Welt durch Kritik und zur Kritik abgenugt werden kann.

Einsiedler.

Zeitung für Einsiedler.

1808. ——————— 53 ——————— 23. July.

Offenbarungen des Neuen.

1.

Warum muß ich den ungeheuern Drang
Der flammenheißen Brust verschließen?
Kann nicht der Sturm des tobenden Gefühls
In ungeheurer That ergießen!

Gebürge, Erden, Himmel will ich tragen,
Das Firmament, ich reiß es ein!
Heraus, heraus, wer sich mit mir will schlagen,
Und will die ganze Welt es seyn!

Ihr alle Ungeheuer, alle Drachen,
Ihr alle Satansbößenbrut!
Mit euch mich fürchterlich herumzuschlagen,
Im Herzen siedet mir das Blut!

Und bäumt euch, bäumt euch nur; sperrt eure
Rachen
Vom Orkus bis zum Himmel auf!
Und wenn ich einen Kopf euch abgeschlagen,
Setzt hundert fürchterlicher auf!

Bei meinem hohen Zorn! Bei Gottes Haupte?
Todt schlag ich euch, dennoch tobt!
Denn ich bin eisern, ich unüberwindlich,
Mit mir sind Engel, Himmel, Gott!

Die Welt erlösen von den Riesensünden,
Womit sie schrecklich sich befleckt;
Ein neu Geschlecht und Reich wollt' ich dann grün-
den,
Weil dieß so unermeßlich schlecht!

Und kann ich neues Leben nicht entflammen,
Ha dann, so stürz ich sterbend hin;
Und reiß im Sturz das Schlechte mit zusammen,
Noch furchtbar groß in dem Ruin!

2.

Ich hasse euch, ich kanns und will's nicht bergen,
Ich haß euch ewig unermeßlich,
Ihr Sclaven ihr, ihr Zwergen!
Denn eure Sünd ist unerläßlich!

Gebürge wollt' ich stürzten ein und Länder,
Und schlügen Millionen todt:

Ein Neues werd! Verlassen und vergessen
Ist dieß Geschlecht von Gott!

Entzünden möcht ich mich zu Weltenbrande,
Möcht eine ärgre Sündfluth seyn!
Zu strafen diese tiefe Höllenschande,
Das Weltgericht, könnt ich es seyn!

Wer ihn nicht auch im Donner und im Blitze
Erkannt, ihn nicht in Grimm und Tod,
In Nacht und Sturm der fürchterlichsten Schlachten
Hat ihn noch nicht erkannt, den Gott!

Schmach.

Schon wiederum hast du mich furchtbar gereizet,
Den Stolz mir wild kochend empört!
Ha wenn ich es litte, ha wenn ich nun schwiege,
Wie wäre ich Bayerns noch werth!

Du hast mich beschimpfet, den Handschuh den warfst
Voll Uebermuth mir zu;
Daß ich nicht so eiskalt erstarret im Wissen,
Im todten Buchstaben wie Du!

Ha wo ist denn adliches Thun oder Wissen?
Das schlechte Gemeinste weißt Du!
Was groß ist und herrlich und himmlisch und göttlich,
Mit flammendem Muthe ich thu.

Doch dieses veracht' ich, so schändlich zu prahlen,
Wenn Großes, selbst Wunder ich thu;
Doch ihr, wenn ihr auch nur ein Körnlein gefunden,
Der ganzen Welt trägt ihr es zu!

Was ihr nur mit saurem Schweiße erjaget,
Dem niedern Geschlechte so gleich;
Das haben schon längst mir die Geister verkündet,
Viel göttlicher, tiefer als euch!

Und habet Verstand! Es versagte die Gottheit
Euch hoher Begeisterung Drang!
Mir aber verlieh sie, euch nieder zu schlagen
Mit glühendem kuhnen Gesang!

An die Anderen.

Wenn von Versorgung und Brod, von der dicken
Materie die Rede:
Von Kartoffeln und Mehl; und von dem seltnen Mist,

Räumen wir Euch das Gebiet; — doch wo die Geister
regieren
Still ihr Bestien da! Da lasset uns das Geschäft!

Herausforderung.

Ha warum, warum verachtest du mich
Du kalte Brut, du der anderen Zone;
Heraus du kalte, heraus will ich dich
Auf den Sand hier des bayerschen Bodens.

Ich schlage dich nieder bei allen Göttern!
Dich nieder in röthlichen Sand!
Da liegst du schön da! von meinen Wettern
Gestürzet, da liegst du im Sand!

Wer will die Fehde noch mit mir wagen?
Heraus nur! Tausend an Wissenschaft
Schlag ich; werd alle alle euch schlagen
Mit des Willens allmächtiger Kraft!

Nun kronet mich Freunde mit grünendem Laub,
So wie es dem Sieger gehört;
Und also schlage ich jeden in Staub,
Der Bayerns Sohne nicht ehrt!

Nepom. Ringseis.

Die vier Jünglinge.

Die Sonne gehet auf mit Pracht
In königlicher Majestät,
Es steiget thürmend aus der Nacht,
Das stolze Schloß am Berg erhöht.

Und klirrend sprang auf das eherne Thor,
Die schimmernden Flügel beide zugleich;
Vier hohe Jünglinge halten davor
Auf schwarzen Rossen, geschmücket reich.

Wie glänzet ihr silbernes Panzergeschmeide,
Wie prangen hoch oben die Helme von Gold!
Die Jünglinge glühen von muthiger Freude,
Die Locke schwarz zu dem Harnisch rollt.

Und von des Thurms metallnem Gitter,
Das Schwerdt zur tiefen Erd' herab,
Der altergraue ernste Ritter,
Den Jünglingen das Zeichen gab.

Da sprengten sie auf geflügeltem Rosse
Mit Kampfes Begierde hinaus zum Thor,
Sie flogen hinfort wie schnelle Geschosse;
Doch keiner es that den andern zuvor.

Wie der blendende Schwan durch Fluten gezogen,
Die Furche im Lichtschein lasset zurück:
So zeichnete im hellleuchtenden Bogen
Ihre Bahn ein strahlender Sonnenblick.

Und wie verlischen glimmende Funken,
Und Sternlein verschwindend untergehn,
Die Jünglinge so hinunter sunken,
Das trunkene Aug' möcht' lange sie sehn.

Sebastian Ringseis.

Der Fluß.

In der Felsen Tiefen bin ich erzogen,
An dem Gewalt'gen hab ich lang gesogen:
Sah, wie dem Himmel göttliche Mächte entsteigen,
In der heiligen Nacht,
In der tiefsten Schacht
Und der Erd in Liebe sich neigen.
Drum aus der Felsen kräftigen Schoos,
Riß ich mich jugendlich los,
Die Wunder der Welt zu verkünden,
Die ich sah in der Erden untersten Gründen.
Auf den erstarrten leuchtenden Wellen
Schon die Lichtgeister spielen,
Scherzend die Fluthen durchwühlen,
In heißer Liebe sich kühlen;
Sich gatten und mischen,
Und wie glimmende Funken erlöschen.
Aber aus blauer, tief sich wölbender Ferne
Schauen herauf, wie Geister, die ewigen Sterne;
Und es ziehet den Geist ein inniges Sehnen hinab,
Wie zur Geliebten ins heilige Grab:
Doch aus dunkelem Grunde
Vernimmt er die göttliche Kunde;
Im Wasser, im Wasser wohnet die Liebe,
Gesättigt sind hier alle irdischen Triebe,
Was entbrannt im verzehrenden Hassen,
Muß glühend und heiß sich umfassen,
Und der Liebenden brennende Wuth
Schmilzt in der heiligen Fluth. —
Da hebt sich der Schwan mit hellem Gefieder,

Läßt ertönen süß die unsterblichen Lieder;
Und der Geist sich lösend sinkt unter
Zur himmlischen Braut in die Tiefe hinunter.

———

Fluth und Ebbe.

Auf Wellen spielt
Der Mondschein mild,
Wie Blüthenkeime
Entblühen Wunderträume
Von Liebe angezogen
Den dunklen Meereswogen:
Im Mondschein prangen,
Zum Monde nur verlangen.
Das Meer vor Sehnsucht schwillt,
Das Meer in Liebesfarben spielt.
Und sieh! mit Einemmal
Dehnt sich ein blauer Strahl
Bis tief zum Grund hinein:
Im bunten milden Schein
Schwimmt ein crystallnes Hauß,
Da gehen Geister ein und aus:
Sehnsüchtig in die Himmelsauen
Zum Monde auf die Geister schauen.
Die goldne Harfe klingt,
Die Wasserfee verborgen singt:
„O süßer, süßer Bräutigam!
Wo weilest du so lang?
Der Braut ist weh und bang,
O süßer, süßer Bräutigam!
In Lust und Schmerz
Verzehret sich das Herz:
Ach, sieh in goldner Hall
Auf Perlen und Cristall
Das Brautbett duftend steht
Von süßer Lieb umweht;
Die Wasserlilie blüht
Die Braut voll Liebe glüht.
O süßer, süßer Bräutigam!
Wo weilest du so lang?"
Wie so die Stimme singt,
Der Klang das tiefe Meer durchklingt;
Da schwellen hoch die Wogen,
Von Liebe angezogen;
Dem Wunderharfen Spiel
Die Sterne horchen still,
Die Geister heimlich lauschen,
Voll Wollust Küsse rauschen,
In Wellen brünstig fließen,

In Wasserbaumen sprießen.
O Mondschein mild
Gieb hin der Braut dein Bild! —
Doch ferne zieht der Mond erbleicht,
Das Meer in Trauer rückwärts weicht.
Das Harfenspiel nicht mehr erklingt,
Die Welle tief und tiefer sinkt:
In Wolken sich der Mond verhüllt,
Die Sehnsucht bleibet ungestillt. —
So wieget ewiglich das Leben,
Der Lust und Sehnsucht hingegeben:
Nie währt im Liebeskuß
Der süße Brautgenuß.

Jos. Löw.

———

Die Physiker.

Wie der Hebel sich beuget,
Artig Hanswurst sich da neiget,
Excenterpuncte gar zierlich sich drehen,
Wie das Feste nur immer will stehen,
Und nur durch Stöße kann weichen,
Zeigt ihr mit Worten und Zeichen.
Jaget das Flüßige durch Pumpen,
Lasset es laufen durch Röhre und Pumpen,
Soll euch schwimmen und fallen:
Müssen die Lüfte erschallen,
Lasset alles in Wärme und Dünste sich lösen
Wie in Büchern ihr es gelesen.
Wie es oft kracht und knallt und leuchtet,
Daß vor Angst euch die Stirne sich feuchtet,
Die Studenten Spectakel es nennen,
Vor Neugierde einander sich rennen;
Wenn die Körper anfangen zu brennen
Will schon alles das Feuer erkennen,
Da wird's dann in Büchern erjaget,
Wer und wie lange davon man gesaget.
Wenn es so rappelt und klappert und klettert,
Durch Maschinen und Gläser es wettert,
Preiset die Kräfte der Welten ihr trefflich,
Die durch euch sich verkünden so greiflich,
Wenn ihr recht drehet und reibet und schreyet,
Alles des Lebens und Treibens sich freuet.
Hölzern wie die Werkzeuge da stehen
Sollten die Geister den Maschinengang geben.
Man soll die Naturen in Schränken erschauen,
Schreiner und Schlosser noch immer dran bauen,
Zierlich Maschinchen und Dingchen da schimmern,

Göttliches Streben hört man da wimmern,
Weil nur in Nutzen, Sorge und Brod
Und in Worten bestehet ihr Gott.
Glauben selbst die Natur zu erschaffen,
Meynen, man müßte die Dinge nur gaffen,
Frühers Denken man gar nicht versiehet,
Drum das Alte so schlecht auch da stehet.
Neue Beschauung die Zeitungen melden,
Stoße erstreiten die Helden,
Pappen aus ihnen die Welt,
Fabriziren mit diesen uns Geld.
Dieß sind die Physiker heutiger Tage,
Daß bald der Teufel den Plunder erschlage!

Karl Aman.

Zauberformel des Arztes.

Misce Detur. Signetur.

Ihr Geister, die in Grüften
Im Wasser und in Lüften,
Und in des Feuers Tiefen,
Zu allen Hyroglyphen
Unendlicher Gestalten
Euch regt im tiefen Walten!
Kommt, ich beschwöre euch
Zurück ins Formenreich:
Denn eure ew'ge Kraft
Ist's, die das Leben schafft.
Mischet euch
Formen reich,
Daß ichs reiche,
Und die bleiche
Krankheit fort
Aus des Lebens Ort
Zage und bezeichne
Eure eigne
Geister Kraft,
Die Gesundheit wieder schafft.
Denn wo der Geist den Stoff durchbringet,
Und ihn beseelt, nur da gelinget
Des Arztes heißes Thun und Müh'n,
Und solche Arzeney gereicht
Mit Glauben und mit frommen Sinn,
Ist's, die das Leben neu erzeugt.

Karl Loe.

Kuntgesang gegen Unterdrücker des Werdenden in der Literatur.

Auf ihr meine deutschen Brüder
Feiern wollen wir die Nacht,
Schallen soll der Trost der Lieder
Eh der Morgenstern erwacht,
Laßt die Stunden uns beflügeln,
Daß wir aus der dunkeln Zeit,
Wie die Lerchen von den Hügeln
Flüchten in die Göttlichkeit.

Alter Glanz ist nun verflogen,
Gestern ist ein leeres Wort,
Scham hat unsre Wang umzogen,
Doch der neue Tag scheint dort.
Unerschöpflich ist die Jugend,
Jeder Tag ein Erschöpfungstag,
Wer mit froher reiner Tugend
Fordert was sein Voll vermag.

Eine Erndte ist getreten
Von dem Feinde in den Koth,
Eh ihn unsre Schwerdter mähten,
Doch wie wuchsen auch in Noth,
Eine Saat ist aufgestiegen,
Drachenzähne sebt die Brut,
Mag es krechen, wills nicht biegen,
Jugend hat ein heißes Blut.

Bei gethürmten Edeltannen
Steigt die Saat viel freier auf,
Als wenn seltne Stablen rannen
Durch der Wipfel Säulenlauf;
Ruhmessäulen sehen Gränzen,
Unsre Jugend frischem Glück,
Frischer Lorbeer soll dich kränzen,
Deckt kein alter Kranz den Blick.

Hebt die Hüthe auf zur Sonne,
Lüftet euch im frischen Wind;
Athmet ein die Segenswonne,
Erster Athem sey dies, Kind;
Bade rein vom alten Staube,
Heb dein Aug in Morgenglück,
Und es kommt der alte Glaube
Mit dem neuen Muth zurück.

Ludwig Achim von Arnim.

Zeitung für Einsiedler.

1808. ———————— 34 ———————— 27. July.

Sehnuct.

Senten die Sterne
Die Kinderblicke
Zum stillen Mond:
Hüllt er sich enger
In den Flammenschleier,
Möchte gern Kühlung athmen,
Wollust saugen,
In die schmachtende Brust.

Treibt ihn die Liebe
Doch tagtäglich,
Auf der blinkenden Bahn.
Wo er dem Geliebten

Aus goldnem Bronn
Helllichte Sonn,
Zubest mich zurück
Zu ihrem Blick.

Dein stäter Gang
Des Herzens Drang,
Deine Gluth und Kraft
Liebesleidenschaft.
Dein Morgengruß
Bräutlicher Kuß,

Einst war ich ein Fremdling! —
Und an der Schwelle
Empfieng mich der Genuß,
Lachelte heiter,
Trug mich auf wechselnden
Liebesarmen,

Mit Innbrunst nachsieht,
An seinen Blicken hängt,
Von seinem goldenen Lacheln,
Von dem Hauche des Mundes,
Heiliger Sehnsucht Leben trinkt.

Sonne, Zügellose,
Was fliehst du!
Könntest hier weilen
An seinem Busen,
Könntest die knospende
Blüthe lösen
Mit glühendem Kuß,

Licht der Welt.

Dein heiter Licht,
Ihr Angesicht.

Deiner Strahlen Gewalt,
Ihre junge Gestalt,
Dein lauterer Schein
Ihre Seele rein.

Dein nimmer Ruhn
Ihr segnend Thun,
Dein seliger Trieb
Ihre Huld und Lieb.

Fassung

Den übereifrigen Knaben,
Durch das spielende Leben hin!

Jetzt sieht es finster,
Und er verstummt:
In den Busen greif' ich

Deine Männertraft tauchen
In jungfräulicher Unschuld Schooß
Doch nirgend rastet sie!
Und jener wandelt
Unstät, stets bleicher vor Gram;
Nur die Sterne
In helljauchzender Anmuth
Cwinken ihm leis'
Lust in die Seele,
Lindern ein Weilchen
In seinem Herzen
Mit fremdem Ergötzen
Die Wehmuth.

Dein Fliehen der Nacht
Ihrer kleine Macht,
Dein Frühlingsdrang
Liebes-Ueberschwang. —

Dein ewiger Lauf
Thut die Himmel auf
Segnet, erhält:
Sie, mir die Welt.

Trotziger Mannheit voll,
Dulde das Duldbare,
Unverrückt mit dem Blicke
Zuversichtiger Andacht,
Nach deiner Schönheit,
Natur, unentweihbare Göttin!

Christian Schlosser.

Scherzendes Gemisch von der Nachah-
mung des Heiligen.

(Fortsetzung. Vergl. 27. Stück.)

———

Der arme Philosoph thut mir leid, rief der Herzbruder, darin bist du viel unmenschlicher als ich, ihn so
zwischen Thür und Angel stecken zu lassen. — Gut, daß
du mich daran erinnerst, da greif ich in die Tasche B,
die enthält alle Recepte zur Heilung der Verzweifelten,
sieh hier das philosophische:

Mittel gegen das Kreuzweh.
Viel Knaben und Mädchen im Laufe hinauf
Am Berge wie Lerchen,
Sie singen: Nun ringelt den Rosenkranz
Auf Mayen, im Reihen, im Morgenglanz.

Die Mädchen bringen viel Rosen im Schoos
Zum Binden und Winden,
Sie binden und winden den Rosenglanz,
Zusammen sie stecken mit Dornen den Kranz.

Die Knaben bezwingen die Mayen mit Schreyn,
Sie brechen und flechten,

Die Aeste zum Kreuze im Sonnenglanz,
Sie hängen darauf auch den Rosenkranz.

Von Knaben und Mädchen der Wald erschallt,
Sie reihen mit Schreyen,
Ja Ringel, Ringel, Rosenkranz,
Sie singen und tanzen im Morgenglanz.

Da sehet die Kreuze auf Höhen hell stehn
Zu freuen am Maren:
Die Knaben und Mädchen auf Rasen grün,
Sie ringeln und reihen, sich niederziehn.

Ein Ritter sie schauet, die Brust voll Lust,
Sie lobt und gelobet,
Zu bauen ein Kloster dem Rosenkranz,
Da sollten sie beten bey Ampelnglanz.

„Ein Kreuz in die Welt zu bauen, ja schauet,
„Mein Schwerdt es euch lehrt
„Zu östlichen, westlichen sonnigen Glanz,
„Darum ich es hier in die Erde euch pflanz."

„Das wurzelt und treibet wie balde zum Wald,
„Es glühet und blühet,
„Die Rosen umsprossen die Klinge mit Glanz,
„Sie knüpfen am Hefte den ewigen Kranz."

Die Knaben darauf es so schöne ansehn,
Sie sagen und klagen:
„Das blühet ja nimmer in Rosenglanz,
„Wir sehn nur vier Spitzen und blutigen Glanz."

Der Ritter will tanzen, der Stahl zur Quaal
Drückt nieder die Glieder;
Die Kinder die singen zum Rosenkranz:
„Du steifer Geselle bleib weg von dem Tanz."

Ein Weiser das Kreuz von ferne sieht gern,
Er lehret: „Ja horet!
„Vier Temperamente und Element,
„Die zeigen sich klar in vier Kreuzesend."

Die Kinder sich ballen, sie lachen der Sachen,
Sie springen und singen:
„Der Mantel der hat doch vier Zipfel ich mein,
„Gieb uns nur den Mantel, die Zipfel sind dein."

Der Ritter nun giht an die Quelle gar schnell,
Und schüttelt und rüttelt:
Da fallen die eisernen Schienen hinein,
Gesund wird der Brunnen den Kranken allein.

Der Weise den Mantel aufschürzet und kürzet,
Die Falten zu halten,

Er trinket erst frisch aus dem Brunnenglanz,
Wird frisch und gesund zu dem Rosentanz.

Der Ritter, der Welse, sie springen und singen
Mit Kindern geschwinde:
Ja Ringel, Ringel, Rosenkranz,
Sie tanzen nun mit in dem Morgenglanz.

Da legte der Alte seine Arme kreuzweis über die Brust und rief laut: Wenn ihr es nicht falsch meinet, so kann es doch leicht falsch verstanden werden, denn wie der Himmel nicht überall heiter ist, so kann es auch nicht die Religion seyn, erstreiten und erarbeiten sollen wir uns den Himmel. — Bewahre sie Apollon, redete uns ein ärmlicher eleganter Mensch an, der eben zu uns getreten war, welche trübe mönchische Religion beschränkt noch ihre Sinne, sie scheinen mir das Heydenthum noch gar nicht recht zu kennen, ich bin eigentlich ein Heyde und führe ein ganz göttlich Leben. — Sind sie etwa von der Lüneburger Heyde. — Ho, ho! sagte ein vazierender Puppenspieler, der Kerl ist ja eben erst mit mir aus dem Lazaret gekommen. — Nein, nein! sagte der Elegant, ich bin so ein Heyde von der alten griechischen Rasse, ich muß alles plastisch haben — lassen sie uns einmal die Mutter Maria untersuchen. — Ey Sapperment, warum tragen sie denn einen Rock wie andre Leute, sie konnten sich ja als ein Heyde für Geld sehen lassen, mit Pesen beschmiert auf einem Kärchen möchten sie tragisch genug aussehen. — Ja meine Herren, das wäre nicht übel, ich sammle wirklich hier eine Kollecte zu einem heydnischen Centraltempel für ganz Deutschland, aus christlicher Liebe pränumeriren sie doch mit etwas, haben wir nur erst die obern Götter in guten (Gypsabgüssen) beisammen, die untern wollen wir dann schon kriegen, ich will mich selbst der Reise nach Italien unterziehen, nach den Korkmodellen läßt sich doch schwer bauen, ich muß den klassischen Boden betreten, ich habe mich ganz dem Heydenthum gewidmet. — Guter Freund! da haben sie etwas auf den Weg, aber glauben sie mir das, können sie ihre Götter noch nicht selbst fühlen, in sich und außer sich bilden, müssen sie noch immer an den alten Bruchstücken zusammenflicken, so mag sie das immerhin amüsiren, aber ein Heyde wird sie darum noch nicht, überhaupt wird darum noch keiner ein Heyde, weil er aufhört ein Christ zu seyn. — Aber wie soll ich ohne Heydenthum zur Kunst gelangen? — Die Kunst ist ein Basilist, der sich selbst vernichtet, wenn er sich im Spiegel sieht, schweigen wir von der Kunst, wenn uns die Kunst lieb ist. — Das war ein harmloser Kerl, sagte der Herzbruder, er gehörte recht zu dem Prediger, der sich neulich bei der

Taufe entschuldigte, daß er noch so alte Gebräuche
mitmachen müsse. — Nun, meynte der Alte, ihr gefällt
mir ießt schon besser, wir blieben bei dem frommen
Dienen, Arbeiten, Streiten, leß davon.

Die an der Arbeit Verzweifelten.

Ich ruhte vom Streite im Tannenhayn,
Viel Ameisen bald mich bedecken;
Mit Kneisen mich boshaft erwecken,
Und laufen dann irrend selbein.

Ihr Haufen an einer der Tannen lag,
Den Weihrauch verlassen ich sehe;
Da klagete Nachtigall wehe,
Und klagt, was der Unglaub vermag.

„Im Haufen da sah's sonst wie Ordnung aus,
„Da bauten sie dunkele Gänge;
„Sie schwitzten im ew'gen Gedränge,
„Nur davon noch duftet das Haus. "

„Sie schmetterten manchen mit Lasten todt,
„Und keiner von allen durft anchsen;
„Verstohlen nur mochten sie schluchsen,
„Das Dunkel ließ munkeln von Noth. "

„Die Königin müßig erdacht den Bau,
„Sie muß nur allein um die Gänge;
„Wozu ist die Länge der Gänge,
„Wozu der gewaltige Bau?"

„So fragen die Männer, die denkend sind,
„Die anderen alle nachsinnen;
„Sie glauben es schon zu ersinnen,
„Einhaltend mit Arbeit geschwind. "

„Ach wohl wer die Zukunft ersinnen will,
„Der siehet die Gegenwart schwinden;
„So müssen sie sollten sich winden,
„Die Gänge zum Brautgemach still. "

„Die Königin selbst war die künft'ge Braut,
„Von einem Schicksal gebunden;
„Zur Liebe erst schlagen die Stunden,
„Wenn herrlich die Kammer erbaut. "

„Die Königin ärgert zu tode sich,
„Die Ameisen frierend verschmachten,
„Ja weil sie zu viel sich bedachten,
„Ja weil sie nur dachten an sich. "

Da legt ich mein Fähnlein im Haufen ein,
Im Streit soll es duftend mich stärken;
Zu allen gewaltigen Werken
Stärkt himmlischer Glaube allein.

Brav, brav! winkte der Alte. — Wo sind denn die
großen Werke die noch zu thun, lachte der Herzbruder,
ich will was Bittres; hui was mir über den Kopf
schaudert, das Reich der Liebe soll aus seyn, ließ einmal von einem, dessen Liebe aus ist, aber wild
muß es seyn und flüchtig, ich versteh mich drauf,
ich kann auch davon schreiben, aber ich mein immer,
du hättest in deinen dicken Taschen schon die ganze Welt
registrirt. — Das Register fehlt noch, mach das dazu, gieb
einmal die Tasche A her, da muß es drein stecken: sieh
da fällt mir eben ein verzweifelter Naturalist in die
Hände, der paßt besser zu dem eleganten Heyden.

Der an der ganzen Natur verzweifelte
Naturalist.

Rauchen und rieseln die Winter vom Scheitel,
Fühl mich getauchet im spiegelnden Teiche;
Knaben, Gespielen den Zitternden necken,
Rauschend und stäubend hindurch die Fluth.
Größer im Wasser
Scheinen die Schenkel,
Also erscheinen die Winter auch länger
Nun sie versunken!
Wer hat die Sohlen vom Ufer gestohlen?
Möchte mich wieder
Sonnen am Ufer,
Kühlend am Herzen
Wellet das Wasser,
Ach und die springenden Steine der Knaben
Können mich treffen!
Weichlich so nennen sie mich,
Schütteln die goldenen Aepfel auf mich!
Tapfer, so war ich einmal,
Hätte die glänzenden Thore des Waldes betreten,
Aber nun schäme ich mich,
Möchte im Schilf auch verstecken.
Hör ich die schwebenden Welten,
Cimbeln wie Sterne,
Seh ich den langsamen Wagen der Göttin,
Seh ich die ziehenden Löwen,
Reißend die Zügel,
Beiß ich die Zähne zusammen,
Daß mir in Flammen sich alles verwirret,
Daß ich nur selber nicht brenne, das schmerzet! —
Unter mir freveln die Kräfte der Erde,
Ueber mir heil'gen die Kräfte des Himmels,
Alle die Kräfte,
Männliche Stärke,
Regten sich gährend
Sonst in dem Busen,

Wenn ich nur hörte das Brüllen der Löwen,
Aber ich habe sie alle zerrissen,
Daß ich die Gottin
Einzig erblickte,
Ach nun fehlt mir auch Kraft sie zu schauen,
Schnell wie die Spuren der Schiffe im Wasser,
Schwinder auch mir des
Göttlichen Eindruck.
Heilig und rein
Find ich doch nimmer die Oper die si eben.

Heilige Eichen
Ueber dem Meere
Feiern in Ruhe,
Aber ich furchte die Ruhe,
Muß zu den sausenden Wipfeln der Erde
Zu den beschneiten
Scheiteln der Riesen
Flüchten wie der
Nachtigal bebende sinkende Schall-Fluthen verflattern
      verstimmern,
Zu den Höhen,
Wo die rosigen Finger Aurorens
Mich nicht halten,
Stebe ich drinnen im Glutberg,
Seh ich, es ist all
Wäßriger Hauch,
Athem des Nichts!

Fort mit dem, erzähl von der Liebe! —
Der an der Liebe Verzweifelte auf ver
   schiednen Poststazionen.
I.
Ueber Stock, über Stein
Drein, dreen
Ohne Bewußtsern,
Knackt's, bricht's, wirft's um,
Ich sitze stumm.
Der Schweisfuchs trabt,
Der Braune hinkt,
Das Sattelpferd springt;
Ein Heimchen noch singt:
Halt still wie mirs das Herz erlabt!
Der Schwager sagt:
„Wir sind gleich da,
„Wir sind gleich da!
Das Posthorn klagt:
„Die Hände
„Riß ich auseinander,
„Die Herzen zerreiß ich elende:
„Und wandre

„Hin und zurück;
„Dies ist Geschick.
„Berge ihr hemmenden
„Neblig bellemmenden,
„Berge, ihr trennenden,
„Abendlich brennenden
„Seyd mir nun nah,
„Und wir sind da!
„Und wir sind da!

II.
Die müden Pferde
Aufgespannt werden,
Sie geben matt und dürr zum Einbrechen,
Bleiben stehen,
Lassen die Fliegen stechen,
An den Brunnen sie sehen.
Verlassen stehet
Der Wagen, es wehet!
Und wenig Bewegliches,
Mitleidig klägliches,
Bleibt nach dem Reisenden.
Sorgenvoll Greisenden.
Hier ein Paar Blasen im Teich,
Luftballe der Unterwelt
An der Sonne zerschellt,
Dort trockner Blätter Geflügel,
Sonst ist alles gleich,
Der Schnee schmilzt noch vom Hügel,
Und riefelt zu nähren.
Die Zähren
Und ich trink ihn aus meiner Hand!
Brand, Brand!
Er fließet zum Munde,
Da schreiet die Wunde
Vom Herzen um Himmel,
Sie schließet sich nimmer.
Das Herz, das bewegliche
Urleidend, klägliche
Läßt sich der heiligen Stille
Enthüllen.

III.
Wie bin ich zur Küste des Meeres gekommen Herr?
Oder kam das Meer zu mir?
Ich seh mich im Spiegel des Meeres an,
Ein ieder über sich selbst wohl lachen kann,
Ich meinte das Glück,
Mir lächle zurück.
Die Stoßvögel drüber,
Die Sorgen viel trüber
Sie dringen hernieder
Und weichen nicht wieder.
Die Narben und Falten
Sich zeigen und halten,
Selbst von den Todten nicht scheiden;
Doch spurlos sind Freuden,
Ein gleitender Strahl
Hin übers zerrissne Felsenthal.

[Die Fortsetzung künftig.]

Zeitung für Einsiedler.

1808. —————— 35 —————— 30. July.

Einige Worte der Warnung, des Trostes und der Hofnung.

Betrachtet man diese Gegenwart mit kühnem Auge, so scheint in ihr schlechthin eben so viel Drang nach Wirksamkeit und Thätigkeit als Drang nach Ruhe zu herrschen, und weil beide Pole ziemlich gleich stehen, und jeder in den Widerstand des andern seinen Untergang fürchtet; so thut sich eine fürchtbare schwangere Stille dar, die wie ein herannahendes Gewitter alles, hinsichtlich der Dinge, die da kommen sollen, in ängstlicher harrender Stimmung versetzt, ein Schritt vorwärts oder rückwärts wird schon in der Idee zum Widerspruch, und kaum mag es jetzt einen denkenden Menschen geben, der da bestimmt zu bürgen vermöchte für das Ereigniß des nächsten Augenblicks.

Wehe also denen, die verlauf und gegen ihre innere Ueberzeugung des Vermögens das Maas der Kraft, die ihnen ist, zu steigern sich bestreben.

Schon scheint die Zeit da zu seyn, welche schaudern läßt den Gerechten, weil sie für verkündiget, daß auch ungestraft Betrüge gebrochen, Meineyde geschworen werden können, daß, was Unrecht ist, Recht erkannt, Aeußeres das Innere genannt, Gott in der Sünde verehrt, und das Erhabenste zum Niedrigsten herabgezogen werden dürfe. Doch — gehet noch nicht zur Ruhe ihr Wenigen, die ihr lieber dahin sterben, als solch einen Greuel ertragen wollet, das Maas des Gegensatzes aller Wahrheit scheint bald vollendet zu seyn, Lichtstrahlen brechen schon mit Macht durch das schauervolle Dunkel, das Ungeziefer verkriecht sich und — nur wenig Augenblicke werden noch dazu erforderlich seyn, um unsegbar zu beurtheilen, was da seyn solle und könne, oder nicht.

Eingesandt von unbekannter Hand.

Von keinem Einsiedler.

Scherzendes Gemisch von der Nachahmung des Heiligen.

(Fortsetzung.)

Der an der Liebe Verzweifelte auf verschiednen Poststationen.

IV.

Du heller Orient,
Den keiner so kennt
Wie ich,
Hast du schon vergessen mich?
Wer sitzt an meiner Stelle
Auf der Schwelle,
Umflattert von Fledermäusen,
Umkrochen von Ameisen,
Und doch schien's so schön
Wie das Land von den Höhn,
Wer darinnen haust,
Der weiß, wo es graust!
Warum muß ich fliehen,
Woher sie all ziehen
Die Stahlenden,
Die Mahlenden,
Die lustig Zerstreuten
Im Leuchten Erfreueten?
Des Unbedeutenden Macht
Hat keiner gedacht,
Und des Bedeutenden Blick

Ist voller Tück.
Was riß mich fort?
Was hielt mich dort?
Mich hielt ein Blick
Es hat sich weggewendet mein Glück!
Es rissen vier Stricke
Mich weg von dem Glücke,
Den Wagen sie ziehen,
Die Steine erglühen:
Wär einer gerissen,
Wir hätten bleiben müssen!
Wer sind wir? —
Ich und die Luft hier!

V.

Der Lüfte lieb Wort
Der Vogel zieht fort,
Wer war der erste im Flug,
Ihn treff mein Fluch.
Sie liebte ihn nie!
Flieh, wie ich, flieh!
Sie liebt keinen andern,
Ich muß doch wandern! —
Herr, da liegt eine Leiche im Weg! —
Schwager! fahr stille weg,
Er mußte auch wandern
Mit den andern.

VI.

Der hat das End der Welt erreicht,
Der von der Liebsten weicht!

O Erde, nenne sie mir,
Du schweigest vor ihr,
Und fröhlig verschlossen—
Und ich bin verdrossen.
Ach meine Lieb war mehr als ich,
Denn sie bezwang mich.
Ach meine Lieb ist nun für immer aus,
Sie fand kein Haus!
Wie ein verspätet Kind
Ausgeschlossen in Regen und Wind,
Der Regen lauft ihm übers Angesicht,
Es stehet vor dem Hause dicht,
Es mocht noch klopfen an,
Und es nicht wagen kann.
Wenn vieles ich nicht sagen will,
So sag ich nichts und schweige still.
Ich bin kein Kind,
Mir ums Gesicht wehte scharf der Wind,
Daß mir der Bart aufging;
Die Jugend verging,
Ich hab sie nicht genossen,
Die süßen Gedanken sind alle zu Nichts verflossen—

VII.

Ich wandle weiter voraus
Vor des Wagens dunkles Haus,
Ich seh ihn nicht, ich hör ihn klirren,
Mit den Geschirren
Und wie das Schicksal folgt er mir nach.
Hier steh ich am Bach,
Im kleinen Haus
Gehet die Mühle mit Braus.
Der Bach verrinnt,
Der Stein zerreibt,
Und nichts gewinnt
Und keiner bleibt.
Ich schwanke zwischen Bäumen
Und möchte träumen,
Im schwarzen Meer die Masten
Sie ziehn ohn Rasten,
Kein Schiffer will mehr grüßen,
Die tiefe Still wird büßen.
Die Segel herunter,
Es geht bald bunter!
Ich bin auch einer der Euern,
Ihr mußt nicht feiern!
Die Segel hernieder
Ihr Brüder!
Die bestimmten
Die erklimmten

Wollen am Waldhang sich senken,
Wer kann noch denken!
Wir machen im Dunkel große Augen
Und keiner kann sie brauchen.
Ihr Wirbel des Meeres
Ihr füllet das Leere,
Ihr Augen, Leuchttürme, Eingänge der Unterwelt,
Neulebend möchte hinaus der Held,
Ihr seligen Erinnerungen,
Ich leb in euch und bin von euch durchdrungen.

VIII.

Müde sink ich in die Kniee,
Soll ich beten, weil ich glühe,
Viele Tropfen fallen kühl,
Keine Thränen, kein Gefühl!
Dieser Schritt ist nun der letzte
Und ich fluch der Selbstgehetzte!
Der sich selber hat gejaget,
Selbst zerrissen, nicht geklaget,
Und die keusche Jagdgöttin
Smilt in Strahlen auf mich hin.

IX.

Meine Mütze voll von Trauben,
Müsse die am Boden rollen,
Pfirschen rothlich weich in Wolle,
Feuschen meinen schwachen Glauben
Und ich denk an andre Zonen,
Wo die dunklen Menschen wohnen,
Wo ein Goldblack Mädchenblicke,
Schwarze Locken ohne Tücke.
Stille wirds in meinem Herzen
Und im Hirne wird es wach,
Liebe, süße Liebesschmerzen
Lasset ihr doch endlich nach.
Und die Fluthen, die zerstörten
Lassen mich den Tiefbethörten
Hier im Grünen einsam stehn.
Ach wo war ich doch so lange,
Kühlend wehet ein Vergessen
Und mir wird nun endlich bange,
Daß ich gar nichts hab besessen,
Hab ich niemals doch gesessen
Meinem Glücke in dem Schooß,
Und hier sitz ich nackt und blos.
Neun Monat lag ich im Mutterschooß
Und hab ihn mit Weinen verlassen;
So ließ mich die Liebe nackt und blos,
Am Berge in Nebelmassen,

Die Schwalben streifen nur daran
Wie um das Grab des Geliebten,
Sie hören mich singen und wissen nicht wo,
Und verlieren sich im Klaren.

X.

Mögen alle Gläser fortragen,
Alle Lippen davor erblassen,
Ja ich will die Wahrheit singen,
Muß ich auch die Wahrheit hassen.
Warum die Schönheit so flüchtig ist,
Daß will ich euch verkünden,
Sie ist ein Gift das um sich frißt,
Die Augen davon erblinden,
Warum die Liebe so thöricht ist,
Daß will ich euch verkünden,
Weil sie mit aller ihrer List
Sich selbst nicht kann ergründen;
O wohl uns, daß so viel Schönheit todt,
Daß wir sie nicht brauchen zu lieben,
O weh uns, daß in der Thränennoth
Mehr Glück als in der Ueberlegung:
Könnt ich von meinen Augen
Noch eine Thräne erpressen,
Könnt ich von ihrem Hauche,
Die Seligkeit vergessen!

Unerwartet fiel hier der Alte mit entsetzlichem Weinen ein, seine Züge zogen sich traurig zusammen, wie von einem Krampfe, der unter der Oberfläche der Haut wie ein unterirdischer Strudel die Oberfläche des ruhigen breiten Stromes plötzlich zusammenzuziehen und auseinander zu reißen strebt, aber mit den beyden Strömen aus seinen Augen spielte er und sprützte er damit dem schlafenden Knaben ins Angesicht, dazwischen rief er: Schnell was Lustiges! Da las ich weiter.

Die an ihrem Glücke verzweifelte Mutter.

Mutter. Wer klopft so spät? Kein Schwefelfaden,
Kein Kiehn ist mehr in meinem Laden!
Sohn 1. Mein Mutter, hört es an dem Ton,
Vor eurer Thür ist euer Sohn.
Mutter. Nachts kommst du Tagdieb, im Gewitter!
Sohn 1. Ihr irrt, ich bin nun reich und Ritter
Und bring euch mit die Fraue mein,
Des Fürsten schönes Tochterlein,
Steht immer auf, macht auf den Laden,
Das Ungewitter war mein Wagen.
Schwiegertochter. Frau Schwiegermutter, ihr
verzeihe,
Ich komm zu euch betäubt und weit.
Mutter. Frau gnäd'ge Tochter, muß mich schämen,

Sie müssen hier verlieb schon nehmen,
Ich hab erst heute ausgelehrt,
Doch hat sich keiner dran gekehrt.
Mein lieber Sohn, dich zu empfangen,
Ich bin zu arm und voller Bangen,
Das gehet nimmermehr hier an,
Hier war noch nie ein Rittersmann.
Sohn 1. Macht liebe Mutter auf das Zimmer,
Von meiner Jugendzeit voll Trümmer,
Da ist der Helm, den ich gemalt,
Mit Schlägen ward er mir bezahlt.
Schwiegertochter. Frau Schwiegermutter seyd
geküsset,
Der edle Zweig, der aus euch sprießet,
Ich häng an ihm wie eine Frucht
Und freu mich eurer guten Zucht.
Mutter. Ach gnäd'ge Fürstin zu viel Ehre,
Da klopfts, daß uns nur keiner störe,
Wer ist schon wieder vor der Thür?
Jetzt ist die hohe Fürstin hier!
Sohn 2. Dem jüngsten Sohn macht auf die Thüre,
Lieb Mutter, daß er zu euch fuhre
Die Beute aus dem Mohrenland,
Viel Demant und viel goldnen Sand.
Mutter. Mein Gott, was soll ich nun beginnen,
Ich kann mich gar nicht mehr besinnen
Wenn das ein Traum! Ich wäre froh,
Ich brenn vor Freude lichterloh.
Wie soll ich für so hohe Leute,
Wie soll ich zu so großer Freude
Die Schüssel kriegen, die versetzt,
Die Speise, welche mude letzt.
Sohn 2. Lieb Mutter seyd doch unbekümmert,
Seht doch wie hell das Silber flimmert,
Die Speisen, wie sie riechen schön,
Ihr Sklaven macht ein schön Getön.
Mutter. Wie soll ich hier so ruhig essen,
Kann ich nichts rußen? Wie sie blitzen
Die Teller, seyd ihr sicher auch,
Denn Stehlen ist hier gar sehr Brauch.
Sohn 2. Seyd unbesorgt! Wollt ihr von diesem?
Mutter. Es ist zu fein, hab's abgewiesen.
Sohn 2. Frau Schwägerin, habt ihr gehört,
Was Mahomed im Koran lehrt?
Schwiegertochter. Ja daß wir Christen wollt ich
zeigen,
Ihr laßt im Glase keine Neigen.
Sohn 2. Ich danke für den frischen Trank:
Dies zu der Mutter doch erklang.
Mutter. Was soll ich sprechen, das sich schicket,

Wenn ich die Kostbarkeit erblicket,
So hilft nun all mein Sparen nichte,
An beiden Enden brennt das Licht;
Zwen Ritter sind die Kümmelsöhne,
Mein Töchterlein die Fürstin schöne,
Und so viel köstlichkeit ist mein,
Als nimmer kam zur Stadt hinein.

Ein Bedienter. Da ward sie's Teufels vor Vergnügen,

Ein Sohn sie sah im Rauchfang fliegen,
Sie sahen sich bestürzet an,
Wie sich's so traurig enden kann.

Sohn 1. Wo ist die Mutter hingeflogen?
Auf ihrem Besen weggezogen?

Sohn 2. Und durch den Rauchfang, daß es kracht,
Des Teufels Herr darüber lacht.

Sohn 1. Hohläugig sahn mich an die Fenster,
In jeder Scheibe viel Gespenster.

Sohn 2. Die Tage sinds, die wir versäumt,
Hier eingesperrt, da alles keimt.

Sohn 1. Wohl wie ein unbewohntes Zimmer
Sehr schleunig fällt in Staub und Trümmer,
Wenn drin erscheint ein Menschentritt,
So rissen wir die Mutter mit.
Und alt in einem leeren Leben
Und jung in frischer Freude Schweben,
Sie hielt nicht aus den Mißverstand;
Den Besen nahm sie gleich zur Hand.

Schwiegertochter. Ach sieh doch wie die Katzen jammern,
Um Feuerbacken aufwärts klammern,
Ach lieber Mann, mir wird so bang,
Du machst doch nicht denselben Gang?

Sohn 1. Du mußt doch folgen, wo ich gehe,
Gedenke an die heilge Ehe,
Trau meinem Glück, es läßt mich aus
Un deinem Arm von Stamm und Haus.

Der an seiner Heiligkeit verzweifelte Einsiedler.

Dreißig Jahr im hohlen Stamm
Saß der alte Einsiedler,
Bis die reine Andachtsflamm
Durch und durch gedrungen wär,
Und nun fühlt er sich so rein,
Keine Lust mehr athmen könnt,
Er vergeht in heilgem Schein
Und kein Mensch sich drinnen sonnt.
Und vor dieser Heiligkeit
Kriegte er nun eine Scheu,

Meinte sich von Demuth weit
Und begann sein Werk aufs neu.
Sonntags ging er in die Stadt,
In der Kirch zur Kanzel klomm,
Dort mit sauren Aepfeln hat
Er beworfen, die nicht fromm.
Welch ein Lermen, mancher Schlag
Doch das trug der Einsiedler,
Andre Thorheit er vernam,
Um zu büßen hart und schwer.
Wer dem Juden sich verdingt,
Der am Markte Fleisch verkauft,
Ihm dann alles Fleisch verschlingt,
Daß der Jud sein Haar ausrauft,
Wird dann stumm und bleibet stumm
Bis er sich erst taufen läßt,
So geht er mit Juden um,
Um zu sorgen für ihr Best. —
Sieben Räuber, die er fand
Speist er köstlich auf der Heyd,
Daß sie Christum zugewandt
Alle ziehn in Einsamkeit. —
Einen Teufel trieb er aus
Der ein Weib besessen hat,
Als er einmals kam ins Haus,
Und mit ihren Kohlen spielt,
Und die Finger nicht verbrannt,
Und das Kleid auch nicht versengt,
Alles hat er ihm bekannt,
Buße hat er ihr verhängt. —
Hofnarr wird er alsobald
Und befehrt den Komödiant,
Denn er zeigt in der Gestalt,
Daß er nicht im Spaß verstand;
Seinen Fürsten er blamirt,
Wenn der will recht vornehm thun,
Bis er recht mit Fleiß regiert
Läßt er ihn auch gar nicht ruhn;
Alles das ganz heimlich hielt,
Bis er endlich heimlich starb,
Lieber bei dem Narren fühlt,
Daß er höhre Gnad erwarb,
Als so manche ernste Seel,
Die mit Amtland und Moral
Nie verschuldet einen Fehl,
Auch nichts Gutes that zumal,
Und da gieng es zum Bericht,
Jeder rühmt sich euer Gnad,
Schlug er einem ins Gesicht,
War es immer Gottes Rath,
Wer ihn sonst belächelt hat,
Ihm mit Kerzen nun verehrt,
Doch ein Windzug kommen that,
Löschet aus, die ihm nichts werth.

Der Alte ward heiter, seine Wangen hatten sich gefärbt, sein Auge leuchtete, er ging mit klingenden Schritten umher und schien zu befehlen: Ihr seyd gute Kinder, laßt was zum Schluß, woran ich denken mag, wenn ich von euch bin. Gut dann, satt bin ich des Tages müde.

Ludwig Achim von Arnim.
[Die Fortsetzung künstig.]

Zeitung für Einsiedler.

1808. —————— 36 —————— 27. August.

Tells Kapelle

bey Kußnacht.

Sieh diese heil'ge Waldkapell!
Sie ist geweiht an selber Stell,
Wo Geßlers Hochmuth Tell erschoß,
Und edle Schweizer Freyheit sproß.

Hubertus habe Dank und Lohn,
Des wackern Waldvorsts Schutzpatron!
Tell klomm, ein rascher Jägersmann,
Die Schlucht hinab und Alpen an.

Den Steinbock hat er oft gefällt,
Der Gems' in Wolken nachgestellt;
Er scheuet nicht den Wolf und Bär,
Mit seiner guten Armbrust Wehr.

Da rief ihn Gott zu höherm Werk
Und gab ihm Muth und Heldenstärk,
Vollbringen sollt' er das Gericht,
Das Geßlern Todes schuldig spricht.

Hier in dem Hohlweg kam zu Roß
Der Landvogt mit der Knechte Troß;
Tell lauschet still, und zielt so wohl,
Daß ihn sein Volk noch preisen soll.

Die Senne schnellt, es saust der Pfeil,
Des Himmels Blitzen gleich an Eil:
Es spaltet recht der scharfe Bolz,
Des Geßlers Herz, so frech und stolz.

Gepriesen sey der gute Schüß,
Er ist für manches Raubthier nütz.
Sein Aug' ist hell, sein Sinn ist treu,
Feind aller Schmach und Drängerey.

Sein bestes Ziel ist ein Tyrann,
In aller Menschen Acht und Bann.
Kein Forstrecht, kein Gehege gilt
Zu Gunsten solchem argen Wild.

Drum ehrt die heil'ge Waldkapell,
Allhier geweiht an selber Stell,
Wo Geßlers Hochmuth Tell erschoß,
Und edle Schweizer Freyheit sproß.

A. W. Schlegel.

Alte Aufschrift in Basel.

Demuth hat mich lieb gemacht,
Lieb hat mich zu Ehr gebracht,
Ehre hat mir Reichthum geben,
Reichthum thar nach Hochmuth streben,
Hochmuth stürzt mich in Ehr wieder,
Elend gab mir Demuth wieder.

Mitgetheilt vom Hrn. Hofr.
Blumenbach.

Ausfoderung.

Spanisch.

„Und auf's Schallen der Trompete
„Horst wie auf der Flöte Schallen;
„Wenn, gleichwie bei lust'gen Spielen,
„Rüstig du die Röhre warfest,
„Auch ihn Zoide du den Gegner
„Niederstürzest und mißhandelst;
„Wenn in's Antlitz du erwiderst,
„Wie du blutterm Rücken sprachest,
„Komm heraus, ob du dich schirmest,
„Wie du schmähest im Alhambra.
„Und wofern du's nicht allein wagst,
„Wie es der thut, der Dein wartet,
„Komm mit Einem deiner Freunde,
„Daß er helfend dich bewahre;
„Nicht ist's aafter Ritter Weise,
„So im Pallast, als den Damen,
„Sich der Junge zu bedienen,
„Denn es schweigen dort die Arme.

„Aber hier, wo Ernte sprechen,
„Komm' und sieh nun besten Spruche,
„Der in König's Gegenwart
„Schweigt, von Ehrfurcht still erhalten."
Dies des Mohren Zuruf Schreiben,
Welchen Zorn und Wuth so fassen,
Daß, wo er die Feder hinlegt,
Er das zarte Blatt zerspaltet.
Einen seiner Pagen rufend,
Sagt er ihm: Geh' zum Alhambra,
Gieb geheim dem Mohren Zaide
Dieses Blatt von meinen Handen.
Sag' ihm auch, ich wäre seiner
Dorten, wo die schnellen Waffer
Des eiskalten Xenil
Den Generalife baden.

Velsesrin.

Wenn so wacker ist dein Herz,
„Zaide, als dein Hochmuth prahlend,
„Und nach Maaßen deiner Hände
„Du den Worten gönnst zu karten,
„Wenn du in der Vega kämpfest,
„Wie du redest bey den Damen,
„Und auf deinem Roße wendest
„So den Leib, als in der Zambra;
„Wenn den Anstand aus Turnieren
„Du bewahrst im Spiel der Lanze,
„Und, wie tanzend sich alein die Toca,
„Schön auch mit dem Säbel tanzest;
„Wenn gewandt du bist im Kriege,
„Wie zu sorengen durch die Straßen,
„Und wie du auf Feste sinnest,
„Gleichen Eifer's sinnst auf Schlachten;
„Wenn du so wie hofschen Zierrath
„Tragen magst den lichten Panzer,

~~~~~~

Scherzendes Gemisch von der Nachahmung des Heiligen.

(Fortsetzung.)

Wer nie mit wilder Faust
An die eherne Glocke geschlagen,

Worin der Geist gefangen haust,
Dem wird nimmermehr Ruhe zusagen,
Der hört noch nicht,
Der sieht kein Licht,
Er wähnt sich Gott,
Weiß viel von sich zu sagen.

Wem nie das Herz zu schnell
In den forschenden Geist eingeschlagen,
Der sieht am lichten Tag nicht hell,
Der wird über die Zeiten hinjagen,
Der hört noch nichts,
Der sieht noch nichts,
Er wähnt sich Gott,
Bis er sich überschlagen.

Wem nie mit Liebesmacht
Beyde glühende Arme gezogen,
Bis Sie entwichen, er verlacht
Von stockstilleten Nächten umzogen,
Der hört auch nicht
Aus Zuversicht,
Der meint sich Gott
Und hat sich lieb gelogen.

Die blinde Leidenschaft
Ehre klagender Mensch in dem Staube,
Sie führt dich an mit deiner Kraft
Auf Klippen den Vögeln zum Raube!
Du hörst dich nicht
Du siehst dich nicht,
Du fühlest Gott
Und betest nun mit Glauben.

Ich hatte dies kaum ausgelesen, so fiel der Alte mit schrecklicher Stimme in einen Gesang, den ich nimmermehr vergessen werde:

Wem nie ging aus die Luft,
Wo er stürmend vieltausend mitrissen,
Wo Leichtsinn zu den Waffen ruft,
Der bleibt immerdar ohne Gewissen,
Der hört nur sich,
Der sieht nur sich,
Der wähnt sich Gott,
Bis er die Welt zerrissen.

Der sonst der Welten Lauf
Auf der eigenen Fährte sich dachte,
Sieht nun verwundert auf
Wieviel größer sich alles rings machte,
Der horte nicht,
Der sahe nicht,
Der meinte Gott,
Daß er das Glück verachte.

Wer lernen kann, der lebt,
Der nur immerdar leben wird bleiben,
Und der in allem wieder lebt,
Du Herr wirst ihn nun höher noch treiben

Er hört in sich
Nun dich, nur dich!
Er schauet Gott,
Und wird in Gott verbleiben. —

Ihr schrelt zu einander wie ein Paar Contraverspre-
diger auf den entgegengesetzten Enden der Kirche, meinte
der Herzbruder, ich aber will meiner Ohren wegen den
Religionsfrieden und allgemeine Ausgleichung! — Das
sey aber auch die letzte Vorlesung.

Ausgleichung.

Der Pfalzgraf von dem Rheine
Saß in dem Abendscheine
Der Berg und Thal umfloß
Am Heidelberger Schloß,
Auf einer hohen Platte
Von Gallerien umringt.
Da sah der Lebensfatte,
So weit sein Auge dringt,
Des Glückes Purpurbau,
Der Rhein erblinket blau,
Der Nektar kommt gewunden,
Rechts, links von Lust gebunden.

Tief unter Wallnußbäumen
Des Alten Blicke säumen
Bey einem weissen Haus,
Wo Klara schaut heraus,
Die seinen Leib erfrischet,
Daß er den Geist erträgt,
Und sein Getränk ihm mischet
Das ihm den Frohsinn regt,
Wenn er nach Herrscherlast
Sucht Abends frohe Rast,
Setzt sieht er sie da spinnen
Auf neu Lieblosen sinnen.

Dann sieht er unten sitzen,
Bey Wein und guten Witzen
Und den den lieben Weib,
Die frommen Arbeitsleut,
Doch wenn sie wollen singen
Da kommt ein groß Geschrey
Daß alle Ohren klingen
Dort von der Sakristey,
Der Theologen Schaar
Drein sitzt schon ein Jahr,
Die brechen ihren Glauben
Aus den unreifen Trauben.

Der Pfalzgraf die Doktoren
Läßt kommen, die wie Thoren
Voll Bosheit sind für Gott,
Sich hassen auf den Tod:
"Heut müßt ihr euch vereinen,
"Weil still die Welt nun ruht,
"Wie Gold die Berge scheinen,
"Ihr Schatten frischen thut,
"Der Strom rauscht hier noch toll,
"Wo er recht tragen soll,
"Muß er still eben fließen,
"Da werden Schiffer grüßen."
Die Calvinisten rufen:
"Die Berge sind nur Stufen
"Zum reinen Himmelsaal,
"Sein Bild ist da zumal,

„Kein irdisches Gepränge
„Wie in dem Luterthum,
„Das hält Vernunft gar enge;
„Vernunft sey unser Ruhm,
„Bestimmung unser Gott,
„Kein Blut hat er zum Spott,
„Trinkt ihrs im Abendmahle,
„So klebt ihr an der Schale

Die Lutheraner schreien:
„Ihr wollt uns hier entweihen
„Die große Gottes Welt
„Mit enrer Herzenskält,
„Wozu hat Gott geschaffen
„Der grünen Wälder Pracht,
„Der Wolken helle Waffen,
„Und ihrer Blitze Macht,
„Wollt ihr nicht sehn um euch,
„Doch wir verstehen euch gleich;
„Denn wir verstehn die Welten,
„Ihr könnet sie nur schelten.

„Das Wort ist Fleisch geworden,
„Wer will das Wort ermorden?
„Der Geist ist in dem Blut,
„Es treibt in Gottes Fluth!"
Da schrein die Calvinisten:
„Ihr seyd ein Pantheist,
„Wir sind allein nur Christen,
„Wir kennen eure List:" —
Der Luthe aner tobt
Und Gott im Himmel lobt,
Daß er nicht blos im Geiste,
Daß Wahrheit hier das Meiste.

Den Graf bewacht ein Leue
Der meint bey dem Geschreie
Den Herren in Gefahr,
Sprengt seine Kett fürwahr
Und springt zu seinem Herren,
Sich auf die Schulter legt,
Den Rachen thut aufsperren,
Die Tabe drohend trägt,
Die Doktors werden still:
„Der euch vereinen will,
„Das ist des Papstes Schrecken,
„Der möcht euch beyde Fressen."

Der Pfalzgraf sagt mit Lachen:
„So stehn nun eure Sachen,
„Wer hält nun Stich im Tod,
„Doch streitet ihr ohn' Noth,
„Nun mag der Streit nur währen,
„Der Leue sieht euch zu,
„Wollt ihr ganz ruhig leben,
„So laßt er euch in Ruh,
„Ich bind ihn wieder an,
„Was ich sonst nicht mehr kann;
„Der weltlich Arm soll streiten,
„Der Geist in Lieb fortschreiten.

„Wenn einst dies Schloß verfallen,
„Aus Rißen Bäumlein wallen,
„Statt Fähnlein auf dem Thurm,
„Als einzge Wach im Sturm,
„Manch steinern Bild der Ahnen
„Nur schwacher Epkeu hält:
„Den Weg sich Wandrer bahnen
„Zu schauen die öde Welt,
„Mit Grauen durch Säle ziehn
„Wo wilde Blumen blühn;

„Echt wie die Berge grauen,
„Ich mein das all zu schauen.

„Ich mein Geschlecht verdränget,
„Die Löwen all versprenget
„Die in dem Graben brülln,
„Das Faß will sich nicht fülln,
„Die heilge Lind gebauen
„Am Wolfsbrunn und kein Tanz
„Sind ich mehr anzuschauen
„Bey der Forellen Glanz,
„Der Glaub wird überall
„Ein später Wiederhall
„Vom Spruch der lang vergessen:
„So wird er neu besessen.

„So wird in allem Trauern
„Was Liebe schuf doch dauern.
„Und aller euer Haß
„Ist dann der Leute Spas,
„Drum wollt ihr ewig leben,
„Ihr Herren nun wohlan,
„So müsset ihr aufgeben
„Des blutgen Hasses Bann,
„Drauf gebt euch Hand und Mund
„In dieser ernsten Stund,
„Auf, sondert fromm die Lehren,
„Ihr sollt euch lieben, ehren."

Die Doktors gar in Nöthen
Sich gern die Hände böthen,
Da legt der Graf aufs neu
An seine Kett den Leu!
Doch wer kann Teufel ketten,
Kaum waren sie bergab,
Sich von dem Schwerdt zu retten,
Da schrie — Dicktopf — ein Rab,
Den Lutherischen zum Trutz
Aus war der ganze Nuß,
Auf zwene thäts nur wirken,
Die wurden gar zu Türken.

Nur Klara weiß zu lohnen
Des Grafen liebreich Schonen,
Sie schmückt der Jungfraun Schaar,
Mit Blumen in dem Haar,
Mit Blumen um die Leiber,
Mit Blumen um den Hals,
Und drey der schönsten Weiber
Hochfroh des Stimmenschalls
Zum Schlosse gehn empor
Mit diesem frohen Chor,
Benni letzten Sonnenscheine
Sie singen ihm so seine:
Die Neigung nur kann freye Mädchen binden
Zu einen Kranz sich tanzend zu umwinden,
Daß Arm und Fuß zugleich gezogen
Zu ihrem sanften Bogen
Den lieben Fürsten leicht umringen,
Ein Loblied ihm zu singen.

Ehrwürdger Greis, du suchtest auf die Gassen,
Daß unsre Noth dich bittend könnt erfassen,
Die Noth hast du geendet weise,
Nun hör auf frohe Weise,
Tritt mit in unsern frohen Reihen,
Beglückend ihn zu weihen.

Wir preisen hoch dein Silberhaar in Locken,
Dein helles Aug macht unsre Augen trocken,
Dein Lächeln ist der schönste Segen,

Die Furcht vor dir zu legen,
So mogen wir in liebendem Vertrauen
Dich alle gern anschauen.

Heil dir, du hast des Tages Müh getragen
Mit Geist und Muth den Feind geschlagen,
Mit Kunst geschmückt der Kirche Hallen,
Du bist des Volkes Wohlgefallen,
Du bist zu unserm Gluck geboren,
Dein Gluck hat uns erloren.

Heil uns! Laß die von drelen edlen Schönen
Die lichte Stirne rosig kronen,
Und lüste dich im Abendtanze
Im letzten Sonnenglanze,
Du bist nicht alt, du wirst verjünget
Wenn dich der Kranz umschlinget.

Gleich schön sind wir, die schonsten drey von allen,
Gleich Seelen von Kristallen,
So sind wir gleich und fest verbunden
Zu deinen frohen Stunden,
So gleich sind wir, die eyrig zu gefallen,
Des Volkes Wohlgefallen.

Der Alte tanzte am Schlusse vor Vergnügen, ein kleines Mädchen reichte ihm einen Kranz von Kornblumen, er sehte ihn auf sein Haupt und sprang mit der Kleinen herum. Als er müde war sagte er im Verschnaufen: So gut ist mirs nie geworden, ich will meinen Ton hören, etwas Wildes, daß uns ins Gleiche komme. Ich hatte meine besondere Freude an ihm, eine solche Wirkung von Versen war mir nie vorgekommen; doch erschöpfte es ihn sehr, er weckte seinen Jungen, der in der Ecke schlief, ließ ihn einen Diener vor uns machen, darauf drückte er mir die Hand mit seiner breiten Faust und sagte: Ihr send sonderbare Leute, erst habe ich euch für thöricht gehalten, weil ich den geheimen Gang eures Spiels nicht einsahe, da liegt nun für andre Leute, die da meinen alles Verständniß sey ihnen angeboren, alles so unter einander, daß sie euch selten trauen werden. — Das mag jeder mit Gott verantworten, wenn ich aber etwas gestehen möchte, so ist mir ein Frevler lieber als ein Scheinheiliger. — Für euch mogt ihr recht haben, antwortete der Alte, nicht für andre, die euer Vorspiel statt zu stören erwecken könnte, es wird eine Zeit kommen, wo sich alles Gute zeigen muß, und laut auf seine Brust schlagen, daß mir es an dem Ton im Innern ernesihet. — Aber sagt mir lieder Alter, jeht sprecht ihr ja wie alle andre Menschen, sonst redet ihr so eigen? — Mein Sohn, als Siegfried den Drachen erlegt und sich im Blute gebadet, da verstand er aller Vogel Stimmen, wer aber den rechten Drachen erlegt, der kann sie auch reden, ohne sie nachahmen zu wollen, er lebt in allen und mit allen, er gedenkt der großen Einwirkung eines äußerlich durchdringenden ersten Lebens und wollt ihr es kennen lernen, so kommt einmal zu mir ins Geburge, wo ich mit meinen beyden

Brüdern wohne und wo wir schreiben mit Adlers Federn, damit du sie kennst, nimm unser Bild, wie es dies gute Jünglein aufzeichnete. — Hiebey schlug er seine Kappe uber und ließ sich beym Herausgehen nachdenklich fortschreitend hestig den Arm, wir sahen auf das Bild. (Siehe die Kupfer-Platte.) Also war das Severinus Boejus! rief der Herzbruder, ähnlich, sehr ähnlich! — Gott weis es, wer der gute Kerl ist, er wird sehr geschoren, er hat mit zwey andern durchaus Einsiedler werden wollen und kann nicht dazu kommen, bald laufen alle Leute zu ihm, weil sie ihn für heilig halten wenn er irgend ein Stück Vieh kurirt hat, dann halten, sie ihn wieder für einen Hexenmeister, weil er viel besonnet und werfen mit Steinen nach ihm und jagen die Kinder hinter ihm drein, die müssen ihm nachsingen: So treiben wir den Winter aus durch unser Dorf zum Thor hinaus. Der Alte ließ sich das alles gefallen, das ärnste von den Kindern nahm er zu sich, du falsi sie in seinem Schoose schlafen er bettelt nie, er verdiente sich auf allerley Art was er braucht, den alten Baum, worin er seine Einsiedelei im Geburg erbaute ; die beyden Korbe, worin seine beyden Brüder wohnen, hat er geflochten und also verdacht er der Polizey den Spaß ihn ins Zuchthaus zu sperren. Die Prediger sind aber des Teufels gegen ihn, sie meinen, daß er groß thun wolle mit seiner Tugend, wenn er ihnen vom Glauben spricht, so wissen sie nicht recht, was sie für ein Gesicht dazu machen sollen, sie mögen doch nicht geradezu sagen, daß sie keinen haben und mögen auch nicht gern ihren Ruf als aufgeklärte Leute einbüßen, da sehen sie aus als wenn ihnen im Spiele mit einem Strohhalm in der Nase gesitzelt wird sie sich das Lachen verbeissen müssen; sie begreifen nicht, warum er nicht leben könne wie andre Menschen im Dorfe, er brauche ja niemand zu besuchen, man brachten sie aus, wenn die Leute meinten er bete, da sey er turipeldisi besoffen! — Das gefällt mir sehr gut, ein besoffener Kerl in einer unendlichen Emöde; der mag da wie ein wildes Thier brummen und die alten Weiber erschrecken, die trockne Reiser lesen! — Aber es ist nicht wahr. Neulich haben sie ein Paar Liebesleute beredet, daß auf die Alpe gegen, daß sie Nachts in seine Einsiedeley eingebrochen, haben ihm ein Stück Bart abgeschnitten um die Milch durchzuseigern, dann haben sie sich in sein Stroh gelegt. Wie sie aber auf der Alpe waren, da fanden sie einen sonderbaren Milchsegen und machten viel Käse, dann aber ist ein Weg auf die gedurzt und hat sie verschnittet und hat große gelbe Steine umher wie die Käse, weil sie die Milch durch seinen Bart gesiegert. So wirds erzählt.

(Die Fortsehung folgt.)

Pietro Lombardo.

Severino

Pitture di Taddeo G

St. Dionysio Areopagita.

enlica

Zeitung für Einsiedler.

1808. ——————— 37 ——————— 30. August.

Scherzendes Gemisch von der Nachahmung des Heiligen.

(Schluß..)

Noch heute war hier ein wunderlicher Streit zwischen dem alten Einsiedler und einigen Bauern, den ich durch allerley Gleichnisse zu schlichten suchte, als der Herzbruder von mir entdeckt wurde. (Wir lassen diese Geschichte aus, so wie einen Streit der sich am Schluße mit einem Reisenden erhob, der sie durchaus publiciren wollte um das Land aufzuklären, der aber endlich, da es sich fand, daß er alle falschen Ansichten hatte, die ein flüchtiger Anblick giebt, seine Papiere zu zerreissen und die Urfehde zu schwören gezwungen wurde.) Der Herzbruder hatte während der Zeit das Zimmer verlassen, ein junger Mensch, den ich bis dahin nicht bemerkt hatte, sprang auf ihn zu und erzählte unsern Streit mit tausend belustigenden Uebertreibungen. Das war mir doch zu arg, über etwas, das ich selbst gethan fast im selben Augenblicke so verdrehten Bericht zu hören, was soll da aus der Welthistorie werden. — Um der Wahrheit willen, fragte ich ihn, glauben Sie denn an allem was, was sie eben erzählten oder halten sie es etwa für eine Kunst so zu lügen, fühlen sie denn nicht daß diese gewöhnliche Wirklichkeit der Geschichte in ihrer mannigfaltigen Verbindung reicher ist, als alle fremdartige Erfindung; doch nein, Sie sind sicher kein Poet. — Kein Poet, sagte der Herzbruder, er ist der eins und alles unter den Poeten, denn er macht alles, was irgend einer gemacht hat. — Aber wenn es nicht so war, so wäre es doch leicht so geworden, sagte der junge Mann! — Nun das ist einmal wieder ein Gedanke deiner Art, so etwas sagt kein andrer, meinte der Herzbruder; ich stelle dir hier meinen Reisegefährten, einen jungen Mahler vor, der nächstens wird katholisch werden, doch unter Bedingungen. — Wenn wir geschichtlich den jetzigen Zustand von Europa untersuchen, so . . . der junge Mann wollte fortfahren, aber der Herzbruder unterbrach ihn: Nun Gottes Willen, deine Geschichte ist mir viel lieber, als deine ganze Weltansicht aller fünftausend Jahre, du hast mir unterwegs die Geschichte deines ersten Gedichts erzählt, wie du eingeschneit gewesen, das Gedicht fehlen nur dein Bestes, sag es noch einmal, es wird dir gewiß gefallen Herr Ben-

der! — Der junge Dichter setzte sich nahe an des Herzbruders rechtes Ohr und sagte ihm laut her:

Blind blutet heller Schnee
Mit weißem Sternenschleite,
Es thut mir alles weh,
Aus Langeweil ich weine.
Mich trübet trübe Lust,
Ich mag nicht um mich sehen,
Da sinkt in mir der Duft,
Viel Lämmer seh ich gehen,
Es scheint ein Purpurlicht,
Laß Leben Lust umfließet
Doch liegt der Schnee noch dicht
Und keine Blume sprießet.
Weiß hebt aus dürr Gebüsch
Ein Glöcklein sich ohn Klingen,
Jetzt Sonn nicht mehr erfrisch,
Mir will sie sich 'a bringen.
Die Sonn' verwundert stille steht
Und weit und kanns nicht lassen;
"Daß ich so hübsche Kinder sa t
"Das kann ich selbst kaum fassen
.."Doch weil dies also freundlich ist
"Will ich mir viele treiben,
"Will treiben sie mit Lust und Lust
"Und will hier länger bleiben."
Der Schnee verschmilzt, daß Glöcklein trinkt,
Ertrinkt in seinen Fluthen,
Die Sonne das ganze traurig sinkt
Und schämt sich ihrer Gluthen.
Des Flusses Arm den Knabe führt ab,
Grün unser Gärtchen scheinet,
Die Rose schießet übers Grab,
Wo's Glöcklein sich verweinet.
Die Sonne freut sich still und stumm;
Auf Strahlen bin ich flogen
Ums Antlitz unbemerkt herum,
Wo mir die Vogel zogen.
Der Anfang wohl beklommen ist,
Der Uebergang beklommen,
Doch wer geduldig wie ein Christ,
Der ist zu Gott gekommen.
In der Zeit hatten sich einige zu uns gesetzt. O Sapperment, rief mein Herzbruder, es ist mir ordentlich, als hätte ich in den Schnee gesehn, da hat mein Freund Schelmuffsky einen ehrenvolleren Anfang in der Poesie gemacht. — Wer weiß noch, wer das beste Ende nimmt? fragte der junge Dichter. — Warst du nur nicht so unverständlich, die Unterschriften und die Beziehungen sind wie ein ungeheurer Wechselzopf auf einem schönen Kopfe. — Der darf nicht abgeschnitten werden, denn sonst stirbt der poetische Kopf daran und er will doch auch leben? — Ich weiß nicht warum und kann es dir versichern, es sagen sehr viele gute Leute, Menschen von Sinn, sie erkennen deine Gedichte gedruckt gar nicht wieder, du müßtest dich mitverlaufen. — Wie viel giebt

dir? — Gerade so viel weniger für dich, jemehr du Ge=
dichte hast, ich sage dir, die meisten verstehen sie gar
nicht. — Versteh ich doch auch die meisten Leute nicht.—
Warum schreibst du sie denn, du bist wohl wie der
Mensch, der jährlich seine Haut abstreifen muß, um
jung zu bleiben? — Ich will dir noch ein Paar verle=
gene Vergleichungen sagen, damit dich meine Poesie
nicht weiter zu bemuhen braucht, die Perlen sind ja auch
eine Art von Krankheit der Austern und Perlen vor die
Säue gewörfen, ist doch durchaus nicht viel anders, als
Gedichte abdrucken lassen. — Kein Mensch kann eigent=
lich deine Gedichte so lieben wie ich, sie geben dir wie
Spuhlwürmer ab. — Oder wie ein Fischrogen, Welt
an Welt und das Ganze doch wie ein Chaos. — Oder
wie ein Trödelmarkt von lauter Familienbildern, da
kommen lauter Hacknasen; besonders mit Spinnen und
Nachtigallen, hast du viel zu thun, aber sieh, das mußt
du nicht so ernsthaft nehmen, um deiner Freundschaft ist
mir auch deine Poesie lieb. — Jeder muß was er kann
und will; meine Freundschaft ist unabhängig von meiner
Poesie. — Mir ist deine Freundschaft lieber als meine
Poesie, entgegnete der Herzbruder fast ernst. — Es sind
beydes gute Kammeraden, sagte der junge Mann, laß
sie zusammen liegen in einer Kammer, was willst du
den einen wegdrängen um den andern aufzunehmen, sie
vertreiben sich einander die Zeit und so lang denn immer
meinen glücklicheren Nebenbuhler ber, von deinem Beur=
theilen hab ich so nichts: Es ist wunderlich in mir, jede
Art Tadel verletzt nicht und doch macht mir das Lob
wenig Freude. — Wenn ich verstanden werde ist mir lieb,
aber daß ich verstanden werde, darum mag ich auch nicht
das Kleinste ändern, lieber möchte ich meine Zuhörer
bekämpfen und bezwingen. — Sacht an, rief der Herz=
bruder, daß es dir nicht geht wie dem Prediger 'ener
Gemeine, die ihn absetzte, weil er sie alle Sonntag so
entsetzlich schelten thäte, da sie ihn doch bezahlten und
ihren rauhen Sehnten richtig abtrügen. — Das ist alles
recht gut, meinte ich, aber wisse, es ist besser an der
ganzen Welt zu verzweifeln, als an sich selber und dazu
könntest du manchen gutmüthigen Anfänger bringen, du
weißt wie es dir selber weh gethan hat und da berührst
du andre. — So zum Teufel, rief der Herzbruder, wenn
zwey mit einader spassen und der dritte hält es für Ernst,
so werden sie am Ende selbst ernsthaft, laß uns drum
lieber nach unserm Schelmufsky umsehen, wie er seinen
Anfang in der Poesie gemacht hat mit dem berühmten
Gedichte vom Klappeistorche, welches er aus dem Ho=
senfutter herauszogen. O Sapperment, was war da
für Aufsehen unter den Leuten.

(Hier folgt diese berühmte Stelle aus Schelmufs=

kys Reisebeschreibung zu Wasser und Lande nach der
Ausgabe von 1750 S. 60—70, bey der nahen Erscheinung
dieses deutschen Donquichote lassen wir sie aus.) Der
junge Dichter war beruhigt, als er nach der lustigen
Geschichte den Tadel wie einen Scherz ansehen lernte,
aber in allem Scherze liegt doch immer ein kleiner aber
sehr harter ernsthafter Kern, wer mag gern zufällig dar=
auf beißen, besonders wer einen holen Zahn hat, wenn
das oft kommt, so meinten auch wohl die Leute, daß der
andre das Fleisch von den Kirschen alle für sich nimmt
und dem andern die Kerne ins Gesicht wirft. — Alle
andern husteten fast vor Lachen, wischten sich die Augen
oder hielten sich die Seiten, was noch vermehrt wurde,
als die Wirthin die Hände in beyde Seiten gestemmt
ihrem Mann erzählte, das Gänsemädchen, die am Ofen
ihre Schürze getrocknet hätte, als der kleine Herr seine
Verse vorgelesen, sey ganz toll; sie gebe mit einem
langen Stabe in der Küche umher und sage alles in
Versöhen, thäte aber niemand etwas zu leide, wüste auch
noch von allem und sie sagte, es hätte sich erst heute von der Brust
gelöst. Der Schulmeister meinte, der hätte er so eine
Vorwitzigkeit wohl voraus gesagt, sie hätte zwar schnell
gelernt, wär aber immer so dummlich gewesen, manch=
mal auch superflüg. Der Herzbruder und ich beobachte=
ten sie erst neugierig durch die aufgeschlagene Thüre.
(Hier folgt ihre Beschreibung, ihre Unterredung die wir
an einem andern Orte nachzuholen denken, da wir ge=
nöthigt sind zu dem scherzenden Gemische in der Bauern=
schenke zurück zu kehren.) Der haben sie es wohl recht
gegeben, sagte der Schulmeister zum Herzbruder, es hat
mich vorher recht gefreut, wie sie den kleinen Dichter=
ling abgefertigt haben, ich habe ihn sonst wohl gekannt,
als er noch Candidat war, es war ein sehr artiger Herr,
aber seit er das Versemachen in den Kopf gekriegt, be=
kümmert er sich nicht um einen und das werden sie bes=
ser wissen als ich, er sollte lieber Schuhe machen; ich
mag nichts von seinen Versen behalten, ich mag auch
nichts von ihm hören, mir liest er auch nichts vor. —
Hör zu, sagte mir der Herzbruder, hier ist die ganze
Journalistik schon in die Bauernschenke gedrungen. Nun
Herr Schulmeister, was haben sie denn soviel Freyheit
in ihrem Urtheil her, machen sie auch Gedichte. — Ich
habe auch welche gemacht, Schnurren auf andre Ge=
dichte, Uebersetzungen. — Solche Leute müßte es eigent=
lich viel geben, wo Kritik recht zum Leben geworden, so
würde kein Mensch die Kritik mehr mögen, und wie weit
würde die Welt kommen. Sie müssen eine erstaunliche
Uebersicht haben, weil sie eigentlich alles überstehen, viel
Verstand, weil sie sich in ihrem Stalle verstehen, viel

Urtheile, weil ihnen das Ganze fehlt, wenn sie keine Kinder haben, so ist es unmöglich für etwas so Unge= reimtes wie sie eine Aehnlichkeit zu finden. Was ist ein schiefer Spiegel gegen sie, der alles Gerade krumm, al= les Krumme gerade sieht. Sie sind gar nichts und gelten doch für den Besten jetzt in der Welt, kommen sie mit mir, werden sie Mitarbeiter in Journalen, machen sie dem Unwesen in der Literatur ein Ende, daß sie immer anders wird! — Werden sie nur nicht böse! — Was ich sollte böse werden um solchen Parnassusklässer, führe ich nicht den Schäferstab, ich spreche ja nur mit ihnen weil sie der lächerste Repräsentant für das Caput mortuum des gesammten Publikums sind, nicht wegen ihrer man= chesternen Hosen. — Das müssen sie mir doch auch nicht sagen, ich bin Schulmeister und konnte sie wohl noch in die Lehre nehmen. — Ja lehrt nur immerzu, so lang ihr Kinder oder Narren findet, die es euch nicht auf der Stirne lesen, wie ihr zum bösen Feinde überfährt gleich jenem Schulmeister Noms, doch wartet nur, der wird euch eben so die Hände binden und den Kindern die Mu= the in die Hände geben. — Der Streit schien sich zu erhitzen und ich konnte nicht begreifen was die beyden mit einander zu reden hätten, ich setzte mich zwischen und sprach; Der Herzbruder erhitzen sich zu sehr mit sich selbst, da dero Gegner eigentlich wenig Feuermaterial in sich führt, so wird das nicht viel helfen, seine eiserne Stirn ist außerdem ein guter Blitzableiter. Auch sagt schon Tieck, so wenig es sagen will ein Gedicht hervor= zubringen, so viel hat es zu bedeuten, wenn man eine Abhandlung über ein Gedicht zu verfertigen im Stande ist und dazu haben wir auch die alten Classiker. — Eu= ren Spott weiß ich auswendig, schrie der Schulmeister dazwischen, macht mir einen König von Thule, und ich will schweigen. — Die Anforderung ist von ihrer Seite bescheiden, denn sie haben nichts dabey zu thun, auch hin ich gewiß wenn der König von Thule nicht gemacht wäre, sie würden ihn gewiß machen, aber wie machen wir es nun, da er einmal gemacht ist — Ich halte meine Schule und bilde Menschen, habe auch keine Zeit Gedichte zu lesen, wenn ich aber welche machen wollte, die ständen vor mir wie eine Mauer. — Armer Gesang= ner. — Aus der Idee hat sich jedes Gedicht entbunden, aber wer Menschen bildet, der bildet tausend Ideen auf einmal und was ich jetzt mühsam zusammenbrächte, das ist künftig ein Spiel für meine Jungens. Menschenbil= dung ihr Herrn! — Hier erfolgte eine lange sehr ver= wickelte Unterhaltung über die Gefahr der Menschenbil= dung, über Erziehung, von Dichtern die geboren und ungezogen wären; der junge Dichter versicherte seit drey junge Mädchen bey offnen Fenstern seine Lieder sich ab= gefiedelten, sey er von Gott geweiht. Der Schulmei= ster kam immer noch mit dem Zaunpfal seiner Menschen= bildung dazwischen und hieb ihn für einen Zahnstocher, wir erinnerten ihn an Prometheus und es sich fand, daß ich noch ganz andre Dinge von Prometheus müsse, als in den alten Schriftstellern stehn, so ließ ich mich nicht lange bitten, ihm ein Stück aus der Tasche A. vorzulesen.

Der entfesselte Prometheus.

Prometheus. Augenblicks Kraft wreuat mir die Kette der Jahre? O Herkules, gottrend? Kraft wanckest du von mir, ohne ein Umschwung? — Felsen erschallen unter den Tritten, Reste sie streichen sul? um den? Anblitz, soll ich erstischen hier in dem Danke? Wohltbat vernichtet warum die Feuer hast du erschossen, zehret der Grani Rest in der Leber.

Herkules. Was ich gethan ist mir vorben und viel noch zu thun? Wie in des Tympois, strigend aus Klusten, mehr noch des Jammers unter den Menschen, wohzend da drunten; horst du den Jammer, ende ihn schnell.

Prometheus. Daß sie doch jammern, die ich geschaffen, Schoner zu schaffen schür ich mich an.

Herzbruder. Will der Kerl gleich wieder loslegen und ist kaum frey von der Strafe.

Herkules. Diese vernicht erst! — Frierend und schwitzend in dem gestohlnen heiligen Feuer, haben sie immer reines Mitte= den in der Natur; diese vernichtet erst.

Prometheus. Meine Gebilde soll ich vernichten, fehlt mir nicht alles während du herrschest, da dir im Innern fehlet der Sinn; warte ich schaff jetzt sie nach dem Sinne.

Herkules. Schaff nicht mit Worten, schaffe ich diene.

Prometheus. Tritt mir den Leimen!

Herkules. Nymphen holt Wasser.

Prometheus. So wie geschwinde, Almoben die tragen eilend das Wasser werfen die Augen hin auf die wogenden, treten= den Muskeln.

Herkules. Wie mir so wohl wird hier in der Arbeit, wie in die Leiber gräßlicher Riesen tret ich verjüngli hier in den Lei= men; steht mich doch hin, wie allen vergessen wird ich im Lei= men, bis sich nun alles ähnlich durchdraugen. Wollustig risse fürs vollendere? ganz nun vorbey. Fort mit dem Drecke, steht nicht wie Vieh! Schaff nun, ich diene, Nymphen ihr wascht mich, die das am zierlichsten machet, umfaß ich.

Prometheus. Nimmer so schonen, gleichen und glatteten vie= henden, bildsamen Thon ich brauh, ja und das Herrliche muß nun entstehen, nicht wie ich erwailte; auch nun die Götter achten ecianul. Möchte was finden, das wie der Morgen alle die Sterne alle sie andern Bildungen losche, was nimmer ich da wär? Ein= same was nicht, will alles vergessen, will nun die Welt mir bil= den; die Ganze, mein Universum, wie ich sie schaute, hier in den Schrecken, alles selbst Jupiter. Sage mir Hand, du machst es wie ehmals, kunstlerisch bildend soll es in werden.

Die Hand. Bin nur dein Sklave, muß dir mit gleicher Treue dem Mund abwischen und Nymphen streicheln, die glatten.

Prometheus. So die gemeine Hand, die mir Worte im Munde verdrebt= ach nur zur Arbeit. Aber ich irre zwischen Ge= stalten, keine viel bleiben, an im Verwandten, weil ich nun lie= mer keinen des Besseren einlose Folgen. Aber das Auge kann es nicht halten.

Das Auge. Immer den Klumpen graulichen Thones per mir zu schauen, ist mir verbrudlich, was du zu sehn glaubst sind doch nur Worte, Schatten aus Lappen und Junken gewurfelt, elende Puppen.

Prometheus. So du gemeines Auge, was hält mich, daß ich dich nicht vom himmlischen Aeuender Stirne loserisse, wo du dich angesogen, du Wechselbalg. Sieh nur das Ohr singt grimmig zu klingen an über mein Reden.

Das Ohr. Wisse ich ruhre die Trommel um nimmer zu hören den Mißlaut deines Gewerbes.

Prometheus. So du gemeines Ohr, wie das Pack nun alles zusammen hanst; rünmen das Köstliat, was ich erründe. Nun ist verschwunden wird noch erscheinen was ich vermag jetzt, — Ach

Wiederhall. Er!

Prometheus. Wird auch das Endlose allen gefallen?

Wiederhall. Fallen!

Prometheus. Wie an dem Ende der Welt mit dem Fuße tret ich auf Nichts, fühle nur mich.

(Zufälliger Ton, der sich aus dem getretenen Thone drangt.) Nichts!

Prometheus. Wahr und zu wahr nur! Ach in den Schmer= zen was mir doch sel,er Wehklerm verschwemmen war als alle Menschen mit Mube endlich gerertul. Such wie ie freundlih komme da ein Menich her, aus der Erde schmerzlicher Zeiten.

Der Mensch. Muß nicht verzweifeln, daß dich belanglel, wisse nicht allein Stunden gehörmel der freiende Genius.

Prometheus. Was sind das Stunden, was ist das Ge= nius? Das sind Geschenke von Göttern, die schwächlichen Hab ich wohl ie der Stunden geachtet, Götter verachtend. Hab ich voll bringe, thu ich allgine, ach auch auch selber in den Gebilden, darum so schmerzlich; darum ie schmerzlich, darum zerstörst mich dein Glück das ist immer allzine.

Der Mensch. Bilde mich täuschend nach in dem Thone, die zur Gesellschaft der auch zum Ruhme.

Prometheus. Bist du nicht lebend mir schon zuviel.

Der Mensch. Wisse ich sterve, wenn nicht der Genius, ewigt mein Bildniß.

Prometheus. Auf denn so stirb nur.

Der Mensch. Durfst du mich tödten, hier ist der Landfried.

Prometheus. Ich um die Jammersaat straf mich krönen, nichts mein Schaffen. Auch das Vergängliche Schmerzen und Lüsten hab ich mit himmlischem Feuer durchgossen, leben und sterben kann es zugleich.

Der Mensch. Ewige Liebe und kräftige Menschheit kann nicht vergehen.

Prometheus. Lieber ist diese, jene ist Geilheit. Ach und das mehret sich ewig und immer. Ach nur das wenige Feuer von oben theilt sich in vielen, dunner und dünner. Träumte ich vielmals qualstick wie etwas besseres Schlimmers, daß mir ein Knaul rolle vom Scheitel, ach und ich konnte ihm doch nicht rollen, schien nur gebunden, jog an dem Faden; ängstlich und schneller rollte der Knaul, kleiner und dünner! Ach und der sichtliche Faden der hing an Sträuchern des Waldes. Ach nun verließ ich, Menschlein ich bitte, hier auf den Knieen, mach dir nicht Kinder, stirb mit dir aus.

Der Mensch. Sey nur berublat, lange vermählt der reichen betagten Wittwe des Vorgängers drunten im Pfarrhaus hab ich kein Kind.

Prometheus. Hat denn die Eine alle dein Hoffen also erlaufet? Ekelt dich nimmer, täglich zu ihnen niemals zu erröthen?

Der Mensch. Schlecht war die Mutter, dumm war die Folge, vieles wirds kosten das Scheidern, und vieles leisten der Kinder ständlich Erziehen.

Prometheus. Menschlein nun geh nur, oder ich verruf dich hier auf den Zwergbaum.

Der Mensch. Nein erst belehren wollt ich dich alten grimmigen Sünder.

Prometheus. Schweig oder stirb!

Der Mensch. Todte was dein ist, irdischer Vater, nimmer den Funken himmlischen Lichts den du achtulen, nichts der erworben. Kannst du verargen jene Stunden die uns empfangen; nimmer es steuren wieder das Strahlen geistig auf dich wie damals, die nimmer, nimmer verloren.

Prometheus. Weh mir es lebet was ich gebildet, ich nur vergehe, der ich mich bildete.

Der Mensch. Eingebildeter. Als du noch frankheit, ewige Nächte wachend und lechzend, gab dir einst Jupiter bildende Stärke in der nur zum Leide daß dir die Zeiten schneller schwänden, suchend im Schaffen. Ich und du nehmten ihm zu bedenken, heimlich zu rauben dein himmlisches Feuer. Wüste er sah dich, wollte dich prüfen, ließ dich gewahren, nie zu bewehren, daß dein Gebilde doch nicht getraut. Siehe du hast mich also erzählet nur nur zur Qual daß jegliche boße auf anderes Leben. Nur für den Glauben, daß du gewöhnen bist zu gestrahlet, niemals aus Reue.

Prometheus. Weh mir auch das noch, nun bin ich gar nichts.

Der Mensch. Immer derselbe! — Trag dich wie andre, schau nicht mit Lücke, stolz und verdagen, daß du zu vielem auch das Gemüld nicht, thue das Wenige ganzen Gemuths und tadle nichts Fremdes. Menschen sey Wohlthun, Göttern sey dienend. Weil dirs, ich geh jetzt.

Prometheus. Ach ich verkleine, Schwächern und Starke stürzen zusammen.

Herkules. Ach Deianira, letzter der Küsse, ach wie so schmerzlich! schmerzlich ich wanke, ist es der Abschied, ist es der Mantel? Sieh mich Prometheus.

Prometheus. Jest in dem Leimen steck ich o Herkules, kann ihn nicht würden, muß hier verkleinen. Siehe den Werden kranz der mir das Haupt drückt. Sanielich der wollige Himmel sich leget an die steißigte Glieder, Stroeme zu senden.

Herkules. Brechend durch Busen, schießen die Menschen bildend hinein, bauen die Büsten.

Prometheus. Also sie keltern während sie schlechr nur künftigen Gebilden zum irdischen Boden. Herkules hilf mich los aus dem Thone.

Herkules. Kann dir nicht helfen, fühl mich, sehr müde. Wohl der Gebefternei, weh mir der Schmerzen. Gistig ich nenne den Mantel der Nymphe, brennend im Blute ach und die einstigen Flammen der Menschen spielen mir unbekannt schmerzlich im Hirne. Weh mir, der Menschen Liebe vernichtet, ach und ich steige fremd nun zu dir. Vater komm sende die Sturme, daß mir die Wälder stürzen zusammen, sende die Blitze daß sich das Holzest jäude geschwind: was mich vernichtet worin dich du Prometheus.

Prometheus. Ja ich zerfliesse nieder in Gluthen brennend in Bächern glühender Lava; neuer Gestalten Bildung entquillet

mir aus dem Tode der götternten Kraft! Weil dir mein Herkules schlagel schon die Wogen glühn der Küste doch an den Himmel, den aus hoher Cedern leichten Wonnedüsten, zu mir die Muth, zu mir der Drang in Lüsten, du willst noch wer der Erde mich verbünden. Der Rauber blicken schon hervor aus Klüsten, denn meine Hand nur sollte sie da bröden, die Menschlein werden schlechter Wege anden, nun Blut und Kraft entschwellen meinen Hürten. — Ich schau Kronion dich! Mit Vaterbanden verpraßt du rasch des Blitzes schnelle Flammen, mit jenen Druck die harte Qual zu enden. Und Dammeus Mantel fällt zusammen, zurück zur Erde alles Gut zu senden, nur da kann Gut aus Himmelstein stein flammen.

Also wieder nichts, rief der Schulmeister verzweiflungsvoll, weder Prometheus noch Herkules ist der meine poetische Messiad, der eine verstieß zu Lava, der andre verstiegt in Rauch, warum habe ich nur der Mühe gegeben zuzuhören. — Send ihr denn ein Jude? — Warum toben doch die Heyden? — Ja warum sind sie solche Narren! — Ich will ganz erlöst seyn, rief der Schulmeister, mir soll auf einmal ganz wohl werden, dann will ich an euch glauben. — Der heftige Hauch dieser Worte blies alle Schmerzensfegel des jungen Dichters auf; er bejammerte mit gebrochener Stimme: Ach wie sich ich auf dem Grabe ganz in mir versinken, feiner hebt mein Haupt. Warum bin ich gegeißelt worden? Für wen ist mir der Dornenkranz tief eingedrückt in meine Stirn, die Nägel mir durch Hand und Fuß geschlagen; die Seite mir vom Speere aufgerissen, da feiner will mein Knnees sehn. Ach Gott, warum ist mir solch Weh geschehn, denn feiner glaubt, daß es wird auferstehn. — Die jammervolle Ueberzeugung dieser Rede zog alle Hände der Bauern gefaltet unter dem Tisch zusammen, ich hatte genug Besonnenheit um zu denken, was daraus werden sollte, in dem Augenblicke kam ein Wagen blasend angerollt, es stieg ein Courier aus in kurzer grauer Plüschjacke, nahm sich nicht Zeit seine Feßmühe abzunehmen, überreichte ein Paket gedruckter Blätter und eilte fort. Wir lasen alle darin. — Es muß wohl alles Gute gestört werden, klagte der junge Dichter, die Weltgeschichte wäre sonst so schnell vorbey. — Das Blatt enthielt eine Einladung zur großen Weinleseversammlung auf die Einsiedler, deren Gelübbe angenommen, daß sich keiner aus der falschen Gesellschaft einschleiche, sollte jeder eine Probe feines Barts mit schicken, eine warnende Hretoglyphe aus dem Tempel zu Sais stand daben, die erklärte der Schulmeister: Sieben Vogel sind durch einen Faden so aneinander gekettet, daß er in den Schnabel des ersten hinein, aus ihm von Stets zu Schnabel, durch alle sieben hindurch lauft. Die Vögel scheinen Enten; auch weißen lose Gesellen, die sich darauf verziehen die Naturtriebe ihrer weniger schlauen Mitgeschöpfe zu ihrem Zwecke zu benuzen, daß wenn man ein Stückchen Speck an einen Bindfaden gebunden, unter einen Haufen Enten wirft, es sogleich von einer gierig verschluckt wird. In kurzer Zeit giebt sie es nach Entenart unverdaut auf natürlichen Wege wieder von sich. Eine zweite niederholt den Prozeß, und so geht es fort so lange noch eine Ente da ist, die noch nicht von dem Leckerbissen gekostet hat. Der Speck, welcher von der nunmehr geschlossenen Gesellschaft unter immerwährendem Schnattern und Watscheln durch alle Plüßen geschleppt wird, geht natürlich verloren, aber der mit Hülfe seiner vermittelte Verein besteht durch keinen Bindfaden zu größer Belustigung des Stifters und der Zuschauer. — So erklärte der Schulmeister dieses Bild.

Ludwig Achim v. Arnim.

Beylage

zur

Zeitung für Einsiedler.

Geschichte des Herrn Sonet und des Fräuleins Sonete, des Herrn Ottav und des Fräuleins Terzine. Eine Romanze in 90 + 3 Soneten.
Von Ludwig Achim von Arnim.

Anhang zu Bürgers Soneten in der letzten Ausgabe seiner Schriften.
(Mit einer Kupfertafel.)

1. Der Sänger an die Gitarre.

Der Reime schwer zu reimend Bienensummen,
Der Gamben schwerer dumpfer Wellenschlag,
Was der Trident des Dactylus vermag,
Das brachte mich im Dichten zum Verstummen.
Da wars als fühlt ich eines Gottes Schlag
Mir in die Ohren neubelehrend brummen:
„Für immer sollt der hohe Baum verkrummen,
„Daß leicht du pflückst die Frucht an einem Tag?"
„Fühl erst unbänd'ge Freud und bänd'ge Klagen,
„Wie gern wirst du sie messen nach den Saiten,
„Wie leicht wirds nun sie drauf hochtanzend schreiten."
„Laß Reime ihnen goldne Schwingen breiten,
„Im Gleichgewicht die Schwebenden zu tragen,
„Weil schön sie sind und wie die Schönen zagen."

Rec. Schlag zu Herr Gott! Sieh doch drey Zen bey einander in jedem Drilling, das lob ich mir, daß nicht zu viele Een mit diesem Klingding sind gemacht.

2. Der Sänger an seinen Freund Sonet.

Weil schön sie sind und noch viel Schönres sagen,
So tritt denn auf Sonet mein lauter Freund,
Wie dir so hell die ganze Welt erscheint,
Wie es schon früh dir in den Schlaf mocht tagen.
Dein stolzes Roß dich heut zu warnen scheint,
Wird stätisch als es dich zur Stadt soll tragen,
Laß ab mit deinem herrisch trotz'gem Schlagen,
Es war von deinem Roße wohl gemeint.
Nun geht es folgsam, doch es senkt sein Haupt
Und donnert aus dem Stein beim Taglicht Funken,
Und graue Wolken in dem Sande staubt.

Sieh doch darauf, du bist so ganz versunken
Dem Erdgeist offen, der an Liebe glaubt,
Und hast vom Altan einen Blick getrunken.

Rec. Welch albern Wortspiel mit der Stadt und stätisch, so war's gerade beim Verfall der Wissenschaften in Griechenland und Rom, ein schiefer Einfall galt da für Gesinnung. Was ist das für Gesindel, was zu Pferde reist, wohl gar ein Musterreiter aus Loretto?

3. Der Sänger schreibt der Sonete an die Wand ihres neuen Zimmer.

Ein Zimmermeister will so eben richten
Sein liebstes Werk, er fügt es hoch und fein
Ohn Winkelmaaß im Ebenmaße rein,
Ob's streng nach dem Modell, das soll ich schlichten.
Des Meisters Kunst mag dieses Zimmer seyn,
Im engsten Raum die zierlichsten Geschichten,
Die Gallerie davor vier Fuß im Lichten,
Es wirft sich Licht in Spieles Lust hinein.
Wirft sich auf Blumen und auf Angedenken,
Die jeden Winkel weihen zur Kapelle,
Vergeßne Heil'ge sehn sich da voll Schimmer.
Recht schön! Doch Meister, ehe wir einschenken,
Gesteht, daß schöner drinnen im Modelle
Die Frauenzimmer, als der Frauen Zimmer.

Rec. Eine Semmel freuet sich über die andre. Da liegt der Haas im Pfeffer, wieder ein Wortspielchen: Ja Spieler spiel nur dein Spiel, bis spielend der Spüllg sich abspült.

4. Sonete verwundert sich über die gefundene Inschrift.

Wer schlich sich ein, wer schrieb die art'gen Zellen,
Was drängt mich doch, ich möcht ihm gerne danken,
Was ärgert mich, ich möcht ihn gern auszanken,
Ich seh nicht ein, warum er nicht mag weilen.
Erwachsen bin ich nun, hab Nachgedanken,
Und möchte gern auch andern mich mittheilen,
Der Vater will mit meiner Hochzeit eilen,
Ich kenn ihn nicht und möcht vor Furcht erkranken.

Ich habe solche Angst davor bekommen,
Seit Sappo ist so krank und häßlich worden,
Auch macht mich das Geheimniß sehr beklommen.

Ich mocht die Welt auch sehn, eb ich zum Orden
Der strengen Eheweiber bin gekommen:
Wär ich nicht lustig konnt ich mich ermorden.

Rec. scheut das muckende E, doch ermorden die
Ehe fürchtend, das ist zu viel? Das gab der
Reim auch ein, entfliehen würde besser stehen. Doch kommt man übern Hund, so kommt
man übern Schwanz.

5. Sonet giebt sich in die Lehre bei dem Vater der Sonete.

Ich hab's, ich hab's, ich hab es nun vernommen,
Sonette heißt sie und ist mutterlos,
Der Vater malt und ist die Freude groß,
So wird sie mir doch wieder gleich benommen.

Der Vater hat geworfen schon das Loos,
Ein junger Maler soll sie bald bekommen,
Sie liebt ihn nicht sie ist uneingenommen,
Sie ist ein Kind auf ihres Vaters Schoos.

Gedacht, gethan, ich geb mich in die Lehre,
Ich hab gemalt, die Liebe giebt Geschick,
Ich werd wohl lernen, denn ich such nicht Ehre.

O wunderbares neues Lebensglück!
Am Nagel hangt nun meine gute Wehre,
Und mich verwunden täglich tausend Blick.

Rec. Ich mocht wohl wissen, wie der Vater hieß
und wie die Mutter von solchem Töchterlein?
Gewiß war er ein Treuvadour, und sie kam
von des Papstes Pantoffeln ritzelnd, Corallen
brummelnd vor dem feisten Glaßkopf.

6. Der Sänger erzählt die Genealogie der Sonete.

Wohl dem der frommen Stamm entsprossen ist,
Wer sich bekehrt der ist auch lieb und werth,
Hexameter als Vater wird geehrt,
Er war ein Heyde, wurde dann ein Christ.

Die Frau, die ihm darauf von Gott bescheert,
Die hieß Pentameter, er hat sie lang vermißt,
Denn seine Elegie kein alter Mann vergißt,
An dieser Eh hat sich die Zeit bewährt.

Die beiden einzgen Kinder, die zu Hause,
Sonete und Terzine, beide jung,
Verachten schon des Vaters toll Gebrause;

Der schweren Steine Poltern auf der Zung,
Sie weilen gern bei einem Ohrenschmause,
Statt Sylbenstecherey sie lieben Schwung.

Rec. überläßt dem Verfasser sich eine Mücke zu
fangen, die ihm eine Traum prall schall zum
braun Sonate vorsingen mag; er wird sich
keine Mühe geben, ihm die Kunst beizubrin-
gen, gute Verse zu drehen.

7. Sonet findet die Sonete und ihre Schwester Terzine, wie sie singen.

Als kleiner Knabe ist mir heiß geworden,
Wenn man vom Fräuleinnelle scherzend sprach,
Auch klang es mir noch lang im Ohre nach,
Es träumte mir gar oft von jenen Worten.

Kein Baum war mir zu hoch, zu tief kein Schacht,
In strenge war mir auch kein Nonnenorden,
Ich zog auf dem Kammeel mit wilden Horden,
Und war bedächtig immer auf der Wacht.

Ich fand es nicht, wo ich konnt Futter bringen,
Ins rothe Mäulchen gierig ausgestreckt,
Bis ich vernahm auf einer Kammer singen.

Zwey Mädchen saßen da ganz aufgeweckt,
Wie Kinder aus dem Chor die Stimm verschlingen,
Und haben mich mit manchem Lied genreckt.

Rec. Ja wohl genreckt. Das mag ein schönes Bin-
tevack gewesen seyn, was so ein Liebhaber
für Spährenmusik hält.

8. Sonet beschreibt den Fleiß der beiden Schwestern Sonete und Terzine.

Nie müßig kann sie in die Hände gaffen,
Zu einem schönen Kranz sind sie verbunden,
In ew'ger That kann Schönheit nur gefunken,
Wie leicht den Busen hebt ein stilles Schaffen.

Sie leuchten hell in aller Spiele Waffen,
Ihr ist Musik und Zeichnung gleich verbunden,
Nichts kann darin die Bildende verwunden,
Der Zeichnung Zeichen muß Musik ihr schaffen.

Die Kleine ahmet nach der Schlanken Leben,
Gestützt auf ihrem Arm sie denkt vereinet,
Und tausend Verse ihr zu helfen streben.

Wie erstes Licht dem Blinden wieder scheinet,
Wie Frühlingsluft dem Krankenden gegeben,
So wird dir wohl wenn dir dies Paar erscheinet.

Rec. Gestrebt habe ich, wie irgend ein andrer nach
dem Innern der Verskunst, aber ich habe nie

das bekannte Räthsel lösen können: Eine
Jungfer, die mir bekannt, hat zehen Finger
an ieder Hand, fünf und zwanzig an Händen
und Füßen, wenn du es räthst, sollst du
die Schönste küssen.

9. Sonet dienet fröhlich seinem Meister.

Das geht schon gut, der Meister ist zufrieden,
Ich helf ihm schon an seinen eignen Bildern,
Wer kann dies Glück und diese Angst mir schildern:
Will sie mir wohl, ist sie mir nicht beschieden?

Der stumme Dienst will mich allmählig mildern,
Mein Rappe ist verkauft, ich bin geschieden
Vom Rittertum, was ist hienieden
Wohl schöner als der Wünsche schönsten schildern.

Sie sitzet mir Modell, was soll es werden,
Sie ist doch mehr als die Göttinnen all,
Sie schwebt mir vor zu allen in Geberden.

Der Meister lacht, wenn er es sieht einmal:
„Es fehlt noch Phantasie, es wird schon werden,
„Und alles machst du mir noch zu egal."

Rec. Man entkleide den Gedanken seines krausfaltigen
Talars mit dem Glöcklein am Saum, und betrachtete, was hervorschlüpft — ein Modellchen.

10. Sonet will Fräulein Sonete beschreiben.

Da wo beginnt die Welt, wo kann sie enden,
Nicht Tag, nicht Nacht kann ihren Reiz beschränken,
Wenn Tage leuchtend, Nächte thauend tränken,
Des Weltgeists Strom wie Fäden kann sie wenden.

Zu ihr, aus ihr sich alle Freuden senden,
Die durch das Thal den Frühlingswagen lenken,
Aus ihr die süßen Träume flammend denken,
Sie webt den Lebensschleyer mit den Händen.

Wo sind ich sie, umfaßt ich euch Naturen
Der bunten Welt, dich weite Muttererde,
Ich fühl in Luft und Wasser ihre Spuren.

Wo sind ich sie, daß ich ihr Priester werde,
Verkünde was Propheten nur erfuhren,
Und mich verbrenne auf dem heil'gen Heerde.

Rec. Leicht kann, wer vom Handwerk ist, ihm nach-
weisen. Hier hast du, wo der Gedanke über-
schwoll, ihn gestutzt, und hier, wo er nicht aus-
reichte, ausgeflickt.

11. Sonet verzweifelt das Bild der Sonete
malen zu können.

Ihr reinen Bildner stiller Lust in Tönen,

Fern hallende Musik, wo Jungfrau'n spielen,
Nur ihr könnt klar dies holde Werk erzielen,
Wozu kein Wort, das keine Bild der Schönen.

Nicht farbenlos im Stein darf ich mich kühlen,
Nicht flachen Schein der Farben ihm gewöhnen,
Auch nicht den Spiegel mit dem Antlitz krönen,
Nur in Musik da weiß ich es zu fühlen.

Fänd ich Musik, ich wollte dich vergöttern,
Daß alle Völker deine Gottheit schauen,
Der Ton verklingt und sie versinkt in Wettern.

Ist aller Liebe Sinnbild nicht zu trauen,
Den Tönen nicht, den leichten Flügelgöttern,
Doch mag ich nur für dich ein Luftschloß bauen.

Rec. Aus so mancherley wesentlichen Abweichungen
des Sonets, die keiner gemeinsamen Melodie fä-
hig sind, erhellt wohl genugsam, daß schon zu
Petrarkas Zeit das alte troubadurische Lieblings-
töuchen verschollen war.

12. Der Sänger an die Leser.

Verkündet ist das Spiel, die Hörer warten,
Die Sehnsucht spielet zuckend durch die Glieder,
Sie träumen schon die nahen neuen Lieder,
Vergebens sie die lange Stunde harrten.

Der Andacht Flamme brennet endlich nieder,
Die Füße fast aus Ungedult schon scharrten,
Die Augen unverwandt zum Vorhang starrten,
Er regte sich, nun hängt es stille wieder.

Die Füße pochen und die Lippen pfeifen,
Es reißt Gedult, mag auch der Vorhang reißen,
Wie in dem Tempel nach des Gottsohns Sterben.

Mein Leser willst du schon das Fest verderben,
Ich muß ein böses Wort mir hier verbeißen,
Du bist zu leicht, schwer läßt sich Lieb erwerben.

Rec. Ey sag Kamerad: wozu denn Sonete, da sie
nicht mehr nach altem Tone zur Viole getönt
werden sollen?

13. Sonet beneidet eine Freundin der
Sonete.

Wie freust du dich, wie lachst du im voraus
Mit deiner blonden Freundin heut zu schlafen,
Ihr Götter will ihr nicht den Frevel strafen,
Wie sie ihn mir erweckt mit Saus und Braus.

Wie füllt mit Rosenduft sich schon das Haus,
Ich laß ihr nah und hör den Athem schaffen,
Ich lieg hier einsam, soll hier einsam schlafen,
Wie streck uns Kissen ich die Arme aus.

Ich Armer, ach, was hält mich denn so strenge,

Wie oft wollt sie mein Arm von selbst umschlingen,
Dann hört ich über mir gar heil'ge Klänge.

Sie sehn den Mond und aus dem Bette springen,
Sie sehn ihn singend, drucken sich so enge,
Ich seh ihn auch und kann zu euch nur singen.

Rec. Ich kann auch singen. Mein Haupt des Ele-
gers krönt mit Ros' und Lilie des Rhythmos
und des Wohlklangs holde Charis, achtlos, o
Kindlein eures Larifaris. Euch kühl ein Kranz
hellgrüner Petersilie! Von schwülem Anhauch
wird euch das Gemüth heiß, und siedet ach! in
unheilbarem Südschweiß.

**14. Sonet ist auf eine Freundin der Sonete
eifersüchtig.**

O dieses süße lispelnde Vertrauen,
Mit ihrer Freunden dies zweistimmig Lachen,
Und dies Umschlingen, dies Bedeutsammachen,
Ach muß ich alles das ich Aermster schauen.

Und diese Blumen, die sich dir nur brechen
Muß ich an deiner Freunden wieder schauen,
Und wie sie jetzt in Lauben sich verbauen,
Und jetzt allein sich rudern in dem Nachen.

Du möchtest wissen, was du selbst gedacht,
Indem du falsch des Strumpfes Rand gestrickt,
Ich möchte wissen, was du hast gelacht,

O wäre es einmal rathend mir geglückt,
Daß ich entdeckend dich hätt roth gemacht;
Erhaben hätt du mich nun angeblickt.

Rec. Wie muthiger Entschluß am kräftigsten in lauter
männlichen Reimen trotzt, also scheint die
schmelzende Empfindung oder die spöttelnde Iro-
nie, manchmal den sanftschwebenden Gang
durchaus weiblicher Reime zu verlangen.

**15. Sonet findet die Sonete in seinem
Gärtchen.**

Was war mir das, ich fand sie in der Laube
Aus bunter Dicke und aus Feuerbohnen,
Die ich erzogen mir, um drin zu wohnen
In Sommersgluth mit meinen Turteltauben.

Ganz heimlich mochte sie den Blumen lohnen,
Den stillen, heilgen, innern, ew'gen Glauben,
Wie sie sich selbst in Duft das Leben rauben,
Und wollte unter ihnen einmal thronen.

Ein Gießkännlein hatt sie auch mitgenommen,
Die Nelken stolz der schönen Perlen Feyer,
Und neue Veilchen waren aufgekommen.

Ich zog mein Netz hellrauschend durch den Weiher,
Sie hat die Silberfischlein angenommen,
Dann ward sie roth und hüllte sich im Schleier.

Rec. Bel, unser Gott, ist groß und mächtig, sein
Antlitz leuchtet hell und prächtig, doch gleicht
ihm unser Belsazar.

**16. Sonet findet die Sonete viel zu reizend
um an ihren Besitz denken zu dürfen.**

Viel Schönere hab ich gesehn mit Ruhe,
Doch diesen Reiz! O lösche diese Gluthen,
Ich lauf umher und meine Füße bluten,
Ich ging im heißen Sande ohne Schuhe.

Recht wie ein Büßender ich treib und thue,
Daß ich solch Glück mir wagte zuzumuthen,
Es war nicht bös gemeint, es war im Guten,
Doch weg ist nun Vertrauen, Muth und Ruhe.

Mit Blumen dien ich, kann kein Wort erpressen,
Und meine Kirschen magst du niemals essen,
Ach was ist mein, der ich dich nie besessen.

Für andre fließt der Honig aus den Zellen,
Und schlaflos muß ich meine Zeit vergällen,
Die Hähne krähen schon, die Hunde bellen.

Rec. Für Geistesnahrung beut dies Buch ein dreimahl
Mit flauem Spülicht aufgewärmtes Beermahl.

**17. Leidenschaft hält in Sonets Munde den
Ausdruck zurück.**

Leichtselig leis hinaus aus dunkler Freye,
Ich trat ans Licht, wie drücken mir die Wände,
Ein banger Chor wohin den Schritt ich wende,
Daß ich der Angst die schnellen Schritte leihe.

Ich war ihr nah, sie konnte alles enden,
Nun ist sie fern und hört nicht, wenn ich schreie,
Wie ist Vertrauen denn so fern von Treue,
Wie kann der Liebe Macht so Ohnmacht senden.

Wie wenn sie mich geliebt, nun heimlich schmälet,
O Fluß ach wozu der sanfte Schleyer,
Ich sterbe doch, so fühl ich mich zerquälet.

Sie schläft wohl auch und denkt der künft'gen Freyer,
Ihr Vogel sagt was das Geschick verhehlet,
Und auf dem Busen singt die alte Leyer.

Rec. Aus Moor Gewimmel und Schimmel hervor
Dringt Chaos dein Himmel Getümmel hervor.

**18. Sonet steht auf dem Gipfel der Leiden-
schaft, da faßt ihn die heilige Anziehung.**

Wenn in der heißen Zeit von Regen satt,
Die Erde zu der hellen Sonne schwitzt,
Und neuer Regen von dem Himmel spritzt,
Und alles fühlt sich schwühl und dumpf und matt.

Mein Kopf sich so von wüster Lieb verhitzt,
Und stets das langbedachte noch zu denken hat,

Ein fruchtbar Wetter für die junge Saat,
Doch was in Blüte steht wie Wein verhitzt.
Beym heilgen Bild glaubt ich in dunkler Nacht,
Ein klein Laternlein dunkelroth zu sehn,
Mir ward dabei so wohl, daß ich wohl dacht.
Wär stets dir so zu Muth, mag Lieb vergehn,
Kein Heilgenbild war da, es ward gemacht,
Ein Brunnen, warnend mußte sie da stehn.

Rec. Abab, baba, abab, baab (schnarcht.)

19. Meister Hexameter erklärt dem Sonet das Wesen der Kunst.

Wer wagt zu schaun, was einer Welt verborgen,
Der Künstler ist's, daher wohl manches Leiden
Bis ihm geglückt der ewgen Bildung Freuden,
Denn von der Zeit muß er das Ew'ge borgen.
Er zündet Licht der Liebe dunklen Freuden,
Er wachet in des Lebens frischem Morgen,
Indessen flieht ihn Liebe oft in Sorgen,
Bis sein der Himmel ganz, muß er ihn meiden.
Ja wer am Ziel der Lust nicht kann verweilen,
Verliere willig sich in That und Leben,
Der Künler weiß sich fassend mitzutheilen.
Und was vorüberblitzt ganz hingegeben,
Das weiß er allen Zeiten zu vertheilen,
Der Liebe Kuß und inniges Verschweben.

Rec. Unsers verehrten Mannes Adiubant, wird hier die Recension fortsetzen, weil unser verehrter Mann eingeschlafen.

20. Sonet beschreibt das Bildniß von Meister Hexameter in seiner Jugend.

Im Mantel halb mit schnellem festen Schritte,
Ich streiche vorwärts durch den Wald zur Höhe,
Nur einmal ich noch rückwärts um mich sehe,
Es schleichen da so leise Mädchentritte.
Sie ist's und wär sie's nicht ich nicht vergehe,
Auch andre würde rühren rasche Bitte,
Schon haucht mirs fern begeisternd in die Mitte
Der Stirne Locken, laß ich trotzend stehe.
Sieh wo ich traf die Spur zu schönen Zügen,
Gestaltete Begeisterung rein und klar,
Doch bleibt noch mancher Weg da vor mir liegen.
Du Mädchen halte mich, so wird es wahr,
Aus Adams Pinsel Eva ist gestiegen,
So reich mir Schöpfungslohn die Aepfel dar.

Rec. wird gewiß bald anfangen.

21. Sonet beschreibt das Bildniß der verstorbenen Mutter der Sonete.

Wär ich nicht schon verliebt, die möcht ich lieben,
Wie liegt so offen da ihr ganz Gemüthe,
Viel Kinder deutet an die ernste Güte,
Wie würd ich mich in treuer Pflege üben.
Ich denke mir, daß sie mein Weibchen hüte,
Und freue sich belauschend uns von drüben,
Wie wir uns doch so herzensfreundlich lieben,
Und daß auf dieser Welt ein Menschenpaar geriethe.
Doch sie ist todt, und ob die Tochter danket,
Daß ich Gebet und Leben zu ihr wende,
Recht wie die Zitternadel auf ihr schwanket.
Hell glänzen oben die Rubinenbrände,
Versteckt die Spitze in dem Haare ranket,
Und was mir wird entscheidet erst das Ende.

Rec. erinnert sich, daß der Schlafende einmal gesagt hat, er wisse einige viel künstlichere Reime, als lieben und üben, hat sie aber leider vergessen.

22. Sonet beschreibt die Hebe vom Meister.

Ist in der nackten Nacht nicht Sinnenfühlung,
Sinkt nicht ein Thau des Busens Labung mir,
Im Spiegelmeer ich mondlig mich verlier,
In leisen Wellen kühlt der Luftumspielung.
Zum blauen Himmel ich die Blicke führ,
Hüllt Wolken bald Kronions Bettumwühlung,
Dann rauscht sein Adler fort zu meiner Kühlung,
Es blitzt! Er naht, er naht und ich bin hier.
Mein Adler sieh dein hartt die Nektarschale,
Verstohlen nahm ich sie vom Göttermahle,
Dein Liebesmahl mit Liebesgluth bezahle.
In deinen Flügeln mir nur Kühlung rauschet,
Du beißest mich, so Küsse sind vertauschet,
Zu unserm Spiele Amor drohend lauschet.

Rec. weiß gar nicht, wie alle die Bilder hier herein kommen, doch will er den Schlafenden nicht wecken.

23. Sonet beschreibt Neptun und die Ueberschwemmung vom Meister.

Als goldne Zeit von dieser Welt vertrieben,
Da theilten sich die Söhne in dem Reich,
Nach ihrer Macht nicht recht und auch nichtgleich,
Dem Feuer ist die höchste Macht geblieben.
Neptun erwütet über den Vergleich,
Kronion läßt sich nicht dadurch betrüben,
Sein Tagewerk ist ein gewaltig Lieben,
Die Sterblichen nur trift der Streiter Streich.
In Blitz und Wasserfluthen zu verderben,

Ist ihres Lebens schwer erkämpfter Preis,
Des dritten Bruders Reich sie also erben.
Das ist nicht kalt, das ist nicht eben heiß,
Da lebt man nicht, man kann da auch nicht sterben,
Und daß es gar nichts sey, das sagt man leis.

Die Redaktion bittet recht sehr, wenn Recensent
sich nicht selbst mit dem Recensieren abgeben
kann, einen unterrichteten Adjudanten zuschicken.

24. Sonet's Entschuldigung.

Mein Meister lebt in solchen schönen Bildern,
Hat dargestellt die mannigfache Welt,
Ich Wanderer hatte mich zu ihm gesellt,
Und wollte gern was der gethan hier schildern.

Doch wie er Bild und Lied zusammenstellt,
Da will es mich im Augenblick verwildern,
Wie farbelos die armen Worte bildern,
Für einen Fischer er mich nun wohl hält.

Das ist des Lebens wie der Kunste Preis,
Für die wir spenden unsern sauern Schweiß,
Daß uns die Scham am Ende machet keiß.

Nein nimmer laß uns rückwärts wieder schauen,
Nur diesem einen Glauben laßt uns trauen,
Daß besser heute wir als gestern bauen.

Der zweite Adjudant bittet die geehrte Redaktion
um Entschuldigung, er ist aber in dieser Zeit mit
vielen eignen Werken beschäftigt.

25. Sonet hat die Sonete im Kahne gefahren.

Der Kahn hat sie umschlossen, heilig Holz,
Von deinen Splittern kann die Welt genesen,
Nein nimmer dienst du wieder niedern Wesen,
Nur ihr, du bist in deinem Glücke stolz.

Sie drückte dich wenn hoch der Schwung gewesen,
Mein Blut bei jedem Druck nachgebend schmolz,
Es drängte sich zu fließen in dem Holz,
Zu seyn der Trepsen von dem Wind erlesen.

Er trieb zu ihr von einer Ruderwelle,
Ach alles feiert, sehnet sich zu ihr,
So trieb die Welle uns zur Blütenstelle.

Der Flieder blauer wölbte über ihr,
Im Dunkel spielte spiegeld Wellenhelle,
Und sie war hier und sie ist nicht mehr hier.

Die Redaction will die Fortsetzung der Recension
dem mindest fordernden überlassen.

26. Sonet findet am heißen Abend die Sonete mit einer Triangel in der Hand eingeschlafen.

Wie alles still, nur Fliegen muthig schwärmen,
Im Schlaf sie störend, die zu träg zum Fangen,
Die Winde um sie wilde Reben schlagen,
Zum Blüten sie an ihrer Stirn zu wärmen.

Wie kann dem Sinn o Sonne uns so härmen,
Als wenn zwei Feinde in dem Kampfe rangen,
Bis Schwerdter Herzen, Herzen Schwerdter zwangen,
So sinkst du, wir sinken in der Wärme.

Sie sang im Traum, Triangel ruht in Händen,
Er schwebt und kann im Wind nicht Ruhe finden,
So malt den Schatten ich an Felsenwänden.

Als schwebt ich über ihr im Traum auf Winden,
Und klimperte durch des Triangels Enden:
Da schwand der Traum, doch ich will nicht verschwinden.

Rec. findet diese Dichtung so hold und lieblich, daß
er ordentlich gewaltsam in die Maiblumentage
seines Lebens zurückgerissen wird. O Natur!
Liebe! Gottheit ich drückte euch alle zugleich an
mein Herz wie einen Freund, aber wo ihr mir
nun selten genug begegnet, immer gehet ihr einzeln und ich vermisse die andern.

27. Sonet's Nachgedanken über einen Ball, den der Zufall wohlgelenket hat.

Wenn Feuerkugeln droben lobend springen,
Eh sie den Arm dem hohen Sterne reichen,
Wenn vor die Sonne schwarze Wolken streichen,
Mit Widerwille all erlöschend ringen!

Wenn falsche Töne sich der Luft vergleichen,
Die Blüthen still im Grünen untergingen,
Die Nächte zierlich lange Schatten bringen,
Muß starkes Denken schwachem Schlafe weichen.

Wie fühl' ich selig mich herunterstimmen
Zum Kinderspiel, wenn Sonne schnell versunken,
In hoher Oede Schwindel nüchtern trunken.

Ich sah den Ball so rastlos aufwärts klimmen,
Bis er im Busen ihr verirrt gefunden,
Da fühlt er Gleichheit, fühlt der Freiheit Funken.

Rec. Wie artig, wie mahlerisch, wie fällt mir dabei
ein hundert Romanzen in den Sinn.

28. Sonet beschreibt einen glücklichen Abend.

Es kreist das ganze Jahr für einen Abend,
Und wer ihn nicht genießt, der hats verloren,
Ich hab ihn ganz, er hat mich ganz erkoren,
Und für ein Jahr voll Schlossen wär er labend.

O dieser Duft vom sanften Wind geboren,

Nach schönem Weihrauch wie die Ameis grabend,
Orangenbaum wie bist du doch wohlhabend
An Blüthen, da so viel dir schon verloren.

Und diese Bank entgegen steht dem Leuchten,
Das an des Himmelsrand neugierig strahlt,
Dem jungen Tag die Schwingen zu befeuchten.

Und dieser Sang, den er so hoch bezahlt,
Ich weiß nur einen Tag den holdbezweigten,
Wo mir ihr Kranz dies kurze Glück einst malt.

Die Redaktion findet, daß diese bewundernde Art
gar nicht der Geschmack des Publikums ist, sie
hat schon für einen strengern Recensenten gesorgt,
für eine frische Ruthe.

**29. Sonet argwöhnt, daß die Sonete ihn
nicht liebe.**

Ich seh's ihr ab, ich hab es wohl gemerket,
Sie will mich schonen, will es mir nicht sagen,
Doch zieht sie sich zurück, ich darf nichts wagen,
Allmählig bricht sie, eb ich mich verstärket.

Ich seh dich durch und durch und dein Betragen,
Denn was ich liebe sich umsonst verberget,
Ich komme dir zu Hülf', ich bin gestärket,
Und will die Last zur Hälfte selber tragen.

Ich sitz nicht mehr bei dir und will doch scherzen,
Will mich verkleiden, spotten deiner,
Doch du wirst bös das geht mir zu Herzen.

Wie, wenn du heimlich doch gedachtest meiner,
Wenn du versteckest mir die innern Schmerzen,
Dann wär ich glücklich wie auf Erden keiner.

Rec. Des Menschen Geist und Leben treibt ihn unaufhaltsam vorwärts in objectiver und subjectiver
Hinsicht, und auf dieser voraus bestehenden Kraft
ruht das Gedeihen aller Wissenschaft und Kunst,
ja des Lebens selbst in höherer Potenz.

**30. Sonet findet im Bräutigam seinen
Freund Ottav, er wendet sich zur Kunst.**

Er ist gekommen, weh mir, wehe, wehe,
Der Bräutigam, mein ärgster, schlimmster Feind,
Es ist Ottav mein alter guter Freund,
Und wo ich nun vor mir und rückwärts sehe

Die Erde wie herabgestürzet scheinet,
Ich stehe einsam auf der öden Höhe,
Ein grüner Strauch steht nur in meiner Nähe,
Die Kunst ist mit dem grünen Strauch gemeint.

So muß ich dich, die mir nur Mittel war
Herzinnig aus der ganzen Seele ehren,
Hängt über mir das Schwerdt an einem Haar.

Ich will's vergessen, lasse mich nicht stören,

Nur schenke mir der Hochgedanken Schaar,
Daß ich mich selbst in meinem Werk kann ehren.

Rec. Ehret die Frauen, sie flechten und weben himmlische Rosen ins irdische Leben.

**31. Sonet giebt aus Liebe zur Kunst die
Kunst auf.**

Wie gräßlich sehn mich an die Schreckensbilder,
Vom Blocksberg und vom Räuber Jave Döne,
Der seinen Schädeln sang: Tanzt liebe Söhne!
Die er zum Rosenkranz gezogen milder,

Die er erschlagen, daß die Schreckenstöne
Ihm an das Herz noch schlagen um so wilder,
Das sind mir jetzt die einzig lieben Schilder,
Doch mahnt mich Gott, daß ich mich des entwöhne.

Die fromme Kunst soll ich nicht frech mißbrauchen,
Die mir der Herr hat in die Hand gegeben,
Und lieber mich in meinem Lethe tauchen,

Nicht sie erniedern zu dem schnöden Leben,
Das meine Stimm erstickt mit bösem Rauche,
Der wie ein Nebel rings mich hat umgeben.

Rec. meint, daß hier eigentlich der Indifferenzpunkt
des ganzen Kunstwerks liege, der heiligen Drey
von beiden durchdrungenes Wesen.

32. Sonet sucht in seinem Garten Trost.

Ich flücht in meinen Garten wie in Wüsten,
Und büße da im bunten Blumenflore,
Sie steigen aus dem schwarzen Höllenthore,
Und locken mich und strafen mich in Lüsten.

Es flüstert klagend in dem grünen Rohre,
Und Grabeshügel schien ich auszurüsten
In dieser Erde ausgegrabnen Brüsten,
Unkraut erwächst wo Blumen einst zuvore.

So bleib ich dumpf in heller Sonne liegen,
Bis mich die Fledermäus unsichern Fluges,
Wie die Erinnerung den fernen Freund umfliegen,

So haltet doch, ich kenn die Macht des Zuges,
Mich werden noch die tausend Frösch besiegen,
Die mich umhüpfen voll Aegypt'schen Truges.

Rec. findet hier den wahren Uebergang des Idealen
in das Reale, hier müsse alle Hypothesen untergehen. Er würde das Wort zuvore nicht billigen,
warum nicht lieber wo Blumen ich verlor ehz
Eb für Schmabls.

**33. Sonet will sich zerstreuen und fühlt, daß
er an Sonete gebunden.**

Wo ist ein Meer, die Hände mir zu reinen,
Und meine Lippen von dem falschen Kusse,

Den ich dir gab, ich komme aus dem Flusse,
Und schäm' mich noch, daß ich schier möchte weinen.
    Ich meinte zu zerttun in dem Genuße,
Der Sehnsucht Pein, die meine Lippen nannen,
Mit einem guten Kind mich wollt vereinen,
Das oft im Pfänderspiel mich bracht zur Buße.
    Wir saßen ganz allein, sie ward verlanget,
Das gute Kind war träg, ich mußte geben,
Als ich zurück die Hand sie dankbar langet.
    Daß ich sie küßte war wie nichts geschehen,
Da fühlt ich erst wonach mein Herz verlanget,
Gefühl gab wen'ger hier, als dort das Sehen.

    Rec. beweist hieraus, wie die Natur immer das Individuelle zu erreichen bemüht ist.

34. Sonet erzählt von einem Lustritt, der traurig war.

Es war ein schwüler Tag und lang der Ritt,
Und die Ermüdung macht den Kopf so leicht,
Ein frischer Wind den goldnen Abend zeigt -
Mein Pferdchen machte manchen falschen Tritt.
    Ich irrte bald, ein Weg dem andern gleicht,
Mir in die Seele jeder Vogel schnitt,
Der mich mit jubelndem Gesang bestritt,
Da hört ich Glocken eine Heerde kreucht.
    Doch hirtenlos sie schien im Paradiese,
Ich war da fremd und konnte niemand fragen,
Ach blieb ich doch auf dieser grünen Wiese.
    Nie sah ich solches Grün und nimmer schlagen,
Die Nachtigallen so wie diese, wie diese;
Ach wär sie todt, da lebt ich ohne Klagen.

    Rec. findet diesen Fortgang der Entwickelung seiner dritten Periode ganz unangemessen, und doch so natürlich, daß er eine ganze Nacht mit sich selbst gerungen, ob er sich oder dieses Sonet aufgeben soll. — Es giebt sich selbst auf! —

35. Sonets Liebe zu der Sonete wird durch Haare von ihr sonderbar bewegt.

Wie schlecht hab ich gedämpft das alte Feuer,
Es schmolz in mir, was fest noch stand zusammen,
Es kommt der Sturm, ich stehe ganz in Flammen,
O stieg ich auf zu ihrer Schönheit Feuer.
    Nichts gab sie mir, woraus die Gluth kann flammen,
Doch nahm ich etwas und das kommt mir theuer,
Ich holt ihr Haar aus einem Kohlenfeuer,
Wozu sie es mit Leichtsinn wollt verdammen.
    Gelöscht an meinem Munde, was am Kopfe
Dir hat gehorcht wohl jegliche Gedanken,
Es muß mich noch wie Epheu ganz umranken.

    Ich pflanzt es gern, mein Herz nicht klopfe,
Es war so sicher in den schönen Schranken,
Hier wächst es nicht bei dieses Meeres Schwanken.

    Die Redaction beklagt sich und entschuldigt sich, der vorige Recensent hat auf einmal solche Achtung gegen seinen Autor bekommen, daß er davon gelaufen ist, vergebens ist bis jetzt alles nachsehen gewesen, sobald er eingeliefert wird, soll er gleich fortarbeiten.

36. Sonet sieht eine Ruhestätte seiner Leiden.

Ich kenne wohl ein Sommerschloß für immer,
Da staubt kein Schnee durch die gebrochnen Scheiben,
Auch will kein Ungewitter uns vertreiben,
Dem Reisenden versagt es sich auch nimmer.
    In weiten Säulen, schwerlich zu beschreiben -
Lebend'ge Pflanzen treiben weißen Schimmer,
Hoch um den Säulenschaft sie ringeln Flimmer,
Worin die Arabesken sich beweiben.
    Und liegst du einmal auf dem harten Kissen,
So magst du nimmer wieder auferstehen,
Und magst du nicht, du wirst es doch schon müssen.
    Kein Wunsch ist da, da ist auch kein Vergehen,
Und kein Vergessen, wie so gar kein Wissen,
Und wie die Luft, man fühlt dich ungesehen.

    Die Redaktion hatte wieder einen andern alten Menschen angenommen, der sehr gute Zeugnisse mitbrachte, er ist ihr aber von der Nachbarredaktion abspenstig gemacht worden. Nun ist guter Rath theuer. Ach die glücklichen Zeiten, wo der Krüppel immer vortanzte, jetzt gehört zum Tanze mehr als ein Paar rothe Schuh.

37. Sonet in Verzweiflung, daß er nicht geliebt wird.

O Herzensangst, du Gram, daß ich verloren,
Aus feuchter Höhle starren auf die Augen,
Was soll ich noch auf dieser Erde taugen,
Es hat die Welt sich gegen mich verschworen.
    O Seele weg mit meinem nächsten Hauche,
Die ich geliebt, die hat den Freund erkoren,
Und die mich liebt, die geht durch mich verloren,
Was soll ich thun, der ich zu nichts mehr tauge.
    Ich kann nicht fort aus diesem Lebensenge,
Und mein ichs gut, das Gute bleibt nicht meine,
Und es erliegt in dieser wilden Hetze.
    Es trägt mich Stolz, daß ich gern kalt erscheine,
Warum muß euch der beste Freund verletze,
Und die ich liebe ist doch ganz die Seine.

Ein reisender vornehmer Herr hat bei der Redaktion
einen ansehnlichen Preis auf die beste Beantwor-
tung der Frage niedergelegt: Wie ist dem jetzigen
Verderben der Recensenten und des Gesindes zu
steuern?

38. Sonet scheint zu verzweifeln.

Hast du Verzweifelung schon scherzen hören,
Wenn tagelang sie über sich gelesen,
Wie ätzend innen alle Sorgen fressen,
Du mußt das Schreckenbild im Werk nicht stören.

Was soll ich denn noch schlafen oder essen,
Gebt nicht der Gram mit ein aus allen Lehren,
Und Hofnung blieb nur außer meinen Thoren,
Ich hab ja alles schon beynah besessen.

Ein Stückchen fehlt nur an der Quadratur,
Auch das Perpetuum mobile zu finden,
Fehlt es doch einzig an Bewegung nur.

Wie will ich nicht die heilge Kunst ergründen,
Der Meister meint mich schon auf rechter Spur,
Hält mich nur für verrückt aus vielen Gründen.

Die Redaktion macht mit großer Freude bekannt, daß
sie ein Paar Abjudanten des alten Recensenten
und den frisch gemietheten alten Menschen in ihrem Jagdbrevier glücklich in Sp.engseln gefunden,
es war ein Sonntag Morgen, die Sprengseln
waren mit etwas Butterbrod aufgestellt, die Delin-
quenten etwas an den Füßen beschädigt, doch
nehmen sie bei Brod und Wasser allmählig genug
ab, um bald rezensiren zu können.

39. Sonet gedenkt aus Verzweiflung an seine Abreise.

Und wenns ein Schicksal giebt als Leidenschaft,
Der Kinderglaube lügt sich Gegenliebe
Nothwendig, daß das Schicksal übe
Die ewige vernichtend heil'ge Kraft.

Wozu ists, daß ich mich nur stets betrübe,
Ich muß doch fort aus dieser süßen Haft;
Nichts ist verloren, was das Herz sich schafft,
Und ewig bleibt mit Trauer dieser Liebe.

Gedächtniß hat die Liebe wie die Wunden,
Und wie die Säge schneidet abendng Wetter,
Ein neuer Zahn reißt ein mit jeder Stunde.

Und wie der Selbstmord ist des Lebens Retter,
Stech aus den Augen, die der Schmerz verbunden,
Ich reise fort und bin des Schicksals Spotter.

Rec. kann diesmal mit keiner Parodie zu stande
kommen, er läßt also das Original unverändert
abdrucken, das giebt seine göttliche Komödie, kostet keine Nachgedanken, kein Kratzen hinter den
Ohren, kein Stampfen mit den Füßen, bringt
sein Honorar ein, und die übrigen Leser, die
nicht lachen können, die lernen manches Gute
kennen.

40. Sonets Abschiedstage bei der Sonete.

Der Abschied ist genommen, doch ich bleibe
Von dem geheimen Gotte festgehalten,
Der gerne heilet, was er hat zerspalten,
Ich bleibe noch und nicht zum Zeitvertreibe.

Nun laß ich ihn in meinem Innern walten,
Wohin mich Lust und Leichtsinn wieder treibe,
Und nahe dir, er breht vielleicht die Scheibe,
Vorher mein Herz in Gluthen zu erkalten.

O diese Gluth, o diese Abschiedstage

Sind wie des Arztes zürnendes Nachgeben,
Sprach er dem Kranken doch schon ab das Leben.
"Kein Mittel hilft, so lasset nun das Plagen,
"Ihr könnt ihm alle Lieblingsspeisen geben!"
Du stößt mich fort und giebst mir neues Leben.

Rec. läßt auch dieses abdrucken.

41. Sonet holt die Sonete von einem Balle ab.

Wie heiß erwacht an einem glühen Tage,
Aus unruhvollem Mittagsschlummer blickend,
Da liegt ein trüber Flor auf allem drückend,
Und Mondschein des hellen Glanzes Plage.

Als Mondschein jetzt, es ist doch nicht entzückend,
Ists Mittag ach wohin mein Aug ich wage,
Klar, trüb, kein Schatten mehr und ich verzage,
Nun weiß ich, wo ich bin, es war beglückend.

Ich holt sie ab von einem heitern Tanze,
Wir gingen ganz allein in leeren Straßen,
Der Mond stand hinter uns in hellem Glanze.

Es feierten der Säulen helle Masken,
Doch wars ein Schatten, der verklärt das Ganze,
Die Schlanke ach, die ich am Arm that fassen.

Rec. kann es nicht billigen, der alte Recensent will
sich gar selber darüber machen, eine Comödie gegen das neue Unwesen zu schreiben, wenn ich es
ihm nur könnte zu verleben geben, der Alte hat
kein Geschmak dazu, es wird in Weif, und gentlos,
auch kennt er vom Neuen eigentlich nichts, als was
wir ihm so zugetragen haben, ich muß es ihm in
einer guten Stunde beibringen, sonst könnte es
mir bei ihm schaden.

42. Sonet macht mit der Sonete Spazier-gänge, als er ihre Liebe für verloren hält.

Ich wandle um mit die in deiner Jugend,
Zu deiner wilden Kindheit frohen Tagen,
Hier wo die wilden Reben uns umhagen,
Da faßest du nach schwarzen Beeren suchend.

Zu dieses Baches einsam stiller Tugend,
Da liessen du mit frischendem Behagen,
Die leichten Wellen um den Busen jagen,
Nach jedem Fußtritt zierlich furchtsam lugend.

Auf diesen Wiesen ohne Zaum und Zügel,
Bespiegelst du die Pferde die da weiden,
Und wußtest nichts und niemand noch zu meiden.

O warum mußt ich denn alleine leiden,
Zutraulich jeder Lust mit buntem Flügel,
Legt du mir meinen Wünschen an die Zügel.

Rec. hat eben einen Schwarm Mücken zum Alten
durchs Schlüsselloch geblasen, das wird ihn vielleicht abhalten, ach Gott, könnte ich nur wenigstens Jamben schreiben, so hätte doch der Alte
vor mir Respekt, so geht er aber nicht anders mit
mir um als mit einem Hund.

43. Sonet sieht sich vor seiner Abreise in dem Zauberpallaste seiner Liebe um wie in Trümmern.

Wie muß ich doch in dem zerstörten Hause,
Voll goldner Träume Hofnungsmalerey,
Noch bleiben, fort ist Liebe-Zauberey,
Wo ist der Becher, alles fehlt zum Schmause.

Hier sollt sie sitzen Frühlingmorgens frei,
Wo tausend Blumen drängen glatt und krause,

Und wo ich in den Kelchen summend saufe,
Das blieb mir noch, das löschet mein Geschrei.
O diese Steine, die da oben bängen,
Sie fallen einzeln mir schon auf das Haupt,
Wie alle diese, die den Boden engen.
Der Epheu hält sie nicht, der sie belaubt,
Der Hofnungsbogen sprang, ich sprenge,
Was nun noch bleibt, weil es nur Aussicht raubt.

Rec. hat eben ein Paar Schriften gebracht, worin
sein Feind gelobt wird, der Alte ist aber wie besessen, er dals beiseit geschoben, es zieht all nicht,
da schmiert er an seiner Komödie.

44. Sonet betet zu Gott.

Auf meinen Knieen lag ich, bat um Zeichen
Zu Gott, was ich nun sollt beginnen weiter,
Da ward mein Zimmer hell, der Himmel heiter
Und über mir die wilden Kranich streichen.

Könnt ich zu euch, o hätt ich eine Leiter,
Doch oben Augenblicke euch zu gleichen,
Ihr habt kein Vaterland in allen Reichen,
Euch zieht es sicher seit und weiter weiter.

Wo ihr den Winter bleibt kann niemand sagen,
Ihr frieret nicht, euch höret niemand klagen,
Zu eure Höh kein Büchsenschuß kann tragen.

Als gestern ich von meinem Hause lehrte,
Hat Gott geschützt den nahen Schuß ich hörte,
Die Kugel riß ihn aus den schnell Bethörten.

Rec. Ach Gott, ach Gott! das hat er uns gestern
vorgelesen, und nun müßen wir lachen, wenn er
lacht, ich habe ihm umsonst noch einige gute
Einfälle gesagt, die dem schwersälligen Ganzen
hätten Leben gegeben (das war ein Kerin) er
hört nicht darauf.

45. Sonet muß für Ottav um die Sonete feierlich werden.

Er hat es mir getraulen der Verhörte,
Es war Ottav, er wollte mich ermorden,
So bin ich denn auch freundlos geworden,
Wie alles doch die einst'ge Klebe störte.

Wie bin ich doch in einem strengen Orden,
Er machr sich auf die Knie, den ich sonst ehrte,
Ich war so kalt, daß ich es nicht verwehrte,
Aus Stolz bin ich sein Brautbewerber worden.

Gar menschlich ist doch Ottav gewesen,
Nur das Gebet hat mich hier rein erhalten,
Nur im Gebet werd ich vom Schmerz genesen.

Es muß geschehn für ihn nun anzuhalten,
Um diese Hand in der mein Glück zu lesen,
O Tugend, du willt mir das Herz zerspalten.

Redaction. Herr, was soll daraus werden, statt
diese Sonetengeschichte zu regensiren, sucht er
immer von unserm werthen Freunde, was nennt
er ihn schwersällig, frachte er erst so viel Lorbeeren,
dann wird er aufhören, leicht wird geschickt u. seyn.

46. Sonet erfährt, daß Sonete den Ottav nicht liebt.

Sie liebt ihn nicht, heut hat sie's mir gesaget,
Was hülfe es mir, daß ihm die Sonn gesunken,
Seh ich darum in Amors Fackel Funken,
Ich leb in Nacht und nimmermehr es taget.

Zwar ist sie jung und was sie heute klaget,
Hat Morgen sie vergessen und versungen,

Des Geistes Wachsthum ist dann eingedrungen,
Das alte Kleid sich nicht mehr schicklich traget.

Doch ich bin fest in ihrer Lieb verkleinert,
Ein Kavallroin hat mich so hart umschlossen,
Ein Harnisch ist mir also selbst vereinet.

Ihr bin so hart und schmeichelnd die Genossen,
Die Lieb macht fest, mich so im Wuchs verkleinert,
Und herrlich größer ist sie fortgeflossen.

Rec. versichert seinen größten Respekt gegen den
hocherdienten Veteran, er meint nur, daß der
ruhig üben bleiben konnte, aus seinem Wörterbu-
che allerley kräftige Ausdrücke zusammen zu leimen, da würde in einem Jahre schon etwas
Tüchtiges zusammen kommen, wir Abjubanten
wollen indeffen schon Ordnung halten.

47. Sonet trägt dem Ottav die abschlägige Antwort der Sonete vor.

Wie glücklich ist Ottav in seinem Leichtsinn,
Mit Sorge sammelte ich tausend Trost,
Ihn zu erquicken auf dem Marteroß,
Eh ich die Nachricht ihm noch gebe hin.

Sie liebt mich nicht! So rief er dann erbost
Sie liebt mich nicht! weil ich ja gut ihr bin,
Wenn Mädchen spinn, so wachsen dir die Sinn,
So bin ich frei und schwärme wie junger Most.

Ich mag sie nicht und wenn sie jetzt noch wollte,
So fuhr er fort, sie ist wie alle andern,
Und weil sie nicht, was sie so denen sollte.

Nimm du sie Bruder, ich will lustig wandern,
Wenn dich indeß der Arbeitsteufel holte
So leb ich lustig noch mit tausend andern.

Rec. scheint wieder das Beste zu seyn, dies zur allgemeinen Warnung abzuschreiben.

48. Sonet erzählt die thörigte Verblendung plötzlicher Eifersucht.

Vergebung heil'ger Geist, ich konnt sie lästern,
Ich meinte heimlich ihr noch hier verrathet,
Sie schien so ängstlich, als ich sie geneckt,
Ich dachte sie ihre andern Schwestern.

Und da ergriff mich in der Nacht von gestern,
Ich hatt nicht Ruhe bis die Sonn erweckt,
Da hab ich mich in Waffen schnell gestecket,
Ich mußt nicht wie mir war, da ist kein Beffern.

Und durch die heiße Sonn' bin ich gelaufen,
Bis zu der Quelle unter frischen Erlen,
Sie liebt den Ort, wo gern die Rebe saufen.

Da glaubt ich beide (Schweiß stand mir in Perlen)
Da wollt ich mich mit ihm ganz eilends raufen,
Der Sitz war leer, mich zischten aus die Erlen.

Rec. will wieder gar nichts einfallen, Ursach warum,
er ist jetzt mit der Erfindung von Flößfallen be-
schäftiget.

49. Der Sänger erzählt wie Meister Hexameter, der Vater der Sonete umkommt, als er sein bestes Bild Pauslas aus dem Feuer retten will.

Wie flammend eilt die Zeit in Lieb - und Freund-
schaftsarmen,
Bei deutscher Künstler denkendem Vircenen,
Der Meister läßt Itallen erscheinen,
In Mitternacht erinnernd zu erwarmen.

Sein Töchterlein Sonete will vereinen,

Der Blumen Kunst zu Pallas Umarmen,
Das jetzt vollendet, jetzt verbrennt dem Armen,
Er ahndet nichts bis hell die Funken scheinen
Durch seinen Himmel, durch die Mahlerstube,
Siebt er in Flammen rothe Knoten schürzen,
Die seinen Liebling schleifen in die Stube.
Ganz unaufhaltsam fühlt er hin sich stürzen,
In seines Lebens glühe Arbeitsstube,
Wie Indiens Wittwen ihre Trauer kürzen.

Rec. Ach weh, ach weh! unser alter Veteran fällt
immer mehr aus dem Ton, das Schauspiel wird
ganz unverständlich, und leer bleibt's, und wenn
er auch noch so viel Späße von andern hinein
stiehlt. Er kann den Styl nicht finden. Ach
weh, und die Parodieen enthalten auch nichts,
als was man Retourchaisen nennt. Das wird
uns allen schaden.

50. Sänger erzählt wie Sonet die Sonete
aus dem Feuer rettet.

Die Lieb ist glücklicher als jede Kunst,
Die Kunst verbrennt, doch aus der Asche hebet
Der Genius die Liebe und entschwebet,
Ein Phönix sucht er in den Gluthen Gunst.

Sonet mit thränennassen Kleidern stehet,
Die Hochgefeuerte zu tragen aus der Brunst,
Wer kennet nicht die alte schwarze Kunst,
In jedem reinen Herzen sie noch lebet.

Das Feuer wagt nicht Jungfraun zu berühren,
Sonete hält die Feuerprobe aus,
Der Feuerkranz muß herrlich sie verzieren.

Der Junggesell trägt sie aus diesem Haus
Dann stürzt es ein, er muß die Liebe führen
Ins eigne Haus, läßt sie nicht mehr heraus.

Redaktion gebietet dem Recensenten ein für allemal
zu schweigen, wenn er sich so wenig mäßigen kann.

51. Sonet erfährt, nachdem die Sonete aus
der Ohnmacht erwacht ist, die ihr der
Brand zuzog, daß sie ihn stets geliebt.

So seh ich was, vor mir mag nichts bestehen,
Unbänd'ger Freuden voll will alles springen,
Und ich muß schreien und möchte lieber singen,
Und die Gestirne selbst sich stimmend drehen.

Als meine Werke all in Rauch aufgingen,
Muß ich mein höchstes Hochzeitfest begehen,
Am Sarg des Meisters muß ich jubelnd stehen,
Die Trauerglocken mir so lieblich klingen.

Mein Wanderstab ergrünt von schonem Laube,
Mein Liebchen zieht es dichter um mich nieder,
O sag's noch einmal, daß ich endlich glaube,

Du liebtest stets nur mich so tönt es wieder,
Daß uns kein Sturm von deinen Lippen raube,
Und du bist mein, wir Götter sind all Brüder.

Rec. bittet doch um der guten Sache willen nur zu
überlegen, ob nicht durch Verdrehung solcher
Schriften in den beliebten Zeitungen mehr gewirkt
werden kann, wie sehen uns da Abends zusammen freundschaftlich hin, diese Sätze in
Stücken, da sehn sie ganz anders aus, darum
machen wir dann die Reglerungen aufmerksam,
wie gefährlich sie aussehen: durch eigne Schriften
wird unsre Armuth all zu sichtbar.

52. Sonet erfreut sich seines Glückes im Vergessen des Vergangenen.

So sey mir denn aus meinen innern Sinnen,
Erinnerung des Lebens Land verloren,
So sey mein Herz denn frei und neu geboren,
Im Morgenstrahl ein spiegelnd Meer darinnen.

Da ging das Schiff mit tausend tausend Thoren,

Da soll der schwache Schaum der Spur verrinnen,
Und tiefe Klarheit soll das Meer gewinnen,
Dann seh ich auch den leichten Schritt der Horen.

Ich schaue dann in den verwischten Zellen,
Mein eignes Leben wie ein fremdes Wähnen,
Und kann beim Schmerz mit Wohlgefallen weilen.

So sah einst Herkules mit Freudenthränen,
Der Vorzeit folgereiche Thaten eilen,
Dann schaut er vorwärts, fühlt zurück sein Sehnen.

Rec. frägt an, ob es nicht gut thäte, einmal wieder ganz kurz zu sagen, es wäre unsinnig und
gar nicht zu verstehen?

53. Sonet bemerkt die Liebe des Ottav zur
Terzine.

Wie wird mir alles lieb, was dir verbunden,
Wie süß ich gern dein Schwesterchen Terzine,
Sie macht so eine stolze kalte Miene,
Und doch mag ihr so mancher Kuß schon munden.

Weißt du wie jüngst mir der Ottav erschienen,
Er hatte ihr ein Kettchen umgebunden,
Und macht so lang und hat das Schloß nicht funden,
Da schnitt er ihr ein Löckchen ab so kühne.

Und jüngst als ich bin eilend zu ihm kommen,
Da macht er sich aus diesen lichten Haaren
Ein schön Geweb, recht wie ein Stern vollkommen.

An einer Tuberos' die Enden waren,
Wie Spinngeweb so hat sichs ausgenommen,
Ein Herz gebrochen hing darin zu klaren.

Die Redaktion verbittet sich das, der Kunstgriff ist
seit einiger Zeit zu sehr abgenutzt worden, in einem Vierteljahre kann er wieder gebraucht werden, jetzt halten schon die Leute ihre Tasche zu,
wenn sie gefragt werden, was die Glocke ist.

54. Ottav erzählt seinen Vorsatz, Terzine zu
heirathen.

Ich hab gefunden, was ich niemals glaubte,
Ein Mädchen das ganz ohne Wissen liebte,
Die sich mich so heimlich oft betrübte,
Gleich heirath ich, daß nichts sie wieder raubte.

Die leucht ich in jeglicher Betrachte,
Und höher sich mein Sinn für Schönheit schraubte,
Hier schling ich an, wo ich so dicht belaubte,
Die Manien mein der Lieb und Lustgeübte.

Auf manche Probe werde ich sie stellen,
Und selber sie zu lieben muß ich lernen,
Ich werde oft so grimmig sie anbellen.

Und dann gleichgültig mich von ihr entfernen,
Ich hab Uebersicht von tausend Fällen,
Und will sie mir auf tausend Arten körnen.

Rec. frägt an, ob mans nicht ganz ignoriren könnte?

55. Ottav besingt sich selbst zu seiner Hochzeit als einen heimkehrenden Apollo.

Als der Olymp und Delphos ward zerstöret,
Da zog Apoll und mit ihm alles Schöne
Zur Sonne sich, da klangen alle Töne
Von wo sie Morgens Memnon nur gehöret.

Doch Herkules, daß er sein Leben kröne,
Ein neues Reich den bangen Musen schwöret,
Und rühret sie, daß nicht Gewalt sie störet,
Selbst mit Gewalt durch wilde Musensohne.

Und keiner kennt sie von den fremden Horden,
Zu Amazonen scheinen sie geworden,
Sie lernen bald des geheimen Orden.

Und als die Welt bekehrt von Haß und Tücke,
Da drinnen durch die Maske Götterblicke,
Apollo sieht zu seinem Reich zurücke.

Die Redaktion findet nur die Schwierigkeit wegen
der Anzeigen.
_____

**56. Der Sänger beschreibt die Doppelhoch-
zeit des Sonet mit der Sonete und Ot-
taus mit der Terzine.**

Was Liebe heißt ist gar verwickelt Wesen,
In zweien scheint es nicht allein zu wohnen,
Nur viere kann es ganz und voll belohnen,
Doch sind zur Liebe jede zwei erlesen.

In zweien Jungfern mag Vertrauen wohnen,
Zwei Junggesellen Freunde sind gewesen,
Wenn jeder eine jener hat erlesen,
So wirkt im Kreis das Licht aus allen Zonen.

Die Jünglinge sind zweierley Metalle,
Wie Jungfern ganz vertraut im Wasser blieben,
Bis jener Ring darein sinkt hell im Schalle.

Nun fängt sich gleich das Wasser an zu trüben,
So scheiden sich in Sauer-Wasser-Stoff dann alle
Zum Manne bin: Nur Männer Freunde blieben.

Rec. erinnert daran, daß die Zeitung für Einsiedler
auch nirgend angezeigt worden, nachdem sie erschienen, auch kann man in den befreundeten Zeitungen darauf halten, daß es möglich spät und
in ganz abgelegenen Winkeln der Intelligenzblätter
abgedruckt wird.

**57. Sonet begrüßt die Sonete den Morgen
nach der Hochzeit.**

Und es ward Licht, aus ihrer Augen Bläue
Erheben sich der Zeiten leere Wogen,
Die Auge frei einander und verflogen,
Sie sehn dir Blicke auf zu ew'ger Treue.

Du klare Jungfrau, die mich hat gezogen,
Mich hinzusinnen, du zeigst mir freische Freie,
Ich ahnd' in dir die Menschheit neue Reihe,
In dir du hast den reinen Keim erzogen.

Denn jedes Weib das unbewußt empfangen,
Das schmückt ihr heil'ger Geist mit Unschuldwangen,
Und allen Wohl zu thun sie fühlt Verlangen.

Sie weiß es nicht wie ihr so ist geschehen,
Hat Lust zu Früchten, die sie nie gesehen,
Und ich ertrage gern für sie die Wehen.

Die Redaktion ist damit zufrieden.

**58. Sonet am ersten Abende nach der Hoch-
zeit mit der Sonete.**

Mein bestäubtes Trauerzimmer leuchtet,
Wie das Meer zur Nacht von tausend Fischen,
Kühle Abendlüfte es erfrischen,
Trocknen meine Augen die befeuchtet.

Köstlich ist ein Mahl an goldnen Tischen,
Aus Rubin ein Becher wird gereichet,
Voller Duft der Hiazinthen streichet,
Und Musik will jeden Sinn erfrischen.

Kleine Zwerge laufen wie die Mäuse,
Und bereiten mir ein breites Bette,
Alles machen sie nach stiller Weise.

Doch es klang wie goldne Ehrenkette,
Ihre Stimme nur so klar und leise,
Himmelan dem der uns segnen thäte.

Rec. ist plötzlich Nachts um zwölf Uhr bei sternkla-
rem Himmel eine wichtige Recension eingefallen,
ach Gott was nun für Noth:
Dieses Buch
Gehr zu Wasser also lang,
Wie der Krug,
Bis ich Klingding bricht mit Klang;
Und von allen neunzig
Bleibet auch kein einzig.
_____

**59. Sonet gedenket als er seine Frau Sonete
schlafen findet, der vergangnen Zeit.**

Sie lag gewickelt in dem blauen Schleyer,
Und schlief so ängstlich wie die schwüle Welt,
Ein Alp hält sich auf ihre Brust gestellt,
Träumt sie von mir? Das ist nicht dieser Freyer.

Wenn sie erwacht sieht mich des Traumes Held,
Ich jag den Alp und werd ihr dadurch theuer,
Vertrauen ist zu ihr mein stilles Feuer,
Daß in die Tiefen wie ein Leitstern fällt.

Ich trat zurück und dachte jener Stunden,
Die mich gequält, dem Auge fern entschwunden,
Wie gut sie sich auch ohne mich befunden.

Was war ich ohne sie, ich hab gewonnen,
Und meiner Liebe tausend strahlender Bronnen,
Erquicket mich im Mondschein, in der Sonne.

Faust's Geist.

Euch er den redlichen Gewinn,
Seet er sein schellenlautet Thor,
Es trägt Verstand und rechter Sinn
Mit wenig Kunst sich selber vor;
Und wenns euch Ernst ist was zu sagen,
Ists nöthig Worten nachzujagen?
In eure Reden, die so blendend sind,
In denen die der Menschheit Schnitzel kräuselt,
Sind unerquicklich wie der Nebelwind,
Der beebülich durch die dürren Blätter säuselt.
Blitz, Donner! der Vorhang fällt, Ende der göttli-
chen Komödie.

**60. Sonet erzählt, wie seine Gewohnheit zu
trinken entstanden.**

Was mir aus jener Zeit, wo meine Aeste
Fast brachen von der Frucht und von dem Schnee,
Von hoher Wonn und immer frischem Wehe,
Geblieben ist, erscheint wie heil'ge Reste.

Das Böse selbst, was ich so an mir sehe,
Aus jener Zeit, es hängt mir an so feste,
Und wie ich damals trunken ging zum Neste,
Damit ich nicht erschreckt mich einsam drehe.

So weil ich gern noch seh' losch aus die Lichter,
Mein Weib ist dann schon lang zu Bett gegangen,
Dann kommen mir die alten Schreckgesichter.

Ich geh zum Bett halb wankend ohn Verlangen,
Da werd ich hell, da werd ich plötzlich nüchtern,
Ich fühle sie, mein Schrecken ist gegangen.

**61. Sonet beschreibt die Helena, die er zur
Preisbewerbung macht.**

Was flüstert Amor leise mir ins Ohr,
Wer zieht mich an der Hand zum offnen Bette,
Wie Neigung schlingst du also starke Kette,
Die unverbrüchlich selbst dem eignen Thor.

O wäre ich halb so stark wie du ich hätte,
Die Feinde all erlegt vor unserm Thor,
Wer war es denn, der mir erdrückend schwor,
Im Bette schwor: Das Vaterland ich rette!

Ja wär' Achill ein weiches schwaches Weib,
Dir wäre wohl die kühne That gelungen,
Die Lanze hätte ihm durchbohrt den Leib.

Du hältst den Mund, daß siegend mich umrungen,
O wage nicht Gefahr zum Zeitvertreib,
Ich bin gar böse fühl' ich mich bezwungen.

**62. Sonet vertieft sich bei einigen bachanti-
schen Bildern.**

1) Göttlicher Rausch.

Du äother Schein, ihr hellleuchtend'gen Reben,
Ihr zittert wohl in blanker Cimbeln Klang,
Mir wird der Athem taumelnd wild und bang,
Zu Locken meine Haare schaudernd schweben.

Wie ist im Hirn, im Schooße mir ein Drang!
Ist meine Braut mir weich im Schooß gegeben?
Gefleck'te Panter lieb zu losen streben,
Mir tanzt die Welt in Melodieenzwang.

Mit heil'gem Ernst dich Becher zu erheben,
In deiner Glüth sich löset Zwang und Kraft,
Ich fühle mich unendlich aus dir leben.

Befreyt mich Blitz aus Mutterleibes Haft,
Sprengt auf den Himmel einer Flamme Beben!
So lieb' im Schooß zerstörend Schön'res schaft.

2) Grässlicher Rausch.

Der Gott löst die beflügten Sohlenschuhe,
Ariadne liegt auf einem frischen Rasen,
Die Leoparden rings zur Wache grasen,
Den Gott umfängt die Nacht mit wacher Ruhe.

Das thierisch Volk der Menschen muß noch rasen,
In ihnen hat der Gott noch keine Ruhe,
Wie er sie auch mit Gotterglück umthue,
Sie treiben's doch zu nichtig leeren Phrasen.

Sie schlagen sich mit ihren Thyrsusstäben,
Im Tanzen die Centauren sind verlachet,
Des Tages Pferde vorzudringen streben.

Mit Fackeln schlägt die Nacht, der Wagen krachet,
Und trübe wird der Tag hernieder schweben,
Und wüst und leer und überall verwachet.

3) Närrischer Rausch.

Wie läppisch der den Leopard läßt springen,
Doch übern Stock als wär er nur ein Hund;
Wie fällt der andre übern Weinschlauch, und
Er möcht mit allen Thieren aufwärts ringen.

Der alte Sünder wird geschlerpt im Rund,
Mit Lust sie seine Laster alle singen,
Und lächeln ihn und lassen ihn hoch springen,
Das ist dem alten Dicken recht gesund.

Ganz länglich schmachtend sieht ein Jüngling da,
Und weiß mit seinem Mädchen nichts zu sprechen,
Ein dummres Bild ich nimmer mehr noch sah.

Die Faunchen eifersüchtig stoßen, stechen,
Dem interessirenden Centauren nah,
Sieht einer durch die Bein und will sich rächen.

4) Selbsteigner Rausch.

Es ist so eigen mir, ich kanns nicht sagen,
Nur wer es fühlt, dem Mittler ist es eigen,
Des Geistes Kürn muß sich nur selten zeigen,
Ihr könnt den Anblick nimmermehr ertragen.

Im Innern wird dies Wühlen schon ein Reigen,
Gestalt und Ton, ich lüste meinen Kragen,
Dem frischen Morgenroth drängt nichs zu sagen,
Doch von dem dunklen Herzen wills nicht steigen.

Was will ich in gemeinem Lebenskreise,
Ihr bildet mehr des Götter Wagens Gleisse,
Die ich an unsichtbarem Faden ziehe.

Wie schwer! daß ich von Schöpfer Mühe,
Daß sich an meiner Rasen glühe,
Ich trank zu viel und dehne mich nun leise.

66. Sonet beschreibt seine Bachantin.

Die Wolken ziehn, der Bachusstab entsinket,
Das Tambourin ruht unterm Arme stille,
Vom Nacken sinkt herab die Pantersülle,
Ihr Auge scheu vor fernem Schimmer blincket.

O hebt dich nicht ein eigner innrer Wille,
Wenn nicht in dir ein klarer Himmel winket,
Aus dir Natur den ewgen Rausch sich trinket,
Gar bald wird dann die Welt um dir so stille.

Der Kindheit Ekel, wie bald ist es verklungen,
Verdrängt sich selbst, als dient es nicht zum Heile,
Hat Liebe Jugend schreiend verschlungen,
Den Fels voll Lust erklettert sie in Eile,

Der Rausch verfliegt, von Schnee und Eis durchdrungen
Sie schwindelt, Lust und Schmerz wird Langeweile.

67. Sonet entwöhnt sich des Trinkens und Händelmachens.

Der Faden ruht vom schönen gelben Linnen,
Was deutet uns dies frohe Horchen an,
Sie hört den Tritt von ihrem lieben Mann,
Und kann aus Ungeduld nun nicht mehr spinnen.

Was nicht die Liebe Wunder wirken kann,
Steckt auch die Sanduhr lang im fleißgen Rinnen,
Sie will noch an dem Schlaf die Zeit gewinnen,
Die vor dem Tag schon wirthlich früh begann.

Der Mann fühlt sich von Ordnungsgeist besieget,
Und ahmet ihre stille Sitte nach,
Und trinkt nicht mehr, daß er nicht Händel krieget.

Er ist auch früh bei seinen Farben wach,
Und der Erfindung Quell ihm nie versieget;
Halb offen steht das Bett mit heilgem Dach.

68. Sonet und Sonetens Stillleben.

Die Flammen scheinen dir wie Kinder munter,
Die hoher springen, wenn sie fallend sinken,
Begierig kühler küßte Düfte trinken,
Dann auf dem eignen Fuß sich schwenken bunter.

Ja wohl du Kind, wie deine Augen blinken,
Wie deine Haare wallen hell hinunter,
Der frühe Sprung im Schattenspiel noch munter,
Im Schatten noch die Hände strebend winken.

Wie leicht bist du mochtest goldne Flügelein
Von dir zum einsam hohen Blau getragen,
Ich fühle womit mich auf Winden sagen.

Und einsam doch mir haben nichts zu sagen,
Wie kann doch leicht so Welt als Wort entsagen,
Die in einander fanden ein Behagen.

69. Sonet saß einmal mit der Sonete am Kaminfeuer.

Wie wacht mein Herz, wenn du den Flammen schauest
Begierig nach, die sich im Rauch verlieren,
Den Fuß nicht schonst behend die anzuführen,
Und der Erneuung in dem Wechsel trauest.

Wie die Gedanken dann sich so verlieren,
O sag noch einmal wie du dem vertrauest,
Wie du die Welt aus starren Flammen bauest,
Die frei in Nacht sich auswärts zusend spüren.

O wohl uns Flammen, die bald frei entkommen,
Aus dunkler Haft von dem Tyrann dem Herren,
Zum Himmel irrelen in den ew'gen Sphären.

Doch löst die Flamme sich mit Blendung Schmerzen,
Der Freihen Sieg ist blutlos nie bekommen,
Sey denn ihr Kohn mit Treu in acht genommen.

70. Sonete weckt den Sonet auf daß er fleißig mahle.

Du stiller Raum, ihr hellenden Gedanken,
Du kalte Luft, worin die Lust erkranket,
Du Bilz des Stahls, worin mein Lichtchen schwanket,
O zündet nicht, ich muß sonst mit euch zanken.

Wie kann die Liebe solchen Streit entzünden,
Die aller Herzen Eintracht ist verkündet,
Der Widerspruch ist mit dem Weib verbündet.
So mußte Psyche Tod der Lieb erfünden.

O Schwefelblau wie enge wird der Athem,
Versinke Auge, Ohr, du Athem stille,
Die Welt vergeht, wenn nur ein feier Wille.

Doch Liebe bläst mit ihrem ew'gen Athem,
Des Dochtes Funken hell vom frischen Lichte,
„Ob ich nicht todt?" mir stechend mild Geschichte.

71. Ottav beschreibt ohne es zu wissen das Erkalten seiner Liebe.

Ich kann zu dir, ich kann auch an dich schreiben,

Dir pflücken schicken, Kirschrubinen süße,
Verschlechten sie, dann fehlten nicht die Küsse,
Doch bleibe ich und truble in die Scheiben.
Was hält mich denn, was ich nicht gern verließe,
Vergebens zünd ich Licht, ich kann nicht schreiben,
Und Ungeduld will schlecht die Zeit vertreiben,
O gieb Natur mir Zeichen, daß ich schließe.
Kein Klingen in dem rechten, linken Ohr,
Sie denkt nicht mein, sie kann nun ruhig flicken,
Und düster wart ich starr vorm Gluckes Thore.
Wie wirds so hell, der Glanz fällt zum Ersticken,
Sie denket mein, sie ist mir nie verloren!
Was ists? Ein Dieb will hell am Lichte blicken.

72. Ottav schwärmt im Zwielichte.

O starrend harrend, ärmlich härmend Leben,
Ihr Blätter rauscht in meines Jammers Regen,
Zum Wirbel lauschend mit des Herzens Schlägen,
Doch könnt ihr Aeste nicht zum Himmel heben!
Will Zwielicht nie ans Grün den Schummer legen,
Ihr Arm ein Abendwind den Zweig nie heben,
Wie sanft ins Ohr sein glühend trunknes Beben,
Die Vogel nur des Baumes Dämmer regen.
Rothkehlgen bleib! Weißtehbchen der die Fallen,
Die mein Gefallen, mir umfangen fangen,
Mit Armes Schlinge um den Hals der fallen:
Daß sie gelähmt bequemet mein Verlangen,
Wenn Sehnen Schämen, Kuffes Schall Mißfallen,
Der Augen Zwielicht Zweier Licht verschlangen.

Rec. (Erwachend) Grauliches Zwiebel — Sonet —
noch ärger — Klangvoll entsteigt mir ächtem Sohn
von Mana, Geläut der pomphaft hallenden Cam-
rana — (Er fängt an zu schnarchen.)

73. Ottav treibt in sich ein Prunkwesen mit seiner Liebe zu Terzinen.

Der schleichet dort so langsam still hinunter,
Die Sonne ist's, sie zieht die blauen Kleider
Der Schönen mit, die nackt nun ruhet leider,
Doch freut sie nicht, ihr Herz schlägt wärmend munter.
Ein Knabe fühlt darauf, er zeigt die Kleider,
Als Fahne hoch, als Regenbogen bunter,
Es lispeln in ihr Ohr die Winde munter,
Wie Ohren klingen, sie sind keine Neider.
Die Fahne winkt, der Knabe winkt dem Krieger,
Der lebend beim schon Siegesfahnen bringet,
Durch Nacht sein Auge glühet wie vom Tieger.
Denn neu der Stern der Schlachten ihn durchdringet,
„Zwei Fahnen, ruft er, warten stets der Sieger,"
Der Knabe händeklatschend hoch die schwinget.

74. Ottav rühmt sich seines Vertrauens.

Ist dies des Fußstegs nächtebelles Gleiten,
Der Decke Dunkel durch die dunklen Schatten,
Der Ulmen riele die in Nacht sich gatten,
Vereinet schwarz durchs Nebelthal zu leiten?
Hier Felsenabgrund, schwindelndes Ermatten,
Wo ich begeistert athemlos im Schreiten,
Nur will zu Sternen sah mein Glück zu deuten,
Nun trau ich ewig die zitternd mich hatten.
Ich trage euch ihr trohend starren Pfäle,
Die mich nie ängsten oft vom Draune weckten,
Ich traue Dornen, weil ich Rosen wähle,
Den Wurm, die Glocken, die voreilend neckten,
Dem Irrlicht, daß ich nicht ihr Licht verfehle:
Leicht können trauen, die Vertrauen weckten.

75. Ottav denkt sich, wie ihn die Terzine erwartet.

Ihr rechter Arm in kühlen Rosen fingert,
Als spielte sie darin des Lichtes Töne,

Ihr nackter Leib verklärt so jedes Schöne,
Des Blickes Klarheit nicht den Glanz verringert.
Ein kahles Haupt von ihrem Glanz verjüngert,
Wähnt, daß es braune Locken wärmend tröne,
Dem Kinde selbst giebt plötzlich Herz die Schöne,
Vor seinem Ohr die Christnacht täuschend klingert.
Er fühlte mündig sich an ihrem Munde,
Sie aber hält die Rosen viel geringer,
Seit ihr die Dornen fühlt an ihrem Munde.
Entzündung zeigt ihr angeglühter Finger,
Mit jedem Athem steigend fühlt die Wunde,
Natur zeig ihr Heilung heiliger Finger.

76. Ottav erzählt von drei schönen Tagen bei der Terzine.

Drei Tage waren mir gegönnt zur Freude,
Im Lerchenklang Vermessenheit sie weckte,
Die Fledermaus mit süßem Traum sie deckte,
Leb wohl du Lerche, Fledermaus ich scheide.
Nicht Sturm, nicht Wolle Himmelsklarheit schreckte,
Mond, Sonne sah ich wechselntausend beide,
Wie leiser Wind so sanften sie zur Heyde,
Der wendend sich mit meinem Segel neckte.
Noch einmal rauschet mir der Buche Schatten,
Gleich Wolkenschatten, die wie Riesen schreiten,
Wo soll mich hin der Brücke Bogen leiten.
Hier Lust und Erde sich dem Herzen gatten,
Des Wassers Aeme sich wie Aeste breiten,
Und ferne Hoffnung muß davor ermatten.

77. Ottav beschreibt das Erwachen seiner Terzine, als er früh auf die Jagd gegangen.

Sie räumt erwachend mit den Funkelaugen,
Wie dunkler Glanz die Palmen rings umflimmert,
Die Aloe ergießend sich zertrümmert,
Der Kelch verglühend glaubt dem Aug zu taugen.
Auf ihrer Hand still trunken lustbestimmert,
Sie sieht geröthet Mückenschaaren saugen,
Die haben heut für Morgenglanz nicht Augen,
Von Wonne sonst zu Tanz und Sang umschimmert.
Als halb sie schlief, die Sänger sie beschlichen,
Die Vögel bauten da in ihren Rauten,
Vom Busen ist das Eichhorn nicht entwichen.
Aus einem Baum so Morgens Vögelschaaren,
Der Jäger auch zum Tagesanstand streichen,
Sein Horn weckt fern, ihr Blick will ihn bewahren.

78. Ottav zieht die Terzine ein wenig auf.

Geruht auf weichem Lager, halb erhoben,
Sie sieht dem bunten Schmetterlinge nach,
Der aus dem Schooß ihr flog als sie noch lag,
Sie die Geburt den Blumenkelch wird loben.
Wer ist der Vater dieses Kindes sag,
Wer hat dies Seelchen dir so eingewoben,
Das ewig feuernd flattert hell noch oben,
Sie sieht mich an und zählt am Finger nach.
Das Rechnen macht dich finster, Kenner können
Den Meister schon in seinem Bilde kennen,
Doch diese Farben wunderbarlich brennen.
„Ey lächelt sie, er malte nicht alleine!"
So wird das Kunstwerk reine dieses Lebens,
Verwandlung nur in zweyer Kunstvereine.

79. Ottav erzählt das Ende seiner Leidenschaft zu Terzinen.

Hier ist des Fußstegs nächtebelles Streifen,
Der dunkeln Dunkel, dunkeles Ermatten,
Der Ulmen viele, die einander gatten,
Aus Haar nicht mehr begeisternd schnell sie streifen.
Und das die Nachtigallen die gesungen hatten

Ihr Lied ist aus, vergebens sie noch pfeifen,
Auf meine Brust sie schweres Gähnen häufen,
Und Pusten bringt der feuchten Nächte Schatten.

Nichts winket mehr im Taumel durch den Himmel,
Die Fluth zog fort, das Schiff liegt fest am Strande,
Und ferne nur entrauscht der Fluth Gewimmel

Sie kommt wohl wieder schreibe ich im Sande,
Das Herz ist still, sagt die mit fremder Stimme
Die Worte zu mit Staub aus fernem Lande.

80. Ottav befindet seine Terzine als Frau ganz anders denn vorher als Geliebte.

Die Brunst ist schon gelöscht, die kaum entglommen,
Was lief ich denn, wie war mir denn so gach,
Was träumt ich denn von Lust, ich denke nach,
Mich riß ein Strom zu dir, ich bin nicht schwommen.

Doch dieses Feuer löschte auch der Bach,
Es ist all gut, doch was ist hier vollkommen,
Was hätt ich auf der Welt nicht mitgenommen,
Nun bindet mich die Eh so tausendfach.

Nun fühl ich wohl, daß es der Teufel war,
Der mir dies Bild so in die Seele fügte,
Er fürchtet mich und ahndete Gefahr,

Ein Weibsbild mich den Simson auch besiegte,
Ich bin ihr gut, sie gleicht der auf ein Haar,
Die ich geliebt und weh ihr, daß sie trügte.

81. Sonet beschreibt die Wirthschaft des Ottav.

Geheret ist das Haus, ich schwör's Sonete,
Und nichts bleibt stehn an seiner rechten Stelle,
Und weint Terzine, ist Ottav recht helle,
Und will sie scherzen, gehet er zu Bette.

Von Wirthschaft weiß sie nicht, er geht auf Bälle,
Und gern in seinem Hause Freunde hätte,
Sie säh ihn lieber liegen an der Kette,
Und ahndet Böses gleich in den Gesellen.

Und die Gesellen alle von ihm weichen,
Denn ein Gedächtniß hat er, kanns nicht lassen,
Die Ehrlandsnoth lebendig anzustreichen.

Der eine hat schon seine Braut verlassen,
Weil er ihm gab der Weiber böse Zeichen,
Und alle andern ihn darum schon hassen.

82. Ottav beschreibt die Wirthschaft des Sonet.

Ich fühl es wohl, ich hab mich ganz vergriffen,
Nur aus der Aehnlichkeit liebt ich Terzine,
Ob ich Sonete nicht so gut verdiene,
Wie der Sonet, der nimmer sie begriffen.

Wie sieht sie da mit einer stillen Miene,
Wie hätt ich sie mit Scherzes Spiel ergriffen,
Jetzt legt sie Weißzeug, mir hätt sie gerissen,
Die brummt zu allem wie die fleiß'ge Biene.

Im Grunde will sie es nicht anerkennen,
Wie glücklich sie mit mir gewesen wäre,
Darum möcht absichtlich sie mich verkennen.

Und der Sonet sitzt da bei meiner Ehre,
Und möcht vor purer Arbeitslust verbrennen,
Das ist nicht Kunst die solcher schweren Lehre.

83. Sonet kündigt dem Ottav die Freundschaft auf.

Lang sind wir Freunde, noch seit jenen Jahren,
Wo alles sich gleich Freund und Feind genennet,
Die Zeit ist aus, ich habe dich erkennet,
Vor aller Lüge mag die Freundschaft wahren.

Du hast mein Weib von deinem Weib getrennet,
Das stört mich nicht, doch ist es nicht im Klaren,

Du plagst dein Weib mit leerer Träume Schaaren,
Und hast dann gegen mich dich weiß gebrennet.

Ich sag's heraus, ich sind dein Leben gräulich,
Es hindert dich an allem, führt zu nichts,
Daß du noch lachst, das sind ich unverzeihlich.

Und was uns band zerreißt's zerbricht's?
Lern Demuth, wandle als ein Pilger treulich,
Werd etwas, daß du fühlst, wie du noch nichts.

84. Ottav Gedanken über die Sonne.

Wenn Morgen weht, das Meer vom Abend blinket
Vorahndend hell ein rother Stern erscheinet,
Und zwischen Tag und Nacht die Schlange einet,
Sie nun zum ew'gen Kreis vereinet winket.

O schaut den ew'gen Freistaat erscheinet,
Die Gleichheit zeigt der Stern wo Dämmrung winket,
Wo Tag und Nacht zur leichten Hülle sinket,
Und Freiheit, wo hindurch da beides scheinet.

So aus dem Nebelbett die Wolkenzüge
Durchdringet Sonne, Lächeln freut im Heine,
Ein lauer Wind der Träume Morgenflüge.

So steigt die eine Sonne, sie alleine,
Und wer sie schaut, dem bleiben lang die Züge,
Wär sie nicht allgemein, o wär sie meine.

85. Ottav neiget sich zu der Ichliebe.

Gestreckt vom Pfeil der Unlust auf den Rücken,
Begann ein Traum mit leise zu umspinnen,
Aus beiden Pforten schien er zu beginnen,
Aus Wahrheit wollte Lüge mich berücken.

Sie sagte einst (es blieb mir in den Sinnen,
Ich sah im Spiegel ihres Schmucks Entzücken,
Noch jetzt füllt dieses Bild der Tage Lücken)
„Die Locken dein den meinen ähnlich rinnen.

Nun schien es mir im Traum als saugt in Funken,
Mein Haar der lieben Lichtgestalt in sich,
Ich ward ihr gleich, sie war in mich versunken.

Jetzt liebte ich mit ganzer Seele mich,
Und schmückte mich mit Kränzen wonnetrunken,
Erwachte, sprang zum Bach, verflüchte mich.

86. Ottav erinnert sich des Werthes der Dichtung.

Still müde von des Wissens wilbem Streite,
Ging wandernd ich zu einer ew'gen Quelle,
Der Qualen Ende suht ich an der Schwelle,
Die ihr aus Fels ein heil'ger Sänger weihte.

Der Brombeerstrauch zieht noch zu dieser Stelle,
Die Quelle rieselt noch, die ihn erfreute,
Und treibet noch das kleine Mühlrad heute,
Und rechnet ahndet noch, woher sie quelle.

In ew'gem Strome tränket sie die Blumen,
Und Geister steigen perlend auf in Blasen,
Zu Eichenspielen frei im Heiligthume.

Es grünet noch der Erde Haar, der Rasen,
Und wilder Lorbeer wächset ihm zum Ruhme,
Wo schöne Mädchen oft mit Thränen saßen.

87. Ottav findet sich durch sein früheres Leben zur Poesie verdorben.

Der Weihe Schlummer floß um meine Augen,
Ich mußte von dem heiligen Weiher träumen;
Aus frischem Rogen neue Welten scheinen,
Die all aus ihm die erste Nahrung saugen.

Die Fische nur als stumme Zeugen taugen,
Mit Moos am Haupt wie an den alten Bäumen,
Des Moos entflammt zu hellen Norblichtsträumen,
Das alles sah ich mit des Traumes Augen.

Nur ich blieb still in weichem Grase liegen,
Und keiner wollte mit mir zum Himmel ziehen,
Erschracken all vor meinen wilden Zügen.

Was hab ich all erlebt in schweren Mühen,
Ich kann euch nicht der Jugend Unschuld lügen,
Fern ab von mir der Dichtung Freuden blühen.

85. Terzine muß Ottavs Briefe verbrennen.

Verbrennen soll ich deine Feuerzeilen,
Mein Feuer kann das Feuer nicht zerstören,
Die Probe wird den reinen Sinn beschwören:
Gefährlich doch bei mir die Blätter weilen.
Soll ich Kleopatra bethöret hören,
In Thränen aufgereicht die Blätter theilen,
Die Perlen also auszutrinken eilen? —
Dann so wie ich sie Wohlgestalt verloren!
Die Thräne schließt mein Auge! wie noch immer
Ihre Hieroglyphen all' im Herzen bleibet,
So lose dich denn todter Stoff in Schimmer!
Ihr bleibt mir einverleibt bis ich entleibet,
In Asche schon verlauft der letzte Schimmer;
Er denkt jetzt mein? — Ein neuer Funken treibet!

89. Sonet bei seiner Abreise wird vom Argwohn gehalten.

Es ist nun aufgepackt, trüg mich ein Stern,
Ich möchte in einer Nacht zur neuen Welt,
Doch ziehts mich nach als wär zur Garn gestellt,
Was wird sie thun, betrauert sie mich gern.
Ich möchte mich zu Hause noch einsperren,
Doch etwas fällt mir ein, was mir gefällt,
Alltäglich schiebt sie übern Fluß, bestellt
Ist da vielleicht der Schönste aller Herrn.
Ich mag sie nicht, doch das darf ich nicht leiden,
Ha gegen Ehr, sie trägt noch meinen Namen,
Sie sollt erwarten bis uns Richter scheiden.
So hab ich doch noch etwas hier zu kramen,
Und die Gedanken gehn mit stolze Weiden,
Ists gifig Kraut? Wer kennet alle Namen.

90. Der Sänger erzählt: Ottav ermordet die Terzine, die er nicht mehr liebte aus Eifersucht, und wie er aus Ueberdruß starb.

Sie suchet ihn, den wilde Nacht verborgen,
Und über Fluthen schwankt ihr Schicksalsnachen,
Wie Drachen offnen schäumend sie den Rachen,
Doch kämpft sie muthig bis zum neuen Morgen.
Terzine willst du denn für ihn nur wachen,
Der von der Ehre will die Liebe borgen,
Die reiche Liebe lacht so armer Sorgen,
Die Myrthe zerrt dem Lorbeer Kränze machen.
Ottav steht an dem Ufer, sieht sie winken,
Sie zeigt dem Kahn die Bahn mit Liebesgluthen,
Und küßt sein Bild im Wiederschein der Fluthen.
Er meint sie: denn ihn nicht, sie wolle sinken,
In fremden Arm, und Wuth hat ihn befallen,
Er tödtet sie und stirbt von ihr umfangen.

Schluß.

91. Der Sänger füllt eine Lücke in der Geschichte aus.

Ich trat einmal zu jenen Felsenklüften,
Wo sich der Rhonestrom so wunderbar verliert,
Nicht an die Charte, wo man Schwindel spürt,
Und sah zwei Leichen in den tiefen Grüften.
Der Fromme selbst sie nicht zu Grabe führt,
Es leuchtet der Strom in diesen engen Klüften,
Sie sind sein Eigenthum aus frohen Tritten,
Ein Angedenken ihm doch wohl gebührt.
So tritt das Glück! Doch sieh nun auf Sonet,
Er ist der Strom wohl selbst, der sich gekleidet,
Der mit Soneten zieht in einem Bett.

Doch die Geschicht ist aus, daß beide lieben,
Ist Alles, jeder Tag sich gleichen thät,
O höchstes Glück, fürs Alter sie vorzuüben.

92. Sonet stirbt im Wochenbett.

Der Schwan in seines Todes tiefem Ringen,
Erhebt die Stimme, daß die Sterne druhnen,
Die Liebe fühlt sich nun mit ihm versöhnen,
Der Stumm im Lust er nimmer wollte singen.
Da schlägt sie ihm den Tod noch zu versöhnen,
Ein einsam Mädchen dem die Knospen springen,
Es hört klang und will ihn ganz durchdringen,
O arme Braut der Liebe Tod erkoren!
Sein Augenlied verhüllt im Schwanenliede,
Aus bester Lust zum kühlen Strome sinket,
Die tief bewegte Brust, die über müde.
Ach wie sie Lethe'd Becher gleich trinket,
Sie zieht ihn an sich, saugt mit jedem Gliede:
Wird still ein Kind, euch sie zu sehen dünket.

93. Sonet übersieht sein Leben.

Der Liebe Lust und Tod, des Lebens Wähnen,
Des Weines engbegrenzte Ewigkeit,
Manch Funkenspiel in dem es drückend schneit,
Vorüber zog das Lust und Thränen.
Zu einer Harmonie zieht Freud und Leid,
Der Panzer Schmeicheln und die Wuth von Schwänen,
Gewitterdruck ist hier in Blitzes Sehnen,
Daß in uns außer uns wir sehn gleichweit.
Ein göttlich Auge ruhig offen bleibet,
Wir schleichen auf und zu des Lebens Scenen,
So scheint zerstückt was dem das Ganze treibet.
Begeisterung nur sieht in Götterthränen,
Den Strom der Welt zur höchsten Schönheitsläuben,
Den Regenbogen strahlt hindurch das Sehnen.

Zur Kupfererklärung ein Sonet obenein.

Sag du Kleiner in dem Stückchen,
Sag was klinget da dein klein Ding,
An das etwa auch ein Klingding,
Ich verließe mir dies Spielchen.
Streich du an auf mich du Leichtschwing,
En so mach ich dich zum Zeichen,
Mache dir ein schlecht Gefühlchen,
Schieß dich todt mit deinem Spielding.
Schieß nur Alter, sieh den Bogen,
Warf ich weg, weil er gebrochen,*)
Und du nahmst ihn ungezogen.
Amor wird an dir gerochen,
Mit der Klapper ungelogen,
Schleudr' ich nieder all dein Pochen.

*) Die Art, wie diese berühmte Bogen gebrochen, ist von ei-
nem Augenzeugen in Kehlheim erzählt ich erhielt den Stein
wo ein Platz Daten, und übersetzte die Inschrift in einer
müßigen Viertelstunde, einige Sprachfehler des Verfassers
hat ich verbessert; Herner war geschehen, er hatte treu
den Sohn, die brechen alterten Jahres mit Kritik der Schrift
seines alten Vaters ab, der Junge ist in seiner Freude.
Der Vater vermuthete denn die Leyer, welcher in seinen todten Körper dem Herzen am nächsten mit seinem Entschluß
treffen würde, dem er meinte, es wäre nur einer von den
beiden mit rod der Sohn. Die beiden Artikeln ergriffen ihr
krankes Pfeilgeschoß und stießen in die Brust. Der Junge
hatte noch ein zweites, da gab ihm Amor das Seine, als
er aber losdrücken wollte, überwältigte ihn die Wehmuth,
er zerbrach den Bogen mit seinem Pfeile und entsagte liebe
allem Antheil an der köstlichen Leyer. Da gab Apollo sein
Artikel: Daß diese künftige Sohn der Leyer allein besitzen
sollte, denn er hatte seines Vaters Herz getroffen mit seiner
Liebe, die anderen aber waren unächte Söhne und sollten
auf die Erde gejagt werden, wo nicht ihrer Art wären, die
ihr lebelang zerstörten. — Der Bogen war aber ganz inzwei.

Des Dichters Krönung.

Eine dramatische Idylle

von J. Görres.

Ein Duckmäuser, Lebküchler von Profession, zugleich Wirth aus Nro. 2. in Pompeji mit dem bekannten Schilde, zwey Pflastertreter, eine Lumpenpuppe und ein aus dem Griechischen übersetzter Bauernbube, hatten sich vereinigt, dem Publicum auf ihre Unkosten ein Schauspiel zu geben; sie taungten es unter dem Namen divina comoedia an, und nahmen zum Thema das Kupfer mit den Hunden, die heulend Mond mauzen, im Einsiedler. Es schien das Bild der edlen Gesellschaft in den Magen gefahren zu seyn. In der That wars, wie in jenem Versuche, den man mit Trut-hühnern angestellt, der silbernen Kugel zu vergleichen, mit zwölf hinausstehenden eingelöteten Federmesserklingen bewaffnet, die man den guten Thieren eingegeben, um zu versuchen, wie weit ihre Verdauungskraft wohl reiche. Sie schluckten die Kugel, obgedachte Comödianten, und Wunder! in jener Comödia gaben sie dieselbe wieder von sich, und alle Späßen waren abgebrochen, und ihre Därmchen waren unverletzt geblieben, es hätte nicht einmal wie Speck auf eine Ente gewirkt, denn der Versuch dauerte zwey Monathe. Unterdessen war der Geburtstag des Directors eingefallen, die Gesellschaft vereinigte sich, ihr würdiges Haupt mit einer Feyer zu überraschen, die ihre Zärtlichkeit an Tag legen, und ihr ein gutes Douceur abwerfen sollte, ohne sie in all zu große Unkosten zu versetzen. Sie nahmen also die Knackwurst aus seinem eigenen Rauchfange, und verfuhren damit wie folgt, und daraus entstand jene empfind-same Scene, die ein unpartheyischer Zuschauer in ge-genwärtiger Idylle schildern wollte.

Schauplatz, die bekannte Aussicht. Fern im Hin-tergrunde der Carfunkelberg angenehm leuchtend, ein Regenbogen wie eine Halskrause lose darum geknüpft, oben Calderons Kreuz aufgepflanzt, an den vier Welt-gegenden vier goldne Waldhörner, die sich selbst blasen, der Ton schießt unten in einem feurigen Strome, in dem Gold und Silberfischgen schwimmen, und Wasserlilien duften, und auf dem in erstallnen Schiffchen liebreizende Feen schaukeln hervor, fällt dreimal schlän-gelnd um den Berg herum, und fährt dann wieder brausend zum Mundstück herein. Am Ufer sitzen Sieg-fried, Genoveva, Hagene und die andern, und werfen Vergißmeinnicht in die Wellen oder angeln; die seligen Sonette in ganzen Haufen wie junge Wölkchen, ziehen am Berge auf und nieder, und fallen zuweilen in ei-nem erfrischenden Regen herab; die romantische Dich-ter herumfahren, tanzend, auf der Laute spielend, schöne Jungfrauen führend, Minnelieder zur Laute singend, alles ganz fern aber deutlich, nieblich, wie in einem Strahle spielend und funkelnd. Im Vordergrunde große Haide, einige Wachholderbüsche, an denen die Beeren reizend schmoren, mit Spreuteln belegt für Drosseln; Flachsmädchen am Pfuhle, brechen Flachs und segen ihn in zierliche Knocken und fingen dabei: Plauderinnen regt euch strafs, brecht den Flachs, daß die Leinwand scharf gebeucht, und gebleicht, Hemd und Lacken gebe. Daneben tritt der Tenne, Drescher flegeln, fingen wieder nach der Melodie des Krautschnitters: Klir und Klap, dro-schet auf und ab, lustig huckebacks, eilet Sack auf Sack.

Weiter hinten Heuernte, die Heuschrecken schrillen, dazu die Bursche: am Giebel, Dalderaldei, stehen wie und rafeln im Heu, Juchei, wie Burischen schlafen. im Heu. Schönmädchen und Blüming brummen am Troge, und lassen sich trauen; der Metzger Gumprecht zieht mit sei-nem Hunde vorüber auf den nächsten Viehmarkt, und brummt in Bart: mit Schrot gemästet wird das Schwein, und als der Winter dränget, geschlachtet, ab-gebrüht und rein, an eine Wand gehänget. Am Wege ein Bauer in der Cartoffelernte schmunzelt. Da als schön gelerbten Knollen, weiß und roth und dick ge-schwollen, immer mehr je mehr man gräbt. Weit eben Zug der Teufel, den Schwanz in den Palmbaum ge-keilt, heult erbärmlich Abaku. Lucian steht an seiner Seite und streichelt ihn zum Stich und exorcisirt den Teufel, daß er ausfahre, Tuti malabescho, Zalla Ke-rutschi miscai; man hört fern das Meer knacken, da-zwischen der Frösche anmuthiges Getröchel, der Kaiser beiert mit allen Glocken zum Geburtstage. Ganz im Vordergrunde eine hohe Warte, oben auf dem Forste sitzt der hyperboreische Horribiliscribifax in einem Nest von fonum graecum auf 24 Eyern, und um ihn sind zwölf Feldschlangen aufgepflanzt, die zwölf Pairs von Frank-reich, darunter ein sehr großer Carolus, oder der Vogel Greif genannt, seit sieben Jahren geladen; Messalinus Cotta sitzt als Adebar am Zündloch mit einer Lunte, und einem Telescop, und klappert viel, darneben ein Teller mit Milch und Pfeffer, um die Mücken zu ver-giften, die Mücken aber sitzen alle in der Ecke und be-reden sich, sie wollten nichts anrühren von der Jauche und lachen.

Der Hyperb. Weiblein leg unter dem Nest einige Klötze noch nach, daß es Hitze giebt, ich brüte zehn Jahre schon an dem Rabenaas, und es will nicht aus-gehen, Notabene nur die Unbegabtem machen mich ver-drießlich, lotres Brod ein kühler Trunk, zwischen durch ein Ehrensprung, hält mich frohes Muthes. Adebar! was machen die Mucker, den Muckern ruf doch zu, was Mucker mucket ihr? Adebar richtet das Te-lestop auf den Carfunkelberg. Die Mucker mucken fort, ich sehe schlängelndes Pfaffengezücht, braunroth, gemäntelt, goldgetappt, Halbmonch und Narbar dort angesiedelt, all überdeckt von Pfaffennacht, fleuch o fleuch Jüngling, wie des Turbanträgers und des knoblauchduftigen Rabbis-Messer, fleuch Gebetab-tugelnder Glabenpfäfflein Tand und Verböbung. Der Hyp. Wohl gesprochen fester Adebar, aber die Mucker mucken fort, sie sitzen im Barbarthum der Neuern, aber laß dich nicht niederschlagen, ein rechtschaffner Kerl geb dreist nach Schwerin, und verklage sie, daß uns Gerech-tigkeit wird von unserm gnädigsten Landesherrn, sprich unsterglich Kraftbrod in Honig wackerer Klapperer, dudel, dudel, dudel dum, dudel dudel dum dum dum! — Man hört von ferne Hundechöre heulend singen: Schöne grüne gelbe Farb und veilchblau, schwarz, schwefelgelb und eisengrau, wau, wau, wau. Der Hyp. Was Lermes was Geschwirres, von Auf-rubschnicfelen, was will der Schnuffler Wirtes, und heiseres Geschrey, wollen mich die Hunde mit der Se-renade äffen?

Eine Stimme unten. Doch rühmt ein Schalk uns Kloster, Tonsur und Paternoster! Chor: Frisch, trommelt auf den Tisch! wau, wau, wau.

Der Hyp. Buchhosa Dalderal, es sind die Freunde, die zum Geburtstag kommen. Frau du bist so
[***]

gut, gib mir meinen Hut, heute nur zum Feste, daß
die lieben Gäste, uns nicht misverstehen, barhaupt mich
zu sehen.

Adebar. Feuch aus den Flausrock deiner Drang-
sal, und puhe dich und eile flugs, dorthin wo bald den
hellen Klangsal, durchströmt Erz und Darm und Buz.

Der Hyp. Ach hör, wie im Heerd das Heimchen
zirpt, wie das Spinnrad tummelt, soll ich den Flauß-
bossen, da im alten Nest entgürtet, dehnt man sich
mit Trank bewirthet.

Das Heimchen im Heerde. Geh doch lieber
Mann, geh hin, eh Bläschen uns erkranket, und halt
den alten Flausrock an.

Der Hyp. Mein den Flausrock zieh ich aus, und
wer von Liebe girrt und gurrt, wird abgeschnurrt.

Die Hundechöre sind indessen herbeigekommen, und
haben sich in einen Kreiskreis um die Warte geordnet nach
den Weltgegenden, im Osten die Pudel, im Westen die
Möpse, nach Norden die Metzgerhunde, nach Süden
die Spitze, die Damenhündchen, die Doggen, die
Windhunde und die Dachse in die zwischenliegenden
Puncte alle singen:

Da droben auch bei Engelmanna, grübeln wir ge-
sanglos nie, Halleluia und Hosanna, tönt in Sphären-
harmonie, wau, wau, wau!

Die Doggen. Will jemand einen Sparren, zu
viel ins Dach uns zarren. Chor: Frisch, trommelt
auf den Tisch!

Die Fraubasenbündchen tanzend. Tanzen
wir den Weiberschritt, nach der Weise, tanzet leise,
auch das fromme Männchen mit.

Ein Metzgerhund zu seiner Liebsten. Tanz
einmal mit deinem Bengel! wart ich werd dich mal
loranzen, beiß lustig nun komm her, unten oben, kreuz
und queer, Du Liebste, heda lustig, Stich um Stich,
willst du besser tanze als ich?

Die Spitze. Doch raunt man von St. Petern, und
unbekannten Vätern. Chor: Frisch, trommelt auf
den Tisch!

Ein erzgebirgisch Birkhahn kömmt stolz einher, als
Führer des Ortolanengeschwaders, sein rothdämmiges
Haupt mit feuriger Wimper am Rande, zeigend auch
im Tod ehrwürdig den Sultan edles Geflügels; daran
schließt sich ein andrer Zug, wo des Putervolks Gefol-
ger, rothe Kämme schwellt, sie gehen siebenmal um die
Warte, den Schweif ausbreitend, mit den Flügeln die
Erde streifend, sprechend gullerullerull, gullerullerull und
neigen sich schweigend, denn wenn sie reden, breit aus-
ziehend zerkauderwelschen sie Alles.

Adebar oben. Die haben Kämme und Halskrau-
sen, die kann ich delicat essen.

Chor der Gänse watschelt heran, geführt von der
Martensgans, aber es gattert mit die schreiende Gans mit
erhobenem Fittig, weit vor den Andern voraus, die
schwer arbeitend und langsam wanken, die Arme gestreckt, und scheu in die Winkel entfliehen sie.

Die Martensgans. Meister stopf uns mit Ca-

rotten und Mais und Opuntien *), wir fressen dann
uns dick und satt, und werden dran fett, dann kannst
du zu Martini mit Castanien uns füllen, und süßen Rosinen, und ein niedlich Bißchen und schlußen, verzeih
unserm schlechten Verstande die ungebundne Rede, ver-
suchs nur, ob wir nicht treuer sind als die treuesten
Pudel.

Also spricht die herrliche Gans, mit aller Hennen-
volls Gegacker, ja selber mit der Gänselein, des Eni-
richs und der Entelein, herzhaftem Billigungsgequäker.

Der Hyperb. und Adebar lächeln beifällig, die
Gänse schreyen, ahi, ahi nun lächeln sie.

Die Unken im Teiche. Kunter, bunter, Wunder, Lunten, Zunder, hundert Hunde zungeln, zungern
flunkern, sunkern, munkern, schlumpern, munkeln, hum-
peln und rumpumpeln um und um.

Alle Chöre zusammen. Großmächtigster und
gnädigster, Patronus der Gelehrten, neig milliglich dein
hohes Ohr aus deiner Felsenburg hervor, und horche
dem Geklimper, von manchem armen Stümper, wie
alle gratuliren sollen, dem werthesten Herrn Dehm.

Der Hyp. lächelt gnädig, Adebar klappert, der
Affe Rindbock mit seinem Stäbchen tritt herein in
den Kreiskreis und meldet einen Fremden an.

Hyp. Frag ihn ob er teutsch mit hartem oder weichem T schreibe?

Rindbock geht heraus und kömmt wieder, mit
Hartem, hat er gesagt.

Hyperb. Dann soll er sich zum Teufel packen,
der Schimmeletymolog wills von Teut herleiten, gebt
absolut nicht an.

Der Affe geht, und kömmt zurück: er hat sich besonnen, er meynet mit welchem.

Der Hyperb. Nun dann mag er kommen.

Rindbock bringt einen Romantiker, dieser macht
seine Reverenz gegen die Warte und spricht: Herr ich
bin der Uhrmacher der Vögel, deputirt zum Heerlager
Schach Nols, vom Carfunkelberg thät man mich schic-
len, ich trete in die edle Gesellschaft mit Bläuden.
Euch lassen die Sonette freundlich entbieten, ihr sollet
nicht länger mehr gegen ihren Samen so wüthen, sie
wollten ja gern Schatzung euch geben, und fortan euern Ruhm helfen erheben, wärt ihr nur nicht gar so
curios und . . .

Adebar klappert heftig, die welschen Hahnen setzen
rothe Kämme auf und tollen, die Frösche röcheln an-
muthiger, es wetterleuchtet vom Thurme herab, der
Hyperb. erhebt sich und spricht: Was du Hurensohn
von Teut und Mana, willst du welschen mit nichtscher
Tofana, du Wühlumpan, der nur gelt und noch und
sprudelt mit gesteischtem Zahn, nicht zum Menschen,
nein, zum Affen, hat dich Gott der Herr erschaffen,
Pavian, Pavian!

Ein melancholischer Hund ächzt, noch seuf-
zet trautes Kiesel, unten am Quellgeriesel.

Rindbock schleicht sich fort, weil er glaubt, er

---

*) Eine Art Feigen, wahrscheinlich Ohr-Feigen.

fey mit dem Pavian gemeynt, Bogs ist höchlich verwundert Bello steht auf, ich bin der Vetter Michel
ich, und du Herr Uhrmacher Bogs, sollst dem werthen
Herrn nicht so unangenehme Sachen sagen, das ver-
schnupft ihn ja, thut das fort, ich beiße dich.

Bogs. Bello was heulst du? Kusch kann die Pe-
e dur nicht vertragen? Beste Schweig, dir schieß ich
den jauchenden Rachen voll Kugeln, bis sag ich noch
einmal und heulst du Mordio und Vetter.

Bello tuscht sich und bewegt so wie ein Möpschen
den Schweif, dem Mantelkorde gezeigt wird.

Der Hyperb. in höchster Entrüstung. Stehst du
noch zweyjüngster Judas, abschwörst du Licht und
Wahrheit, Dümpling, Finsterling, Weltling, Schmu-
ling, Wühling, Pfäffling, Söffling, gottlos Gezücht
heb dich von hinnen, auf ihn dar meine Freunde, reißt
ihm den Wanst auf, spicket das Herz an den Pfriem,
und dreht im Brodel es linksum! Die Hunde heulend
auf den Uhrmacher los, dieser zieht eine Karbatsche hervor, fährt unter die, die Hunde gehen ehrerbietig ab
loca. Bogs an die Warte hinauf: Ey du Ausbund
drolliger Burzel, Wenzel von Schmurlach, Herr auf
Schmurlachbüttel und Hundsau, was willst du von mir?

Der Hyperb. Ja Schinken von rasendem Hunde,
mit swalischer Fliege gepfeffert, schäumende Frießergall
und geläuterter Katzengeiser, Otternjeiter in Hexenbutter
geschmort, das ist Leckerbissen für dich! Gebt mir meine
Feder von Erz, den will ich horribel zu Schanden hauen.

Der Uhrmacher. Was schirts mich, er ist von
Sinnen gekommen, ich geh in meine Werkstatt und
richte die Uhren im Abgehen: Kunz dem Kerl komm ich
nicht mehr, der brummte wie ein Zeiselbär, die Augen
glühten ihm so gierig, und seine Klauen waren schmie-
rig, und scharf und krumm wie Katzenklaun, Betstrie-
men hangen da von Leder, auch laut er eine Gänsefe-
der, der Racker ist ein Wehrwolf.

Der Hyperb. Das ist ein Cujon, den haben
wir abgefangen, wer mich schmarrt und streifet, und an
die Nase greifet, dem putz ich wieder Ich.

Chor der Hunde. Den putz du wieder, du! Ein'e
Stimme. Du ein Edler durch dich selber, brauchst
nicht Ahnenstolz, nicht die Ueppigkeit der Kälber, und
des Schlagebolds.

Adebar. Sieh da schummelt er vorbei wieder nach
dem verfluchten Berg hin, hör Meister laß mich los-
schicken, ich will den Greifen einmal auf sie hetzen, die
Ladung verdirbt mir ohnehin in den langen Jahren.

Der Hyperb. Hagel! das ist wahr wir wollen
sie nehlen, rückte das Stück, indessen halt ich den Ser-
mon an die Freunde, daß sie sich wahren.

Adebar zielt scharf, der Hyperb. spricht herunter
viermal nach den vier Weltgegenden mit vernehmlicher
Stimme: Hört ihr Herrn was will ich euch haben, die
Glock hat alleweil geschlagen, daß man läßt den Vogel
Greifen los, drum gebt euch nicht übelm Schaden blos,
geht ins Haus, hebt die Fenster aus, tausend Meilen in
die Runde, gehen alle Scheiben sonst zu Grunde!

Die Gutgesinnten in 900 Städten laufen zusammen, sehen sich einander bestürzt an, fragen was die
Stimme doch zu bedeuten habe, einige meynen, es sey

der Posaunenengel gewesen, andere, der Carfunkelberg
solle in die Luft gesprengt werden, wieder ein anderer,
es solle ein künstlich Erdbeben gemacht werden, um die
Festigkeit der Häuser zu versuchen, alle geben sich wech-
selsweise recht, man müsse sich verwahren auf jeden
Fall, man geht frisch an die Arbeit, und alles ist voll Sagen.
Unterdessen hat Adebar gerichtet und schießt los, er und
der Hyp. rufen, das fürt ein Schweinsblase gewesen, auf
der Warte dumpfen Knall, oben in den Lüften schallts, o Tag des Zor-
ren! die Kugel fährt aus, gerade auf den Carfunkelberg
zu, es erschallt ein großes Gelächter von da, dadurch
wird die Kugel stutzig, kehrt auf halbem Wege um, und
verkriecht sich wieder in die Kanone, Adebar geräth in
hohem Zorn, du Racker willst du heraus, ruft er der Kugel zu, ich will dir neu Feuer unter den Hintern machen, die Kugel brummt: Na, — geh nit — bin schamm-
roth — mich ausgelacht. Wart Bestie, sagt Adebar,
ich will dich kützeln, reißt eine Pistole vom Gürtel,
schießt herein zur Kanone, die große Kugel wirft die
kleine zurück, diese fährt Ad. an den Kopf, und nimmt
ihm den untern Schnabel weg, er jammert: O weh!
nun kann ich nicht mehr Kinder bringen.

In den Städten entsteht indessen großes Gemurre,
die Philister meynen, das sey der Lärm wohl werth, es
sey nicht anders wie eine Schweinsblase gewesen, auf
die Mine hätte man mit bloßem Hintern sich sehen können, fein Spinnweb sey gerissen davon, alle geben mit
Verdruß die Fenster wieder ein. Auf der Warte sind
indessen vom nahen Knalle die Schalen der Eyer gesprungen, ein zehn und zwanzig Käuschen treten heraus,
mit Kurzerstiefeln und Sporen, Säßger am Halse, die
Adelung mit Unrecht Läppchen nennt. Sie verneigen
sich artlich und fein, wie sie's der Mutter geheißen, und
sagen alle gesammt: Eva Papachen, was hast du schöne
Verse gemacht, wir haben Wunder gehört, unten im
dunkeln Verschluß, en Altvara lern uns auch so pfeifen, so wählig und kührig. Sie geben ihm einen süße
lichen Kuß.

Der Hyperb. Schweigt doch Naseweise, thut
das Ey doch klüger als die Henne, schlaft Kindlein,
schlaft artig ein, lu, lu, lu, Aeuglein zu, oho reckt
und streckt euch rund, eva wi — wi, wachs und blüh.
Die Kindlein schlafen ein, d. h. zu Adebar: Kindlich
rede mit Kindlein, durch einfältiges Wort, nur wie
belustigend.

Unten im Kreiskreis kommen Isac und Töffel tragend eine große Schüssel mit einer Knackwurst, und einer Lorbeerkrone herum, sie gehen auf die Warte und
treten vor das Nest und sprechen:

Isac. Sieh Töffel sieh, da sitzt der Adebar,
kannst du den Adebar wohl leiden?

Töffel. Was ist das Adebar?

Isac. Das ist der Stroch, der bringt den Leuten,
das ist die keine Fabel, Burr! Kind auf Kind im
Schnabel.

Töffel. Und legt er in die Wiege dann, uns
eine große Tutte, voll Mandeln und Rosinen dran, auch
eine blanke Ruthe.

Isac. Ey sieh, der hat wohl auch die allerliebsten
Käuslein, blerhin gelegt ins Nestlein.

Töffel. O fi mit solchem Schnacke, wird ja unnütz die Zeit verschwendet, zum Gluckwuisch hat Mama

uns selbe hergesendet. Gott mög euch Beiden im ganzen Leben, immer Wein und Knackwurst geben, im
Glück und Unglück frohen Muth, und immer volle Fässer, denn volle Fässer sind sehr gut, Zufriedenheit ist
besser, nehmt so vorlieb, wir hätten gern, ein bischen
mehr gesungen, allein ihr Damen und ihr Herren, wir
sind nur dumme Jungen.

Chor unten. Sie sind nur dumme Jungen.

Sie setzen dem Hyperb. die Krone auf, die Käuz-
chen erwachen und fallen über die Knackwurst her, und
schnabulirten sie, Adebar, dem sie gebort, wird darüber
zornig, und beißt sich mit ihnen herum, der Hyperb. be-
sieht sich im Mückengift und schmunzelt: o da lächelte
die Gestalt mir mit dem Kranzlein im Crystallborn, und
ich schauderte mit Entzückung in dem Tonfall des Ge-
sangs.

Chor unten. Er hängt, er hängt der blanke
Kranz, beginnt ihr Hunde Reihentanz.

Der Hyperb. Toffel ich kriege dich, rief roth-
backiger Bube verliebst dich? Komm ich gebe dir auch
was Prächtiges, höre wie schon doch klimpert das Leg-
erchen, und es drehen sich oben die Lämmelein.

Chor. O wie hold, seht den Schlagebold, seht
ihm zu, er ist noch Ba und Bu.

Der Hyperb. zum Chor. Ich danke euch
Freunde für den süßen Gesang und das liebe Herz.
Zerpflückt die Krone und wirft die Blätter hinunter:
werthen Genossen, das verehr ich euch als treffliche
Gabe, jedem ein Blatt, hebt es auf, es ist köstlich zum
Ferkel im halbdurchsicht'gen Gallert. Traulich auf ein
schmal Gericht, seyd ihr eingeladen, auf ein freundlich
Angesicht, und auf süßen Fladen, hält man nur den
Fladen feucht, dann verdaut und schläft man leicht.
Auch guten Wein zum guten Schmause von Winter-
kohl, dann köstlicher Blumenkohl mit Artischocken und
Krebsen, frische Heringe, reißend den Gaum, Meer-
bummer und Eiblachs, Schunken aus Paderborn und
trefliche Göttinger Mettwurst, Hahnenkamm (Adebar
schmunzelt) und Junge von Lämmern, knorpelscher
Ochsengaum, und zu niedlichem Kalbergetäfel Schnauß
und Ohren vom Schwein mit Pfefferkörnern und Kar-
vern. Freylich erhitzt das Gemisch der Weiblein mun-
tere Jugend, doch der Gemahl dämpf ihnen die Gluth

mit Salpeter und Weinstein. Nur auf ein Gerichtlein
gern gesehen, ich bin so ein Freund von ländlicher
Mahlzeit.

Die Hunde unten geifern vor Lust, alle Bäuch um
die Wurste erschüttern, alles Gefieder bebend vor Lust,
und es straft einst der Nachbarin Fächer den Kernwitz.

Alle Chöre heulend vor Freude. Das ist
prächtig, wir kommen allesammt.

Chor der Mopse. Uns den Marzipan.

Chor der Metzgerhunde. Wir nehmen den
Schinken aus Paderborn, und die Mettwurst.

Chor der Dachse. Uns Kälbergeträßel und
Schweineohren.

Windhunde. Das Fettelchen wir, Aal und Kapaun und geräucherte Zungen.

Bologneserchen. Für Lieber, bereit uns ein
süßlich Rebhuhn.

Alle. Das ist prächtig, ziehen singend ab, schöne
grüne gelbe Farb und veilblau, wau, wau, wau.

Peter Hammer als Epilog. Das waren Püsse
lieben Freunde, wenn ich recht versteh, lang gebaret ist
nicht geschmelzt, es war ein kleines Probchen nur, sehst
glaub ich noch mehr zu Diensten. Ja so ist Dieser von
Natur beschaffen, rubig, bescheiden, freundlich, keinem
Feinde übel thuend, läßt man ihn ungezert auf seinen
Wegen gehen: nimmer seit ich ihn kenne, hat er Streit
gesucht. Wollen sie aber mit Gewalt den Krieg, wohl,
er kann ihn geben, sie mögen sich versichert halten, daß
er gute scharfe Schneide führt, zu Wehr und Ausfall
gleich geschickt: er ist zerreißend und erbarmungslos,
wenn ihn frecher Angriff reißt. Will das Alter, daß
mans ehre, so seys auch wie sichs dem Alter ziemt, ernst
und würdig und für allem liebreich, mild: wills aber
die schlafen Sehnen unbesinnen noch zum Kampfe gut-
ten, hoßneßts raschere Jugend unverständig, damit
nehm's auch was abfällt rubig hin. Drum werdet künftig klug, ihr pfleget sonst doch billig, und besonnen
noch zu seyn, und seßt tavet ihr willig, in Albernheit
kinem, man wird achten wieder dann an euch, was
achtbar ist, jeßt belacht man was belachbar.